MONUMENTA GRAECA AD PHOTIUM EJUSQUE HISTORIAM PERTINENTIA

Collected and edited by

J. HERGENRÖTHER

With a new introduction by

PROFESSOR J. M. HUSSEY

First Published Regensburg 1869

Republished in 1969 by

GREGG INTERNATIONAL PUBLISHERS LIMITED

INTRODUCTION

The distinguished church historian Joseph Hergenröther was born in Würzburg on 15 September 1824. He studied philosophy and theology in Würzburg and at the German College in Rome. After a brief spell of pastoral work in 1849 he completed his doctoral thesis on Gregory of Nazianzus in Munich where in 1850 he became Privatdozent. In May 1851 he presented his doctoral thesis *De catholicae Ecclesiae primordiis recentiorum protestantium systemata* and in 1852 became professor extraordinarius in Würzburg. His ability and his interests were indicated by his accession in May 1855 to the chair of canon law and ecclesiastical history. In the following years he was largely engaged in work on the Byzantine scholar and patriarch Photius, some of whose writings he edited(1), and whose life and significance were discussed at length in a study published in 1867-69(2) which was long to be regarded as the authoritative work on this subject. His research was not confined to the Greek Church in the ninth century but included the Antiochene school(3), general church history(4), the history of the Church Councils(5) and the registers of Pope Leo X(6), as well as a spate of articles in the field of ecclesiastical history(7).

In November 1867 Pius IX designated Hergenröther consultor to assist in the preparations for the Vatican Council I. Subsequently he was closely involved in the fierce controversies which arose from this Council, particularly concerning papal infallibility. Hergenröther was a protagonist on the papal side. Together with Hettinger he drew up the reply of the theological faculty of Würzburg to questions raised by the Prince of Hohenlohe. He also wrote a number of polemical articles and defended the papal position

---

1. See J. B. Migne, *Patrologia Graeca,* 100-104 [cited hereafter as PG].
2. *Photius, Patriarch von Konstantinopel. Sein Leben, seine Schriften und das griechische Schisma,* 3 vols. (Regensburg, 1867-9).
3. *Die antiochenische Schule und ihre Bedeutung auf exegetische Gebiete* (Würzburg, 1866).
4. *Handbuch der allegemeinen Kirchengeschichte,* 3 vols. (Freiburg im Breisgau, 1870-80).
5. Hergenröther continued the work of C. J. von Hefele in vols. 8 (Freiburg im Breisgau, 1887) and 9 (Freiburg im Breisgau, 1890) of the *Conciliengeschichte,* though these had to be considerably revised in the French translation.
6. Vol. I, fasc. 1-6 (1884-5) and posthumously vol. II, fasc. 7-8 (1891).
7. For further bibliographical details see *Allgemeine deutsche Biographie,* 50 (Leipzig, 1905), 228-31 and *Dictionnaire de théologie catholique,* 6 (Paris, 1920), 2257-59.

in the face of Döllinger's attacks, specifically replying to Janus' work[1] in his *Anti-Janus*[2].

In 1879 Hergenröther was raised to the cardinalate as Cardinal Deacon of St. Nicholas in Chains. He played an increasing part in papal administration. In particular, he did valuable work as Prefect of the Vatican Archives, preparing the way for his successors in this office, such as Ehrle, by his initiation of a policy of greater general accessibility to the rich resources of the Vatican.

On 3 October 1890 Hergenröther died of a stroke while staying at the Cistercian abbey of Mehrerau in Austria where he liked to spend his vacations.

Much of Hergenröther's work was concerned with ninth century relations between Rome and Constantinople and was centred in the enigmatic figure of the Byzantine scholar and churchman Photius. The controversial figure of the Patriarch Photius has been the subject of much recent research and scholars such as F. Dvornik[3] and V. Grumel[4] have shown that he died in communion with Rome and indeed that the rift between Rome and Constantinople was acerbated by developments long after Photius' day[5]. In his masterly study F. Dvornik also shows how the legend of Photius as the arch-enemy of the Roman Church grew up as the result of misunderstanding in the West from the eleventh century onwards and is not firmly based in historical fact.

Although recent research must seriously modify Hergenröther's interpretation of Photius' work it nevertheless remains true that his three great volumes on the patriarch are, in the words of Dvornik, 'still indispensable'. His monumental work on Photius was accompanied by this small volume of ten texts (numbered A to K) and was intended as a supplement to the works of Photius already edited by Hergenröther and others[6].

The first five pieces are somewhat fragmentary. They are:

A (pp. 11-12) consists of 14 lines on the priestly duty of offering the bloodless Sacrifice not more than once daily.

---

1. Janus [J. J. I. von Döllinger], *Der Papst und das Concil* (Leipzig, 1869).
2. *Anti-Janus. Eine historisch-theologische Kritik der Schrift 'Der Papist und das Concil' von Janus* (Stuttgart, 1870).
3. F. Dvornik, *The Photian Schism: History and Legend* (Cambridge, 1948).
4. See articles by V. Grumel in *Echos d'Orient* from 1930 onwards (cited in full by F. Dvornik, *op. cit.*).
5. Gf. G. Every, *The Byzantine Patriarchate,* 2nd ed. (London, 1962), pp. 159 ff. for the effects of the crusading movement on relations between Rome and Constantinople during the years 1095-1204.
6. PG, 100-104.

B (pp. 12-18) consists of dialectical fragments.

C (pp. 18-19) is apparently a fragment of a sermon on the Last Judgment.

D (pp. 20-52) consists of 218 maxims *(gnomologia)* retailed for edification. Hergenröther himself only goes as far as to say that if Photius was not the author of these, he might well have made this little collection which is found in MS. Vat. 742 papyr. 12 under his name[1].

E (pp. 53-62) consists of certain fragments defending the use of icons, attributed here to the patriarchs Nicephorus and Photius and to Theodore the Studite. Versions of these are also to be found in Matthew Blastares, *Syntagma* (PG, 144, 1268, 1269), in Euthymius Zigabenus; *Panoplia dogmatica* (PG, 130, 1164-1169) and in Nicetas Choniates, *Thesaurus* (PG, 140, 289 and PG, 139, 1100, 16). The full canon of Photius' works still remains to be established and in some cases presents special difficulties, as with the sermons[2] or the *catenae*[3].

Of the five remaining pieces, four (F. H. I and K), are attacks directed against Latin usage, or Latin and Armenian usage, or are connected with the Graeco-Latin schism. The first of these, the *Opusculum contra Francos* (=F, pp. 62-71) is wrongly attributed to Photius[4]. It does not seem to have appeared until shortly after the clash in 1054. Its 28 complaints are in keeping with other Greek polemical works of this period[5]. It has been suggested that it may even have been written by the Patriarch Michael Cerularius who figured so prominently in the quarrel with Cardinal Humbert in 1054[6]. It was certainly known in the twelfth century. It was much used in Byzantine polemic and it was translated into Latin by Hugo Eteriano[7].

The second polemical piece (=H. pp. 84-138) appears to be by Nicetas Byzantinus, a younger contemporary of Photius who also wrote attacking

---

1. See Hergenröther, *Photius, op. cit.*, III, pp. 240 f.
2. See C. Mango, *The Homilies of Photius* (Cambridge: Mass., 1958), pp. 6 ff.
3. See C. Mango, *op. cit.*, p. 7, n.11, for recent work on the *scholia.* On the particular extracts on the use of icons (=E, pp. 53-62) see also the comments of Hergenröther, *Photius, op. cit.*, pp. 254 ff.
4. Cf. K. Krumbacher, *Geschichte der byzantinischen Litteratur,* 2nd ed. (Munich, 1898), p. 76; H.-G. Beck, *Geschichte der byzantinischen Kirche und Theologie* (Munich, 1959), p. 538; F. Dvornik, *The Photian Schism,* p. 126.
5. Cf. the letter of Leo of Ochrida to John of Trani, PG, 120, 836-844.
6. M. Jugie, *Le schisme byzantin; aperçu historique et doctrinal* (Paris, 1941), pp. 216-219.
7. See PG, 140, 541 f.

the Muslims and Armenians[1]. This little treatise is mainly concerned with the dispute concerning the procession of the Holy Spirit.

The third piece of polemic (=I, pp. 139-154) consists of a short attâck on the use of unleavened bread in the Holy Sacrifice, directed against the azymite practice of the Latins and Armenians. The author, Nicetas Stethatus, was a Studite monk, a disciple of Symeon the New Theologian whose works he edited[2], and also well known for his part in the episode of June 1054 in Constantinople. On this occasion Nicetas, who had written a good deal of anti-Latin polemic, was forced by the Emperor Constantine IX to retract in the presence of the papal legates and his works were burnt[3].

Then there are three short pieces grouped together under the heading *Opuscula de origine schismatis* (=K, pp. 154-181). These are brief notes on the course of the schism mainly in the eighth and ninth centuries.

Interpolated among these *opuscula* concerning relations between Rome and Constantinople is a part of a short sermon by Nicephorus Gregoras (=G, pp. 72-83) on Theophano, the Empress and first wife of Leo VI. Theophano was perhaps somewhat unsuited to Leo VI. She is known from various sources to have been extremely devout and ascetic in outlook. She died in 893 and was subsequently canonised[4]. Nicephorus Gregoras, the well-known fourteenth century scholar, wrote several hagiographical pieces[5]. Though distinguished for his secular learning and writings, Gregoras also took a prominent part in the theological dispute, the hesychast controversy, which rent Byzantium in the fourteenth century, and his own anti-palamite point of view is fully presented in his history of his own times[6]. The

---

1. See K. Krumbacher, *op. cit.*, and H.-G. Beck, *op. cit.*, p. 530.
2. See Syméon le Nouveau Théologien, *Catéchèses,* ed. B. Krivocheine, vol. I (Paris, 1963), pp. 55 ff. and Nicetas Stethatos, *Vie de Syméon le Nouveau Théologien,* ed. I. Hausherr (Rome, 1928) *passim.*
3. Cardinal Humbert, *Brevis et Succincta Commemoratio, Patrologia Latina,* 143, 1002-4, and C. Will, *Acta et scripta quae de controversiis ecclesiae graecae et latinae saeculo undecimo composita extant,* (Leipzig and Marburg, 1861) p. 151. On this episode and on Nicetas' polemic see M. Jugie, *op. cit.*, pp. 187 ff.; R. Mayne, 'East and West in 1054', *Cambridge Historical Journal,* XI (1954), pp. 135 ff.; and S. Runciman, *The Eastern Schism* (Oxford, 1955), pp. 46 ff.
4. See *Bibliographica Hagiographica Graeca,* I, 3rd ed., ed. F. Halkin (Brussels, 1957), pp. 294 (no. 1795).
5. See R. Guillaud, *Essai sur Nicêphore Grégoras: l'homme et l'oeuvre* (Paris, 1926), pp. 172 ff.
6. ed. L. Schopen, I-II (Bonn, 1929-30), ed. I. Bekker, III (Bonn, 1855).

oration on Theophano in this collection is an excerpt from the life of the saint and Hergenröther expressly states that he has omitted certain rhetorical passages which are to be found in the manuscript which he used (Cod. Monac. gr. 10)[1]. Nicephorus' account of Theophano is full of panegyrical digressions and it does not provide much of historical value.

J. M. Hussey.

---

1. Hergenröther, *Monumenta graeca,* p. 72, note 1. For the complete version see F. Kurtz, *Zwei griechische Texte über die hl. Theophano die Gemahlin Kaisers Leo VI., Mémoires de l'Académie imp. de St. Pétersbourg,* VIIIe sér., III. 2(1893), pp. 25-45.

Monumenta graeca

ad

Photium

ejusque historiam pertinentia,

quae

ex variis codicibus manuscriptis

collegit ediditque

J. Hergenroether,

S. Theologiae doctor, historiae ecclesiasticae et juris canonici in literarum Universitate Wirceburgensi professor p. o.

Ratisbonae.

Typis et Sumptibus Georgii Josephi Manz.

1869.

S.B.N. - 0. 576.99193.7

Republished in 1969 by Gregg International Publishers Limited
Westmead, Farnborough, Hants., England.

Printed in Offset by Kingprint Limited
Teddington, Middx., England.

Prolegomena.

Quum decem fere annis permultos graecos codices Mss. perlustrarem ad detegenda Photii potissimum scripta publicae luci nondum reddita aliaque colligenda monumenta, quae historiae graeci schismatis accuratius describendae praesidio esse possent: id quod communis mortalium sors est quodque in ejusmodi indagine plerumque evenire solet, accidit et mihi, ut laborem meum satis arduum neque fructibus penitus destitutum neque ea, quae in votis erat, fructuum ubertate coronatum conspicerem. Etenim Photii homilias diu jam ab aliis conquisitas ceteraque, quae desideraveram, reperire minime licuit et bibliographorum notitias haud paucas errore non fuisse immunes deprehendi. Attamen praeter editum jam librum de Spiritus sancti mystagogia et praeter alios graecos textus in Parisiensi J. P. Mignii editione vulgatos nonnulla nactus sum opuscula, quorum alia Photio vindicanda, alia ejus pseudepigraphis accensenda videntur, alia demum tum ejus et controversiae Latinos inter et Graecos tamdiu agitatae historiae non parum inserviunt. De quibus in praesentia nonnisi pauca praemonenda habemus, quum de plerisque fusius sermo sit in nostro opere, quod Photii historiam pertractat, et notae ipsi textui subjunctae tum reliqua scitu digna, tum unde hausta fuerint documenta, satis patefaciant. Proinde brevem dumtaxat eorumdem conspectum subjungendum censemus.

A. Photii de divina liturgia decretum quinque codices suppeditarunt, quatuor Vaticani et unus Monacensis. Pro Photio auctore argumenta externa praesto sunt, quibus interna, quoad ego scio, haud

et Thesauro fidei orthodoxáe Nicetas Choniates.[3]) Photio Germanum substituunt tum cod. Monac. 194 tum editio Panopliae a. 1710, quae et septimum addit Concilium. Major tamen codicum Mss., eorumque optimorum numerus, etiam Panopliam exhibentium, atque Nicetae thesaurus et Blastares Photii nomen retinent.[4]) Plures hujus opusculi paragraphi inveniuntur in vulgatis Nicephori ac Theodori scriptis, adeo ut nonnisi breves quaedam sententiae Photio vindicari queant. Finis exemplaris nostri plane differt a textibus hucusque vulgatis.

F. Opusculum contra Francos[1]) Photio adscriptum, quod codici Vaticano 1101 ejusque apographo Marciano debemus, diligentiorem a nobis disquisitionem efflagitavit.[2]) Inter criminationes, quae contra Francos ceterosque Latinos proferuntur, quaedam Photii temporibus plane congruunt, aliae tamen penitus adversantur. Attamen hunc libellum, etiamsi immerito Photii nomen praeseferat, haud exigui sane momenti esse pro historia controversiarum, quae inter Graecos Latinosque exarserunt, legenti cuique patebit. Duplicem addidimus latinam versionem,[3]) quarum posterior jam dudum evulgata nonnullis paragraphis caret, aliis in earum locum suffectis. Nec desunt indicia, quae probant, huncce libellum olim magno in usu fuisse et a diversis Graecis vario modo auctum et locupletatum.

G. Protulimus quaedam ex Nicephori Gregorae oratione in S. Theophanonem Imperatricem, Leonis sapientis conjugem; orationem ipsam nimia prolixitate et ornatu oratorio paene fastidium afferentem, qualis exstat cod. Monac. gr. 10 f. 33 seq., edere operae pretium non duximus; collegimus ergo ea dumtaxat, quae ad Photianorum temporum historiam quodammodo pertinent.[4])

H. Nicetae Byzantii philosophi capita syllogistica XXIV de processione Spiritus sancti, primaevum contra Latinos decertandi

---

[3]) Vide Bandinium et Maium ap. Mignium. t. CXL p. 289; t. CXXXIX p. 1100 t. 16.

[4]) De Photio t. III L. VIII. c. 11 §. III, b. p. 254 seq.

[1]) Cf. Maium Nov. Coll. t. I Praef. de Photio.

[2]) De Phot. t. III L. VIII c. 6. Lit. *B*, *e*. p. 172 seq.

[3]) Quum librum de Spiritus s. mystagogia ederem (a. 1857), cl. Bernhardy secutus nolui latinos sequestres graeco scriptori adjungere (vide praef. nostram p. XXV). Sed hoc consilium spectatissimis inter Theologos viris haud probatum est. Quibus libenter obsecutus haec monumenta omnia latina versione instruxi.

[4]) Vide de Photii vita tom. II L. VII. c. 6. p. 674.

morem referentia, cod. Monac. 229 saec. XIII. (f. 337 a—356) dedit.[1]) Haec eo minus duximus omittenda, quo clarius Photii argumenta illustrant et quo majori in usu fuere, ut Andronici Camateri *Ἱερὰ Ὁπλοθήκη* [2]) et Hugonis Etheriani libri [3]) ostendunt. Hunc autem auctorem saeculo nono vindicandum esse ex jam editis ejusdem scriptis, cum quibus capita nostra syllogistica plane conspirant, optime arguit illustrissimus J. B. Malou, Bruggensis quondam episcopus.[4]) Idem auctor tum Armenios [5]) tum Saracenos [6]) tum denique Latinos [7]) impugnavit. Idem est in hoc triplici librorum genere auctoris nomen et titulus, eadem designantur tempora, eaedem occurrunt loquendi formulae, propositiones conditionales eodem modo concinnatae, eadem prorsus argumentandi ratio. [8]) Cetera argumenta praeterire licet utpote jam in

---

[1]) Eadem leguntur in cod. Bodlejano n. 720, Marciano 530 (ap. Laur. Theopul. Catal. p. 286), et Laur. Medic. XVI n. 22 plut. 9 (Bandin. I. 415), ubi XXV capita numerantur.

[2]) Hoc magnae molis opus, cujus nonnisi perexigua pars una cum J. Becci refutatione lucem aspexit, edere integrum nobis mens fuit; sed ipsa haec moles in alia tempora hanc editionem differre suasit.

[3]) Hugo c. Graec. L. I c. 7. 12. 15. 17 L. II c. 2—6. 8. 10. L. III c. 11. latine affert capita 2, 14. 4. 6. 8. 9. 10. 17. 18. 20. 5.

[4]) Monit. apud Migne PP. gr. t. CV p. 853. 854.

[5]) Vide opus nostrum de Photio t. I L. II c. 10 p. 501 seq.

[6]) Mai Nova PP. Bibl. t. IV p. 321—431 Migne l. c. p. 669—805. Cf. de Photio t. II L. VII. c. 2 p. 601 not. 46. 47.

[7]) op. cit. L. VII c. 4. p. 645 seq.

[8]) Exempla haec sunto: Formula *εἰ δὲ τοῦτο ἀληθὲς, ὥσπερ καὶ ἀληθές* legitur Syll. c. Lat. c. 1. 4. 6. 7. 18. ep. ad Arm. c. 7 p. 688 ed. Allat. Refut. libri Muham. n. 5 p. 676 ed. Migne. Item: *ὡς ἡ δύναμις ἐγχωρεῖ καὶ λόγος ἐν ἀνοίξει τοῦ στόματος* Prol. c. Lat. ep. ad Arm. p. 663. — *ὀπαδοὶ καὶ ὁμόφρονες* Prol. cit. Allat. p. 665. — Passim legimus in syllogismis *διά τοι τοῦτο*; sic et Allat. p. 664. 694. 705. 714 Migne p. 828; sexcenties fere legis *μενοῦν γε* Conf. ep. 2 Sarac. c. 6, Allat. p. 666. 720, c. Lat. c. 4. 19. — Adversarius *ὁ δι' ἐναντίας* nuncupatur, orthodoxi sunt *οἱ τῆς ἐκκλησίας τρόφιμοι*; Petrus et Paulus communiter exempla adducuntur. Syll. c. 5. 7 All. p. 683. 684. 741 seq. 744. Ref. Muh. n. 19 p. 693 c. ep. 2. n. 5 p. 828. Beneplacitum Patris, Filii operatio et Spiritus cooperatio saepe nominantur. c. Lat. Prol. et. c. 4 All. p. 748, item *τὸ ἑνιαῖον τῆς φύσεως, τὸ μοναδικόν* Syll. c. 11. All. p. 875 seq., *ὁ τῶν ζιζανίων σπορεύς*. Prol. cit. All. p. 663. Eodem pacto ut Syll. c. 7 fin. legis ap. All. p. 716 Migne p. 809: *Οὐδὲν ξένον, ἑνὸς ἀτόπου δοθέντος μυρία ἕψεσθαι.* — Syllogismos cum particula *εἰ* habes rursum Ref. Muh. et All. p. 721—728, phrasin *ἀνάγκη πᾶσα* Syll. c. 1. Ref. cit. n. 5 p. 676 seq. — *συνάγεται ἄρα ὅτι* Ref. p. 676. 677. 680. 688. — *εἰ δὲ τοῦτο, φανερόν.* Syll. c. 12 All. p. 701. — *ἐπεὶ οὖν ὁ λόγος ἐναργῶς παρέστησεν — ἐπεὶ οὖν ὁ λόγος ἐκ κοινῶν ἐννοιῶν καὶ φυσικῶν ἐπιχειρημάτων ὅτι πλείστων παρέστησεν.* All. p. 704. 728 Ref. p. 677 — *ἀνεπίδεκτος ὁ θεὸς συμβεβηκότος.* Syll. c. 20 Ref. p. 681. 689. — *συνθετικῆς ἐννοίας ἐπέκεινα.* Syll. c. 19 Ref. p. 680 — *ἰσοκλεῶς* Syll. c. 4 Ref. p. 692. — Verbis Prol. c. Lat.: *διαπύρῳ καὶ*

Photii vita adducta.[10]) Omnia fere suadent, codicibus fidem esse praestandam, dum hunc Nicetam imperantibus Michaele III., Basilio I. et Leone VI. floruisse contendunt. Ad calcem cod. Monac. leguntur verba Athanasii juxta Camateri Hoplothecam,[11]) verba Theodoreti[12]) et tertia ex illis Photii quaestionibus, quas Fontanius publici juris fecit.[13]) Joh. vero Veccus Patriarcha, qui *ὁ νῦν πατριαρχῶν* appellatur, ut Athanasii verba *παραλογιζόμενος* accusatur.

I. Alterius Nicetae, et quidem Studitae Caerulario synchroni, contra Armenios et Francos de azymis et enzymis tractatum, e codice Monac. 524 descriptum, idoneum maxime latino textui ejusdem jam edito illustrando haud ingratam erudito lectori additionem futurum speraveram meaeque editioni jam pridem addixeram. Nuper tamen ab Andronico Dimitracopulo[1]) illius libelli, quem dudum ex Humberti Cardinalis versione habuimus,[2]) graecus textus fuit editus, isque, ut jam antea vidimus, quoad latini textus capita 6. 7. 2—5. 6. 9 respondet opusculi nostri §§. 2—9, non tamen absque varietate. Plura item reperiuntur in Petri Antiocheni epistola ad Dominicum Gradensem;[3]) videtur Antiochenus, quum ad occidentalem scriberet Praesulem, Nicetae Stethati scriptis usus fuisse. Ejusdem fere generis sunt duo de azymis fragmenta, quorum alterum Johanni Damasceno,[4]) alterum Athanasio[5]) adscribitur; utrumque tum cum praefata Petri epistola[6]) tum cum opusculo nostro (§§. 3. 7—10. 13) saepe conspirat; nonnulla, quae apud Pseudo-Athanasium exstant, in exemplari nostro (§. 10) ceu Epiphanii verba laudantur; quae Pseudo-Damascenus in fine habet, eadem fere sunt quae editus Nicetas[7]) de canone Trull. 11., de Agathone Papa et de Gregorio Agrigentino disputat, nisi quod

---

θείῳ ζήλῳ βαλλόμενος τὸν ἐκ τῆς σιωπῆς ἐπηρτημένον κίνδυνον analoga sunt illa ap. All. p. 666: *πυρωθεὶς τῷ θείῳ ζήλῳ καὶ τὴν τῆς σιωπῆς ὑφορώμενος δίκην* etc.

[10]) tom. II L. VII cap. 4. p. 645 seq.

[11]) Athan. ep. 4 ad Serap. c. 4 Migne XXVI. 644 Hoploth. ap. Allat. Gr. Orth. II 548. 399.

[12]) Theod. Hist. eccl. V. 11.

[13]) Migne t. CIV p. 1221.

[1]) *Βιβλιοθ. ἐκκλησ.* t. I p. 18—36 ed. Lips. 1866.

[2]) Will Acta et scripta p. 127—136.

[3]) ib. p. 208—228. Cf. c. 8. 9. 10. 16. 22. 23 cum nostro textu §§. 2—4. 7. 11. 13.

[4]) Migne PP. gr. t. XCV p. 388—396.

[5]) ib. t. XXVI p. 1328—1332.

[6]) Ps. Dam. p. 388 init. coll. Petri ep. c. 23 p. 225. 226.

[7]) Dimitracop. p. 30. 31. Lat. c. 10.

Agathonis legatos, non ipsum Pontificem, sexto Concilio exhibet praesidentes. Nonnulla ex Niceta nostro affert Hilarion monachus,[8]) quae in edito libello reperiuntur;[9]) alia tamen ibi non exstant. Porro exploratum est, complures libros hunc Nicetam composuisse et contra Armenios potissimum decertasse. Quatuor ejusdem e cod. Mosqu. commemorantur hujusmodi disputationes,[11]) quarum prima, cujus initium: *Τὴν συγχυτικὴν τῶν δύο φύσεων τοῦ Χριστοῦ δόξαν*, Vindobonae quoque ac Romae exstat,[12]) altera hisce verbis incipit: *Τὸν πρῶτον σχεδιάσαντες ὑμῖν λόγον*, tertia: *Τὴν πρώτην καὶ δευτέραν, ὦ σοφοί*, quarta: *Φέρε δὴ καὶ περὶ τῆς ὑφάλου πλάνης*. His se adjungit tractatus noster, qui *πέμπτην ὁμιλίαν* (§. 1) refert et alibi (§. 14) meminit aliarum haereseon, quas auctor jam ante impugnaverat. Sane mirum non est, Nicetam exordio sumto a confutanda Monophysitarum doctrina ad alia devenisse capita, quae Armenis a Graecis objici solebant; neque mirum est pro eorumdem temporum more, eumdem alias dicta in aliis libris repetivisse, praesertim ubi agebatur de azymis, in quibus Latini haud secus atque Armeni erroris insimulabantur. De ceteris ejusdem Nicetae libris late disputat Dimitracopulus; duo tamen potissimum peculiari mentione digni sunt: alter de processione Spiritus sancti contra Latinos, cujus initium: *Τὸ περὶ τοῦ ἁγίου πνεύματος λέγειν περὶ θεοῦ λέγειν ἐστί*[13]) cujusque fragmenta dedit Allatius,[14]) alter inscriptus: *Διάλεξις πρὸς Φράγγους ἤγουν Λατίνους*, qui incipit: *Εἴ ἐστι σοι σύνεσίς, φησιν ὁ σοφὸς, ἀποκρίθητι τῷ πλησίον*, Florentiae quoque et Vindobonae reperitur. Idem initium tamquam auctoris anonymi citatur apud Allatium,[15]) qui tamen alias[16]) libellum Nicetae Choniatae vindicare videtur. Quod attinet ad brevem tractatum *εἰς τὸν διὰ τῶν χειρῶν ἀσπασμόν*, is editus, ni fallor, a Maio[17]) fuit.

---

8) Diss. de pane azymo et fermentato ap. Allat. Gr. orth. t. I p. 655 seq. Migne PP. gr. CLVIII p. 977 seq.

9) Hilar. l. c. coll. Dimitr. p. 26 lat. c. 8 p. 130 l. 30. 38 ed. Will.

10) Hilar. p. 660. 661 ed. Allat. (p. 981 ed. Migne), qui tamen locus quoad sententiam convenit cum Petri ep. c. 14. 15. p. 219. 220.

11) *Βιβλ. ἐκκλ.* t. I p. ϛ′ et ζ′.

12) Allat. diss. de Nicetis Migne PP. gr. CXX p. 847. 848.

13) l. c. et de consens. p. 623.

14) Vindic. Syn. Ephes. p. 95. 574. 575.

15) c. R. Creyght. p. 386.

16) Diss. de Nicetis. Migne t. CXXXIX p. 299.

17) Mai Nov. Bibl. PP. t. IV. p. 118 Migne t. CXX p. 1009 seq.

K. Tandem tria accedunt opuscula de schismatis origine, fabulis quidem referta, sed exponendae posteriorum Graecorum sententiae accomodata. Quorum primum sex codices Mss. suppeditarunt, posteriora duo, quae uberiores ejusdem explicationes amplificationesque exhibent, codices Marciani et Monacensis. De his alibi fusiori calamo disputatum est.[1])

Haec, erudite lector, velim benigne suscipias et quod in eis edendis adhibitum est laboris, aequi bonique consulas.

---

[1]) Phot. tom. III L. X c. 10.

A.

ΦΩΤΙΟΥ ΤΟΥ ΑΓΙΩΤΑΤΟΥ ΠΑΤΡΙΑΡΧΟΥ ΠΕΡΙ ΤΗΣ ΘΕΙΑΣ ΛΕΙΤΟΥΡΓΙΑΣ. [1])

(*Τόμος συνοδικὸς περὶ τοῦ ἅπαξ τῆς ἡμέρας ὀφείλειν γενέσθαι τὴν ἀναίμακτον θυσίαν.*) [2])

Ὁ ὀρθὸς λόγος καὶ ἡ ἀκριβὴς τῶν πραγμάτων κατανόησις [3]) *τὸν ἱερέα ἅπαξ τῆς ἡμέρας ἐπιτρέπει τὴν ἀναίμακτον θυσίαν ἐπιτελεῖν, ἀλλ' οὐ πολλάκις· εἰ γὰρ εἰς τὸ ἓν θυσιαστήριον οὐ συγχωρεῖ δευτέραν θυσίαν ποιεῖν, πολλῷ μᾶλλον τὸν ἱερέα τῆς ἡμέρας οὐ θέμις δὶς ἱερᾶσθαι· ἐπεὶ καὶ ὁ Χριστὸς ὁ ἀληθινὸς ἀρχιερεὺς* [4]) *καὶ θεὸς οὐ πολλάκις, ἀλλ' ἅπαξ τῆς ἡμέρας ἑαυτὸν ἱερούργησεν· ὥστε ὁ πολλάκις τῆς ἡμέρας ἱερουργῶν τοσαυτάκις ὑποφαίνεται τὸν Χριστὸν σταυρωθῆναι, καὶ ἐκπίπτει τῆς ὀρθῆς τῶν χριστιανῶν ὡς ἀληθῶς πίστεως, ἀλλὰ καὶ οἱ κοινωνοῦντες αὐτῷ ἅπαντες·* [5]) *οὐ γὰρ εἰς τὸν ἅπαξ τῆς*

---

[1]) Sic titulus in cod. Vatic. 1150 f. 127 a. Vat. 1119 f. 7. b.

[2]) Hunc alterum titulum habet cod. Vatic. 430 f. 221. b. Sine titulo idem fragmentum exstat cod. Vat. 828 f. 281. post Photii Collectiones et Demonstrationes. In Mon. 380 (ol. Aug.) cum hac inscriptione: *Περὶ τοῦ ἅπαξ ὀφείλειν λειτουργεῖν τὸν ἱερέα* legitur f. 151. post Photii Nomocanonem.

[3]) Mon. cit. *κατάστασις.*

[4]) Mon. cit. *ἄρτος καὶ ἀρχιερεὺς κ. θ.*

[5]) Mon. *πάντες.*

Photii S. Patriarchae. De divina liturgia.

(Tomus synodicus de eo quod sacerdoti semel in die incruentum sacrificium peragendum sit.)

Recta ratio et accurata rerum cognitio sacerdoti semel in die permittit offerre incruentum sacrificium, non vero saepius. Nam si in uno altari non licet secundum sacrificium celebrare, multo minus fas erit bis uno die sacerdotem sacrum peragere. Christus quoque verus Pontifex ac Deus non saepius, sed semel unico die seipsum sacrificavit. Unde qui pluries in die Missam celebrat, toties insinuat Christum fuisse crucifixum, et revera excidit a recta christianorum fide, immo et omnes, qui cum ipso fovent communionem. Neque enim (talis) in eum credit, qui semel unico die propter hominum salutem cruci affixus fuit, sed in alium quempiam, qui

ἡμέρας διὰ την τῶν ἀνθρώπων σωτηρίαν σταυρωθέντα πιστεύει, ἀλλ' εἰς ἄλλον τινὰ πολλάκις μὲν, μᾶλλον δ' ἀπείρως παθόντα, καὶ τὴν οἰκονομίαν τοῦ πάθους πληρῶσαι μὴ δυνηθέντα· ἴσμεν οὖν [6]) ὡς εἰς τύπον τοῦ ὑπὲρ ἡμῶν παθόντος ὅ τε [7]) ἱερεὺς καὶ τὰ ὑπ' αὐτοῦ [8]) ἱεροτελούμενα ἐμφανῶς καθεστήκασιν· ὀφείλουσιν οὖν τὰ ἰδιώματα τοῦ τύπου τῆς ἀληθείας [9]) ἀκριβῶς διασώζεσθαι, εἰ μέλλοιεν τῆς ἀληθείας διαγράφειν τὴν φύσιν.

B.

Fragmenta Photii dialectica.

(Ex cod. Monac. 222.)

I.

Περὶ τοῦ γένους. [1])

Τὸ γένος τριχῶς λέγεται· ἢ γὰρ ἀπὸ τοῦ τόπου, ὡς ἀπὸ Αἰγύπτου Αἰγύπτιοι, ἢ ἀπὸ πατρὸς, ὡς ἀπὸ Ἰσραὴλ Ἰσραηλῖται, ἢ τὸ παρὰ φιλοσόφοις λεγόμενον, ὅ καὶ ὁριζόμενον φασί· γένος ἐστὶ τὸ κατὰ πλειόνων καὶ διαφερόντων τῷ εἴδει ἐν τῷ τί ἐστι κατηγορούμενον. [2]) τὸ γὰρ ζῶον κατηγορεῖται κατὰ πλειόνων εἰδῶν, τουτέστι κατὰ ἀνθρώπου, βοὸς καὶ τῶν ὁμοίων· διαφερόντων δὲ τῷ εἴδει· ἄλλο γάρ ἐστιν ἄνθρωπος καὶ ἄλλο βοῦς καὶ ἵππος.

---

[6]) Mon. μὲν.

[7]) al. ὅτι καὶ.

[8]) al. περὶ αὐτὸν.

[9]) Sequentia ex Mon. supplevimus; Vat. codd. omittunt verba ἀκριβῶς — τῆς ἀληθείας.

[1]) Cod. Mon. f. 10 b. Φωτίου.

[2]) Aristot. Topic. I. c. 4 §. 6. Damasc. Dial. c. 5. 9. p. 14. 20. 21 ed. Le Quien, praesertim vero p. 25 ex breviori Logica.

---

saepius, immo infinitis vicibus sit passus et passionis oeconomiam implere haud potuerit. Scimus igitur in figuram Christi pro nobis passi et sacerdotem et sacras caeremonias institutas esse perspicue. Debent ergo figurae veritatis proprietates accurate servari, si veritatis naturam velint delineare ac exprimere.

Fragmenta dialectica.

I. De genere.

Genus tripliciter dicitur: vel enim a loco, ut ab Aegypto Aegyptii, vel a patre, ut ab Israel Israelitae; vel quod apud philosophos dicitur genus, quod et definitum tradunt: genus est, quod de pluribus et specie differentibus ratione ejus quid sit praedicatur. Namque animal praedicatur de pluribus speciebus, hoc est de homine, de bove et similibus; de differentibus vero specie; aliud enim est homo, et aliud bos et equus.

II.

Περὶ εἴδους.[1])

Τὸ δὲ εἶδος διχῶς λέγεται· ἓν μὲν τὸ σχῆμα καὶ ἡ μορφή· ὅθεν καὶ τοὺς ἔχοντας καλὴν μορφὴν εὐειδεῖς καλοῦμεν, τοὺς δὲ ἔχοντας κακὴν, δυςειδεῖς· ἄλλο δὲ τὸ ὑποτασσόμενον τῷ γένει, οἷον ἄνθρωπος· ὁ γὰρ ἄνθρωπος ὑπὸ τὸ ζῶον. ἔτι δὲ τοῦτο ἔστιν εἶδος τὸ παρὰ τοῖς φιλοσόφοις, ὃ καὶ ὁριζόμενοι φασίν· εἶδός ἐστι τὸ κατὰ πλειόνων καὶ διαφερόντων τῷ ἀριθμῷ ἐν τῷ τί ἐστι κατηγορούμενον·[2]) οἷον, ὡς προείπομεν, ἄνθρωπος. κατὰ γὰρ τοῦ Πλάτωνος καὶ Ἴωνος (Ἰωάννου) κατηγορεῖται, διαφερόντων μὲν ἀλλήλων τῷ ἀριθμῷ, κοινωνούντων δὲ ἀλλήλων κατὰ τὸ εἶδος, τουτέστι κατὰ τὸ εἶναι τοὺς δύο ἀνθρώπους ἐπὶ τῶν ὁμοίων. Καὶ ταῦτα μὲν περὶ τοῦ εἴδους. Ἀλλ' ὥσπερ ἐνδέχεταί, τινα καὶ πατέρα εἶναι καὶ υἱὸν, πατέρα μὲν τοῦ ἐξ αὐτοῦ τεχθέντος, υἱὸν δὲ τοῦ αὐτὸν γεννήσαντος, οὕτως καὶ τὸ γένος ἐνδέχεται καὶ εἶδος εἶναι καὶ γένος, κατ' ἄλλο μὲν γένος, πρὸς ἄλλο δὲ εἶδος, οἷον τὸ ζῶον γένος μέν ἐστι τοῦ ἀνθρώπου, εἶδος δὲ τοῦ ἐμψύχου σώματος· τὸ γὰρ σῶμα κατὰ τοῦ ἐμψύχου σώματος κατηγορεῖται· ὁμοίως καὶ τὸ σῶμα, καθὼς ἔφημεν, γένος μέν ἐστι τοῦ ἐμψύχου σώματος, εἶδος δὲ τῆς οὐσίας· ἡ γὰρ οὐσία κατὰ πάντων κατηγορεῖται καὶ ἐπάνω αὐτῆς ἄλλο γένος οὐκ ἔστι, ὡς οὐδὲ ἄνθρωπος

[1]) Cod. Mon. f. 13 b.

[2]) Verba ἐν τῷ—κατ. omissa in cod. juxta Arist. supplevimus cod. f. 14 b. Dam. Dial. c. 5 p. 14. c. 10 p. 21. 22. 25.

II. De specie.

Species dupliciter dicitur: primo (habitus) figura et forma, unde et eos qui pulchram habent formam, speciosos (formosos) vocamus, qui vero pravam, homines deformes (deformis speciei); secundo quod subordinatum est generi, veluti homo, homo enim sub animali est. Hoc vero species est, quae apud philosophos praedicatur, quam et definitam tradunt: Species est quod de pluribus et differentibus numero ratione ejus quid sit praedicatur; exempli gratia, ut jam diximus, homo; de Platone enim et Jone (Johanne) praedicatur, differentibus quidem ab invicem numero, secundum speciem vero ad invicem communicantibus; scilicet secundum quod sunt duo homines in similibus. Et haec de specie dicta sint. Quemadmodum vero fieri potest, ut quis pater simul sit et filius, pater quidem illius, qui ex ipso procreatus est, filius autem ejus, qui ipsum generavit: ita et genus simul esse potest genus et species, ad aliud quidem genus, ad aliud vero species; e. gr. animal genus quidem est hominis, species vero corporis animati; corpus enim de animato corpore praedicatur; similiter et corpus, sicut diximus, genus quidem est animati corporis, species vero substantiae; substantia enim de omnibus praedicatur et supra ipsam aliud genus non est, sicut nec homo sub se aliam speciem habet. Nominatur genus, quod supra se non habet

ὑποκάτω αὐτοῦ ἄλλο [ἔχει] εἶδος· καὶ ὀνομάζεται τὸ γένος τὸ μὴ ἔχον ἐπάνω αὐτοῦ γένος, οἷον, ὡς εἴπομεν, ἡ οὐσία, γενικώτατον, τὸ δὲ εἶδος τὸ μὴ ἔχον ὑποκάτω αὐτοῦ ἄλλο εἶδος, εἰδικώτατον εἶδος· ἔστι δὲ τοῦτο τὸ εἶδος εἰδικώτατον· καὶ εἶδος ὂν οὐκ ἔστι γένος, ἐπειδὴ οὐκ ἔχει ὑπ' αὐτὸ εἶδος.

III.

Περὶ διαφορᾶς. [1])

Διαφορὰ τριχῶς λέγεται· κοινῶς τε καὶ ἰδίως καὶ ἰδιαίτατον· κοινῶς μὲν ἡ σημαίνουσα χωριστὸν συμβεβηκός· οἷον ὡς ἐν τῷ τυχόντι ἀνθρώπῳ λευκόν· ἐνδέχεται γὰρ καὶ μέλαν γενέσθαι· ἰδίως δὲ ἡ σημαίνουσα ἀχώριστον, ὡς ἐν τῷ τυχόντι ἀνθρώπῳ ἡ γλαυκότης· οὐ γὰρ γίνεται ὁ γλαυκόφθαλμος μελανόφθαλμος· ἰδιαίτατα δὲ ἡ οὐσίαν εἰςάγουσα, οἷον ἐπὶ ἀνθρώπου ἡ λογικότης, ἥτις καὶ διακρίνει ἡμᾶς ἐκ τῶν ἀλόγων· αὕτη γὰρ ἡ διαφορὰ συστατική ἐστι τῆς τοῦ ἀνθρώπου οὐσίας. Ὁρίζονται δὲ ταύτην τὴν διαφορὰν οὕτως· διαφορά ἐστι τὸ κατὰ πλειόνων καὶ διαφερόντων τῷ εἴδει ἐν τῷ ὁποῖόν τί ἐστι κατηγορούμενον· ἄλλως δέ· διαφορά ἐστι τὸ χωρίζειν πεφυκὸς τὰ ὑπὸ τὸ αὐτὸ γένος. ἔτι δὲ καὶ οὕτως· διαφορά ἐστιν, ὅτῳ διαφέρει ἕκαστον. [2]) Ἀλλ' αἱ μὲν κοινῶς καὶ ἰδίως διαφοραὶ ἀλλοίωσίν τινα ποιοῦσι πρὸς τὰ ὅμοια αὐτῶν, ἡ δὲ ἰδιαίτατα ἄλλο· ἄλλο γὰρ ποιεῖ ἡ λογικότης προςελθοῦσα τῷ καθόλου ζώῳ, [3])

[1]) Cod. Mon. f. 17 a. Φωτίου π. διαφ. Vid. Porphyr. de differ. ib. f. 17, b; 18 a—19. Damasc. c. 12 p. 28. c. 5 p. 14.

[2]) Porphyr. in Mon. cod. f. 19 a: ᾗ περισσεύει τοῦ γένους τὸ εἶδος.

[3]) Heic fol. 17 b. init. lacera pars codicis occurrit.

---

aliud genus, sicut substantia, generalissimum; et species, quae non habet sub se aliam speciem, species specialissima, haec est species specialissima et quum sit species, non est genus, quoniam non habet sub se speciem.

III. De differentia.

Differentia tripliciter dicitur: communiter, proprie et maxime proprie; communiter quidem ea, quae significat accidens separabile, quale in quolibet homine album; potest enim et nigrum fieri. Proprie vero differentia sumitur, quae significat accidens inseparabile, veluti in homine quolibet oculorum color caeruleus; neque enim iste in nigrum mutatur. Maxime proprie dicitur ea quae substantiam inducit, sicut in homine rationabilitas, quae et nos a brutis discernit. Haec etenim differentia constitutiva est substantiae hominis. Definiunt autem hanc differentiam hoc pacto: Differentia est id quod de pluribus et specie differentibus ratione ejus quale quid sit praedicatur; aliter vero: Differentia est id quod aptum est ad secernenda ea quae sub idem genus cadunt; praeterea et ita: Differentia est, quo unumquodque differt. Verum differentiae, quae communiter et proprie dicuntur, alterationem quamdam faciunt ad eorum similia; quae vero maxime proprie dicitur, aliud; nam aliud facit rationabilitas animali universim addita, scilicet hominem. Haec differentia specifica (speciem constituens) dicitur, quia aliam

[τουτέστι τὸν ἄνθρωπον· αὕτη μὲν ἡ] διαφορὰ εἰδοποιὸς λέγεται διὰ τὸ ποιεῖν ἕτερον εἶδος· αἱ δ' ἄλλαι δύο μόνον διαφοραί. Διαφέρει δὲ κατ' ἄλλα πολλὰ ἡ [κοιν]ῶς διαφορὰ τῆς ἰδιαίτατα, καθ' ἓν [δὲ τοῦτο] κυριώτατον διαφ[έρει], ὅτι ἡ μὲν κοινῶς καὶ ἰδίως διαφορὰ εἰς ὑπογραφὰς λαμβάνονται, ἡ δὲ ἰδιαίτατα εἰς ὁρισμούς. Τί δέ ἐστιν ὑπογραφὴ καὶ ὁρισμὸς καὶ τὰ τούτοις παραπλήσια, ὕστερον ἐροῦμεν. [4])

IV.

Περὶ ἰδίου. [1])

Τὸ δὲ ἴδιον [λέγεται] τετραχῶς. ὃ [2]) γὰρ μόνῳ μὲν ὑπάρχει τῷ εἴδει, οὐ παντὶ δέ· ὡς τῷ ἀνθρώπῳ τὸ γραμματικῷ εἶναι· μόνος γὰρ ὁ ἄνθρωπος ἐκ τῶν λοιπῶν ζώων γίνεται γραμματικὸς, εἰ καὶ μὴ πᾶς ἄνθρωπος· δεύτερον, ὃ παντὶ μὲν ὑπάρχει τῷ εἴδει, οὐ μόνῳ δέ· πᾶς γὰρ ἄνθρωπος διποῦς, ἀλλ' οὐ μόνος ἐστί· τρίτον, ὃ παντὶ μὲν ὑπάρχει τῷ εἴδει καὶ μόνῳ, οὐκ ἀεὶ δὲ, ἀλλὰ ποτέ, ὡς ἐν γήρᾳ πολιοῦσθαι· τέταρτον δὲ, ὃ γίνεται συνελθόντων τῶν τριῶν, οἷον τὸ μόνῳ καὶ παντὶ καὶ ἀεὶ, ὅπερ καὶ ἀντιστρέφει, ὡς τὸ γελαστικόν· ὅπερ γὰρ γελαστικὸν, τοῦτο καὶ ἄνθρωπος, καὶ ὅπερ ἄνθρωπος,

---

[4]) His videtur absolvi Photii scholion; sequuntur tamen in cod. quaedam, quorum priora parum cohaerent. Legitur enim: Ἐξαιρέτως· εἰ κοινῶς, πῶς διαφορά; ὅτι πᾶσιν ὑπάρχει τριχῶς ἡ διαφορά· εὐλόγως· πάντα γὰρ τὰ ὄντα τριττὰ, καὶ ὁ ποιητὴς „τριχθάδε πάντα δέδασται"· καὶ γὰρ πάντα τὰ ὄντα ἢ οὐσία ἐστὶν ἢ συμβεβηκὸς, καὶ τὸ συμβεβηκὸς διττὸν, ὅτι ἀχώριστον καὶ χωριστόν.

[1]) Cod. Mon. f. 20 b.

[2]) fort. leg. τὸ.

---

speciem facit; reliquae vero duae differentiae tantum vocantur. Differt vero quae communiter dicitur differentia ab ea quae maxime proprie, tum quoad alia multa, tum potissimum quoad hoc, quod principalissimum est, quod illae duae ad descriptiones sumuntur, haec vero ad definitiones. Quid vero sit descriptio et definitio et his similia, postea dicemus.

IV. De proprio.

Proprium quadruplici modo dicitur: primum id quod soli quidem convenit speciei, non vero omni; veluti homini convenit grammaticum esse; solus enim homo ex reliquis animantibus fit grammaticus, etiamsi non omnis homo. Secundo quod omni quidem speciei convenit, non autem soli. Omnis enim homo bipes, etsi non solus. Tertio quod omni quidem adest speciei et soli, non autem semper, sed aliquando, velut in senectute canescere. Quarto quod fit tribus illis coalescentibus, quod soli et omni et semper convenit speciei, quod et convertitur, e. gr. risibile; quidquid enim risibile, hoc et homo, et quidquid homo, hoc et risibile. De hoc enim agunt philosophi, cujus et definitio est: Proprium vero omni et soli et semper conveniens

τοῦτο καὶ γελαστικόν· περὶ γὰρ τούτου παρὰ τοῖς φιλοσόφοις ὁ λόγος, οὗ καὶ ὁρισμός ἐστιν· ἴδιον δὲ τὸ παντὶ καὶ μόνῳ καὶ ἀεὶ ὑπάρχον τῷ εἴδει· ἄλλως δὲ πάλιν· ἴδιόν ἐστι τὸ ἀχώριστον συμβεβηκὸς ἀντιστρέφον· καὶ τοῦτο δὲ πάλιν τριχῶς λέγουσιν· ἢ ἀπὸ τῆς διοργανώσεως, ὡς τὸ πλατυώνυχον [3]) τοῦ ἀνθρώπου, ἢ ἀπὸ τῆς ἐνεργείας, ὡς τὸ ὀρθοπεριπατητικὸν, ἢ ἀπὸ τῆς δυνάμεως, ὡς τὸ γραμματικῆς εἶναι δεκτικόν. [4])

V.

Περὶ συμβεβηκότος. [1])

Τὸ συμβεβηκὸς δύο σημαίνει, τὸ χωριστὸν καὶ τὸ ἀχώριστον· καὶ τὸ μὲν ἀχώριστον ἰσοδυναμεῖ τῇ ἰδίως διαφορᾷ, τὸ δὲ χωριστὸν τῇ κοινῶς διαφορᾷ· καὶ γὰρ ἀχώριστον συμβεβηκός ἐστιν, ὡς τὸ μέλαν τῷ κόρακι, χωριστὸν δὲ ὡς τὸ κεῖσθαί τινα ἢ ἵστασθαι. Ὁρίζονται δὲ αὐτὸ οὕτως· ὃ γίνεται καὶ ἀπογίνεται ἢ δυνάμει ἢ ἐνεργείᾳ χωρὶς φθορᾶς τοῦ ὑποκειμένου· ἐν γὰρ τῷ εἰπεῖν δυνάμει ἐδήλωσε τὸ ἀχώριστον συμβεβηκὸς, ἐν δὲ τῷ ἐνεργείᾳ τὸ χωριστόν. Ἔτι δὲ συμβεβηκός ἐστιν ὃ ἐνδέχεται τῷ αὐτῷ ὑπάρχειν ἢ μὴ ὑπάρχειν· [2]) ἀεὶ δέ ἐστιν ἐν ὑποκειμένῳ ὑφιστάμενον· τὸ δὲ ἀεὶ ἔστιν ἐν ὑποκειμένῳ, οὐχ ὅτι ἀεὶ ἐν ὑποκειμένῳ ὑπάρχει, ἀλλ᾽ ὅτι τὴν ὑπόστασιν αὐτοῦ ἐν ὑποκειμένῳ ἔχει ἀεί.

---

[3]) Cod. πλατυόνυχον.

[4]) Cf. Aristot. Topic. L. I c. 4 §. 5 L. II c. 1 §. 4. Damasc. Dial. c. 5 p. 14 c. 14 p. 29.

[1]) Mon. f. 20 b. extr.

[2]) Cf. Arist. Topic. I 4 §. 8. Damasc. Dial. c. 5 p. 14. c. 13 p. 28. 29.

---

speciei; aliter vero: Proprium est accidens inseparabile, quod convertitur. Et hoc rursum triplici modo dicunt: vel ab organorum formatione, veluti hominem latos ungues habere, vel ab operatione, velut recta via incedere, recte ambulare, vel a potentia, veluti grammatices esse capacem.

V. De accidente.

Accidens duo significat: separabile et inseparabile. Atque inseparabile quidem idem valet ac differentia proprie dicta, separabile idem quod differentia communiter dicta. Accidens inseparabile est e. g. nigrum in corvo, separabile vero quemdam jacere vel stare. Definiunt autem accidens: quod nascitur et denascitur vel potentia vel actu absque corruptione subjecti; in voce illa potentia significavit accidens inseparabile, in voce vero actu separabile. Alia definitio est: Accidens est, quod eidem inesse potest vel non inesse; semper vero est in subjecto subsistens. Hoc vero semper est in subjecto, non quia illud semper in subjecto inest, sed quia semper in subjecto suam habet existentiam, dicitur.

VI.

Περὶ τῶν κοινῶν.[1])

Κοινὸν πάντων κυρίως τὸ κατὰ πλειόνων κατηγορεῖσθαι καὶ κοινὸν πάντων (ἄνευ τοῦ συμβεβηκοτος) τὸ ἐπίσης μετέχεσθαι ὑπὸ τῶν μετεχόντων καὶ τὸ ἀναιρουμένων αὐτῶν ἀναιρεῖσθαι τὰ ὑπ' αὐτά.

VII.

Περὶ κοινωνίας γένους καὶ διαφορᾶς.[1])

Διαφέρει δὲ τὸ γένος τῆς διαφορᾶς, ὅτι τὸ μὲν γένος ἐν τῷ τί ἐστιν, ἡ δὲ διαφορὰ ἐν τῷ ὁποῖόν τί ἐστι, κατηγορεῖται, καὶ ὅτι τὸ μὲν γένος προϋπάρχει, ἡ δὲ διαφορὰ ὕστερον,[2]) καὶ ὅτι τὸ μὲν γένος συνεισάγεται, ἡ δὲ διαφορὰ συναναιρεῖται.

Διαφέρει δὲ τὸ εἴδους τὸ γένος, ὅτι τὸ μὲν γένος κατὰ τῶν εἰδῶν κατηγορεῖται, τὸ δὲ εἶδος κατὰ τῶν ἀτόμων, καὶ ὅτι τὸ γένος προϋφέστηκε, τὸ δὲ εἶδος ὑστερογενὲς,[3]) καὶ ὅτι γένους μὲν ὄντος οὐ πάντως ἐστὶ καὶ εἶδος, εἴδους δὲ ὄντος ἐστὶ καὶ γένος ἐξ ἀνάγκης.

Διαφέρει δὲ τὸ γένος τοῦ ἰδίου, ὅτι τὸ μὲν γένος συνωνύμως κατηγορεῖται

[1]) Mon. f, 21 b. scil. de iis, quae communia sunt generi, proprio, accidenti etc., de quibus hucusque actum. Cf. Damasc. Dial. c. 18 p. 32.

[1]) Mon. f. 21 b. extr. f. 24 a. — Titulus iste minus quadrat: agitur enim de differentia generis, qua discernitur a specie, a proprio, ab accidente, a differentia. Differentia plerumque cum genere ponitur; ut Arist. Top. I 3 §. 2: καὶ γὰρ τὴν διαφορὰν ὡς οὖσαν γενικὴν ὁμοῦ τῷ γένει τακτέον.

[2]) Vix legi potest; fort. et ὑστέρα. Cf. Damasc. c. 19 p. 33.

[3]) Cf. Arist. de categ. c. 13 (c. 10 §. 4 p. 22. 23 ed. Paris.) Damasc. c. 20 p. 33.

VI. De iis quae praedictis sunt communia.

Commune omnibus proprie, quod de pluribus praedicantur, et commune omnibus excepto accidente, quod aequaliter a participantibus tenentur et quod sublatis ipsis sublata sunt ea quae sub ipsa cadunt.

VII. De communione generis et differentiae.

Differt genus a differentia, quod genus quidem praedicatur ratione ejus quid sit, differentia vero ratione ejus quale quid sit; tum quod genus praeexistit, differentia vero posterior, tum quod genus simul inducitur, differentia vero simul tollitur.

Differt genus a specie tum quod genus de speciebus praedicatur, species autem de individuis; tum quod genus ante exstitit, species postea orta est, tum quod si genus est, non omnino species quoque est, si vero species est, necessario et genus esse debet.

Differt genus a proprio, tum quia genus synonyme praedicatur de iis quae sub ipso sunt, non vero proprium, tum quia sublato genere simul et proprium tollitur, proprio vero sublato non simul tollitur genus.

τῶν ὑπ' αὐτὸ, τὸ δὲ ἴδιον οὐκέτι· καὶ ὅτι ἀναιρουμένου τοῦ γένους συναναιρεῖται καὶ τὸ ἴδιον, τούτου δὲ ἀναιρουμένου τὸ γένος οὐ συναναιρεῖται.[4])

Διαφέρει δὲ τοῦ συμβεβηκότος,[5]) ὅτι τὸ γένος ἐν τῷ τί ἐστι λέγεται, τὸ δὲ συμβεβηκὸς ἐν τῷ ὁποῖόν τί ἐστι ἢ πῶς ἔχον ἐστί, καὶ ὅτι τὸ γένος συνωνύμως κατηγορεῖται τῶν ὑπ' αὐτὸ, τὸ δὲ συμβεβηκὸς οὐκέτι· καὶ ὅτι τὸ γένος [καὶ τὰ ὑπ'][6]) αὐτὸ οὐκ εἰσὶ μᾶλλον καὶ ἧττον, τὸ δὲ συμβεβηκός ἐστι.

Ἐκ δὲ ταύτης τῆς ἀπὸ τοῦ γένους πρὸς τὰς ἄλλας φωνὰς διαφορᾶς δυνατὸν καὶ ἑκάστης τῶν φωνῶν τὰς οὔσας πρὸς ἄλληλας διαφορὰς εὑρεῖν.[7]) Καὶ ταῦτα μὲν ἐν ταύταις.

C.

Fragmentum homiliae Photii.[1])

(De judicio extremo.)

Καὶ ἀναστηλούσθω σοὶ τῇ διανοίᾳ διὰ παντὸς τῆς δευτέρας παρουσίας τὸ φρικτὸν ἐκεῖνο μυστήριον· καὶ βίβλοι διανοιγόμεναι[2]) πράξεων καὶ κρυπτὰ δημοσιευόμενα· πορνεῖαι, ἁρπαγαὶ, μοιχεῖαι, πλεονεξίαι, λοιδορίαι, καταλαλιαὶ, φθόνος, φόνοι, δυσσέβεια· ὧν ἁπάντων καὶ τῶν ὁμοίων ἑκάστου τὸ συνειδὸς ἐν ἐκείνῃ τῇ ἡμέρᾳ τῶν δεδρακότων κατήγορον ἐλέγξει ταῦτα καὶ θριαμβεύσει καὶ γυμνὰ καὶ ἀπερικάλυπτα προθήσει. Ἐννοείσθω σοὶ ταῦτα, καὶ πρὸ τού-

[4]) Cf. Damasc. Dial. c. 21 p. 33.
[5]) Damasc. Dial. c. 22 p. 33. 34.
[6]) Supplenda fuit hic et in sequ. nonnullarum literarum lacuna.
[7]) Late de his Damasc. Dial. c. 18—28 p. 32—35.
[1]) Cod. Barocc. 175 f. 169, r. Cram. Anecd. gr. Oxon. IV. p. 168. 169.
[2]) *διανοιγόμενοι* C.

Differt ab accidente, quod genus dicitur ratione ejus quid sit, accidens vero ratione ejus, quale vel quomodo habens quid sit; et quod genus synonyme praedicatur de iis quae sub ipso, non vero accidens, et quod genus et quae sub ipso sunt, non sunt magis et minus, quemadmodum tamen est accidens.

Ex hac differentia inter genus et ceteras voces inveniri quoque possunt differentiae singularum vocum ab invicem. Atque haec quidem in istis.

Fragmentum homiliae Photii.

Et continuo tibi ante mentis oculos versetur tremendum illud secundi adventus (Christi) mysterium, libri actionum aperti, quae occulta erant, publicata: fornicationes, rapinae, adulteria, avaritia, convicia, calumniae, invidia, caedes, impietas. Quorum omnium et similium flagitiorum uniuscujuslibet conscientia die illa eorum, qui haec commiserint, accusatrix exprobrabit ista et publice praedicabit, nudaque et omni velamine destituta ostendet. Haec tibi recogitanda, et prae his ignis intolerabilis fluenta

του πυρὸς ἀστέκτου ποταμοὶ παφλάζοντες· καὶ μυριάδες Ἀγγέλων κυκλωτὸν θρόνον περιτοιχίζουσαι, καὶ τῶν ἀνθρώπων ἅπαν τὸ γένος ἐξεταζόμενον καὶ λόγους τῶν πρακτέων εἰςπραττόμενον, καὶ τῶν δικαίων οἱ ἁμαρτωλοὶ χωριζόμενοι καὶ τὴν ἀπότομον ἐκείνην καὶ φοβερὰν φωνὴν καταδικαζόμενοι, καὶ τοῖς δημίοις παραδιδόμενοι, καὶ πρὸς κόλασιν ἐπαγόμενοι, καὶ μηδὲ φωνὴν παρακλήσεως ῥῆξαι παραχωρούμενοι, καὶ πυκνὰ μὲν πρὸς ἀλλήλους βλέποντες καὶ στεναγμοὺς ἀμηχανίας στενάζοντες, καὶ πάντας μὴν βοηθοὺς προςκαλούμενοι, διὰ τοῦ ἱκετηρίου βλέμματος,[3]) *διὰ τοῦ ἐλεεινοῦ σχήματος, διὰ τῆς τοῦ προςώπου σκυθρωπότητος, διὰ τῶν ἐκ βάθους στεναγμῶν καὶ δακρύων, παρ' οὐδενὸς δὲ τῆς βοηθείας τυγχάνοντες. Ὦ πόση τότε μεταμέλεια, καὶ οὐδεμία ὠφέλεια! πόσος συντρηφμὸς*[4]) *καὶ περισπασμὸς ψυχῆς, καὶ οὐδεὶς ὁ λυπούμενος! πόσος στεναγμὸς καὶ κοπετὸς καρδίας, καὶ οὐκ ἔστιν ὁ ἐξαιρούμενος! οὐ φίλος, οὐκ ἀδελφὸς, οὐ πατὴρ, οὐ μήτηρ, οὐκ ἄλλος τις τῶν συνήθων ἢ συγγενῶν· ἀλλ' οὕτως ἀθλίως ἀπαγόμενοι, θορυβούμενοι, κοπτόμενοι, διασπώμενοι, ἐξιστάμενοι, τῇδε κἀκεῖσε περιστρεφόμενοι τῷ πυρὶ καὶ τῷ σκώληκι παραπέμπονται.*

3) *βλέματος* Cod.

4) Sic in cod.; cui Cramerus remedium non attulit. Occurrunt *σύντριψις* conquassatio, a *συντρίβω*, unde et *σύντριμμα*, et *σύντρησις* perfossio, a *συντιτράω*, *τρόμος* tremor a *τρέω*. Sed frequens est vox *συντριμμός* tum apud Phot. (Hom. II in adv. Russ. p. 222. 223 ed. Nauck.) tum in V. T. graeco, v. g. Sophon. I 10. Jerem. IV. 20. II Sam. XXII 5.

---

ebullientia, Angelorum myriades thronum cyclo circumdantes, universum hominum genus examini subjectum et ad reddendam actionum rationem coactum, peccatores a justis separati et tremenda illa et austera voce condemnati, carnificibus traditi et ad supplicium rapti, quin ullum consolationis verbum sinatur emitti, ad invicem frequenter adspicientes et gemitus confusionis gementes, omnes advocantes auxiliatores, per supplices oculos, per figuram miserandam, per tristem faciem, per suspiria e profundo emissa ac lacrymas, a nemine vero auxilium impetrantes. O quanta tunc erit poenitentia, cujus nulla utilitas! Quanta mentis perturbatio et distractio, et nemo qui condoleat! Quantus singultus et conquestus et non est, qui eripiat! Non amicus, non frater, nec pater, nec mater, neque alius quispiam e familiaribus vel cognatis. Verum ita misere abacti, turbati, caesi, disjecti, fugati, hic et illic circumducti igni et vermi transmittuntur.

D.

ΦΩΤΙΟΥ

Παραίνεσις διὰ γνωμολογίας.

1. Θεῖος φόβος καὶ θεραπεία τεκόντων καὶ τιμὴ πρεσβυτέρων καὶ αἰδὼς ἡλίκων σωφρονούντων ἀπερίτρεπτα τῆς ἀρετῆς τὰ θεμέλια καταβάλλεται.

2. Βίος ἄπαις ἀμείνω κακόπαιδος· ὁ μὲν γὰρ ὀξὺ τὸ κέντρον διὰ παντὸς καὶ ἀφόρητον τῆς ἀλγηδόνος ἐνίησιν, ὁ δὲ χρόνῳ συναποῤῥέον ἔχει τὸ λυπούμενον.

3. Γλῶσσα σοφῶν πολλὰς οἶδε πηγάζειν οὐκ ἀχαρίστους ἡδονὰς, τῶν δὲ ἀπαιδεύτων ὕβρεως καὶ μᾶλλόν ἐστιν ὄργανον ἢ φωνῆς.

4. Ἐμπεσών τις ἰδίοις κακοῖς πρὸς τὴν τῶν ἀλλοτρίων ὀκνηρότερος γίνεται πολυπραγμοσύνην.

5. Πρόδηλον ἐχθρὸν καὶ τὸν ὕφαλον τῇ φιλίᾳ οὐχ ὁμοίως ἔστιν φυλάξασθαι χαλεπόν· ὁ μὲν γὰρ ἐν τῇ τοῦ φίλου δορᾷ λανθάνων φέρει τὸ ξίφος, ὁ δὲ γυμνὸς ἐπιὼν τῶν ἴσων ἢ καὶ μειζόνων τραυμάτων ὑφίσταται τὴν πληγήν.

6. Ὁ πρὸς κακίαν ἀργὸς οὐδὲ ὑπόληψιν λαβεῖν τοιαύτην ὑπὲρ τῶν πλησίον ὑπάρχει ταχύς.

7. Ὁ λυπῆσαι τὸν κατάρξαντα καιρὸν λαβὼν καὶ τὴν ἄμυναν μὴ ἐπαγαγὼν, οὗτος ἔδειξε περιφανῶς, καὶ τοῦ καιροῦ μὴ παρόντος οὐκ ἀπορίᾳ τοῦ δρᾷν, ἀλλ' ἀπαθείᾳ ψυχῆς τὴν γνώμην καθαρὰν ἀντιλυπήσεως συντηρῶν.

Photii

Admonitio et exhortatio per breves morales sententias.

1. Timor Dei et obsequium parentum, honor seniorum et pudor coaetaneorum sapientium firmissima jaciunt virtutis fundamenta.

2. Liberis carere satius est, quam malos habere filios; hoc enim acutum doloris stimulum et haud tolerandum perpetuo injicit, illud vero dolorem habet una cum tempore diffluentem.

3. Sapientum lingua multis solet manare iisque non ingratis voluptatibus; imperitorum autem lingua instrumentum est contumeliae potius quam vocis.

4. Ubi quis in mala propria incidit, segnior est ad aliena curiosius investiganda.

5. A manifesto inimico et ab eo qui amicitiam simulat, non est aeque arduum cavere sibi. Hic enim contectum amici corio gerit gladium, ille vero nudus adventans aequalia vel etiam majora vulnera referre potest.

6. Qui est ad malitiam segnis, neque ad sumendam ejusmodi suspicionem de proximo est celer.

7. Qui nactus occasionem laedendi aggressoris ultionem non suscipit, is indicavit perspicue, et quando occasio desit, se non ex inopia virium, sed ex animi aequitate nullis perturbationibus commoti voluntatem a vindicta puram conservare.

8. Ὁ μὲν μεγαλόφρων ἀνὴρ οὐκ ἐθέλει τοῖς τυχοῦσι τῶν ἔργων συναναστρέφεσθαι, ζητεῖ δὲ τὴν ἐπίδειξιν μὴ ἐλάττω ποιεῖσθαι τοῦ φρονήματος· ἀρετὴ δ' ὅμως καὶ τῷ πρὸς μέτρον ἐκείνου μὴ φθάσαντι τὸ μὴ ἀμελεῖν τῶν κατὰ δύναμιν.

9. Ὁ πρᾷος ἑαυτῷ καὶ τοῖς πλησίον γαλήνη καθέστηκε βίου· ὑποβρυχίους δὲ πολλοὺς ἐποίησεν ἡ ὀργὴ καὶ πρὸ τῶν ἄλλων τοὺς ὀργιζομένους.

10. *Εὐχῆς*, κἂν μηδὲν ἕτερον ἐξ αὐτῆς ἐπιστῇ, ἀλλά γε τὸ προςομιλεῖν καὶ συνάπτεσθαι τῷ θεῷ μέγιστον καὶ μακαριώτατον κέρδος.

11. Ὁ μηδὲν ἑαυτῷ συνειδὼς κατὰ τοῦ πλησίον πονηρευόμενον γλυκείας τῆς κατὰ ψυχὴν καὶ θαυμασίας ἀπολαύει ἡδονῆς, ὥσπερ ὁ συνεπιστάμενος, κἂν ἔξωθεν αὐτῷ τοῦ βουλήματος ἡ ἐπιτυχία μειδιᾷ, ἀεὶ τὴν συνείδησιν ἔνδοθεν ἐπιφέρει σκυθρωπὴν αὐτῷ καὶ πικρὰν ἐπιφέρουσαν τὴν λύπην.

12. Ὁ τὰς ἀλλοτρίας συμφορὰς ἅρπαγμα ποιησάμενος πλούτου, εἰ καὶ δόξει τινὰς ἐκεῖθεν εὖ ποιεῖν, οὐκ ἐξ ὧν παρέχει τὸ φιλάνθρωπον, ἀλλ' ἐξ ὧν ἥρπασε τὸ μισάνθρωπον καὶ τυραννικὸν στηλιτεύει τῆς γνώμης.

13. *Φίλους* μὴ ἔχειν μηδὲ κτήσασθαι θελῆσαι θηριώδους γνώμης καὶ ἀκοινωνήτου ζώου ἀξιόπιστος κατήγορος.

14. *Κατόπτροις* ἐοίκασιν οἱ λόγοι καὶ ὥςπερ ἐν ἐκείνοις ὁ τοῦ σώματος (καὶ) τῆς μορφῆς ἐμφανίζεται τύπος, οὕτως ἐν ταῖς ὁμιλίαις τὸ τῆς ψυχῆς εἶδος χαρακτηρίζεται. [1])

[1]) Simile Democriti fragm. ap. Orell. t. I p. 126 n. 175. Sub Photii nomine exstat apud Melissam I 48 (Migne t. 136 p. 929).

---

8. Vir magnanimus non solet libenter obvia et vulgaria opera exercere, sed quaerit sese non infra animi sui magnitudinem ostentare. Virtus est tamen ei, qui ad gradum illius non pertigerit, non negligere id quod virium suarum est.

9. Qui sibi ipsi et proximis mansuetus est, tranquillam degit vitam; submersit vero quam plurimos ira, et ante ceteros ipsosmet iratos.

10. Ex oratione, licet nihil aliud accedat, at saltem hoc ipsum, quod cum Deo in ea loquamur et conjungamur, maximum est ac beatissimum lucrum. (Eadem sententia, non eadem verba ep. 1 Phot. n. 29 p. 24.)

11. Qui nullius adversus proximum machinationis sibi conscius est, dulcem in anima miramque percipit voluptatem, sicut conscius, licet extrinsecus ei proprii consilii successus arrideat, semper conscientiam intrinsecus gerit moestam ipsi acerbumque angorem afferentem.

12. Qui alienas calamitates rapinam divitiarum fecit, tametsi videatur aliquos inde beneficiis augere, tamen non ex iis quae largitur, humanitatem et clementiam, sed ex iis quae rapuit, inhumanitatem ac saevitiam animi manifestat.

13. Amicos non habere nec adipisci velle ferini animi ac belluae consortium omne respuentis fide dignum est indicium.

14. Speculis assimilantur verba, et sicut in illis figura corporis manifestatur, ita in colloquiis forma animi exprimitur.

15. Ὅς παρεσκεύασε τοὺς ὑπὸ χεῖρα μᾶλλον ὑπὲρ αὐτοῦ ἢ αὐτὸν φοβεῖσθαι, ἀτάραχον αὐτοῦ τὸν βίον κατεστήσατο· τῆς γαρ ἰδίας ζωῆς τὰς ἐπιβουλὰς ἀπεδίωξε καὶ τὴν εὔνοιαν τῶν ἀρχομένων ἀντεισήγαγε, καὶ τῆς πολιτείας τὴν πρόνοιαν καὶ ὁμόνοιαν προκατέθετο.[1])

16. Λύχνον[2]) ἡ ἀκοή, ἀλλὰ τοῖς μὲν σπουδαίοις τῶν ἀκουσμάτων θᾶττον συνεισέρχεται ὁ κόρος, τοῖς δὲ θελγοῦσι καὶ κατακηλοῦσιν οὐκ ἐθέλουσι μὴ παρεῖναι τὸ ἀκόρεστον.

17. Ὁ τῷ πλήθει ζητῶν ἀρέσκειν οὐχ ἑαυτῷ μόνον τὰ μὴ ἀρέσκοντα ποιεῖ, ἀλλὰ καὶ ὧν τὴν εὐαρέστησιν ἐπιζητεῖ, ταύτην οὐχ εὑρίσκει λαβεῖν· ἀνομοίων γὰρ αὐτοῖς[3]) τῶν θελημάτων οὐκ οἶδεν ἡ τὸν ἕτερον τέρπουσα τῆς ἐπιθυμίας μορφὴ μὴ ἀσχημοσύνην νομίζεσθαι τῷ ἑτέρῳ.

18. Εἰς ἴσον ἐλαύνει κακὸν ὅρκους ἀπαιτεῖν ἑτέρους καὶ παρέχειν ἑτέροις.

19. Πολυτελῆ δῶρα προσαγόμενα θεῷ οὐ πάντως εἰσὶν ἀπόδειξις τῆς πρὸς αὐτὸν στοργῆς· καὶ τρυφῶν γὰρ πλοῦτος οἶδε ταῦτα ποιεῖν, καρδία δὲ καθαρὰ καὶ ἐκ γνώμης ἀναμφίβολον ἀπαγγέλλει τὸν θεῖον φόβον.

20. Αἱ περίεργοι φύσεις πρὸς μὲν τὸ κατόρθωμα τοῦ πλησίον οὐκ ἐθέλουσι βλέπειν· ὀξυωποιοῦσι δὲ πρὸς τὸ ἐλάττωμα, κἂν μὲν εὕρωσιν, ἥρπασαν καὶ διεκωδώνισαν, ἂν δὲ μὴ εὕρωσιν, αὐτοὶ μᾶλλον εἰδωλοποιεῖν καὶ πλάττειν αἱροῦνται ἢ κενὴν ἀπελθεῖν τὴν περιεργίαν ἀνέχονται.

---

[1]) Affinis sententia Demophili Orell. I p. 40 n. 21. Cf. Phot. ep. 67 p. 119; ep. 1 n. 45.

[2]) sic. cod.; Catif. versio hanc §. omittit.

[3]) suppl.: ὄντων.

---

15. Qui suos subditos ita comparavit, ut magis pro ipso quam ipsum timeant, quietam et tranquillam suam effecit vitam; insidias enim a se abegit et subditorum benevolentiam sibi accersivit, et fundamenta regendae reipublicae concordiaeque servandae jecit.

16. Lucerna (?) est auditus; verum praeclaris ac probis cantibus citius satietas et fastidium inducitur, blandientibus vero ac corda demulcentibus nolunt adesse satietatem.

17. Qui multitudini placere quaerit, non solum quae sibi ipsi non placent facit, sed et quorum gratiam perquirit, hanc non assequitur; quum enim eis dissimilia sint studia, quae alterum oblectat cupiditatis forma, deformitas alteri videri solet.

18. Aeque est malum, juramenta ab aliis exigere et aliis praebere.

19. Sumptuosa munera oblata Deo non semper sunt amoris in eum argumentum; nam et dives luxu diffluens solet haec agere, cor autem mundum et recta intentio indubium annuntiat Dei metum.

20. Curiosa ingenia ad bonum quidem proximi opus nolunt respicere, defectum vero acutissimis oculis explorant, ac si invenerint, rapiunt et promulgant; si vero non invenerint, ipsi potius falsum comminisci et confingere volunt, quam inanem abire suam curiositatem.

21. *Πραότητος πύλαι οὐ παρέχουσιν εἴςοδον τῇ ὀργῇ· οἴδασι γὰρ ὅτι ληστεύειν διὰ τῆς παρόδου μηχανᾶται τὴν ἀκοήν.*

22. *Τῶν μὲν σπουδαίων ἀνδρῶν καὶ αἱ παιδιαὶ ἀρετῆς τινος εἰκόνες εἰσὶ, τῶν δὲ φαύλων καὶ τὰ σπουδάσματα μοχθηρὰ καὶ αἱ ῥαθυμίαι εἴδωλα κακίας εἰσίν.*

23. *Αἱ μὲν ἀρεταὶ οὐ πεφύκασι διευλαβεῖσθαι τὴν κακίαν, αἱ δὲ κακίαι πολλάκις ὤφθησαν τὰς ἀρετὰς αἰδεῖσθαι, καὶ συνεστάλη σώφρονος ἐπιστασίᾳ ἀκόλαστος· πολλάκις καὶ ἀμαθὴς ἐσίγησε σοφοῦ δυςωπηθεὶς παρουσίαν, καὶ θυμὸς ἐξημερώθη θηριώδης τῷ τοῦ πρᾴου περιτυχὼν ἤθει.*

24. *Ὁ νοῦς οὐκ ἂν γένοιτο τοῖς τῶν παθῶν βεβηλούμενος εἰδώλοις, ἂν τῶν ἀρετῶν τὰς μορφὰς τῇ συνεχεῖ μελέτῃ προεντυπωθεὶς ἱερὸν αὐτὸν ἀνάκτορον χρηματίσειεν.*

25. *Σπινθὴρ μὲν προςλαβόμενος ὕλης μεγάλην ἀνάπτει φλόγα καὶ πονηρᾶς γνώμης ὑποσμύχουσα*[1]*) κακία καιροῦ δραξαμένη πολλὰς ἀνεῤῥίπισε πολλοῖς συμφορὰς ὀλεθρίους.*

26. *Τρεῖς εἰσὶν ἀκολασίας ἰδέαι· ἡ μὲν ἐκ τῆς ἡμῶν ἀδιαφορίας διαμορφουμένη, ἡ δὲ ἐξ ἐπιβουλῆς τοῦ ἐχθροῦ, ἡ δὲ τὰς φυσικὰς ὁρμὰς ὑποβαλλομένη. Χειρίστη μὲν οὖν ἡ ἐκ τῆς ἡμῶν ἀδιαφορίας τά τε ἄλλα καὶ [μάλιστα ὅτι] τεχνίτην τοῦ πάθους αὐτὸν τὸν πάσχοντα ἔχει· ἡ δὲ ἐξ ἐπιβουλῆς τοῦ ἐχθροῦ χαλεπὴ μὲν ἐπιθέσθαι, πολλάκις δὲ καὶ στεφάνους προξενεῖ· προςευχὴ γὰρ καὶ λογισμὸς νηφαντὸς καὶ σώματος ὑποπιεσμὸς τὸ κατ' αὐτῶν*

[1]) C. *ὑποςμήχουσα.*

21. Mansuetudinis januae non praebent ingressum irae; norunt enim id macchinari, ut per ejusmodi aditum praedetur auditum.

22. Proborum graviumque virorum etiam ludicra (lusus) virtutis alicujus sunt imagines, improborum vero et seria studia prava sunt et otia nequitiae simulacra.

23. Virtutes non solent nequitiam vereri; vitia autem saepe virtutem sunt verita, coercitusque fuit per viri pudici praesentiam luxuriosus; saepe etiam indoctus tacuit veritus praesentiam sapientis et furor mitigatus fuit ferinus, nactus indolem mansuetam.

24. Mens numquam vitiorum simulacris polluetur, si per meditationem assiduam imaginibus virtutum exornata sacrum ipsarum delubrum existat.

25. Scintilla materiam nacta ingentem excitat flammam, et delitescens animi maligni malitia occasionem nacta plurimas creavit multis exitiales calamitates.

26. Tres sunt incontinentiae species: una quae ex nostra indifferentia efformatur, altera ex insidiis inimici et tertia ex motibus naturalibus orta. Pessima igitur, quae ex nostra indifferentia procedit, tum ob alia tum quia auctorem morbi ipsum patientem habet. Quae vero ex inimici insidiis est, gravis quidem et periculosa, saepe tamen et coronas conciliat. Oratio enim et cogitatio vigilans et corporis maceratio insidias illas vincunt, sicut et

ἀναδοῦντα κράτος, ὥςπερ καὶ τὸ κατὰ τῶν σκιρτημάτων τῆς φύσεως· εἴη δ' ἂν τὰ αὐτὰ καὶ τῆς χαλεπωτέρας νόσου ἰάματα διὰ πλείονος τῆς ἐπιμελείας προςφερόμενα.

27. Ὁ νοῦς, ἂν μὴ καθαρεύσῃ προςπαθείαις τε καὶ ἀντιπαθείαις, σφαλερός ἐστι τῶν ἄλλων κριτὴς, καὶ μᾶλλον αὐτὸς δεόμενος θεραπείας καὶ διακρίσεως.

28. Ὁ τῷ πτερῷ τῆς οἰήσεως ἐπαιρόμενος τῶν πραγμάτων ἐπιστάντων ταχύτερον τῶν ἐποχευομένων [1]) πτερῶν τῷ ἀέρι ἐλέγχεται καταπίπτων.

29. Οἱ δαπανῶντες [2]) εἰς ἀναξίους δι' ὧν ἐχρῆν θεραπεύεσθαι τοὺς ἀξίους, τρισὶν ἀτόποις [3]) ἑαυτοὺς ἐνόχους ἐναποφαίνουσιν· [4]) ἐζημίωσαν ἑαυτοὺς, ἐνύβρισαν [5]) τοὺς χρηστοὺς, τοὺς φαύλους ἐνίσχυσαν, ὕλην εἰς τὸ ἁμαρτάνειν [6]) χορηγήσαντες.

30. Δύναμις μετὰ μὲν σοφίας κραταιὸν τοῦ ἔχοντος ὀχύρωμα· ἄνευ δὲ ταύτης ὀξὺ βέλος ἐστὶν ὀξυτέραν ἐπάγον τὴν ἀπώλειαν.

31. Λογισμοὺς ἀπρεπεῖς ἐπελθεῖν μὲν, οὐκ ἐμὸν, παρόντας δὲ μὴ κατασχεῖν, ἐμόν· κατασχόντα δὲ καὶ συγκατανεῦσαι, τῆς ἐμῆς ῥαθυμίας· τὸ δὲ καὶ πρὸς ἔργον τὸ τοῦ πάθους εἴδωλον ἐξενεγκεῖν, τῆς παντελοῦς ἀμελείας ἐμῆς οἶμαι καὶ τῆς μελλούσης ἀνταποδόσεως βαθεῖα λήθη.

32. Τὰ μὲν πρόδηλα τῶν ἁμαρτημάτων ἐκκοπῆς μόνης δεῖται, τὰ δὲ

[1]) ἐποχλευομένων habet Cod. Mon. 429 f. 75 b. c. 22, qui haec Isocrati tribuit.

[2]) Haec cum Photii nomine exhibet Mon. cit. f. 12, b c. 4. Paulo aliter ea suppeditat Monac. 551 f. 172, b. Anton. Meliss. I 29 p. 877 etiam Photii nomen adscribit.

[3]) τριῶν ἀτόπων Mon. 551.

[4]) ἀποφαίνουσιν Mon. 429.

[5]) ἔβλαψαν ἑαυτοὺς, ἐζημίωσαν τ. χρ. M. 551.

[6]) ὕλην ἁμαρτιῶν αὐτοῖς χορ. M. cit.

---

lascivos naturae motus. Possunt vero haec eadem etiam graviori morbo mederi, si majori cum diligentia adhibeantur.

27. Mens, nisi ab amoris et aversionis affectibus sit pura, fallax erit aliorum judex, cum potius ipsa egeat curatione et dijudicatione.

28. Qui nimia sui existimatione quasi pluma se effert, negotiis ingruentibus citius ipsemet aëre vectis plumis procidere deprehenditur.

29. Qui in indignos impendunt quae erant dignis ministranda, trium se criminum declarant reos: se ipsos damno affecerunt, bonis injuriam intulere, improbis vires auxere, materia ad peccandum suppeditata.

30. Robur, si sit cum sapientia conjunctum, validum est habentis munimentum; at sine illa acutum est telum acutiorem inducens perniciem.

31. Quod inhonestae cogitationes obveniant, non est meum, ubi vero praesentes adsunt, non retinere eas, hoc meum; ubi vero retinui, assensum praestare, meae est ignaviae; illam vero affectionis imaginem ad opus etiam perducere, extremae hoc esse meae negligentiae censeo altamque futuri judicii oblivionem.

32. Manifesta quidem peccata excisione sola opus habent, dubia vero

ἀμφίβολα διακρίσεως· ἄμεινον δὲ μηδὲ τούτων τῆς συνηθείας ἀνέχεσθαι· ὁδὸν γὰρ οὐκ ὀλιγάκις ταῦτα πρὸς τὰ χείρω πλατεῖαν ἀνέτεμεν.

33. *Ἡ ταπείνωσις θεμέλιός ἐστι τῶν ἀρετῶν· ὅσοι δὲ ταύτην κρηπῖδα μὴ ὑπεβάλλοντο, θᾶττον ἀποπίπτουσι πονηροῦ πνεύματος αὐτοῖς ἐπιπνεύσαντος.*

34. *Οὐχὶ ἡ πρὸς τὸ κρεῖττον μετάθεσις αἰσχρὸν, ἀλλ' ἡ ἐν τῷ χείρονι διαμονὴ αἰσχρὸν καὶ ψυχῆς ἀθάνατος τιμωρία.*

35. *Φόβος μὲν τὰς τῆς ψυχῆς ὁρμὰς συνάγει, θάρσος δὲ διαλύει, καὶ λύπη μὲν συστέλλει, ἡδονὴ δὲ διάθεσιν ἐπιφέρει· καὶ θυμὸς μὲν ἀγραίνει. ἐπιθυμία δὲ θορυβεῖ· καὶ τήκει μὲν φθόνος, μετεωρίζει δὲ λογισμὸν κουφότης, Πῶς οὖν οὐ χρὴ τῶν παθῶν τὰ τοιαῦτα πάσῃ μηχανῇ φεύγειν, ἵνα τὸ ἄλλο ἐάσω, ἐν οἷς οὐκ ἔστιν οὐδὲ πρὸς ὀλίγον ἐρημεῖν, οὐδὲ κατὰ φύσιν ἔχειν ἀναστρεφόμενον;*

36. *Ἐνόησέ τις κακὸν, συγκατέθετο τοῖς λογισμοῖς, προήγαγε διὰ χειλέων, κατεσύρη πρὸς τὴν πρᾶξιν. Ταῦτά ἐστι τὰ τῆς ἀπωλείας τέσσαρα στοιχεῖα.*

37. *Δύο χείμαῤῥοι τὸν ἀνθρώπινον περιῤῥέουσι βίον· ὁ μὲν διὰ τῶν δοκούντων ῥέων δεξιῶν, ὁ δὲ διὰ τῶν ἀριστέρων· ὁ μὲν λύπας, φόβους, πενίαν, νόσους, ἀδοξίαν, ψόγους καὶ τὰ ὅμοια συνεπαγόμενος, ὁ δὲ πλοῦτον, ἡδονὰς, θάρσος, δόξαν, ὑγίειαν, ἐπαίνους καὶ τὰ παραπλησία· ῥέουσι δὲ ὅμως ἑκάτερος καὶ στάσιν αὐτῶν οὐδέτερος οὐδεμίαν ἔχει. Τί οὖν με δεῖ τοῖς παρερχομένοις καὶ οὐχ ἑστῶσι μέγα φρονεῖν ἢ πρὸς ἀμηχανίας βυθὸν, ἐπειδὰν ἐπιῤῥεῇ τὰ ἐναντία, καθέλκειν ἑαυτὸν, ἀλλὰ μὴ πρὸς μόνα βλέπειν τὰ μένοντα, τῶν δ' ἄλλων παρορᾷν τὸ ῥεῦμα, ὅποι καὶ βούλοιτο φέρεσθαι;*

---

dijudicatione. Praestat tamen, ne horum quidem consuetudinem sustinere; viam enim haud raro haec ad pejora aperuere spatiosam.

33. Humilitas virtutum fundamentum. Qui autem hanc basin substernere noluerunt, ocius excidunt, ubi malignus spiritus ipsis afflaverit.

34. Non se ad melius transferre turpe est, sed in malo perseverare est turpe et animae interminabilis cruciatio.

35. Metus quidem animi motiones colligit, audacia vero dissolvit; moeror quidem contrahit, voluptas vero affectionem infert; et ira quidem exasperat, concupiscentia autem turbat; labefacit quidem livor, elevat autem mentem levitas. Quomodo igitur non sunt ejusmodi passiones omni studio fugiendae? Ut reliqua omittam, in quibus ne ad modicum quidem quiescere potest nec naturae habitum conservare qui versatur.

36. Malum quis cogitavit, consensit cogitationibus, labiis protulit, ad actum devenit. Haec sunt perniciei quatuor elementa.

37. Duo torrentes humanam vitam circumfluunt: alter per res fluit quae apparent dexterae, alter per sinistras; hic moestitias, timorem, paupertatem, morbos, ignominiam, vituperia et similia secum defert, ille divitias, voluptates, laetitiam, gloriam, sanitatem, laudes et quae his affinia. Fluit tamen uterque et neuter ipsorum stationem ullam habet. Cur ergo pro rebus transeuntibus nec consistentibus me efferam vel cur ad desperationis fundum me dimittam, quando contraria affluunt? Cur non potius ad sola manentia respicio, despiciens aliarum rerum fluxum, quocumque demum ille feratur?

38. Ἀργία σώματος ὑποκλέπτειν φιλεῖ καὶ τεινοῦν πρὸς τὴν ὅμοιαν διάθεσιν τὴν ψυχήν· ἡ δὲ τῶν σωτηρίων ἠρεμοῦσα κινημάτων φαντασίαις ἀλλοκότοις [1]) καταλαμβάνεται καὶ μόλις αὐτῶν ἀπαλλάττεται, τύποις καὶ μορφαῖς τῶν χρηστῶν ἔργων καὶ θεωρημάτων ἀντεγγραφομένη καὶ ἀναζωγραφομένη.

39. Ὁ χάριν παρασχὼν ἐπὶ τῷ τὴν ἴσην λαβεῖν, οὐ χάριν ἔδωκεν, ἀλλὰ ταύτης κάπηλος γέγονεν· ὁ δὲ λαβὼν, εἰ μὴ ἀμείψασθαι ζητεῖ, ἀγνώμων τε καὶ τῆς χάριτος ὑβριστὴς ἀνάξιος. [2])

40, Ὅστις κακῶς ἑτέρους κατάρχεται λέγειν, οὗτος ἑαυτῷ ἀῤῥαβῶνα προκαταβάλλεται κακῶς ἀκούειν· ὁ δὲ κακῶς λεγόντων ἑτέρων ἀνεχόμενος κἀκείνων τῇ σιωπῇ τὴν κακολογίαν ἐπιστομίζει καὶ ἑαυτὸν ἀντὶ τοῦ κακῶς ἀκούειν εὐφημεῖσθαι παρασκευάζει. [3])

41. Ὅς τοὺς ἐνδεῖς καὶ πενομένους παρορῶν τρυφᾷ, πλουτεῖ, μεθύει μέθην ἀπληστίας, ἀνάξιον ἑαυτὸν θείας εὐμενείας εἰργάσατο.

42. Ἡ ἀνταπόδοσις τοῦ κακοῦ ἐν πέντε τισὶν εἴωθε θεωρεῖσθαι· ἐν γλώσσῃ, [4]) ἐν τῇ σκυθρωπότητι τοῦ προσώπου, ἐν τῇ ἀποστροφῇ τῆς ἐντυχίας, ἐν ζημίᾳ τῆς περιουσίας, ἐν τῇ τῶν χειρῶν βίᾳ· ἐπεὶ καὶ ὁ κατάρχων κακώσεως διὰ τῶν πέντε προσάγεται τούτων· ἢ γὰρ βλασφήμως εἶπεν, ἢ δέον χαριεντίσασθαι σκυθρωπὸν ἤνεγκε βλέμμα, ἢ τῶν μηδὲν αὐτῷ προσηκόντων ἀντελάβετο, ἢ χεῖρας ὑβριζούσας ἐπανέτεινεν· ἀλλὰ τὰ μὲν ῥεύματα διὰ τοσούτων ῥέουσιν ὀχετῶν, μία δὲ ἐν τῇ καρδίᾳ δολερᾷ πηγὴ ταῦτα προφέρεται.

---

[1]) C. ἀλλοκότως.

[2]) Haec Mon. 429 f. 13. c. 4 ex Philone refert.

[3]) Idem cod. f. 90, b c. 30 ex Isocrate. Sequitur ibi n. 190. infr.

[4]) Cod.: γνώσει.

---

38. Corporis desidia mentem quoque ad habitum similem raptare solet; mens autem a salutaribus motibus quiescens perversis imaginationibus occupatur, a quibus vix liberatur, figuris et imaginibus bonorum operum sanctarumque contemplationum excitata et collustrata.

39. Qui gratiam praestat, ut parem recipiat, non gratiam praestat, sed se institorem exhibet (s. cauponem); qui vero accepit, nisi compensare quaerat, rudis est et gratiae contemtor indignus.

40. Qui obloqui de aliis incipit, is sibi ipsi arrham male audiendi parat; qui vero alios maledicentes et obloquentes sustinet, is et tacendo illorum oblocutiones obmutescere et se loco malae famae bonam sortiri facit.

41. Pauperes et egenos despiciens, deliciis diffluens, et temulentia insatiabilitatis inebriatus, is se Dei benevolentia indignum reddidit.

42. Retributio mali in quinque rebus solet considerari: in lingua, in vultus austeritate, in aversione colloquii, in facultatum laesione, in manuum violentia; nam et qui injuriam auspicatur per haec quinque procedit: vel enim convicia locutus est vel ubi urbanitate opus erat, tetrum obtulit intuitum, vel ea quae nil ad ipsum pertinent, rapuit vel manus violentas injecit. At fluenta quidem per tot canales fluunt; unus autem turbidus in corde fons haec profert.

43. Ὅρκον καὶ δοῦναι καὶ λαβεῖν τῶν ἠθῶν ἐστι μεγίστη κατηγορία· ὁρκίσας τὸν φίλον; ἄπιστον εὐθὺς ἔδειξας τὸν παρασχόντα ὡς τῆς αὐτοῦ γνώμης ἐγγυήσασθαι τὴν πίστιν ἀδυνατούσης· ἀλλὰ σὺ ἑτέρῳ ὤμοσας; ἔδειξας καὶ σαυτὸν χωρὶς ὅρκου πίστεως ἐνδεῆ· καὶ εἰς τὴν αὐτὴν φαυλότητα κακίας τὸ ἔργον ἀμφοτέροις περιετράπη.[1])

44. Τὸ ψεῦδος νόσος ἐστὶ μᾶλλον τοῦ λέγοντος ἢ ἀπάτη τοῦ ἀκούοντος.[2])

45. Ὅστις ὀρθῶς οἶδεν ἄρχειν ἑαυτοῦ, ἐπιτήδειός ἐστιν οὗτος καὶ ἑτέρων ἄρχειν· ὅστις δὲ ἀνδράποδόν ἐστι παθῶν, πῶς ἂν ἄρχειν ἄξιος κριθείη; λαβὼν γὰρ τὴν ἀρχὴν συναιχμαλώτους μᾶλλον ἢ ἀρχομένους τούτους αποδείξει.[3])

46. Ἐμόλυνας τὴν γλῶσσαν τὸν πλησίον λοιδορησάμενος· εὐλόγησον ἀπὸ καρδίας, ἵνα τοῖς ἔνδον καὶ τὰ χείλη συναποκαθηρμένος τὴν διαβολὴν ἀπαλείψῃς τῆς εὐφημίας τοῖς ῥήμασι.[4])

47. Κακὸν ἡ ἁμαρτία, χεῖρον δὲ ἡ περὶ αὐτὴν ἀναισχυντία· τὴν γὰρ θεράπειαν οὐ μόνον ἀπὸ τῶν ἔργων, ἀλλὰ καὶ ἐξ αὐτῶν ἀπελαύνει τῶν ἐλπίδων.

48. Συνεχῶς ἁμαρτάνων ἄνθρωπος τὰς τῆς μετανοίας ὁδοὺς μεγάλοις τείχεσιν ἑαυτῷ ἀποφράσσει.[5])

49. Μαθεῖν ἐκ τοῦ παθεῖν καὶ τῶν πάντη ἐστὶν ἀμαθῶν, μαθεῖν δὲ καὶ χωρὶς τοῦ παθεῖν τῶν φρονίμων.[6])

50. Πύλαι μάλιστα ψυχῆς εἰσὶ τὰ ὄμματα καὶ ἀκοαί· ἂν ταύτας τις

---

[1]) Mon. 429 f. 48. c. 14 ex Solone. In fine: καὶ κακίαν τῶν ἔργων περιετράπητε.

[2]) M. cit. f. 117 c. 46 ex Philone, ubi omittitur μᾶλλον et pro ἢ legitur καί.

[3]) Nili sententia in Mon. cit. f. 86 a. cap. 28. Cf. Phot. ep. 1 n. 57.

[4]) Simonidis adagium cod. cit. f. 78 c. 23. Text. καθηραμένος.

[5]) Simonides. cod. cit. f. 47 c. 13 utramque §. (47. 48) continenter reddit.

[6]) Democritus Orell. II p. 788 not. ad n. 141 Cf. I p. 84 n. 41.

---

43. Jusjurandum dare et accipere maxima est morum hominis accusatio. Amicum ad jusjurandum adegesti? Illico eum fide indignum ostendisti, quippe quod ejus sententia fidem conciliare nequeat. At tu alteri jurasti? Indicasti te sine juramento imparem fidei, sicque in eamdem improbitatis notam res haec utrique cedit.

44. Mendacium magis morbus est dicentis quam illusio audientis.

45. Qui recte sibimet imperare novit aptus is erit et aliis regendis; qui vero passionum est mancipium, quomodo dignus judicetur qui imperet? Imperium enim suscipiens alios concaptivos potius quam subditos declarat.

46. Polluisti linguam conjectis in proximum contumeliis; benedic ex corde, ut animo labiisque purgatis calumniam deleas per commendationis verba.

47. Malum est peccatum, pejor vero impudentia circa peccatum; curationem enim non a factis tantum, sed ab ipsamet spe excludit.

48. Homo assidue peccans poenitentiae vias muris ingentibus sibi obstruit.

49. Ex tristi discere experientia etiam omnino rudium est, discere vero et sine illa experientia, prudentum est.

50. Januae animi maxime sunt oculi et aures. Has si quis recte et

ὀρθῶς καὶ κατὰ καιρὸν ἀνοίγειν καὶ κλείειν μελετήσῃ καὶ μάθῃ, οὔτε δραμάτων ἀκολάστων οὔτε παραπλησίων ἀκουσμάτων γοητεύματα, ἀλλ' οὔτε πικροὶ καὶ ἀπαραίτητοι τῆς φύσεως λῃσταὶ καὶ πολέμιοι εὑρήσουσιν ἐκ τοῦ εὐκόλου πάροδον ἐν τῇ ψυχῇ·

51. Ἄρχει μὲν τοῦ σώματος καὶ ἡνιοχεῖ κατὰ φύσιν ἡ ψυχὴ, καθάπερ ἡνίοχος τοὺς ἵππους καὶ κυβερνήτης τὴν ναῦν καὶ ὁ στρατηγὸς τὸν στρατόν· ἂν δὲ εἰς τὸ ἐναντίον ἡ τάξις περιτραπῇ καὶ φιλονεικήσῃ τὸ σῶμα κατεξαναστῆναι τῆς ψυχῆς καὶ φέρειν αὐτὴν πρὸς τὰ οἰκεῖα σκιρτήματα, εἰς τὴν ἴσην ἀπώλειαν καταλήγει, εἰς ἣν καταστρέφουσι τὸν ἡνίοχον ἀποβάλλοντες οἱ ἵπποι καὶ ἡ ναῦς τὸν κυβερνήτην καὶ οἱ στρατιῶται τὸν στρατηγὸν, αὐτοὶ στρατηγεῖν καὶ κυβερνᾷν καὶ ἡνιοχεῖν ἐπιχειρήσαντες.[1])

52. Φιλανθρώπινον διδόναι μὲν μὴ λαμβάνοντα, ἀνθρώπινον δὲ ἀπολαμβάνοντα, μισανθρώπινον δὲ καὶ τόκους ἀπαιτεῖν.

53. Οἱ χελῶναι καὶ οἱ ὄφεις καὶ πολλὰ τῶν ὀστρακοδέρμων τεταγμένοις μὲν καιροῖς τὸ ἔνδυμα ἀποδύονται, μένουσι δὲ ὅμως ὅπερ ἦσαν· οὕτως δὲ καὶ οἱ πονηροὶ τῶν ἀνθρώπων ἐν ταῖς περιστάσεσι καὶ ταῖς χρείαις τὸ προφανὲς τῆς κακουργίας ἀποδυόμενοι φυλάττουσιν ἀσφαλῶς ἔνδον τὴν οἰκείαν γνώμην καὶ τῶν πειρασμῶν ἢ τῆς χρείας παρελθούσης τὴν προτέραν κακίαν πάλιν ἐπιδείκνυνται.

54. Κρεῖττόν ἐστι, βραδέως ὑποσχόμενον ταχέως τὴν ἐπαγγελίαν πληρῶσαι, ἢ ταχὺ ἐπαγγειλάμενον βραδὺν ὀφθῆναι περὶ τὴν δόσιν· τὸ μὲν γὰρ κρίσεώς ἐστιν ἐστηριγμένης καὶ γνώμης βεβαίας, τὸ δὲ διαθέσεως ὀξυτάτης καὶ εὐμεταβόλου[2])

[1]) Ex Climaco Mon. cit. f. 84 a. cap. 26.
[2]) Hucusque Mon. cit. f. 13 a cap. 4 ex Plutarcho.

---

opportune aperire et claudere studeat et addiscat, nec impudicorum spectaculorum nec similium cantationum illecebrae, imo nec acerbi et inexorabiles naturae nostrae praedatores et hostes facile aditum invenient in anima.

51. Regit corpus anima eique naturaliter praeest, sicut auriga equis, gubernator navi, dux exercitui. Quod si hic ordo invertatur et corpus contendat in animam dominari eamque ad proprias lascivias ducere, in eumdem interitum desinet, in quem projiciunt aurigam equi, navis gubernatorem et ducem milites, dum ipsi ducere et gubernare et regere aggrediuntur.

52. Perhumanum est, nil accipiendo dare; humanum vero dare recipiendo; dare autem insuper foenus exigendo maxime inhumanum.

53. Testudines et serpentes multaque eorum, quibus testacea sunt operimenta, statis temporibus indumentum exuunt, manent tamen quod erant. Sic et pravi homines in periculis et necessitatibus apertam malitiam exuentes integram intus servant proprii animi sententiam, elapsoque periculo aut necessitate pristinam rursus nequitiam ostendunt.

54. Satius est tarde promittere et cito promissum implere, quam cito promittere et tardum in dando apparere. Illud enim judicii est firmi et sententiae constantis, hoc animi acerrimi facileque volubilis nec se ratione

καὶ μὴ λογισμῷ κυβερνωμένης. Κράτιστον δὲ μὴ βραδέως τῷ αἰτοῦντι κατανεῦσαι καὶ συγκαταβαλεῖν τῇ ἐπινεύσει τὴν χάριν.

55. Ἑνὸς ἀνδρὸς σοφοῦ βουλὴ πολλῶν χρημάτων δυνατωτέρα καὶ γνώμη μία κατὰ καιρὸν εἰςαγομένη πολλῶν ἀνδρείων χειρῶν πολλάκις ὤφθη ἐπικρατεστέρα. [1])

56. Τὸ τοῦ πλησίον παράπτωμα τοῖς μὲν συνετοῖς ἀσφάλεια γίνεται τοῦ μὴ τοῖς ὁμοίοις περιπεσεῖν, τοῖς δὲ ἀπαιδεύτοις μίμημα καὶ παράδειγμα καὶ τῆς ἀνοίας ἔλεγχος.

57. Χαιρεκάκου καὶ μισανθρώπου γνώμης ἐστὶ τὸ ὀνειδίσαι συμφορὰν τοῦ πλησίον· ἀλγεινοτέραν γὰρ μᾶλλον ἐπάγει τὴν τοῦ πάθους ὀδύνην· [2]) τοῦ καλοῦ δὲ [3]) ἀσφαλίσασθαι μᾶλλον τὰ καθ' ἑαυτὸν ἕκαστον συναλγοῦντα μᾶλλον, ἀλλ' οὐκ ἐπεμβαίνοντα πειρασμοῖς ταλαιπωρουμένῳ τῷ πλησίον.

58. Ἡ πενία διδάσκαλός ἐστιν ὡς ἐπὶ πολὺ σωφροσύνης καὶ ἐγκρατείας, ὥςπερ ἀκρασίας καὶ ἀκολασίας ὁ πλοῦτος.

59. Ἡ πλησμονὴ τῶν σιτιῶν τὰς νόσους, ἡ δέ αὐταρκεία τὴν ὑγίειαν φιλεῖ ἀποτίκτειν· καὶ γὰρ ἡ μὲν ἀποπλήρωσίς ἐστι τῇ χρείᾳ, ἡ δὲ βαρύνει καὶ πιέζει τὸ σῶμα τῇ παρὰ μέτρον προςθήκῃ. [4])

60. Ἔστι καὶ ψεῦδος ἀληθείας χάριν προβαλλόμενον, ὅταν μὴ βλάπτον τὸν λέγοντα τοῖς ἀκροαταῖς ὄφελος γένηται. [5])

---

[1]) Plutarch. in cod. cit. f. 27 a, cap. 9. Cf. Phot. ep. 1 ad Mich. n. 53 (Bal. p. 234 §. 49).

[2]) Plutarch. cod. cit. f. 57 a, cap. 16. Post γάρ addit ὁ τοιοῦτος.

[3]) καλὸν δὲ Mon. qui omittit verba ἀσφαλίσασθαι — ἕκαστον.

[4]) Isocratis. Mon. 429 f. 62 a. cap. 18. Pro τῇ χρείᾳ legitur τῆς χρείας.

[5]) Charicl. Mon. cit. f. 117 b cap. 46: Καλὸν γάρ ποτε καὶ τὸ ψεῦδος, ὅταν ὠφελοῦν τοὺς λέγοντας μηδὲν καταβλάπτει τοὺς ἀκούοντας. Cf. Maxim. II 625. Anton. Meliss. I 22 p. 845. ed. Migne (t. CXXXVI).

---

regentis. Optimum vero non tarde poscenti annuere et annunciando illico gratiam conferre.

55. Unius viri sapientis consilium multis pecuniis est fortius, et sententia una opportune prolata multis virorum manibus validior saepe apparuit.

56. Proximi lapsus prudentibus cautio existit, ne in similia prolabantur, insipientibus vero imitatio et exemplum et stultitiae argumentum.

57. Malevoli et inhumani animi est exprobrare calamitatem proximi, acerbiorem enim addit doloris poenam. Probi vero est viri, res suas magis in tuto collocare commiserando potius quam insultando proximo miseriis afflicto.

58. Paupertas plerumque magistra est temperantiae et continentiae, sicut opulentia intemperantiae et incontinentiae.

59. Repletio ciborum morbos, frugalitas autem sanitatem generare solet; haec enim necessitati satisfacit, illa vero aggravat opprimitque corpus immoderato additamento.

60. Est et mendacium veritatis gratia prolatum, quando sine dicentis laesione auditoribus prodest.

61. Ἀγαθὴ φήμη ἀγαθῶν πολυταλάντων τιμιωτέρα· τὰ μὲν γὰρ καὶ λῃστῶν ἂν διαρπάσωσι χεῖρες καὶ φθόνος καὶ ὀργὴ βασιλέως, τὴν δὲ οὐκ ἔστιν ὅςτις ἐπιχειρῶν συλῆσαι οὐχὶ μᾶλλον ἐποίησε περιφανεστέραν. [1])

62. Ὥςπερ φθείρουσιν ἤθη χρηστὰ ὁμιλίαι κακαί, [2]) οὕτω μεταβάλλουσιν ἤθη πονηρὰ ὁμιλίαι σπουδαίων ἀνδρῶν· διὸ χρὴ τῶν μὲν φεύγειν, τῶν δὲ διώκειν τὴν μίμησιν τῶν ἠθῶν καὶ τὴν ἐν λόγοις συνουσίαν.

63. Ἄνδρα, ὥςπερ ἡ ἀρχή, οὕτω καὶ τὸ ἄρχεσθαι δεικνύει· δοκιμασία γάρ ἐστιν ἑκάτερον καὶ γνώμης καὶ ἠθῶν, καὶ ἡ μὲν ἐν τῷ ἐξουσιάζειν, τὸ δὲ ἐν τῷ ἐξουσιάζεσθαι παρέχεται τὴν πεῖραν. [3])

64. **Βίος** ἄλυπος ψυχῆς ὡς ἐπίπαν ναυάγιον, ὥςπερ ὁ λίαν ἐπώδυνος θανάτου προπύλαιον· ὁ δὲ κατὰ φύσιν καὶ ἀνθρώπινος νῦν μὲν ἀνίεται, νῦν δὲ ἐκτείνεται χαρμοναῖς καὶ λύπαις παρὰ μέρος ποικιλλόμενος. Ἄνθρωπος τοίνυν ὁ φρονῶν ἀνθρώπινα οὔτε τῶν ἀλγεινῶν ἐπιζητήσει τὸ ἀδιάδοχον, οὔτε τὸ παντελῶς ἄλυπον εὑρεῖν ἐλπίσει· ἀνθρωπίνης γὰρ φύσεως ἀμφότερα ὑπερόρια. [4])

65. **Τὸν** Ἰωσὴφ ὁ τῶν ἀδελφῶν φθόνος Αἰγύπτου κατέστησε βασιλέα· ᾔδει γὰρ καὶ τὸν φθόνον ὑπόθεσιν ποιεῖσθαι φιλοσοφίας, ὥςπερ καὶ τὴν τοῦ γυναίου ἀκολασίαν γυμνασίαν ἀρετῆς ἔδειξε καὶ σωφροσύνης· οὐκοῦν οὐ τὸ

---

[1]) Cf. Prov. XXII 1. Isocr. Paraen. n. 62 ap. Orell. II p. 34.

[2]) I Cor. XV 33.

[3]) Pittac. ap. Orell. I p. 172 n. 3 ex Diog. Laertio I 76. Cf. Phot. ep. 1 ad Mich. n. 28. Bal. p. 224 §. 24.

[4]) Plutarch. in cod. Mon. 429 f. 53 cap. 15, ubi pro παρὰ μέρος est: παράμετρος.

---

61. Bona fama magnis opibus est pretiosior; has enim et latronum manus, invidia ac principis ira rapere poterunt; bonam vero famam nemo praedari conabitur, quin clariorem prorsus efficiat.

62. Quemadmodum pravae conversationes bonos mores corrumpunt, ita immutare solent malos mores proborum colloquia virorum. Ideo oportet illorum quidem vitare, horum vero sectari imitationem morum atque conversationem.

63. Virum, quemadmodum imperium, quo aliis praeest, ita et modus, quo aliis subest, ostendit; utrumque enim est et morum et sententiae probatio; illud in regendis aliis, hoc in exsequendis aliorum jussis experimentum praebet.

64. Vita tranquilla et molestiarum expers animi ut plurimum est naufragium, sicut nimis afflicta malis mortis est vestibulum; vita vero naturalis et humana modo laxatur, modo intenditur gaudiis et doloribus alternatim naviegata. Homo igitur humana sapiens nec molestiarum expetet perpetuam assiduitatem, nec tranquillitatem ab omni molestia immunem sperabit; ab humana enim natura utrumque exulat.

65. Josephum livor fratrum Aegypti regem constituit; sciebat enim etiam invidiam in virtutis convertere materiam, sicut et mulieris illius lascivia

φθονεῖσθαι βλαβερὸν, ἀλλὰ τὸ μὴ σπουδάζειν φιλοσοφίας ποιεῖσθαι τὸν φθόνον ἀφορμήν. [1])

66. Οὐ χρὴ τὸν καλὸν κἀγαθὸν τὰς τῶν φαύλων πράξεις ἐκτρέπεσθαι μόνον, ἀλλὰ καὶ τὴν στολὴν καὶ τοὺς λόγους καὶ τὰ σχήματα· ὁ δὲ μὴ τοῦτο ποιῶν διὰ τῶν ἔξωθεν περιέργων σχημάτων τὴν μηδὲν αὐτῷ προςήκουσαν φαύλην ὑπόληψιν εἰδωλοποιεῖ.

67. Καὶ γέλως καὶ δάκρυον καὶ σώματος κίνησις καὶ στάσις καὶ καθέδρα καὶ ὕπνος καὶ ἐγρήγορσις, καὶ πρό γε πάντων [2]) χαρὰ καὶ λύπη τῶν μὲν συνετῶν καὶ πεπαιδευμένων ἐν τάξει καὶ κατὰ καιρὸν φιλοῦσι [3]) προιέναι, τῶν δὲ ἀμαθῶν καὶ ἀσυνέτων οὐδὲ ταῦτα κατὰ τὸν ὀρθὸν προέρχεται λόγον· διὸ χρὴ καὶ τῆς τούτων εὐταξίας καὶ εὐκοσμίας προνοεῖσθαι· κήρυκες γάρ εἰσιν ἀψευδεῖς καὶ ταῦτα τοῦ ἤθους καὶ τῆς κατὰ ψυχὴν διαθέσεως. [4])

68. Ὁ ἀλλοτρίαις γυναιξὶν ἐμπαθῶς ἐνατενίζων οὐ κόρας, ἀλλὰ πόρνας τὰς ἐν τοῖς ὀφθαλμοῖς κόρας ἔχει. [5])

69. Μὴ ἁμαρτεῖν μὲν ἀνθρώπῳ ἀδύνατον, ἁμαρτεῖν δὲ οὐ χαλεπὸν, μὴ πόῤῥω συγγνώμης· εἰ δὲ καὶ πρὸς τοῦτό τις περιπεσεῖ, ἀλλὰ μετανοίᾳ ζητεῖν τὴν διόρθωσιν· τὸ δὲ πρὸς μηδέτερον ἀφορᾷν, οὐκ ἀνθρωπείας, ἀλλὰ δαιμονίας ἐστὶ φύσεως. [6])

---

[1]) Chrysost. in Mon. cit. f. 102 a, cap. 36.
[2]) πρὸ τούτων Mon. cit. f. 84 a, c. 36.
[3]) ὀφείλουσι cod. cit.
[4]) Climac. Mon. l. c. Cf. Phot. ep. 1 n. 36 (Βαλ. ep. 6 §. 32 p. 227).
[5]) Plutarch. ex Catif. Orell. II p. 596. Similis aequivocatio (κόρη est tum pupilla tum puella) Diogen. apud Laert. Orell. l. c. p. 106 n. 246. Amphiloch. carm. ad Seleuc. n. 113. Orell. p. 398. 760.
[6]) Non prorsus dissimilia sunt Philonis et Clementis effata apud Mel. I 17 p. 832.

---

castitatis exercitium ostendit atque continentiae. Igitur non est noxium invidiae subesse, sed non conari invidiam virtutis occasionem efficere.

66. Vir probus non solum opera improborum aversari debet, sed et amictum et verba et gestus. Qui hoc non facit, per extrinsecus affectatos gestus nil sibi convenientem malam suspicionem efformat.

67. Et risus et fletus et corporis motus et statio et sessio et somnus et excubitus et ante omnia laetitia et tristitia prudentum quidem et bene institutorum solent ordinate ac tempestive procedere, imperitorum vero et insipientium ne haec quidem recta cum ratione progrediuntur; quare et recto horum ordini et concinnitati consulendum est. Sunt enim haec quoque veracissimi praecones et morum nostrorum et internae affectionis.

68. Qui in alienas mulieres lascivos intendit oculos, non virgines, sed meretrices habet suorum pupillas oculorum.

69. Non peccare quidem homini impossibile, peccare autem peccato non gravi non est a spe veniae remotum; quodsi et in grave quis crimen sit lapsus, at quaerenda est ei per poenitentiam emendatio; ad neutrum vero horum respicere, non humanae, sed diabolicae naturae est.

70. Ὁ λέγων τὰ αἰσχρὰ ἐγγύς ἐστι ὑπονοεῖσθαι καὶ πράττειν αὐτά· οὐδὲ γὰρ διέστηκε μακρὰν ἡ γλῶσσα τῶν χειρῶν· ὁ γὰρ μὴ κρατῶν ῥημάτων αἰσχρῶν, πῶς ἂν κρατήσειεν ἡδονῶν τῶν μάλιστα τὰς αἰσθήσεις καταγοητεύειν δυναμένων;

71. Ἀκολασία γλώσσης ἔλεγχος μέν ἐστι τῆς κατὰ διάνοιαν ἀκρασίας, αὐτόματος δὲ προάγγελος τῶν ὁμοίων ἐπιτηδευμάτων.

72. Φιλοξενίας ὢν Ἀβραὰμ ἐραστὴς ἐν ἀγγέλου μορφῇ τὸν δημιουργὸν ἐξένισε τοῦ παντός· δῆλον οὖν ἐντεῦθεν, ὡς ὁ τὴν φιλοξενίαν ἀθετῶν τὴν μισανθρωπίαν τοῦ δαιμονίου γένους εἰς τὴν ἑαυτοῦ ψυχὴν εἰσοικίζεται.

73. Ὁ τοὺς ἀλλοτρίους πόνους ποιούμενος πρόσοδον τοὺς οἰκείους ἀῤῥαβωνιζόμενος ἄλλοις οὐκ αἰσθάνεται· εὐμετάτρεπτον γὰρ ἡ ἀδικία καὶ μετὰ τόκου τὴν ζημίαν προξενοῖ τοῖς κατάρξασιν.

74. Οὐδενὶ οὕτω τῶν ἁπάντων ὡς ἐλέῳ θεὸς θεραπεύεται.[1]

75. Πλούτησον μὴ τῇ περιουσίᾳ μόνον, ἀλλὰ καὶ εὐσεβείᾳ, μὴ μόνον τῷ χρυσίῳ, ἀλλὰ καὶ τῇ ἀρετῇ· γενοῦ τοῦ πλησίον τιμιώτερος ἐκ τοῦ φανῆναι χρηστότερος.[2]

76. Ὁ ἀδικῶν κομιεῖται ὃ ἠδίκησε, καὶ οὐκ ἔστι προςωποληψία.[3]

77. Πλεονεξίας εἶδος τὸ χαλεπώτατον, μηδὲ τῶν φθειρομένων μεταδιδόναι τοῖς ἐνδεέσι· τοσούτους γὰρ ἀδικεῖς, ὅσοις παρέχειν ἐδύνου.[4]

[1]) Gregor. Theol. in Mon. cit. f. 6 a, cap. 2.
[2]) Idem Naz. l. c.
[3]) Coloss. III 25. Ant. Melissa I 16 p. 817 ed. Migne.
[4]) Basil. ap. Maxim. serm. 7 Opp. II 551.

70. Qui turpia loquitur suspicionem praebet, quod et ea faciat; neque enim longe distat lingua a manibus. Qui enim non abstinet a verbis turpibus, quomodo abstineat a voluptatibus, quae sensum maxime incantare et prolectare possunt?

71. Incontinentia linguae arguit mentis intemperantiam indicatque per se mores hominis ac studia similia.

72. Abraham hospitalitatem colens in angeli forma mundi universi conditorem hospitio excepit. Unde manifestum, eum qui hospitalitatem negligit ac spernit, diaboli inhumanitati et odio domicilium in anima sua praebere.

73. Qui alienos labores lucro sibi vertit, non advertit, se suos aliis oppignorare; facillime enim convertitur injustitia damnumque affert cum foenore auctoribus.

74. Nulla re sic Deum demeremur quam misericordia.

75. Dives esto non solum opibus, sed et pietate, non solum auro, sed et virtute; proximo sis dignior exhibendo te meliorem.

76. Injustus injustitiam quam fecit referet citra personarum acceptionem.

77. Gravissima avaritiae species, ne illa quidem egenis impertiri, quae consumuntur et pereunt; tot enim pauperes injuste fraudas, quot poteras adjuvare.

78. *Βελτίον λίθον βαλεῖν εἰκῆ ἢ λόγον*[1]· *λάλει ὅτε δεῖ καὶ ἃ δεῖ καὶ οὐκ ἀκούσεις ἃ μὴ δεῖ.*[2]

79. *Κρύπτειν τὴν ἀλήθειαν χρυσόν ἐστι θάπτειν.*[3]

80. *Πολλοί εἰσιν οἱ τὰς πονηρὰς πράξεις ἀποδεχόμενοι καὶ χαριέντα μὲν τὸν εὐτράπελον λέγοντες, τὸν δὲ αἰσχρὸν λόγον*[4] *πολιτικὸν, τὸν πικρὸν καὶ ὀργῖλον ἀκαταφρόνητον ὀνομάζουσι, τὸν φειδωλὸν καὶ ἀκοινώνητον ὡς οἰκονομικὸν ἐπαινοῦσι, τὸν ἄσωτον ἐλευθέριον, τὸν πονηρὸν καὶ ἀσελγῆ ἀπολαυστικὸν καὶ ἀνειμένον,*[5] *καὶ ἁπλῶς πᾶσαν κακίαν ἐκ τῆς παρακειμένης ἀρετῆς ὑποκορίζονται.*

81. *Οὐ τὸ ζηλοῦν κακίαν, ἀλλὰ καὶ τὸ τοὺς ἐν αὐτῇ ζῶντας ἐπαινεῖν φέρει τινὰ κόλασιν, οὐχὶ τὴν τυχοῦσαν ἡμῖν, μᾶλλον δὲ αὐτῶν τῶν ἐν πονηρίᾳ ζώντων χαλεπωτέραν· τοῦ γὰρ ἁμαρτάνειν τὸ ἐπαινεῖν τοὺς ἁμαρτάνοντας πολὺ μεῖζόν ἐστιν εἰς κολάσεως λόγον· διεφθαρμένης γάρ ἐστι τοῦτο γνώμης καὶ ψυχῆς νοσούσης ἀνίατα· ὁ γὰρ ἐπαινῶν τὴν πονηρίαν τῆς ἐκ τοῦ μετανοῆσαι θεραπείας ἑαυτὸν ἀπεστέρησε, ὥςτε εἰκότως τοῦτο ἐκείνου ἐστὶ χαλεπώτερον.*[6]

82. *Ἐστὶ φίλος κοινωνὸς τραπέζης καὶ οὐ μὴ παραμενεῖ ἐν καιρῷ θλίψεως, καὶ ἐὰν ταπεινωθῇς, κατὰ σοῦ.*[7]

---

[1]) Evagr. Mon. cit. f. 77 b. c. 23. ap. Maxim. II 647. Nil. Or. I 320 n. 1. Cf. p. 34 n. 104; 256 n. 144.

[2]) Evagr. Gnom. ap. Migne XL p. 1268 n. 11. Sext. Or. I 256.

[3]) Evagr. M. cit. f. 117 a, c. 46 Maxim. II 625. Migne l. c. p. 1269 D n. 25. Pro *κρύπτειν* legitur *σιγᾶν*, etiam in Melissa Ant. I 21 p. 844.

[4]) melius *αἰσχρολόγον* habet Anton. Mel. II 82 p. 1081, qui eadem adducit ex Basil.

[5]) Sequentia differunt apud Meliss. l. c.

[6]) Paulo aliter in Antonio Melissa (P. II c. 40 p. 1104. 1105 ed. Migne) sine auctoris nomine.

[7]) Eccli. VI, 10. (LXX) Mon. 429 f. 33 a., cap. 11.

---

78. Melius est lapidem projicere quam verbum. Loquere quando oportet et quae oportet, sicque non audies quae non oportet.

79. Celare veritatem idem est ac aurum sepelire.

80. Multi sunt, qui malas actiones commendant, lepidi quidem nomine donantes scurram, turpiloquum vero civilis, amarulentum et iracundum nominant virum, qui se contemni non patiatur; sordidum et illiberalem ut tuendae rei familiari aptum laudant, prodigum liberalem, improbum et lascivum hilarem et solutum curis; uno verbo vitium omne specioso virtutis oppositae nomine appellant et cohonestant.

81. Non modo magni aestimare (imitari) nequitiam, sed et viventes in ea laudare non mediocrem nobis affert damnationem, imo graviorem, quam eis ipsis, qui in nequitia degunt. Laudare enim peccantes multo majorem meretur poenam, quam peccare; corrupti enim hoc animi est morboque insanabili laborantis. Nam qui nequitiam laudat, ea quae ex poenitentia oritur curatione seipsum privavit, quare merito hoc gravius existit illo.

82. Est amicus mensae tuae particeps et non manebit tempore afflictionis, et si humiliatus fueris, contra te stabit.

83. Ἡ τῶν ἀνθρώπων ἀγάπη εἰς τρία μερίζεται πρόςωπα· ὁ μὲν διὰ θεὸν ἀγαπᾷ, ὁ δὲ χάριν λήψεως δώρων, ἐπεὶ πλούσιός ἐστιν ὃν ἀγαπᾷ, ὁ δὲ ἐμπαθῶς· καὶ ὁ μὲν εἰλικρινῶς δοξάζει ὃν ἀγαπᾷ, ὁ δὲ ἐμπαθῶς, ὁ δὲ διὰ πλεονεξίαν, ὁ δὲ χάριν ἡδονῆς. [1])

84. Ἀγαθῷ περὶ οὐδενὸς ἂν γένοιτο φθόνος· [2]) ὅθεν εἰκότως οἶμαι τὸν ἀγαθὸν ἀγαθῶν μόνον εἶναι φίλον, τὸν δὲ κακὸν οὔτε τῶν ἀγαθῶν οὔτε τῶν κακῶν.

85. Πατρὸς ἐντίμησις ἡδὺ φάρμακον· πλεῖον γὰρ ἔχει τὸ ὠφέλιμον τοῦ δάκνοντος. [3])

86. Τὸ ἔντιμον ἐν γήρᾳ εἶναι ἀπόδειξις τοῦ φιλόπονον πρὸς γήρως γεγονέναι· τὸ δὲ σπουδαῖον ἐν νεότητι πιστευτέον ἐν γήρᾳ ἔντιμον ἔσεσθαι. [4])

87. Οὐ πᾶσα ἐπαινετὴ πτωχεία, ἀλλ' ἡ ἐκ προαιρέσεως κατὰ τὸν εὐαγγελικὸν σκοπὸν κατορθουμένη· πολλοὶ μὲν γὰρ πτωχοὶ τῇ περιουσίᾳ, πλεονεκτικώτατοι δὲ τῇ προαιρέσει τυγχάνουσιν· οὓς οὐχ ἡ ἔνδεια σώζει, ἀλλ' ἡ προαίρεσις κατακρίνει.

88. Ὥςπερ τοῖς μεθύουσιν ἀφορμὴ τοῦ πίνειν ἡ προςθήκη τοῦ οἴνου γίνεται, οὕτω καὶ οἱ νεόπλουτοι πολλὰ κτησάμενοι πλειόνων ἐπιθυμοῦσι, τῷ ἀεὶ προςτιθεμένῳ τὴν νόσον τρέφοντες, καὶ περιτρέπεται αὐτοῖς ἡ σπουδὴ

---

[1]) Evagr. in Mon. cit. f. 21 a, c. 7. Pro ὁ constanter ὅς.

[2]) Cf. Orell. I p. 410 n. 7. ex Platone: Ἀγαθῷ δὲ οὐδεὶς περὶ οὐδενὸς οὐδέποτε γίνεται φθόνος. Max. Opp. II 659.

[3]) Demophil. Maxim. II 604. Orell. I p. 6 n. 15. Pro ὠφέλιμον legit ὠφελοῦν.

[4]) Evagr. Mon. cit. f. 122 c. 49. Maxim. Opp. II 635.

---

83. Hominum amor in tria dividitur personarum genera: alius propter Deum amat, alius ut dona accipiat, quando dives est amatus, alius cum affectione; et alius quidem sincere laudat aestimatque quem amat, alius vero cum affectione, alius ob spem lucri et alius voluptatis ergo.

84. Vir bonus nemini invidet; unde jure puto bonum solis bonis amicum, malum autem nec bonis nec malis.

85. Patris correptio suave est medicamentum; plus enim utilitatis habet quam mordacitatis.

86. Quod quis sit magni in senectute nominis, argumento est, eum ante laboriosum fuisse; quod vero quis in juventute sit strenuus, fidem facit, eum in senectute inclytum ac celebrem futurum.

87. Non omnis paupertas laudabilis, sed quae sponte secundum evangelicum scopum excolitur. Multi enim pauperes assibus avidissimi sunt voluntate, quos non egestas salvat, sed voluntas damnat.

88. Sicut temulentis bibendi causam additio vini praebet, ita et recens locupletati, ubi multa acquisierint, plura concupiscunt, opibus perpetuo augescentibus morbum nutrientes, vertiturque ipsis studium in contrarium; non enim ex iis quae possident tantum sentiunt gaudii, quantum doloris ex alienis quae non possident.

πρὸς τὸ ἐναντίον· [1]) οὐ γὰρ εὐφραίνει τὰ πάροντα τοσαῦτα ὄντα, ὅσον ὀδυνᾷ τὰ ἀλλότρια μὴ αὐτῷ ὄντα.

89. Ἀνὴρ θυμώδης οὐκ εὐσχήμων· [2]) φεῦγε τοίνυν τὰς μετ' αὐτοῦ διατριβάς· ἀνάγκη γάρ σε μαθεῖν τι τῶν ἐκείνου ὁδῶν· εἶπέ τι ὑβριστικόν; ἐκίνησε καὶ τὸν ἐν σοὶ θυμόν· ὥςπερ κυνὸς ὑλακὴ προςκαλεῖται ἑτέρου κυνὸς θόρυβον, καὶ τὸν ἐν σοὶ θυμὸν τέως κοιμώμενον καὶ ἡσυχάζοντα ἡ ἐκείνου φωνὴ διήγειρε καὶ γεγόνατε ἀλλήλοις ἀνθυλακτοῦντες.

90. **Μὴ** ἀποδέχου ἐγκράτειαν διωκομένης πραότητος· [3]) ὅςτις γὰρ βρωμάτων ἢ πομάτων ἀπέχεται, θυμὸν δὲ ἀλόγως κινεῖ, ἔοικεν οὗτος ποντοπορούσῃ νηῒ καὶ ἐχούσῃ δαίμονα κυβερνήτην. [4])

91. **Βασιλικῆς** ψυχῆς ἀρετὴ μεγαλοψυχία καὶ φιλανθρωπία καὶ δικαιοκρισία καὶ ἐπιεικεία.

92. **Οὔτε** ἵππος ἐπὶ φάτνης γαυριᾷ, οὔτε ἀετὸς ἐπὶ καλιᾷ, ἀλλ' ἀμφότεροι ἐπὶ ταχύτητι, ὁ μὲν ποδῶν, ὁ δὲ πτερῶν· καὶ σὺ τοίνυν μὴ ἐν τραπέζῃ καὶ περιβολαίοις καὶ εὐπορίᾳ μέγα φρονήσῃς, ἀλλ' ἐπὶ χρηστότητι καὶ εὐποιίᾳ. [5])

93. **Τὸν** πολλὰ ὀμνύοντα ὡς τὸν ἐπιορκοῦντα φεῦγε· ἐν γὰρ πολλοῖς ὅρκοις πλεῖσται αἱ ἐπιορκίαι. [6])

94. **Ὁ** τραπέζαν αὐταρκῆ ποιῶν σωφροσύνην παρατίθησι. [7])

---

[1]) Hucusque Basil. in Melissa Ant. I 34 p. 893.

[2]) Ex Salomone (Prov. XI. 25) Mon. 429 f. 95 a, cap. 33. Anton. Mel. P. II c. 53 p. 1132.

[3]) Chrys. ap. Anton. l. c. p. 1133.

[4]) Evagr. Mon. cit. f. 96, 97. cap. 34.

[5]) Moschion ap. Max. II p. 570.

[6]) Solonis sententia Mon. cit. f. 48, b cap. 14.

[7]) Democrit. Orell. I p. 96 n. 22.

---

89. Vir iracundus haud decoram habet formam, fuge ergo ejus conversationem. Necesse enim erit, ut aliquid ex viis ejus discas. Dixit quid contumeliosum? Bilem etiam tibi movit; sicuti canis latratus alterius canis tumultum provocat, et iram in te interim dormientem et quiescentem vox illius excitavit, incipitis mutuis vos ipsos latratibus insectari.

90. Cave ne abstinentiam commendes, ubi excluditur mansuetudo; qui enim cibis vel potibus abstinet, furore autem absque causa excitatur, similis est navi mare trajicienti daemonemque habenti gubernatorem.

91. Regiae mentis virtus magnanimitas, clementia, justitia et aequitas.

92. Neque equus in stabulo gloriatur neque aquila in nido, sed uterque in celeritate, alter pedum, altera alarum. Igitur et tu ne in mensa et vestibus et divitiis glorieris, sed in probitate et benefactis.

93. Multa jurantem ut pejerantem fuge; in multis enim juramentis plurima sunt perjuria.

94. Qui mensam frugalem parat continentiam apponit.

95. Κατὰ τὸν κριτὴν τοῦ λαοῦ αὐτοῦ, οὕτω καὶ οἱ λειτουργοὶ αὐτοῦ, καὶ κατὰ τὸν ἡγούμενον τῆς πόλεως πάντες οἱ κατοικοῦντες ἐν αὐτῇ.[1])

96. Τὰς τῶν ἀρχόντων εὐπραγίας μᾶλλον ἢ τοὺς ἄρχοντας αὐτοὺς εἰώθασιν οἱ πλεῖστοι θεραπεύειν.[2])

97. Προηγουμένως μὲν αἱ ἀρεταὶ τοῖς ἄρχουσι πρέπουσι καὶ ἁρμόζουσι· τὸ συμπαθητικὸν καὶ φιλάνθρωπον, τὰ καὶ θεῷ ὑπάρχοντα· εἶτα τὸ ἀμνησίκακον καὶ ἀόργητον, τὸ ἀπροσωπόληπτον, τὸ ἀδωροδόκητον, καὶ πρὸ πάντων τὸ μὴ εὐχερῶς μηδὲ ἀνεξετάστως διαβολαῖς καὶ λοιδορίαις πείθεσθαι· ἀπὸ γὰρ λογοπειθείας πολλοὶ περιπίπτουσι φόνοις ἀδίκοις· ὡςαύτως καὶ ἐξ ἀσπλαγχνίας καὶ μνησικακίας καὶ θυμοῦ καὶ δωροδοκίας· ἕκαστος τοίνυν εὐάρεστός ἐστιν ἄρχων θεῷ, ὁ μηδὲν τῶν τοιούτων παθῶν ἐν ἑαυτῷ κτώμενος.[3])

98. Ἡ πρὸς τοὺς φαύλους τῶν λόγων συνήθεια ὁδός ἐστιν ἐπὶ τὰ πράγματα.[4])

99. Αἱ μεγάλαι καὶ ἐπιφανεῖς δόξαι καθάπερ οἱ σφοδροὶ τῶν ἀνέμων μεγάλα ποιοῦσι ναυάγια.[5])

100. Ἀναιδὲς βλέμμα καὶ μετέωρος τράχηλος[6]) καὶ συνεχὴς κίνησις ὀφρύων καὶ βάδισμα σεσοβημένον καὶ τὸ ἐπὶ μηδενὶ τῶν φαύλων ἐρυθριᾷν,

---

[1]) Eccli. X. 2 (LXX). Monac. cit. f. 85 b, cap. 28

[2]) Clem. ap. Anton. Mel. I 52 p. 941.

[3]) Maxim. Mon. cit. f. 86 a, cap. 28.

[4]) Basil. M. Paraenes. πρὸς τοὺς νέους n. 4. Cf. Bal. in Phot. ep. 6 §. 33 not. 7 p. 228.

[5]) Plutarch. in Mon. cit. f. 92 a, c. 31. Anton. et Maxim. II 589. Orell. I p. 336 n. 27.

[6]) μετέωρον αὐχήν Mon. f. 62 b, cap. 19, ubi idem ex Philone. μετέωρος αὐχήν Melissa II 92 p. 1225 ex Theol.

---

95. Juxta judicem populi ita et ministri ejus, et juxta urbis praefectum omnes inhabitantes in ea.

96. Principum felicitatibus potius quam ipsis principibus obsequium praestare plerique consueverunt.

97. Primario virtutes istae principibus congruunt atque conveniunt: commiseratio, clementia, quae et Deo insunt, animus a vindicta et ira alienus, non respicere personas, muneribus non corrumpi, et ante omnia non facile nec citra causam calumniis et conviciis credere. Ex hac credulitate multi in caedes iniquas prolabuntur, sicut et ex crudelitate et injuriarum acceptarum memoria et furore et munerum acceptione. Ille igitur princeps gratus Deo, qui nullam harum passionum in se fovet.

98. Consuetudo ad mala verba via ad similia opera.

99. Magni et perillustres honores haud secus ac vehementes venti magna faciunt naufragia.

100. Impudens contuitus et elata cervix continuusque superciliorum motus, incessus nimis agitatus, item in nulla re mala erubescere signa sunt

σημεῖα ψυχῆς ἐστιν αἰσχίστης τοὺς ἀφανεῖς τύπους τῶν οἰκείων κακῶν [1]) ἐγγραφούσης τῷ φανερῷ σώματι. [2])

101. Τὸ εἰς κακίαν οὐχ ἕτοιμον οὐδὲ εἰς ὑπόνοιαν εὐχερὲς καὶ βραδὺ πρὸς ὑπόνοιαν κακοῦ τὸ πρὸς κακὸν δυςκίνητον. [3])

102. Ἀνθρωπάρεσκός ἐστιν ὁ πρὸς θέλημα ἀνθρώπου τινὸς εἰς ἀρέσκειαν αὐτοῦ ποιῶν τι, κἂν ἀτιμίας ἄξιον ᾖ τὸ γινόμενον.

103. Ὁ διαβάλλων τὸν πλησίον [4]) αὐτοῦ ἀδελφικὰ κρέα ἔφαγεν, [5]) ὑπόληψιν τρώσας καὶ μυρία ἕτερα [6]) ἐργασάμενος διὰ τοῦ λόγου.

104. Ἀπέστω σοι τὰ πολλὰ σχήματα καὶ τὸ γέλωτα κινεῖν· ἐκ γὰρ τῶν τοιούτων καὶ ἡ πρός σε τῶν πλησίον αἰδὼς περιαιρεῖται καὶ πρὸς ἰδιωτισμὸν μετὰ βραχὺ καταβαίνεις.

105. Ἐὰν (γὰρ) καλὸν ἔχῃς σῶμα καὶ κακὴν ψυχὴν, καλὴν ἔχεις ναῦν καὶ κακὸν κυβερνήτην. [7])

106. Οὐκ ἔστι κεφαλὴ ὑπὲρ κεφαλὴν ὄφεως καὶ οὐκ ἔστι κακία ὑπὲρ κακίαν γυναικὸς πονηρᾶς. [8])

107. Οὐχ οὕτω πνεύματος λαύρου κατασπιλάσαντος ἀγριαίνεται θάλασσα καὶ ἀφορήτοις κυμάτων ὁρμαῖς χέρσῳ τε καὶ πέτραις ῥήγνυται, ὡς ἀνδρὸς ψυχὴ παθοῦσα τὸ δύςοργον καὶ τὸ ἀχάλινον εἰς θυμόν.

[1]) ἀφ. τῶν οἰκείων ὀνείδων τύπους Mon. cit. et Melissa.
[2]) Apud Maxim. II 633 ex Gregor. Nyss. vel Philone.
[3]) Theolog. in Melissa P. II c. 85 p. 1205.
[4]) τὸν ἀδελφόν Mon. 429 f. 89 c. 30. Idem ex Chrysost.
[5]) Hucusque Mon. 551 f. 172 dat adagium.
[6]) κακὰ add. Mon. 429 ex Chrys. Idem ap. Meliss. II 69 p. 1165.
[7]) Isocrat. apud Anton. Meliss. I 60 p. 961.
[8]) Sirach. in Mon. 429 f. 125 b, cap. 53, ubi in fine: ὑπὲρ θυμὸν ἐχθροῦ ut Eccli. XXV. 15.

---

animae foedissimae, occultas propriorum malorum notas in propatula corporis tabula describentis.

101. Qui non est ad nequitiam promtus, neque est ad suspicionem facilis, atque tardus ad suspicionem mali, qui est ad nequitiam tardus.

102. Hominibus placere studet, qui ad arbitrium hominis alicujus, ut ei placeat, facit aliquid, etiamsi illud sit dedecore dignum.

103. De proximo suo obloquens fraternas comedit carnes, famam ejus vulnerans aliaque innumera per linguam perpetrans.

104. Absint tibi nimii gestus et noli risum concitare; ex his enim erga te respectus tollitur et paulatim ut unus e vulgo haberis.

105. Si pulchrum habeas corpus et pravum animum, pulchram habes navem et pravum gubernatorem.

106. Non est caput super caput serpentis, et non est malitia super malitiam iniquae mulieris.

107. Non ita per flatum saevientis venti furit mare immensoque fluctuum fragore ad tellurem et rupes eliditur, ut viri animus ad furorem concitus et irae impatiens.

108. Ἀναισχυντία μέν ἐστιν ἴδιον ἀνδρὸς φαύλου, αἰδὼς δὲ σπουδαίου· τὸ δὲ μήτε αἰσχύνεσθαι μήτε ἀναισχυντεῖν τοῦ ἀκαταλήπτως ἔχοντος. [1])

109. Ὁ ἁπλοῦς καὶ ἄδολος ἐξαγορεύει τῆς ψυχῆς τὰ ἀπόῤῥητα. [2])

110. Χλεύη μὲν τὰ τῆς παιδοποιίας ὄργανα παρθένα τηρεῖν, τὴν δὲ γλῶσσαν μὴ τηρεῖν, ἢ ταύτην μὲν παρθένον τηρεῖν, τὴν δὲ ὅρασιν ἢ τὴν ἀκοὴν ἢ τὰς χεῖρας μὴ τηρεῖν, ἢ ταῦτα μὲν καθαρεύειν, τὴν δὲ καρδίαν μὴ τηρεῖν, ἀλλ' ἑταιρίζεσθαι τύφῳ καὶ θυμῷ. [3])

111. Οὐκ εὔχομαι πλουτεῖν· οὐδὲ γὰρ τούτου ἐρῶ· ἀλλά μοι εἴη ζῆν ἀπὸ τῶν ὀλίγων μηδὲν ἔχοντι κακόν.

112. Ἕως καιροῦ ἀνθέξεται μακρόθυμος· καὶ ὕστερον ἀναδύσει αὐτῷ εὐφροσύνη καὶ χείλη πολλῶν ἐκδιηγήσονται σύνεσιν αὐτοῦ. [4])

113. Ὁ τῇ ταπεινοφροσύνῃ τοὺς ἑαυτοῦ κατασχὼν λογισμοὺς πᾶσαν ἀτιμίαν ἐλάττονα εὑρήσει τῆς ἀληθείας. [5])

114. Καὶ ἡ τοῦ λοιδορεῖσθαι καὶ ὑβρίζειν ἀκολουθία διὰ μακροθυμίας ἵσταται τῆς ἐπὶ τὰ πρόσω φορᾶς, ὡς εἴ γέ τις ὕβρει τὴν ὕβριν καὶ λοιδορίᾳ τὴν λοιδορίαν ἀμύνοιτο, πλεονάσει πάντως διαπαντὸς τρέφων διὰ τῶν ὁμοίων τὰ ἄτοπα. [6])

115. Οἱ ὀφθαλμοί σου ὀρθὰ βλεπέτωσαν καὶ τὰ βλέφαρά σου νευέτω δίκαια. [7])

[1]) Philo ap. Maxim. serm. 40 II p. 633, ubi in fine additur: καὶ ἀσυγκαθέτως.

[2]) Basil. ap. Meliss. II 85 p. 1205, ubi legitur: τὸ ἁπλοῦν καὶ ἄδολον.

[3]) Chrys. ap. Maxim. Serm. per exc. c. 3. t. II p. 537. Ant. Melissa I 14 p. 812.

[4]) Eccli. I 22. 23 gr. (v. 29. 30). Pro αὐτοῦ cod.: αὐτῶν. Alia quoque differunt Mel. II 89 p. 1215, ubi ἀνέξεται.

[5]) Basil. in Antonio Melissa II 89 p. 1216.

[6]) Greg. Nyss. ap. Maxim. Serm. 42. Opp. II 637.

[7]) Proverb. IV. 25. Anton Mel. II 91 p. 1221.

---

108. Impudentia propria est viri nequam, pudor vero probi; at nec pudore nec impudentia teneri ejus est qui intellectu caret.

109. Simplex et dolo carens arcana mentis enuntiat.

110. Risus est, genitalia membra casta servare, linguam vero non servare castam, vel hanc quidem castam servare, visum vero vel auditum vel manus non servare, vel etiam haec quidem tenere munda, cor autem fastui ac tumori prostituere.

111. Non opto dives fieri; neque enim peramo; sed utinam e paucis vivam nil habens mali!

112. Usque ad tempus sustinebit patiens et postea scaturiet de laetitia, et labia multorum enarrabunt ipsius prudentiam.

113. Qui suas cogitationes humilitate coercuit, omnem ignominiam veritate minorem reperiet.

114. Per patientiam sistitur etiam cursus injuriarum et conviciorum, ne ulterius progrediatur; quodsi quis injuriam injuria et convicium convicio compensare velit, augebit omnino vitia, quae absurda sunt similibus alendo.

115. Oculi tui recta conspiciant et palpebrae tuae nictentur juste.

116. Ὅς ἀναστρέφεται ἄμωμος ἐν δικαιοσύνῃ, οὗτος καταλείψει μακαρίους τοὺς ἑαυτοῦ παῖδας. [1])

117. Πορευόμενος ἐν δικαιοσύνῃ, πατῶν [2]) εὐθεῖαν ὁδόν, μισῶν ἀνομίαν καὶ ἀδικίαν καὶ τὰς χεῖρας ἀποσειόμενος ἀπὸ δώρων, βαρύνων τὰ ὦτα, ἵνα μὴ ἀκούσῃ κρίσιν αἵματος, καμμύων τοὺς ὀφθαλμοὺς, ἵνα μὴ ἴδῃ ἀδικίαν, καὶ [3]) οὗτος οἰκήσει ἐν ὑψηλῷ σπηλαίῳ πέτρας ἰσχύος. [4])

118. Βίος λόγου δυνατώτερος καὶ τρόποι ῥημάτων, καὶ ἡ διὰ τῶν ἔργων ἀπόδειξις τῆς διὰ τῶν λόγων διδασκαλίας. [5])

119. (Ὅς)τις ἀποκρίνεται λόγον πρὶν ἀκοῦσαι, ἀφροσύνη αὐτῷ ἐστι καὶ ὄνειδος. [6])

120. Ὄλισθος ἀνθρώποις γλῶσσα μὴ λόγῳ κυβερνωμένοις. [7])

121. Ἀπόκρισις ὑποπίπτουσα ἀποστρέφει θυμόν. [8])

122. Ὅς φείδεται ῥῆμα προέσθαι σκληρὸν, ἐπιγνώμων. [9])

123. Γλῶσσα μαλακὴ συντρίβει ὀστᾶ. [10])

124. Τίς δώσει ἐπὶ τοῦ στόματός μου φυλακὴν καὶ ἐπὶ τῶν χειλέων μου σφραγῖδα πανοῦργον, ἵνα μὴ πέσω καὶ ἡ γλῶσσά μου ἀπολέσῃ με; [11])

---

[1]) Sirach. Cod. Mon. 429 f. 11 a, cap. 41. Prov. XX. 7. Mel. l. c.

[2]) C. λαλῶν.

[3]) deest in Mon.

[4]) Isocrat. Mon. 429 f. 16, b, cap. 5.

[5]) Chrys. ap. Meliss. II 91 p. 1224, ubi ἐπίδειξις pro ἀποδ. legitur.

[6]) Prov. XVIII. 13.

[7]) Theolog. ap. Max. II. 646, ubi κυβερνωμένη.

[8]) Prov. XV. 1. in Mon. cit. f. 95 a, cap. 34 Mel. II 84 p. 1201.

[9]) Prov. XVII 27 Meliss. l. c.

[10]) Meliss. l. c. Prov. XXV. 15.

[11]) Eccli. XXII. 27.

---

116. Qui versatur immaculatus in justitia, is beatos suos relinquit filios.

117. Qui ambulat in justitia et calcat semitam rectam, odit iniquitatem et injustitiam, manus a muneribus removet, gravat aures, ne audiat judicium sanguinis, claudit oculos, ne videat injustitiam, hic quoque habitabit in sublimi specu petrae fortitudinis.

118. Vita est fortior sermone et mores verbis, et operum exemplum verbali doctrina.

119. Si quis respondeat antequam audiat, insipientia hoc ipsi est et probrum.

120. Lubricum est hominibus lingua, si ratione non regantur.

121. Responsio humilis avertit iram.

122. Qui sibi cavet a verbo effundendo duro, prudens.

123. Lingua mollis conterit ossa.

124. Quis dabit in ore meo custodiam et in labiis meis sigillum prudens, ne excidam et lingua me perdat?

125. Ἔστι φίλος ἐν καιρῷ αὐτοῦ καὶ οὐ μὴ παραμένει ἐν καιρῷ θλίψεως.[1])

126. Ὁ πονηρὸς ἑαυτῷ τίνι ἀγαθὸς ἔσται;[2])

127. Ξενιεῖς καὶ ποτιεῖς ἀχάριστον καὶ ἀντὶ τούτου πικρὰ ἀκούσεις.[3])

128. Οὐ πρέπει ἐν τῇ κατηγορίᾳ τοῦ λόγου τὸν ἐλέγχοντα στῆσαι τὸν λόγον· τοῦτο γὰρ ἥμισυ τῆς θεραπείας ἐστί· τὸ γὰρ δεῖξαι τῷ κάμνοντι τῆς νόσου τὸ μέγεθος, ὥςτε ἑαυτῷ ἐμποιῆσαι τοῦ κακοῦ τὴν φροντίδα, χρήσιμον μέν ἐστι, τὸ δὲ ἄχρι τούτου στῆναι καὶ μὴ πρὸς τὴν ὑγίειαν χειραγωγῆσαι οὐδὲν ἕτερόν ἐστιν ἢ ἐναφεῖναι ἔκδοτον τῇ ἀῤῥωστίᾳ τὸν ἄνθρωπον.

129. Ἀσυμβούλευτος[4]) ἀνὴρ πλεῖόν ἐστιν ἀκυβέρνητον.

130. Ἐπὶ γυναικὶ πονηρᾷ καλὸν σφραγίς· καὶ ὅπου χεῖρες πολλαί, κλεῖσον.[5])

131. Ἀσεβῶν λύχνος σβεσθήσεται· ἐλεύσεται δὲ αὐτῶν ἡ καταστροφή, ὥςπερ ἄχυρα ἀπὸ ἀνέμου.[6])

132. Ἐὰν ἴδῃς συνετὸν ἄνδρα, ὄρθριζε πρὸς αὐτὸν καὶ βαθμοὺς τηρῶν αὐτοῦ ἐκτριβέτω ὁ ποῦς σου.[7])

133. Ἔλεγχος ἀνδρὸς ἤθους ἡ μετὰ τῶν τοιῶνδε συνουσία· ὅ τε γὰρ

[1]) Eccli. VI. 8 gr. Mon. cit. f. 33 a, c. 10.

[2]) Eccli. XIV. 5.

[3]) Sirach in Mon. 419 f. 12, c. 4. Melissa II 58 p. 1149. Est Eccli. XXIX. 25.

[4]) ἀσύμβουλος ap. Anton. M. II 60 p. 1152 ex Sirac.

[5]) Est Eccli. XLII 6. Solon in Mon. 429 f. 130 a, cap. 56; Sext. Pythag. ap. Max. Opp. II 631. et Anton. Meliss. Serm. de mulieribus malis p. 608. ap. Orell. I p. 246 n. 12.

[6]) Paulo aliter Job XXI. 17. 18. XVIII 5. Anton. Melissa I 2 (Migne t. 136 p. 776.) II 94 (p. 1228).

[7]) Eccli. VI. 36 gr. Mon. cit. f. 55 a, cap. 16. Pro τηρῶν al. θυρῶν.

---

125. Est amicus in tempore suo et non manebit in tempore tribulationis.

126. Qui sibi nequam, cui bonus erit?

127. Hospitium et potum praebebis ingrato et mercedis loco amara audies.

128. Non opus est (decet), ut qui corripit in accusatione verborum sermonem sistat; hoc enim dimidium est medelae; nam ostendere aegro morbi gravitatem, ut insinuetur cura mali, utile quidem est; tamen eo usque sistere nec ei viam ad sanitatem monstrare nil aliud est quam hominem expositum morbo relinquere.

129. Vir consilio non utens navis est absque gubernatore.

130. Apud mulierem improbam bonum sigillum, et ubi manus multae, claude.

131. Impiorum lucerna exstinguetur, veniet autem eorum eversio, ut palea a facie venti.

132. Si vides virum prudentem, vade ad eum diluculo et gressus ejus servans terat pes tuus.

133. Ostendit viri mores horum seu illorum conversatio. Pravus enim

φαῦλος ἐξ ἀνάγκης τοῖς ὁμοίοις συνέσται, ὅ τε αὖ πάλιν σώφρων καὶ σοφὸς τοῖς τὰ τοιαῦτα αὐτῷ μετιοῦσιν.

134. Ἐξῆλθεν εἰς ἀπάντησιν Ἰωσαφὰτ Ἀνανίας [1]) ὁ προφήτης καὶ εἶπεν αὐτῷ· βασιλεῦ Ἰωσαφάτ, εἰ ἁμαρτωλῷ βοηθεῖς, ἢ μισουμένῳ ἀπὸ κυρίου φιλιάζεις; καὶ διὰ τοῦτο ἐγένετο ἐπὶ σὲ ὀργὴ παρὰ κυρίου.

135. Οἱ διὰ σπουδῆς ἀνθρωπίνης προςελθόντες ἐπὶ τὸ ἄρχειν, ἐν αὐτῷ τούτῳ τῆς σπουδῆς τὴν χάριν ἀνταναπληροῦσι τοῦ πάντα πρὸς ἡδονὴν ἐνδιδόναι τοῖς ἁμαρτάνουσι· δοῦλοι τῶν δεδωκότων τὴν χάριν εἰσὶν οἱ δι' ἀνθρώπων ἑαυτοῖς τὴν δυναστείαν κτησάμενοι.

136. Ἄρχοντος μηδὲν τοὺς ἀρχομένους ὠφελοῦντος οὐδὲν ἀθλιώτερον· ὅσῳ γὰρ εἰς μείζονα ὄγκον τῆς ἀρχῆς ἀναβέβηκεν ὁ τὴν ἐπισκοπὴν λαχών, τοσούτῳ καὶ πλείονα ἀπαιτηθήσεται λόγον. [2])

137. Πρὶν ἐξετάσῃς μὴ μέμψῃ. [3])

138. Λαμβάνοντος δῶρα ἐν κόλπῳ ἀδίκῳ οὐ κατευοδοῦνται αἱ ὁδοί. [4])

139. Τὸ γενέσθαι κακὸν ἐν τῷ προελέσθαι μόνον ἀπόκειται καὶ ἤρκεσε πολλάκις εἰς τελείωσιν κακίας ὁ λογισμός. [5])

140. Τῷ μὲν ἀγνοίᾳ τοῦ κρείττονος διαμαρτάνοντι συγγνώμη παρειςέρχεται, ὁ δὲ ἐξεπίτηδες ἀδικῶν ἀπολογίαν οὐκ ἔχει. [6])

---

[1]) Jehu filius Anani. II Paral. 19, 1. 2. Exstant haec in Mon. 429 f. 43 b, cap. 13 cum nota Ἡσαίου.

[2]) Haec aliter disposita leguntur apud Meliss. II 4 p. 1028.

[3]) Eccli. XI. 7. Max. c. 10 p. 562.

[4]) Prov. XVII. 23.

[5]) Nyss. (Melissa II 88 p. 1212.)

[6]) Philo in Mon. 429 f. 46, b; cap. 13.

---

necessario cum similibus versabitur, probus vero et sapiens cum iis, qui eadem studia sectantur.

134. Exivit in occursum Josaphat Ananias propheta et dixit ei: Rex Josaphat, si peccatori praebes auxilium, vel ei quem odit Dominus amicitia jungeris? Et idcirco ira a Domino facta est super te.

135. Qui humano studio ad imperium perveniunt, in hoc ipso gratiam rependunt, ut omnia ad libitum permittant peccantibus; servi hominum, qui ipsis eum favorem praestiterunt, existunt, qui ope hominum potentiam sibi compararunt.

136. Principe nullatenus subditos juvante nihil infelicius; quanto enim majorem attigit imperii amplitudinem, qui episcopatum sortitus est, tanto et majorem rationem reddere cogetur.

137. Ante examen noli vituperare.

138. Qui dona accipit in sinu injuste, ejus non prosperantur viae.

139. Hominem malum fieri in sola voluntatis electione situm est; sufficit saepe cogitatio ad malum perficiendum.

140. Qui ex ignorantia boni peccat, veniam meretur; qui vero ex industria, excusationem non habet.

141. Ὥςπερ θύρα στρέφεται ἐπὶ τῆς στρόφιγγος, οὕτως ὀκνηρὸς ἐπὶ τῆς κοίτης αὐτοῦ.[1])

142. Μὴ γίνου ταχὺς τοῖς λόγοις σου καὶ ἀσθενὴς καὶ παρειμένος ἐν τοῖς ἔργοις σοῦ.[2])

143. Ἀγαθὸν χρηστότητι νικᾷν ἢ θρασύτητι καὶ βελτίους ποιεῖν τοὺς ἀδικοῦντας οἷς καρτεροῦμεν πάσχοντες.[3])

144. Ὅταν ἐννοήσωμεν ἅπερ ἐπάθομεν παρὰ τῶν συνδούλων, λογισώμεθα καὶ ἅπερ ἐποιήσομεν εἰς τὸν δεσπότην καὶ τῷ φόβῳ τῶν οἰκείων ἁμαρτημάτων τὸν θυμὸν τὸν ἐπὶ τοῖς ἀλλοτρίοις πλημμελήμασι ταχέως ἀπώσασθαι δυνησόμεθα.[4])

145. Ὁ δαίμονι μνησικακῶν ἀνθρώποις οὐ μνησικακεῖ· εἰρηνεύει δὲ μετὰ τῶν δαιμόνων ὁ τῷ ἀδελφῷ μηνιῶν.[5])

146. Οὐ τὸ πεσεῖν χαλεπὸν, ἀλλὰ τὸ πεσόντα κεῖσθαι καὶ μὴ ἀνίστασθαι.[6])

147. Ταράσσεται ὑπεραιρόμενος ὡς θύελλα καὶ ὡς κόνις ἐξαφανίζεται· ὡς πομφόλυξ ὀγκεῖται καὶ ὡς σπινθὴρ ἀποσβέννυται τὸ ὑπέρογκον πνεῦμα, τὸ μεγαλόῤῥημον θράσος, ὁ πηλὸς ὁ αὐθάδης, ἡ κόνις ἡ μεγαλόφρων, ἡ σποδὸς ἡ πεφυσιωμένη, ὁ σπινθὴρ ὁ εὐκατάσβεστος, ὁ εὐρύπιστος λύχνος, ἡ εὐμάραντος χλοὴ, ὁ φύσει θνητὸς καὶ τῇ ἐπάρσει, ὡς νομίζει, αἰώνιος.[7])

---

[1]) Cod. τοῦ. Prov. XXVI 14.

[2]) Eccli. IV. 29 (Vulg. v. 34) Mon. cit. f. 93, b c. 32. Cf. Phot. ep. 1 n. 31 (Bal. ep. 6 §. 31 p. 227 not. 2).

[3]) Greg. Naz. apud Maxim. Serm. 42. Opp. II 637. 664.

[4]) Chrysost. ap. Maxim. Opp. II 680.

[5]) Martinus eremita apud Maxim. Opp. II 681.

[6]) Chrys. ap. Melissam I 16 p. 821.

[7]) Chrys. in Mon. 429 f. 74 a, cap. 22. Simile f. 42. a.

---

141. Sicut janua volvitur in cardine, ita piger in cubili suo.

142. Ne sis celer in verbis tuis, infirmus vero et debilis in opere.

143. Melius mansuetudine vincere quam temeritate, melioresque facere injuriarum auctores per nostram tolerantiam.

144. Quando cogitamus quae passi sumus a conservis nostris, expendamus etiam, quae contra Dominum fecimus, et timore propriorum peccatorum nostram pro alienis criminibus iram facile repellere poterimus.

145. Qui cum daemone inimicitias gerit, cum hominibus eas non geret; pacem vero cum daemonibus habet qui fratribus infensus est.

146. Non est labi grave, sed lapsum jactare et non resurgere.

147. Turbatur superbus ut procella et ut pulvis dissipatur, ut bulla tumescit et sicut scintilla extinguitur praetumidus spiritus, fastus grandiloquus, lutum audax, pulvis superbus, cinis inflatus, favilla, quae facile extinguitur, lucerna quae ventilatur, herba cito arescens, natura mortalis et superbia sua, ut existimat, immortalis.

148. Δικμήτωρ ἀρετῆς λογισμὸς ὑπερήφανος. [1])

149. Χαλεπὸν ἐκφυγεῖν τὸν τῆς κενοδοξίας δαίμονα· ὃ γὰρ ποιήσεις καθαιρήσων αὐτήν, τοῦτο ἀρχή σοι κενοδοξίας ἑτέρας γενήσεται. [2])

150. Ἐνθυμεῖσθαι χρὴ ἀνθρώπους ὄντας αὐτὸ τοῦτο, ὅτι ἄνθρωποι ἐσμέν· τοῦτο γὰρ ἀνὴρ ἐνθυμούμενος πολὺ γενήσεται σωφρονέστερος καὶ ἧττον ἂν μεγαλοφρονείη.

151. Ὁ χρόνος καὶ ἡ ἐμπειρία τὰ καλῶς ἔχοντα διδάσκει τοὺς ἀνθρώπους.

152. Πόλεμος ἔνδοξος εἰρήνης αἰσχρᾶς αἱρετώτερος. [3])

153. Συμφέρον ἡγοῦμαι οὐ μόνον τοὺς ἡδεῖς λόγους ἀκούειν, ἀλλὰ καὶ τοὺς παραυτίκα μὲν πικρούς, εἰς ὕστερον δὲ τὴν ὠφέλειαν ἀποδίδοντας.

154. Ὥςπερ τοῖς ἀῤῥωστοῦσιν ἄλλο τι ἀκούειν ἢ πράττειν ἁμάρτημά ἐστιν ἢ ἀφ' ὧν μέλλουσιν ὠφελεῖσθαι τὰ πρὸς ὑγίειαν, οὕτω καὶ τοῖς ἄλλοις ἀνθρώποις ἁμάρτημά ἐστιν ἄλλο τι λέγειν ἢ πράττειν ἢ ἀφ' ὧν μέλλουσιν ὠφελεῖσθαι.

155. Ὠφελιμότερον ἄνθρωπος χρηστὸς ἢ πρᾶγμα ἀγαθόν· τὸ μὲν γὰρ ἔργῳ μόνῳ ὠφελεῖν πέφυκεν, ὁ δὲ ἄνθρωπος πρὸς τοῖς ἔργοις καὶ τοῖς λόγοις ὠφελεῖν δυνήσεται· καὶ τὸ μὲν πρᾶγμα πείθειν οὐ πέφυκε τοὺς ἁμαρτάνοντας, ὁ δὲ σπουδαῖος ἄνθρωπος πολλὰ μεταπείσει καὶ διδάξει τοὺς τὰ βέλτιστα ἀγνοοῦντας.

156. Ὥςπερ δεσπότην οὐ μηδενὸς ἄξιον νομίζομεν, ὅταν αὐτοῦ τοὺς

---

[1]) Evagr. Mon. cit. c. 22. Migne XL. 1269 C. n. 2. Meliss. P. II c. 74 p. 1184; differt a Prov. XX. 26.

[2]) Evagr. Mon. f. 116 a, cap. 45. Max. serm. 37 Opp. II 629 ex Demosth.

[3]) Max. Serm. per excerpta c. 37 Opp. II p. 629. Anton. Meliss. I 26 p. 861.

---

148. Probatrix virtutis cogitatio superba.

149. Difficile est effugere inanis gloriae daemonem; quod enim pro illo expugnando feceris, hoc tibi alterius jactantiae erit initium.

150. Cogitare debemus qui homines sumus, hoc ipsum quod homines sumus; hoc enim vir in animo volvens multo erit prudentior et castigatior, minusque superbiet.

151. Tempus et experientia quae bona sunt homines docet.

152. Bellum gloriosum turpi pace optabilius.

153. Utile censeo, non solum suaves sermones audire, sed et eos, qui e vestigio quidem amari sunt, sed postea utilitatem afferunt.

154. Sicut aegrotis non licet aliud quidquam audire vel facere praeter id quo adjuvari ad sanitatem queunt, ita et ceteris hominibus nefas aliquid aliud loqui vel agere praeter ea ex quibus utilitatem percepturi sunt.

155. Utilius est homo probus quam res bona; haec enim solo opere juvare potest, homo autem non solis operibus, sed et verbis poterit juvare; et res quidem hortari et movere peccatores nequit, homo autem probus multa potest explicare ac suadere eis qui optima ignorant.

156. Sicut herum nullius pretii ducimus, quando ejus famulos videmus

οἰκέτας βελτίους ὁρῶμεν, οὕτως οὐδὲ ἄνθρωπον καλὸν καὶ ἀγαθὸν, ὅταν τὸ σῶμα τῆς ψυχῆς ἄμεινον διακείμενον ἴδωμεν· καὶ γὰρ τῶν ἔνθοδεν μὲν σαπρὰς ἐχόντων οἰκίας, ἔξωθεν δὲ ζωγραφούντων ἄνοιαν κατηγοροῦμεν.

157. Πολυμαθεία λίαν μὲν ὠφελεῖ, λίαν δὲ καὶ βλάπτει· ὠφελεῖ μὲν τὸν ἔμφρονα ἄνδρα, βλάπτει δὲ τὸν ῥαδίως φοροῦντα πᾶν ἔπος καὶ ἐν ἅπαντι δήμῳ· χρὴ δὲ καιρῶν μέτρα εἰδέναι· σοφίας γὰρ ὅρος οὗτός ἐστιν.[1])

158. Ἀνθρώπῳ δουλώσασθαι θυμὸν χαλεπὸν ἢ ἀγρίων θηρίων· θῆρες γὰρ ἀφρονοῦσιν ἐδίδαξαν. . . .[2])

159. Κρεῖττον μὲν πρὸς εὐδαιμονίαν ἐλάττω κεκτῆσθαι ἢ πολλὰ μετὰ φθόνου καὶ κινδύνου· καὶ γὰρ καλλίων καὶ ἡδίων ὁ βίος οὗτος· νομίζειν δὲ δεῖ τὴν εὐνομίαν οὐκ ἐν τῷ πολλὰ κεκτῆσθαι, ἀλλ' ἐν τῷ τὴν ψυχὴν εὖ διακεῖσθαι·[3]) καὶ γὰρ σῶμα οὐ τὸ λαμπραῖς ἐσθήσεσι κεκοσμημένον καλὸν φαίη τις ἂν εἶναι καὶ μακάριον, ἀλλὰ τὸ τὴν ὑγίειαν ἔχον καὶ σπουδαίως διακείμενον, κἂν μηδὲν τῶν προειρημένων αὐτῷ παρῇ· τὸν αὐτὸν δὲ τρόπον καὶ ψυχὴν, ἐὰν ᾖ πεπαιδευμένη, τὴν τοιαύτην καὶ τὸν τοιοῦτον ἄνθρωπον εὐδαιμόνα προςαγορευτέον, κἂν μὴ εἴη τέως ἐκτὸς ᾖ λαμπρός. Οὐδὲ γὰρ ἵππον, ἐὰν ψέλλια χρυσᾶ καὶ σκευὴν ἔχῃ πολυτελῆ, φαῦλος ὢν, ἄξιόν τινος νομίζομεν.[4]) Ἀλλ' ὃς ἂν διακείμενος τὰ περὶ τὴν ψυχὴν κακῶς, οὔτε πλου-

[1]) Democrit. ap. Orell. I d. 102 n. 60. Stobaeus serm. 83 περὶ τοῦ εὐκαίρως λέγειν paulo aliter.

[2]) Lacuna in cod.

[3]) Demophili sententia Orell. I p. 28 n. 85. 86. Pro εὐνομίαν l. εὐδαιμονίαν.

[4]) Simile Orell. I p. 42 n. 59 ex Demophili similit. sub nomine Socratis Cf. Maxim. II 569. 584 seq. (Aristot.)

---

ipso meliores, ita nec hominem probum et bonum existimamus, quando corpus ejus anima ornatius videmus. Solemus enim eos dementiae arguere, qui intus putidas habent domus, extus autem picturis eas ornant.

157. Multiplex quidem eruditio multum prodest, sed et multum obest. Prodest quidem prudenti viro, nocet vero ei, qui facile quodlibet verbum jactat, etiam coram populo universo. Oportet autem temporum mensuram nosse; hic enim est sapientiae terminus.

158. Homini difficilius est domare iram quam feras belluas; ferae enim. . . .

159. Satius est ad felicitatem pauciora possidere, quam multa cum periculo et invidia. Melior enim est vita isthaec atque jucundior. Statuenda autem est haec felicitas non in multarum rerum possessione, sed in recto animae statu. Nam non illud corpus pulchrum esse quis dixerit, quod splendidis sit vestibus ornatum, sed quod bona fruitur valetudine recteque se habet, tametsi ei nulla praedictarum rerum adsit. Pari modo si animus recte institutus sit, eum eumque hominem felicem oportet appellare, licet interim extrinsecus non fulgeat. Nam neque equum, si torques aureos ornatumque habeat valde splendidum, ignavus vero existat, ullo in pretio

τος οὔτε ἰσχὺς οὔτε κάλλος τῶν ἀγαθῶν ἐστιν, ἀλλ' ὅσῳπερ αὐτοὺς μᾶλλον αἱ διαθέσεις καθ' ὑπερβολὴν ὑπάρξωσι, τοσούτῳ πλείω καὶ μείζω τὸν κεκτημένον βλάπτουσι χωρὶς φρονήσεως παραγινόμεναι.

160. Τίς ἐστιν ἄνθρωπος ἢ ἀσθενείας ὑπόδειγμα, καιροῦ λάφυρον, τύχης παίγνιον, μεταπτώσεως εἰκὼν, φθόνου καὶ συμφορᾶς πλάστιγξ, πρὸς δὲ τούτοις φλέγμα καὶ χολή; [1])

161. Ὥςπερ οἶνος κρίνεται τοῖς τῶν πινόντων τρόποις, οὕτω καὶ ἡ φιλία τοῖς τῶν χρωμένων ἤθεσιν. [2])

162. Ὥςπερ ὁ καπνὸς ἐπιδάκνων τὰς ὄψεις οὐκ ἐᾷ προβλέπειν τὸ κείμενον ἐν ποσὶν, οὕτως ὁ θυμὸς ἐπαιρόμενος τῷ λογισμῷ ἐπισκοτεῖ καὶ τὸ συμβησόμενον ἐξ αὐτοῦ ἄτοπον οὐκ ἀφίησι τῇ διανοίᾳ προκατιδεῖν. [3])

163. Ὁ τὴν δικαιοσύνην ἔχων ἐν τῇ ψυχῇ οὐ μόνον τοῖς ἄλλοις ὠφέλιμός ἐστιν, ἀλλὰ καὶ αὐτὸς ἑαυτῷ· οὐ γὰρ πειράσεται ἑαυτὸν ἀδικεῖν οὐδὲ καθ' ἓν μέρος, ἀλλὰ δικαίως χρήσεται τοῖς τῆς φύσεως αἰσθητηρίοις. [4])

164. Οὐδὲν ἂν γένοιτο καλὸν ὃ μὴ μετὰ νόμου τε καὶ νοῦ γένοιτο.

165. Τίς ἂν ἧττον φοβοῖτό τι ἢ θαρσοίη μάλιστα, ἢ ὅςτις ἑαυτῷ μηδὲν συνίδοι κακόν; [5])

---

[1]) Aristot. ap. Stob. serm. 96 de vitae brevit. p. 5 ed. Turric. Orell. I 508. Similis Secundi sententia ib. 218 n. 7. Pro πρὸς δὲ τούτ· habet: τὸ δὲ λοιπόν.

[2]) Demosthen. in Cod. Mon. 429 f. 37, a, cap. 11.

[3]) Aristoteles ap. Maxim. II 593. et in Mon. 429 f. 97, b. cap. 34; pro ἐπαιρόμενος est ἐπερχόμενος et pro προκατιδεῖν: προβλέπειν in utroque textu.

[4]) Plutarch. in Mon. cit. f. 17, a, cap. 5.

[5]) Stob. serm. 24 de consc. Orell. II p. 68 n. 47.

---

habemus. Sed si quis habeat animum perversum, nec divitiae ejus nec robur virium nec venustas bonum efficiunt, sed quo magis haec in eo exuberabunt, eo graviora damna possidenti afferent, si sine prudentia adveniant.

160. Quid est homo, nisi infirmitatis specimen, temporis spolium, sortis ludibrium, mutationis imago, invidiae et calamitatis lanx, praeterea pituita et fel?

161. Sicut vinum aestimatur ex bibentium affectionibus: ita et amicitia ex utentium moribus.

162. Sicut fumus vellicans oculos non sinit quod ante pedes jacet cernere: ita et furor, dum bacchatur, tenebras offundit animae nec ei permittit, ut malum ex eo consecuturum praevideat.

163. Qui justitiam habet in anima, non solum aliis est utilis, sed et ipse sibi; neque enim ipse injuriam inferre tentabit in ulla sui parte, sed juste utetur naturae sensoriis.

164. Nil fiet bonum, quod non cum lege et ratione fiat.

165. Quis minus extimescat vel maxime confidat quam qui nullius est sibi mali conscius?

166. *Αὐταρκεῖ τροφῇ μακρὰ νὺξ οὐδέποτε γίνεται.* [1])

167. *Βίος ἀνεόρταστος μακρα ὁδὸς ἀπανδόκευτος.* [2])

168. *Ἔργον παράβολον θαύμαζε μὲν, μὴ μίμου δέ.*

169. *Ἐπιθυμία κέρδους ζημίας ἀρχή.* [3])

170. *Ἐαρίνην σπορὰν χειμῶνος καιρὸς οὐ τηρεῖ, οὐδὲ νεωτερικὴν ἀσέλγειαν ὁ τοῦ γήρως ἐπιδέχεται χρόνος· ἴδιον γὰρ τούτων ἑκατέρῳ τὸ ἕτερον.*

171. *Ἐν ἴσῳ νομιστέον εὐεργεσίας τόν τε χαριζόμενόν τι τῶν ἰδίων καὶ τὸν δυνάμενον μὲν βλάπτειν, ἀπεχόμενον δέ.*

172. *Τῶν φαύλων ἔργων καὶ τοὺς λόγους παραιτητέον* [4]) *καὶ ἃ οὐκ ἂν πράξαις πολλῶν παρόντων, ταῦτα μηδὲ λέξῃς πολλῶν ἀκουόντων.*

173. *Ὑγίειαν μὲν εὔχονται παρὰ τοῦ θεοῦ οἱ ἄνθρωποι· αὐτὴν δὲ ταύτην ἔχοντες οὐκ ἴσασιν, ἀκρασίᾳ δὲ καὶ πλησμονῇ τὰ ἐναντία ποιοῦντες αὐτοὶ πρόδοται τῆς ὑγιείας καθίστανται.* [5])

174. *Φόβος κολακείαν μὲν ἐργάζεται, εὔνοιαν δὲ οὐ κέκτηται.* [6])

175. *Φιλονεικία πᾶσα ἀνόητος· τὸ γὰρ κατὰ τοῦ δυςμενοῦς βλαβερὸν θεωροῦσα τὸ ἴδιον συμφέρον οὐ βλέπει.* [7])

---

[1]) Democrit. sent. Orell. I p. 118 n. 129. et apud Anton. et Maxim. Cod.: *αὐταρκεία τροφῆς.*

[2]) Democrit. Orell. I p. 100. n. 15. Stob. serm. 14 de parcit. Mon. 551 f. 162 a *περὶ βίου.*

[3]) Stob. serm. 10. de injust. (Orell. I p. 98 n. 36) *Ἐλπὶς κακοῦ κέρδεος ἀρχὴ ζημίης.*

[4]) Hucusque Democrit. Orell. I p. 96 n. 21 Stob. serm. 5. *περὶ σωφροσύνης.*

[5]) Democrit. Orell. I p. 100 n. 49. II p. 62 n. 21. Maxim. II 612. Cod. Mon. 506 f. 74 a. et 429 f. 62 cap. 18.

[6]) Democrit. Orell. I 106 n. 79. Stob. serm. 46 hypoth. de reg.

[7]) Idem ib. I 100 n. 53 Stob. de ira c. 20.

---

166. Sufficientia alimentorum longa nox nequaquam fit.

167. Vita sine solemnitatibus longa est via sine diversorio.

168. Audax facinus mirare quidem, noli tamen imitari.

169. Desiderium lucri damni initium.

170. Vernam sementem hiemale tempus non servat, nec juvenilem lasciviam admittit senilis aetas. Quadrat enim utrique horum oppositum.

171. Aeque est beneficus censendus, qui quid de suo largitur et qui, cum laedere possit, absistit.

172. De pravis operibus ne loqui quidem oportet, e' quae non faceres multis praesentibus, ea nec dicas multis audientibus.

173. Sanitatem sibi homines flagitant a Deo; eam tamen cum habent non agnoscunt, sed crapula et luxu contraria facientes ipsi proditores sunt sanitatis suae.

174. Timor adulationem quidem gignit, benevolentiam tamen non possidet.

175. Omnis jurgiorum amor est stultus; quod enim est inimico noxium considerans, quod sibi prodest, non videt.

176. *Φρόνιμος ὁ δι' ἑαυτοῦ τὰ καλὰ πράσσων, ὁ δὲ διὰ τύχην, μακάριος.* [1])

177. *Οὔτε λόγος ἀγαθὸς φαύλην πρᾶξιν ἀμαυροῖ οὔτε πρᾶξιν ἀγαθὴν λόγου βλασφημία λυμαίνεται.* [2])

178. *Οὐ πορφύρᾳ καὶ διαδήματι τὸ μακάριον διοικεῖται, λογισμῷ δὲ εἰδότι καλῶς πορφύραν καὶ διάδημα φυλάξαι.*

179. *Ὁ μὲν νόμος τὴν ἀξίαν τῶν ἀδικημάτων ἑκάστῳ τιμωρίαν ὁρίζει καὶ τοὺς ἔξω τῆς ὀργῆς ἔχει κριτάς, ἀναβολήν τε τοῦ μέλλοντος κακοῦ καὶ βουλὴν πρὸς τὸ διαφυγεῖν τὸν κίνδυνον δίδωσιν· ἡ δὲ ἀνομία τὸν παραυτίκα θυμὸν βραβευτὴν ἐφίστησι τῆς κολάσεως.*

180. *Καλὸν μὲν πάντα ὁμόφυλα εἶναι· εἰ δὲ μή γε μηδὲ ἀλλόφυλα· οὐδὲ γὰρ ἡ τῆς φύσεως ἡδονὴ τὴν ἀδικίαν ποιεῖν εἴωθεν, ἀλλ' ἡ παρὰ τὰς κοινὰς* [3]) *δόξας ὄρεξις.*

181. *Τῶν ἐπιθυμιῶν αἱ μέν εἰσι φυσικαὶ καὶ ἀναγκαῖαι, αἱ δὲ φυσικαὶ οὐκ ἀναγκαῖαι, αἱ δὲ οὔτε φυσικαὶ οὔτε ἀναγκαῖαι, παρὰ δὲ τὰς κοινὰς* [3]) *δόξας γινόμεναι.* [4])

182. *Τὸ ἄδοξον μηδὲν λυπείτω, ὅταν τὸ κατὰ τὸν βίον ἀσφαλὲς ἄμεινον ἔχῃ τῶν ἐνδόξων.*

183. *Οὔτε φίλιππός ἐστιν ὁ τρυφῶντας τρέφων ἵππους καὶ πρὸς ἡδονὴν*

---

[1]) Epandrid. Sent. 1. Orell. II p. 390 n. 1.

[2]) Ethnici ap. Anton. in Melissa I 47 p. 928.

[3]) *κενὰς* Cod. habet.

[4]) Sic Epicurus ap. Cic. de finib. bonor. et mal. L. I Chrys. hom. 74 in Joh. Damasc. F. O. II 13 p. 181.

---

176. Prudens, qui per se ipsum bona facit, qui vero per sortem (casu), felix.

177. Nec bona verba improbam actionem obscurant nec actionem bonam verborum convicia labefactant.

178. Non in purpura et diademate felicitas consideratur, sed in animo sciente purpuram et diadema bene custodire.

179. Lex quidem dignam cuilibet crimini definit mulctam, habet judices ab ira immunes et integros, dilationem futuri mali et consilium ad periculum fugiendum dat. Iniquitas autem et exlex rerum confusio subitaneum furorem designatorem supplicii constituit.

180. Bonum est, ut omnia quidem ejusdem sint generis, sin autem, ut saltem non alieni. Neque enim naturae voluptas injustitiam efficere consuevit, sed inordinatus appetitus.

181. Desideriorum alia sunt naturalia et necessaria, alia naturalia, sed non necessaria, alia nec naturalia nec necessaria, sed praeter communem opinionem orta.

182. Obscuritas nominis nihil te turbet, quando majorem vitae securitatem praestet quam celebritas.

183. Neque equos amat, qui delicatos equos alit et voluptatis ergo

πώλοις ἀργύρους χαλινοὺς παρέχων καὶ τὰς χαίτας πορφυροῖς ἀναπλέκων δεσμοῖς, ἀλλ' ὁ ἐξ ὧν ἄριστοι κατὰ φύσιν γενήσονται σπουδάζων· οὔτε φιλότεκνος ὁ πολλὰς ἡδονὰς τοῦ σώματος τοῖς υἱοῖς παρέχων καὶ πολλὴν οὐσίαν ἀπολιμπάνων καὶ παρασκευὴν ἐπὶ τὰς ἡδονάς· δειλῶν γὰρ υἱῶν ἄθλιοι πατέρες, οἷς πᾶσα σπουδὴ καὶ φροντὶς οὐχ ὑπὲρ τοῦ ἀρετὴν ἔχοντας ἀπολιπεῖν υἱούς, ἀλλ' ἄργυρον καὶ χρυσόν, ἅπερ ὡς ἐπίπαν ὁρμητήριά ἐστι τοῖς νέοις καὶ ἀπαιδεύτοις πρὸς ἁμαρτίας. [1])

184. *Δεῖ φιλάνθρωπον εἶναι τὸν μέλλοντα ἄρξειν ἀνθρώπων, ὥςπερ τὸν φίλιππον ἵππων καὶ τὸν φιλόκυνα κυνῶν.*

185. *Δεῖ τὸν μέλλοντα σωφρονικὸν εἶναι διευλαβεῖσθαι τὸ μέγα καὶ τὸ ταχέως λαλεῖν· ἀμφότερα γάρ ἐστι θρασύτητος σημεῖα· ὅθεν καὶ μανικοὺς εἰώθαμεν καλεῖν τοὺς τούτων ἑκάτερον πράσσοντας.*

186. *Εὐλαβητέον περὶ πραγμάτων αἰσχρῶν καὶ διαλέγεσθαι· δοκεῖ γὰρ ὁ λόγος ἑκάστου ἐνταῦθα πηδᾷν, ὅπου ὁ νοῦς τυγχάνει.*

187. *Ἡ τῶν γεγενημένων πραγμάτων μετάνοια τῶν μελλόντων πέφυκε γίνεσθαι πρόνοια.* [2])

188. *Καθάπερ ὑπόδημα τὸ ἁρμόζον τῷ ποδὶ εὔχρηστον, οὐ τὸ κάλλιστον, καὶ ἱμάτιον τὸ σύμμετρον, οὐ τὸ μέγιστον, οὕτω καὶ πρᾶγμα καὶ βίον ἕκαστον αἱρετέον τὸν περὶ τὴν φύσιν.* [3])

---

[1]) Cf. Plutarch. de liberorum educat. c. 7 p. 46 ed. Heusinger. ap. Max. II p. 569.

[2]) Cf. Phot. ep. 1 ad Mich. n. 54. Democr. Orell. I p. 82 n. 31.

[3]) Demophil. Orell. I p. 7 n. 20. Cf. p. 444. 445.

---

argentea pullis frena praebet jubasque purpureis revincit loris, sed qui id satagit, ut optimi evadant secundum naturam. Neque liberos amat, qui multas corporis voluptates filiis praebet magnasque relinquit opes, apparatum ad voluptates. Imbellium enim filiorum miseri genitores, queis omne studium et cura, non ut virtute instructos relinquant filios, sed aurum et argentum, quae sunt ut plurimum adolescentibus atque imperitis incrementa flagitiorum.

184. Oportet hominum amantem esse eum, qui est hominibus imperaturus, sicut equorum amantem vel canum qui equos vel canes regere vult.

185. Qui pudicus atque honestus futurus est, cavere debet, ne ingenti voce nec celeriter loquatur; utrumque enim temeritatis signum; quare et furibundos eos vocare solemus, qui horum utrumlibet faciunt.

186. Cavendum de rebus turpibus ne verba quidem faciamus; videtur enim oratio cujusque eo transilire, ubi mens moratur.

187. Rerum gestarum poenitentia solet gerendarum esse providentia.

188. Sicut is optimus est calceus qui pedi quadrat, non qui pulcherrimus, et vestis, quae congrua, non quae maxima; ita et res et vita eligenda cuique congrua suae naturae.

189. Οὐ τὸν βίον ἐκ τῆς τοῦ λόγου δεινότητος πιστεύομεν, ἀλλὰ τὸν λόγον ἐκ τῆς περὶ τὸν βίον εὐπραξίας.[1])

190. Τὸν σωφρονικὸν οἶμαι δεῖν διωθεῖσθαι τὰς τῶν οὐχ ὁμοίων ὁμιλίας, ἵνα μὴ τὸ καθαρὸν ἦθος ἀπὸ τοῦ ῥυπῶντος τῇ δόξῃ ῥυπωθῇ.

191. Ὁ ἐκ διαβολῆς καὶ ψεύδους ψόγος ἐπ' ὀλίγον ἰσχύσας οὐδὲν λυπεῖ· ἀπεμαράνθη γάρ.[2])

192. Ἅμα τὴν ἐπαγγελίαν ποιητέον καὶ τὴν δόξαν συναπτέον· ἐπαγγελίαν δὲ ἀνατεινομένην οὐκ ἐπισφραγίζεται χάρις.

193. Μακαρίζουσί τινες βασιλεῖς καὶ δυναστὰς, οὐ διὰ τὸ ἐκείνων εὔδαιμον, διὰ δὲ αὐτῶν ταλαίπωρον.

194. Οἱ φιλότιμοι τῶν φύσεων καὶ τῷ ἐπαινῷ παροξύνονται· ἐπαινοῦσι γὰρ ἐπαινούς τινες τῶν φύσεων οὐχ ἧττον ἢ ἄλλοι σιτίων καὶ ποτῶν.

195. Ἐγὼ οὐ τοὺς πλεῖστα ἔχοντας καὶ φυλάσσοντας πλεῖστα εὐδαιμονεστάτους ἡγοῦμαι, ἀλλ' ὃς ἂν κτᾶσθαι τὰ πλεῖστα δύνηται σὺν τῷ δικαίῳ καὶ χρῆσθαι τούτοις σὺν τῷ καλῷ.

196. Ὁ οἶνος ἄρδων τὰς ψυχὰς τὰς μὲν λύπας ὥςπερ μανδραγόρας κομίζει, τὰ δὲ πάθη ὥςπερ ἔλαιον φλόγα ἐγείρει.

197. Ὅςτις ἰσχυρῶς χρήμασιν ἥδεται, τοῦτον εὖ ἴσθι καὶ δαπανῶντα ἰσχυρῶς ἀνιᾶσθαι.

---

[1]) Demoph. Orell. I p. 40 n. 36. p. 206 n. 1 (Laert. I 108).
[2]) Isocrates in Mon. 429 f. 90, b, cap. 30.

---

189. Non mores ex sermonis facundia credimus, sed sermonem ex morum praestantia et bene factis.

190. Pudicus homo, opinor, a se repellere debet aliorum haud similium colloquia, ne puri et mundi mores a sordidis opinione inquinentur.

191. Calumniosa et falsa vituperatio paullisper vigens nullum dolorem affert; cito enim evanuit.

192. Oportet simul promissionem facere et promissum praestare; promissionem enim procrastinatam non obsignat gratia.

193. Beatos nonnulli praedicant reges et principes, non tamen ob ipsorum felicitatem, sed ob suam ipsorum miseriam.

194. Ambitiosa ingenia etiam laude excitantur; celebrant enim nonnulli laudes ingeniorum haud secus ac alii ciborum ac potuum.

195. Ego non eos, qui plurima habent plurimaque custodiunt, felicissimos censeo, sed eum qui acquirere plurima potest cum aequitate et his uti cum honestate.

196. Vinum irrigans animas moestitiam quidem quasi mandragora tollit, passiones tamen excitat ut oleum flammam.

197. Qui nimium pecuniis delectatur, hunc scito pariter, dum illas expendit, nimium dolere.

198. Τὸ μὲν τοὺς πολεμίους δουλοῦν καὶ ἐξαπατᾷν ὡς δίκαιον· πρὸς δὲ τοὺς φίλους τὸ ἁπλούστατον εἶναι τὸ κάλλιστον.

199. Μὴ ἐγγυῶ μοχθηρὸν μηδένα μηδ' ἐν αἰσχραῖς αἰτίαις· πολλοῖς γὰρ τῶν τοιούτων μετεμέλησε.

200. Μηδὲ ὀργῆς ἄρχε πρὸς τοὺς φίλους, ἀλλὰ διαλλαγῆς· τοῦτο γὰρ ἀνδρὸς ἀγαθοῦ.

201. Μηδὲ συμβίου διαβεβλημένοις κακοῖς· δόξεις γὰρ τοιοῦτος εἶναι.

202. Μήτε ἀπίστει ἄγαν μήτε ῥᾳδίως ἀποδέχου· τὸ μὲν γὰρ κακόηθες, τὸ δὲ εὐεξαπάτητον.[1])

203. Πείθειν ζήτει, βιάζεσθαι δὲ μή· οἱ μὲν γὰρ βιασθέντες ἐχθρὸν ἡγοῦνται, οἱ δὲ πεισθέντες σοφόν.

204. Ἡ τῶν σωμάτων ἕξις ὑπὸ ἡσυχίας μὲν καὶ ἀργίας ἀπόλλυται, ὑπὸ γυμνασιῶν δὲ καὶ κινήσεων ἐπὶ πολὺ σώζεται· καὶ ἡ ἐν τῇ ψυχῇ ἕξις ὑπὸ μαθήσεως μὲν καὶ μελέτης κινήσεων ὄντων σώζεται καὶ γίνεται βελτίων, ὑπὸ δὲ ἡσυχίας καὶ ἀγρίας καὶ ἀμελετησίας καὶ ἀμαθίας οὔτε τέ τι μανθάνει, ἅ τε ἂν μάθῃ, ἐπιλανθάνεται.

205. Θεὸς οὐδαμῇ οὐδαμῶς ἄδικος, ἀλλ' ὡς οἷόν τε δικαιότατος, καὶ οὐκ ἔστιν αὐτῷ ὅμοιον οὐδὲν, ἢ ὃς ἂν ἡμῶν γένηται δικαιότατος.

206. Ὅιτινί[2]) τις μὴ ἐπίσταται χρῆσθαι, κρεῖττον ἐᾷν τὴν τούτου χρῆσιν.

---

[1]) Cf. Democrit. ap. Orell. I p. 84 n. 32.
[2]) Cod.: ὅς τινί.

---

198. Hostes quidem in servitutem redigere ac decipere justum est; at erga amicos maxima uti simplicitate optimum et honestissimum.

199. Noli pro quocumque improbo fidem jubere, neque in causis turpibus; multos enim rerum hujusmodi poenituit.

200. Noli esse irae auctor inter amicos, sed conciliationis; hoc enim probum virum decet.

201. Noli cum mali nominis hominibus conversari, videberis enim talis esse.

202. Nec nimis sis incredulus nec facile credas; illud enim malignitatem indicat, hoc simplicitatem deceptioni obnoxiam.

203. Ut animum flectas, persuasione utere, non vi; qui enim vi fuerint adacti, inimicum te censent, suasione autem flexi sapientem.

204. Corporum habitudo quiete quidem et otio labefactatur, exercitiis vero motibusque diutius conservatur; et animae habitus studio quidem ac meditatione, quae motus sunt, conservatur, quiete autem et otio procul a studio et meditatione nec quidquam addiscit et quae didicerit, obliviscitur.

205. Deus nusquam est ullatenus injustus, sed quam maxime aequissimus, nec quidquam est ei simile, ne is quidem (nisi), qui fuerit inter nos justissimus.

206. Quo quis nescit uti, satius est relinquere hujus usum.

207. *Πᾶσα ἐπιστήμη χωριζομένη δικαιοσύνης καὶ τῆς ἄλλης ἀρετῆς πανουργία, ἀλλ' οὐ σοφία φαίνεται.* [1])

208. *Τὸ ἀδικεῖν τοῦ ἀδικεῖσθαι κακίον ἐστὶ καὶ τὸ μὴ διδόναι δίκην τοῦ διδόναι.* [2])

209. *Οἱ Πυθαγόριοι ὑποτίθενται, μὴ πρότερον καθεύδειν ἢ ἀναλογίσασθαι τὰ πραχθέντα αὐτοῖς τὴν ἡμέραν·* [3]) *ὁ δὲ Ἡσίοδος ἀναστάντας φησὶ δεῖν ἀναλογίσασθαι, τίνα αὐτοῖς ἐστι τὰ ἐπιβάλλοντα πραχθῆναι.*

210. *Κῦρος ὁ Περσῶν βασιλεὺς κατανοήσας τινὰ τῶν ὑπ' αὐτὸν στρατηγῶν ἐπιμελῶς προάγοντα τοὺς κακοὺς, ὦ μακάριέ, φησιν, ἐὰν οἱ σώφρονες τοὺς φαύλους ἴδωσιν ἀτιμαζομένους, πολὺ προθυμότερον τῆς ἀρετῆς ἀνθέξονται.* [4])

211. *Ὁ αὐτὸς ἐρωτηθεὶς, τίνι μάλιστα φιλία διασώζεται, ὁμονοίᾳ, εἶπε, καὶ φίλων πίστει βεβαίων.*

212. *Ἔφη δὲ δεῖν ἐχθροὺς ἀγαθοὺς καὶ φίλους βεβαίους κατὰ τὴν ἀξίαν τῶν ἔργων προτιμᾷν· ἐχθροὺς μὲν γὰρ ἀγαθοὺς φίλους γενομένους μεγάλην ὠφέλειαν ἄρχοντι γενέσθαι· τιμωρία δὲ κακῶν καὶ χρηστῶν ἐπιμέλεια ὁμόνοιαν καὶ εὔνοιαν τοῖς ἀρχομένοις πρὸς τοὺς ἄρχοντας ἐμποιεῖ.*

213. *Οὐ τὸ λοιδορεῖσθαι ἄτοπον, ἀλλὰ τὸ λοιδορίας εἶναι ἄξιον.*

214. *Ἱέρων ὁ Σικελίας τύραννος ἔλεγε μηδένα τῶν παῤῥησιαζομένων*

---

[1]) Plato Cod. Mon. 506 f. 71, b. Anton. Mel. I 50 p. 933. Max. Serm. 17 p. 584.
[2]) Idem. Cod. Mon. 429 f. 16, b cap. 5.
[3]) Vers. Pythag. ap. Orell. I p. 52 v. 40 seq.
[4]) Basil. ap. Maxim. serm. 68 Opp. II 684.

---

207. Omnis scientia sejuncta a justitia ceterisque virtutibus malitia, non autem sapientia videtur.

208. Injuriam facere pejus est quam pati et poenam non luere quam luere.

209. Pythagoraei monent, non esse prius dormiendum, quam quae interdiu gessimus recogitemus. Hesiodus vero ait oportere nos, dum a somno surgimus, recogitare, quaenam sint nobis eo die peragenda.

210. Cyrus Persarum rex animadvertens a quodam suorum ducum studiose promoveri malos, o beate, inquit, si honesti viri viderint improbos dedecore affectos, multo alacrius virtutem amplectentur.

211. Idem interrogatus, qua potissimum re amicitia conservetur, concordia, inquit, et fide constantium amicorum.

212. Dixit quoque, oportere inimicos probos et amicos constantes summa cura et honore prosequi; probi enim inimici, si amici fiant, maximae sunt principi utilitati; supplicium vero improborum et proborum cura concordiam et benevolentiam subditis erga principem instillat.

213. Non contumelia affici est malum, sed contumelia dignum esse.

214. Hiero Siciliae tyrannus affirmabat, neminem eorum, qui secum libere loquerentur, esse probum virum. Censebat enim eos qui arcanum

πρὸς αὐτὸν ἄκακον εἶναι· τοὺς δὲ ἀπόῤῥητον λόγον ἐκφέροντας ἀδικεῖν ᾤετο καὶ πρὸς οὓς ἐκφέρουσι· μισοῦμεν γὰρ οὐ μόνον τοὺς ἐκλαλήσαντας, ἀλλὰ καὶ τοὺς ἀκούσαντας ἃ μὴ βουλόμεθα. [1])

Ἕτεραι Φωτίου γνῶμαι.

1. Μόναι τῶν ὁμοιοπαθῶν ὁμιλίαι τοῖς ἀθυμοῦσιν εὑρίσκονται παρηγορίαι. [2])

2. Ὥςπερ δὲ τῶν ξύλων τὰ μανὰ καὶ γλυκέα τὴν θρίπα καὶ τὴν τερηδόνα τρέφει κόπτουσαν αὐτὰ καὶ διεσθίουσαν, οὕτως καὶ τοῖς ἀπεκτικοῖς καὶ φιλανθρώποις οὐκ ὀλίγης βλάβης οἱ κόλακες παραίτιοι γίνονται. [3])

3. Ὅςτις εὐχερῶς τὰς ἀλλοτρίας διαβολὰς ἀποδέχεται, οὐδὲν τῶν ὁμοίων οὗτος ἀπέχεται πράξεων· ἡ γὰρ ἐργασία τοῦ ἐπιτηδεύματος εἰς κοινωνίαν φιλεῖ καθέλκειν καὶ τὸν ἀναίτιον. [4])

4. Εὐδαιμονίαν κτήσασθαι μὲν οὐκ εὐχερὲς, κτηθεῖσαν δὲ μέχρι τέλους διασώσασθαι πολλῷ δυςχερέστερον· οἰχομένην δὲ ἀνακαλέσασθαι τῷ ταύτης ἀπ᾽ ἀρχῆς τυχεῖν παραπλήσιον. [5])

---

[1]) Mon. 429 f. 78, b cap. 23. A verbis illis Τοὺς ἀπόῤῥητον λόγον ἐκφέροντας eadem dat Maxim. II p. 597.

[2]) Mon. 429 f. 52 cap. 15 Περὶ λύπης καὶ ἀθυμίας. Φωτίου πατριάρχου. Sic et Melissa I 72 p. 988.

[3]) ib. f. 79, b cap, 24 περὶ κολακείας.

[4]) ib. f. 90 a cap. 30 περὶ ψόγου καὶ διαβολῆς. Idem Mel. I 53 p. 945.

[5]) ib. f. 91 b cap. 31 περὶ εὐτυχίας καὶ δυςτυχίας. Idem sub Photii nomine ap. Meliss. I 70 p. 981 usque ad voc. δυςχερέστερον.

---

sermonem revelarent, et illis ipsis injuriam inferre, quibus revelant. Solemus enim odio prosequi non eos solum, qui palam locuti sunt, sed et eos qui quod nolumus, audierunt.

Aliae Photii sententiae.

1. Sola cum iis, qui similia patiuntur, conversatio afflictis consolatio reperitur.

2. Quemadmodum ligna tenuia et mollia vermem ac putredinem nutriunt, quae ea vastat ac devorat, ita et adulatores viris sobriis ac humanis haud exiguam perniciem afferunt.

3. Qui facile alienas calumnias suscipit, hic minime a similibus actibus abstinet; nam ejus negotii exercitatio in communionem attrahere solet etiam insontem.

4. Fortunam (felicitatem) acquirere quidem haud est facile, eam vero, quam quis possidet, ad finem usque servare, multo difficilius; amissam vero recuperare simile est atque eam ab initio acquirere.

E.

ΕΚ ΤΟΥ ΝΙΚΗΦΟΡΟΥ ΚΑΙ ΦΩΤΙΟΥ ΤΩΝ ΠΑΤΡΙΑΡΧΩΝ ΚΩΝΣΤΑΝΤΙΝΟΥΠΟΛΕΩΣ ΚΑΙ ΤΟΥ ΜΕΓΑΛΟΥ ΘΕΟΔΩΡΟΥ ΤΟΥ ΣΤΟΥΔΙΤΟΥ ΚΑΤΑ ΕΙΚΟΝΟΜΑΧΩΝ. [1])

1. *Ἀρχέτυπόν ἐστιν ἀρχὴ καὶ παράδειγμα ὑφεστηκὸς τοῦ ἀπ' αὐτοῦ χαρακτηριζομένου εἴδους καὶ τῆς παραγωγῆς τοῦ προςεοικότος αἴτιον.* [2]) *Εἰκών ἐστιν ἄγαλμα* [3]) *ἀρχετύπου ὅλον ἑαυτῇ* [4]) *τοῦ ἐντυπουμένου τὸ εἶδος διὰ τῆς ἐμφερείας ἐναποματτομένη, τῷ διαφόρῳ τῆς οὐσίας κατὰ τὴν ὕλην μόνην* [5]) *παραλλάττουσα· ἢ μίμησις ἀρχετύπου καὶ ἀπείκασμα, ἢ τέχνης ἀποτέλεσμα κατὰ μίμησιν τοῦ ἀρχετύπου εἰδοποιούμενον, τῇ οὐσίᾳ διαφέρον.* [6])

2. *Εἰκὼν λέγεται παρὰ τοῦ ἐοικέναι.* [7]) *Ἄλλο φυσικὴ εἰκὼν καὶ ἄλλο μιμητική·* [8]) *ἡ μὲν οὐ φυσικὴν διαφορὰν ἔχουσα πρὸς τὸ αἴτιον, ἀλλ' ὑποστατικήν, ὡς ὁ υἱὸς πρὸς τὸν πατέρα· μία μὲν γὰρ τούτων ἡ* [9]) *φύσις, δύο*

---

[1]) Cod. Palat. 361 p. 208—212 a. Cf. Mon. 194 bomb. f. 205 b: *Περὶ τῶν ἁγίων εἰκόνων κατ' ἐπιτομήν.* Euthym. Zigab. Panopl. tit. 22 Migne CXXX 1164 seq.

[2]) *αἴτιον* Pal. et Maius in ed. Niceph., ex quo haec sumta sunt Orat. I. c. Const. Copron. c. 28 (Nov. PP. Bibl. V, I p. 31.) nonnullis praetermissis. Cat.: *αἰτίου.*

[3]) Mon. cit. et Niceph. l. c: *ὁμοίωμα.* Sic Euth.

[4]) *ἐν ἑαυτῇ* Niceph. Euth.

[5]) Mon. Euth.: *μόνον.* Niceph.: *καὶ μόνον.*

[6]) Niceph.: *εἰδοποιουμένη, οὐσίᾳ δὲ καὶ τῷ ὑποκειμένῳ διαφέρουσα.* Paulo aliter de his Joh. Dam. Orat. 3 de imag. n. 16 Opp. II 353.

[7]) De etymologia vocis vide Theod. Stud. Ant. II c. 23 p. 368 C ed. Migne, et Niceph. l. c. c. 31 p. 32: *κατὰ τὸν τῆς ἐτυμολογίας τρόπον .. ἀπὸ τοῦ εἴκω ῥήματος .. ἐκ δὴ τοῦ εἰρημένου ῥήματος .. καὶ τὸ ἔοικε ῥῆμα ἐσχημάτισται, ὃ δὴ καὶ αὐτὸ τὸ ὁμοιοῦν δηλοῖ.* — Haec et quae sequuntur hac §, exstant apud M. Blastarem Synt. alphab. E. c. 6 (Bever. II, II p. 109). Sunt ex Theod. Stud. ep. ad Platon. p. 501 ed. Migne. Ed. Pan.: *παρὰ τὸ ἑ.*

[8]) De hoc discrimine disserit Theod. Stud. Antirrhet. III c. 2 Lib. II ep. 84 p. 417. 1328 ed. Migne. Cf. Damasc. l. c. c. 18—30 p. 353. 354. ed. Le Quien.

[9]) *ἡ* art. deest in Mon. et in ed. Pan.

Ex Nicephoro et Photio Patriarchis Constantinopolitanis et magno Theodoro Studita contra Iconomachos.

1. Archetypum est principium et exemplar, quod per se existit, ejus formae quae ab ipso exprimitur et derivationis ejus, quod ei assimilatur, causa. Imago est similitudo archetypi totam speciem seu formam figurati per assimilationem in se exprimens, diversitate substantiae secundum materiam solam ab eo differens, vel imitatio archetypi et assimilatio, vel artis effectus secundum imitationem archetypi formatus, substantia vero differens.

2. Imago dicitur ab *ἐοικέναι* (repraesentare, videri). Aliud naturalis imago et aliud imitativa seu artificialis. Illa quidem non naturalem habet differentiam ad principium, sed personalem, ut filius ad patrem; nam una

δὲ ὑποστάσεις· ἡ δὲ τοὐναντίον οὐχ' ὑποστατικὴν διαφορὰν ἔχουσα πρὸς τὸ ἀρχέτυπον, ἀλλὰ φυσικὴν, [1]) ὡς ἡ εἰκὼν τοῦ Χριστοῦ πρὸς τὸν Χριστόν· μία μὲν γὰρ ἡ ὑπόστασις τούτων, δύο δὲ φύσεις· ἄλλη [2]) γὰρ φύσις ὑλογραφίας καὶ ἄλλη Χριστοῦ κατὰ τὸ ἀνθρώπινον, καθὸ καὶ περιγράφεται [καὶ ἀρχέτυπον εἰκόνος καθίσταται]. [3])

3. (I) Ἐπὶ μὲν τῆς μιμητικῆς εἰκόνος κατὰ τὴν ἰδέαν ἤτοι μορφὴν ἡ ὁμοίωσις, ἐπὶ δὲ τῆς φυσικῆς κατὰ τὴν οὐσίαν ἤτοι θεότητα ἡ [4]) ταυτότης· καὶ ἐπὶ μὲν τῆς φυσικῆς, διότι μία φύσις υἱοῦ καὶ πατρὸς, διὰ τοῦτο μία καὶ προςκύνησις τούτων, ἀλλ' οὐ δύο κατὰ τὸ διάφορον τῶν ὑποστάσεων· ἐπὶ δὲ τῆς μιμητικῆς, διότι μία ὑπόστασις εἰκόνος Χριστοῦ καὶ αὐτοῦ Χριστοῦ, μία καὶ προςκύνησις τούτων, ἀλλ' οὐ δύο κατὰ τὸ διάφορον τῶν φύσεων· [5]) οὐ γὰρ ἰδιοϋπόστατός ἐστιν ἡ μιμητικὴ εἰκὼν, ἀλλὰ τοῦ ἀρχετύπου τὴν ὑπόστασιν φέρει καὶ κατὰ ταύτην εἰκὼν αὐτοῦ ἐστιν· ὑπόστασιν δὲ νῦν λέγομεν οὐ τὸ ἁπλῶς ὑφεστὸς, ἀλλ' οὐσίαν τινὰ μετὰ ἰδιωμάτων, καθὸ διαχωρίζεται τῶν ὁμοειδῶν· τὸ γοῦν ἰδιοϋπόστατον οὐκ εἰκὼν, ἀλλ' ἀρχέτυπον. [6]) (II) Ἡ τῆς εἰκόνος τιμὴ ἐπὶ τὸ πρωτότυπον διαβαίνει [7]) καὶ ἔστι τούτων μία προςκύνησις διὰ τὸν ἐν ἀμφοῖν ἕνα χαρακτῆρα.

---

[1]) Cf. Theod. Stud. L. II ep. 212 fin. et 217 p. 1640. 1656.

[2]) ἄλλο Mon. utrobique. Cf. Theod. Stud. Antirrhet. I c. 11 p. 341.

[3]) Haec verba uncis inclusa apud Blast. et Euth. exstant, in Palat. desiderantur.

[4]) Pal. ἤ.

[5]) In Mon. 194 desiderantur verba ὑποστάσεων· ἐπὶ δὲ — διάφορον τῶν φύσεων. Cf. Theod. ep. ad Platon. de cultu imag. p. 501 C.

[6]) Cf. Niceph. Antirrhet. I c. 16 p. 10 ed. Mai.

[7]) Haec verba ex Basil. M. de Sp. S. c. 8 saepissime afferuntur a Niceph. Antirrhet. III c. 18. 22 p. 85. 99. Theod. Stud. L. I ep. 17. L. II ep. 212 Antirrh. I c. 8. ep. ad Platon. (Migne t. XCIX. 961. 1640. 337. 501) German. ep. ad Thom. Claudiop. Gregor. II P. ep. ad Germ. (Migne XCVIII 184. 149). Similiter Phot. ep. 1 p. 15: ὡς ἡ τιμὴ τῶν εἰκονισμάτων τιμὴ γίνεται τῶν εἰκονιζομένων.

---

horum est natura, duae vero hypostases; haec vero e contra non personalem habet differentiam ad archetypum, sed naturalem, ut imago Christi ad Christum ipsum, nam una horum est hypostasis, duae vero naturae. Alia enim est natura materialis picturae et alia Christi secundum humanitatem, sicut et circumscribitur [et imaginis archetypum constituitur].

3. (I) In artificiali quidem imagine secundum ideam sive formam est similitudo, in naturali vero secundum substantiam vel divinitatem identitas. Et in naturali quidem, quia una Patris et Filii natura, idcirco et una est horum adoratio, non autem duae secundum personarum diversitatem; in artificiali vero, quia una est persona imaginis Christi et ipsius Christi, una quoque horum adoratio, non duae ob naturarum diversitatem. Neque enim per se subsistens est artificialis imago, sed archetypi fert hypostasin et secundum hanc ejus imago existit. Hypostasin vero nunc dicimus non quod simpliciter existit, sed substantiam cum proprietatibus, sicut ab ejusdem speciei secernitur individuis. Quod igitur per se subsistit, non imago est,

4. *Παντὸς* [1]) *μιμητικῶς εἰκονιζομένου οὐχ ἡ φύσις, ἀλλ' ἡ ὑπόστασις εἰκονίζεται* [2]) *καὶ διὰ τοῦτο ταὐτὸν τῷ ἀρχετύπῳ ἡ εἰκὼν αὐτοῦ, οὐ τῇ φύσει, ἀλλὰ τῇ ὑποστάσει, ἤγουν τῇ μιμήσει τῆς ὑποστάσεως.* [3])

5. *Ἐν τῇ εἰκόνι ἡ εἰκονιζομένη τοῦ ἀρχετύπου ὑπόστασις προςκυνεῖται, καὶ οὐχὶ ἡ ὕλη τῆς εἰκόνος, ὁ ἐναποσφραγισθεὶς αὐτῇ χαρακτὴρ, καὶ οὐχὶ ἡ τῆς εἰκόνος οὐσία.* [4])

6. *Ὅτε μὲν πρὸς τὴν τῆς εἰκόνος ἀπίδοι τις ὕλην,* [5]) *οὐ μόνον τὸν* [6]) ***Χριστὸν***, *ἀλλ' οὐδὲ εἰκόνα* ***Χριστοῦ*** *εἴποι ἂν τὸ ὁρώμενον· ἔστι γὰρ ξῦλον τυχὸν καὶ χρῶμα ἢ χρυσὸς ἢ ἄργυρος* [7]) *ἤ τι τῶν ἄλλων ὑλῶν· ὅτε δὲ πρὸς τὴν δι' ἐκτυπώματος ὁμοίωσιν τοῦ ἀρχετύπου, καὶ* ***Χριστὸν*** *καὶ* ***Χριστοῦ***, *ἀλλὰ* ***Χριστὸν*** *μὲν καθ' ὁμωνυμίαν,* [8]) ***Χριστοῦ*** *δὲ κατὰ* [9]) *πρόςωπον.*

7. *Ἡ εἰκὼν σχέσιν ἔχει πρὸς τὸ ἀρχέτυπον καὶ αἰτίου ἐστὶν αἰτιατόν· ἀνάγκη οὖν διὰ τοῦτο καὶ τῶν πρός τι εἶναι ταύτην καὶ λέγεσθαι·* [10]) *(τῶν πρός τι γὰρ ἡ σχέσις)·* [11]) *τὰ δὲ πρός τι αὐτὰ ἅπερ εἰσὶν ἑτέρων εἶναι λέγεται·*

---

[1]) *Παντὸς* omitt. Mon. 194. Haec rursum legis apud Blastarem l. c. p. 110.

[2]) Theod. Ant. III n. 3. 4 p. 405.

[3]) Theod. Ant. III. c. 4 n. 1 p. 428.

[4]) Ex Theod. Stud. Antirrhet. III. c. 2 p. 421 A. Cf. L. II. ep. 161 p. 1504 B.

[5]) Euth. *φύσιν.*

[6]) *οὐ Χρ.* Euth.

[7]) Sic Mon. 194; Pal.: *ἢ χρωτὸς ἢ ἀργύρου.* Euth. omitt. *χρῶμα ἢ.*

[8]) Cf. Niceph. Ant. III. c. 35. ζ' p. 432 ed. Migne.

[9]) *τὸ* add. Mon. Theod. Antirrh. I c. 11 p. 341 B, C., unde ista desumta, *κατὰ τὸ πρός τι.* Sic et Euth.

[10]) Sunt haec e Niceph. Ant. I c. Const. c. 30. (Mai l. c. p. 31. 32 Migne p. 277) sumta verbotenus. Mon. 194: *εἶναί τε ταύτην κ. λ.*

[11]) Haec desunt ap. Maium l. c. Habet Theod. Stud. L. II ep. 194 p. 1589 C. Euth. l. c.

---

sed archetypum. (II) Honor imaginis ad prototypum transit eorumque una est veneratio propter unum in utroque characterem.

4. Omnis rei, quae per artem figuratur, non natura figuratur, sed hypostasis; quam ob causam idem est cum archetypo ejus imago, non natura, sed hypostasi vel hypostasis imitatione.

5. In imagine archetypi figurata adoratur hypostasis, non autem imaginis materia, impressus in ea character, non autem imaginis substantia.

6. Quando quis ad imaginis respiciat materiam, non solum minime Christum dixerit id quod videt, verum ne imaginem quidem Christi. Est enim fortasse lignum et color vel aurum vel argentum vel quid ex aliis materiis. Quando vero respiciat ad similitudinem archetypi per eam expressam, et Christum dixerit et Christi imaginem, sed Christum quidem secundum homonymiam, Christi vero secundum personam.

7. Imago relationem habet ad archetypum et causae est effectus: quare necesse est et esse et dici eorum quae sunt ad aliquid. (Nam relatio est eorum, quae sunt ad aliquid). Quae autem sunt ad aliquid, ipsa illa quae

καὶ ἀντιστρέφει [1]) τὴν σχέσιν πρὸς ἄλληλα· [2]) ἀρχέτυπον γὰρ [3]) εἰκόνος ἀρχέτυπον καὶ εἰκὼν ἀρχετύπου εἰκών· καὶ οὐκ ἄν τις ἄσχετον [4]) εἰκόνα τὴν [5]) τινὸς εἰκόνα φαίη· ἅμα γὰρ συνειςάγεται καὶ συνεπιθεωρεῖται θατέρῳ θάτερον. [6])

8. Ὅσοις ὀνόμασι τὸ ἀρχέτυπον καλεῖται, τοσούτοις καὶ ἡ εἰκὼν αὐτοῦ· [7]) ἀλλὰ τὸ μὲν [8]) ἀρχέτυπον καὶ δι' ἑαυτὸ καὶ κυρίως, ἡ δὲ [9]) εἰκὼν αὐτοῦ καὶ δι' ἐκεῖνο καὶ καταχρηστικῶς. [10])

9. Προςκυνουμένης τῆς εἰκόνος ὁ Χριστὸς προςκυνεῖται, οὗ ἐστιν ὁμοίωσις, καὶ οὐχὶ ἡ ὑποδεξαμένη τὴν ὁμοίωσιν ὕλη· [11]) καὶ ὥςπερ ἐπὶ τοῦ κατόπτρου [12]) διαγράφεται τρόπον τινὰ τὸ πρόςωπον τοῦ βλέποντος [13]) αὐτὸ καὶ μένει [14]) τῆς ὕλης κεχωρισμένον, κἂν θελήσειέ τις ἀσπάσασθαι τὴν φαινομένην [15]) ἰδίαν εἰκόνα, τῇ μὲν ὕλῃ προςέφυ, τὴν δὲ εἰκόνα πιριεπτύξατο, καὶ μεταστάντος αὐτοῦ συναπέστη [16]) καὶ τὸ ἴνδαλμα διὰ τὸ κεχωρίσθαι τῆς

[1]) Pal. ἀντιστρέφῃ. Mai. hab.: τῇ σχέσει.

[2]) Plura add. Niceph. ed.

[3]) καὶ add. Pal.; Ed.: Οὕτως οὖν καὶ ἀρχέτ.

[4]) Pro ἄσχ. cod. Pal. ἀρχέτυπον.

[5]) εἰκόνα τοῦ τινος Nic. ed.

[6]) θατέρῳ τὸ ἕτερον Nic. ed.

[7]) Theod. Ant. II c. 17 p. 361. C. D. I c. 8 p. 337. B. C. II c. 16 p. 360 D.

[8]) ὡς ἀρχ. Mon. 194. Euth. l. c. p. 1168.

[9]) ὡς εἰκ. Mon. cit.

[10]) Cf. Theod. Stud. L. II ep. 101 p. 1504. C ed. Migne: ἡ εἰκὼν τοῦ Χριστοῦ Χριστὸς εἴρηται, οὐ κυρίως, ἀλλὰ κατὰ κατάχρησιν.

[11]) Ex Theod. Stud. l. c. p. 1504 B, ubi pro ὁμοιώσει legitur ὁμοιότης. Haec §. cum variis lectionum discrepantiis rursum est apud M. Blastarem p. 109.

[12]) Ex Theod. Stud. ep. ad Plat. de imag. p. 504. C. Καί μοι δοκεῖ τῷ ἐν κατόπτρῳ παραδείγματι ἐοικέναι κ. τ. λ. mutatis nonnullis.

[13]) ὁρῶντος ap. Theod.

[14]) μὲν εἰ Palat.

[15]) ἐμφαινομένην Mon. 194 f. 205, b. Euth. l. c.

[16]) συναπέπτη. C. Pal. Euth.

---

quidem sunt, aliorum esse dicuntur, et convertitur (reciprocatur) ipsorum inter se relatio. Nam archetypum imaginis archetypum et imago archetypi imago; nec ullus imaginem relatione solutam alicujus imaginem dicet. Simul enim alterum cum altero introducitur et cogitatur.

8. Quibus nominibus archetypum nominatur, tot etiam ejusdem imago; verum archetypum quidem et propter se ipsum et proprie, imago vero et propter illud et abusive.

9. Adorata imagine adoratur Christus, cujus est similitudo, non autem materia, quae similitudinem recepit. Et quemadmodum in speculo certo quodam modo inspicientis vultus depingitur et a materia similitudo manet sejuncta, si quis voluerit amplecti visam ibi propriam imaginem, materiae quidem se adjunxit, imaginem vero complexus est, amoto vero speculo statim et effigies abscessit, quia a speculi materia separata est: eumdem in modum qui

ὕλης τοῦ κατόπτρου, τὸν αὐτὸν τρόπον ὁ τὴν εἰκόνα τοῦ σωτῆρος (ἢ τῆς θεομήτορος) [1]) *ἤ τινος τῶν ἁγίων ἀσπαζόμενος, εἰ καὶ προςφύεται τῇ ὕλῃ, τὴν εἰκόνα, καὶ οὐ τὴν ὕλην ἀσπάζεται, καὶ ἀφανισθέντος τοῦ ἐκτυπώματος, ἐφ᾽ ᾧ ἡ προςκύνησις, ἔμεινεν ἀπροςκύνητος ἡ ὕλη μηδέν τι κοινωνοῦσα τῷ ὁμοιώματι.* [2])

10. *Ἔστω δακτύλιος* [3]) *ἐγκεχαραγμένος εἰκόνα βασιλικήν· εἶτα ἐκτυπούσθω* [4]) *ἐν κηρῷ* [5]) *καὶ ἐν πίσσῃ καὶ ἐν πηλῷ· ἡ μὲν οὖν σφραγὶς μία καὶ ἀπαράλλακτος ἐν τούτοις, αἱ δὲ ὕλαι διάφοροι, διὰ τὸ μηδέν τι ταῖς ὕλαις τὴν σφραγῖδα κοινωνεῖν, ἀλλ᾽ εἶναι αὐτὴν τῇ ἐπινοίᾳ τούτων κεχωρισμένην, ἐν τῷ δακτυλίῳ μένουσαν. Οὕτως οὖν καὶ τὸ τοῦ Χριστοῦ ὁμοίωμα, εἰ καὶ ἐν διαφόροις ὕλαις ἐκτυπωθῇ, ἀκοινώνητόν ἐστι τῶν ὑλῶν ἐν τῇ τοῦ Χριστοῦ μένον ὑποστάσει.* [6])

11. *Τὰς ἱερὰς εἰκόνας* [7]) *ἀναστηλοῦμεν, ἵνα ταῦτα ὁρῶντες δι᾽ αὐτῶν δοκῶμεν ὁρᾷν τὰ τούτων ἀρχέτυπα καὶ γίνωνται* [8]) *ἡμῖν ὑπομνήματα καὶ παρηγορία τοῦ πόθου πρὸς τὰ τούτων πρωτότυπα.*

12. *Ὅσον* [9]) *συνεχῶς αἱ εἰκόνες ὁρῶνται, τοσοῦτον οἱ ταύτας ὁρῶντες διανίστανται πρὸς τὴν τῶν ἀρχετύπων μνήμην καὶ ἐπιπόθησιν.*

---

[1]) Haec add. Mon. Euth , omitt. Pal.

[2]) Apud Blast.: *ὡς ἐπὶ τῆς φαινομένης ἐν κατόπτρῳ εἰκόνος· ταύτῃ γὰρ προσφυόμενοι οὐ τὴν ὕλην, τὴν δὲ εἰκόνα περιπτυσσόμεθα· καὶ ἀφανισθέντος τοῦ ἐκτυπώματος, ἐφ᾽ ᾧ ἡ προςκύνησις, ἡ ὕλη μεμένηκεν ἀπροςκύνητος μηδέν τι κεκοινωνηκυῖα τῷ ὁμοιώματι.*

[3]) Eadem fere ad verbum apud Theod. Stud. ep. ad Plat. cit. p. 504 D.

[4]) Pal. *ἐκτυπούτω*. Sic et Euth.

[5]) Theod. ed. mendose: *καιρῷ*.

[6]) Nonnulla Theodori verba immutata sunt. Apud Blastar.: *Ἀλλὰ καὶ ἡ ἐν τῷ δακτυλίῳ σφραγὶς τῇ ἐπινοίᾳ οὖσα τῆς ὕλης κεχωρισμένη, οὐδὲν πρὸς τὴν ὕλην ταῖς ἀληθείαις ἔχει κοινὸν, εἰ καὶ περὶ τὴν ὕλην ἡ σφραγὶς τῆς εἰκόνος ὑφέστηκεν.*

[7]) Blast. l. c. p. 110.

[8]) Sic Blast.; Pal. *γίνονται*, quod legit et Euth.

[9]) *γὰρ* add. Blast.

---

imaginem Salvatoris (vel Deiparae) vel cujuspiam alterius Sancti amplectitur, etiamsi materiae cohaereat, imaginem amplectitur, non materiam, et remota effigie, ad quam veneratio pertinet, materia absque veneratione est, tamquam nihil cum illa similitudine habens commune.

10. Sit annulus imagine regis insculptus; deinde imprimatur in cera, in pice, in argilla: sigillum quidem unum idemque in hisce materiis erit, materiae vero ipsae diversae, propterea quod sigillum materiis in nihilo communicat, sed permanet in annulo ab illis rebus ipsa idea separatum. Sic igitur et Christi similitudo, etiamsi in diversis materiis sit expressa, minime communicat cum iis materiis, manens in ipsa Christi persona.

11. Sanctas imagines erigimus, ut eas inspicientes per eas videamur earum archetypa conspicere utque nobis fiant monumenta, memoriae atque solamina desiderii, quod erga eorum prototypa nutrimus.

12. In quantum continuo conspiciuntur imagines, in tantum qui eas

13. *Ἡ μὲν ἐν πνεύματι καὶ ἀληθείᾳ λατρεία τῇ μακαρίᾳ τριάδι παρὰ τῶν ὀρθοδόξων ἀπονενέμηται, ταῖς δὲ ἁγίαις εἰκόσιν οὐ λατρεία πάντως, ἀλλὰ προςκύνησις καὶ ἀσπασμὸς καὶ τιμή· εἰ γὰρ καὶ ἡ τιμὴ τῆς εἰκόνος ἐπὶ τὸ πρωτότυπον διαβαίνει, ἀλλ' ἡ λατρεία τῆς μακαρίας ἐστὶ μόνης τριάδος, καὶ οὐ τῶν σεπτῶν εἰκόνων, ἵνα μὴ κτισματολάτραι καὶ εἰδωλολάτραι δόξωμεν.*[1])

14. *Ἐπ' αὐτοῦ μὲν τοῦ Χριστοῦ*[2]) *λατρευτικὴ ἡ προςκύνησις καὶ φυσική·*[3]) *ὁ προςκυνῶν γὰρ αὐτὸν συμπροςκυνεῖ καὶ τὸν πατέρα καὶ τὸ πνεῦμα τὸ ἅγιον, τὴν ἐν τριάδι μίαν φύσιν, ὅπερ ἐστὶν ἡ τριαδικὴ προςκύνησις καὶ λατρεία· ἐπὶ δὲ τῆς εἰκόνος τοῦ Χριστοῦ σχετικὴ*[4]) *ἡ προςκύνησις καὶ ὁμωνυμική·*[5]) *προςκυνῶν γὰρ αὐτὴν*[6]) *οὐ συμπροςεκύνησα τὸν πατέρα καὶ τὸν υἱόν, ἀλλὰ μόνον τὸν ἐν αὐτῇ Χριστὸν*[7]) *τὸν διὰ τὸ σαρκωθῆναι εἰκονιζόμενον κατὰ τὴν σωματοειδῆ αὐτοῦ θέαν,*[8]) *ὅπερ ἐστὶ σχετικὴ προςκύνησις καὶ ὑποστατική.*

15. *Ὥςπερ ἡ πίστις, οὕτω καὶ ἡ λατρεία τῇ ἁγίᾳ τριάδι ἀποκεκλήρωται· ὁ γοῦν λατρεύων τῇ εἰκόνι Χριστοῦ εὑρεθήσεται τετράδα*[9]) *λατρεύων καὶ*

---

[1]) Quoad rem ipsam cum his conveniunt tum Theodorus L. II ep. 151. 212 p. 1472. 1640 tum Nicephorus Antirrhet. III c. 10 p. 392. Apol. maj. c. 18 fin. 23 p. 584. 589 ed. Migne. Pro *εἰδωλ.* Euth. habet: *ὑλολάτραι.*

[2]) Haec sunt ex Theod. Stud. L. II ep. 194 p. 1588 D. et ep. 85 p. 1328. 1329. Cf. etiam ep. 161 p. 1504 A.

[3]) *κ. φυσ.* omitt. Theod. ep. 85. 194. Euth. pergit: *εἷς γάρ ἐστι τῆς ἁγίας τριάδος κατὰ τὴν θείαν αυτοῦ φύσιν· ἐπὶ δὲ τῆς εἰκόνος κ. τ. λ.* n. seq.

[4]) Cf. Theod. L. II ep. 167 p. 1532 A.

[5]) Sic Theod. utraque ep. 85. et 194. Blast.: *ὁμώνυμος· ὁ προςκυνῶν γὰρ ... προςκυνεῖ.*

[6]) *αὐτὸν* Mon. 194 p. 206 a.

[7]) Euth. ceteris omissis post *ὁμωνυμική* habet: *Προςκυνῶ γὰρ τὸν ἐν αὐτῇ Χρ. κ. τ. λ.*

[8]) *θέαν αὐτοῦ* Euth.

[9]) *τετράδι* Euth.

---

conspiciunt ad earum archetypa memoria recolenda et desiderio amplectenda exsurgunt.

13. Latriae quidem in spiritu et veritate cultus ab orthodoxis beatae Trinitati attribuitur, sanctis vero imaginibus non latria prorsus, sed adoratio et amplexus et honor. Si enim honor imaginis ad prototypum transit, latria tamen solius est beatae Trinitatis, et non venerabilium imaginum, ne videamur creaturam colere vel idololatrae existere.

14. In ipso quidem Christo latriae est adoratio et naturalis. Adorans enim ipsum coadorat quoque Patrem et Spiritum sanctum, unam in Trinitate naturam, quae Trinitatis est adoratio simul et latria. In imagine vero Christi relativa est adoratio et homonymica. Adorans enim illam non coadoravi simul Patrem et Filium, sed solum in ea Christum, qui propter incarnationem effiguratur secundum corporalem ipsius visum, quod est relativa et personalis adoratio.

15. Quemadmodum fides, ita et latria sanctae Trinitati adjudicatur. Qui ergo latriae cultum exhibet Christi imagini, quaternitatem latriae cultu

συνειςκρίνων τῇ ἁγίᾳ τριάδι καὶ τὴν εἰκόνα· [1]) τῆς τριάδος γάρ, ὡς εἴρηται, τὸ λατρεύεσθαι.

16. Εἰ σώματος σκιὰν [2]) μερισθῆναι οὐχ οἷόν τε παρυφεστῶσαν αὐτῷ πάντοτε, κἂν μὴ φαίνοιτο, οὐδὲ τὴν εἰκόνα Χριστοῦ δυνατὸν διαιρεθῆναι αὐτοῦ· ἀλλ' ὥςπερ ἡ σκιὰ τῇ τοῦ ἡλίου βολίδι φαίνεται, οὕτω καὶ ἡ Χριστοῦ εἰκὼν τῇ διατυπώσει τῆς ὕλης. [3])

17. Δύο τούτων ὄντων περὶ τὸ σῶμα, σκιᾶς καὶ εἰκόνος, ἡ μὲν σκιὰ σημασίαν ἀμυδράν τινα τοῦ ἀνθρώπου δείκνυσιν, ἡ δὲ εἰκὼν ἀριδηλοτέραν· εἰ οὖν τὸ ἀεὶ τοῦ ποτὲ καὶ τὸ καθ' ὕπαρξιν τοῦ κατὰ στέρησιν καὶ τὸ τηλαυγὲς τοῦ ἀμυδροῦ βέλτιον, καὶ ἡ εἰκὼν ἄρα [4]) βελτίων τῆς σκιᾶς· ἀλλα μὴν αἱ τῶν ἁγίων σκιαὶ καὶ ἅγιαι καὶ ὀνησιφόροι· αἱ εἰκόνες αὐτῶν ἄρα πολλῷ μᾶλλον ἁγιώτεραι καὶ σεβασμιώτεραι. [5])

18. Ὁ μὲν Χριστὸς ὁρᾶται ἐν τῇ εἰκόνι αὐτοῦ, αὕτη δὲ ὑφίσταται ἐν αὐτῷ.

19. Οὐχ ὡς θεοὺς τὰς εἰκόνας προςκυνοῦμεν οὐδὲ τὰς ἐλπίδας τῆς σωτηρίας ἐν αὐταῖς ἔχομεν, οὐδὲ τὸ θεῖον σέβας ἀπονέμομεν· [6]) τοῦτο γὰρ οἱ

---

[1]) Imagini Christi προςκύνησιν vindicat Theodorus, λατρείαν abjudicat. Cf. L. II ep. 212 p. 1640 B. C. ep. 217 p. 1656 C. Cf. Nicephor. Apolog. c. 23 p. 27. ed. Mai.

[2]) Cod. Εἰς σώμ. σκιάν.

[3]) Ap. Blastar. inseruntur haec: ὥςπερ ἡ σκιὰ τῷ σώματι, οὗ καὶ μερισθῆναι ταύτην ἀμήχανον, κἂν μὴ διὰ παντὸς αὕτη φαίνηται· ἀλλ' ὥςπερ ἡ σκιὰ τῇ ἐπιλάμψει δείκνυται τοῦ ἡλίου, οὕτω καὶ ἡ Χριστοῦ εἰκὼν τῇ διατυπώσει τῆς ὕλης post §. 17. Quoad rem convenit Theod. Ant. III c. 12 p. 433 B.

[4]) Verba καὶ ἡ εἰκ. ἄρα desunt in Mon. 194.

[5]) Cf. Niceph. Ant. III 14 p. 490 ed Migne.

[6]) Palat. f. 210 b: ἀπονέμωμεν.

---

adorare reperietur et sacrosanctae Trinitati inserere quoque imaginem; Trinitati enim, ut dictum est, convenit, ut latria colatur.

16. Si a corpore umbra sejungi non potest, utpote quae semper cum illo existat, licet non appareat, neque imago Christi dividi ab ipso potest; sed sicut umbra per solis radium apparet, sic et Christi imago ex effictione materiae.

17. Quum duo haec sint circa corpus, umbra et imago, umbra quidem obscuram quamdam hominis ostendit significationem, imago vero magis perspicuam. Si igitur id, quod semper est, praestantius eo, quod aliquando, et quod secundum existentiam, eo quod est secundum privationem, et quod late effulgens eo, quod est obscurum: imago igitur praestantior est quam umbra. Atqui Sanctorum umbrae et sanctae sunt et utiles. Ergo eorum imagines multo sanctiores et venerabiliores.

18. Christus quidem in ejus imagine conspicitur, ipsa vero in eo subsistit.

19. Non ut Deos imagines adoramus neque spem salutis in ipsis habemus neque numinis divini cultum eis exhibemus. Hoc enim ethnici

Ελληνες·[1]) *ἀλλὰ μόνον τὴν σχέσιν καὶ τὴν ἀγάπην τῆς ἡμῶν ψυχῆς, ἣν ἔχομεν πρὸς τὰ πρωτότυπα, διὰ τῆς τοιαύτης προςκυνήσεως ἐμφανίζομεν. Ὅθεν τοῦ χαρακτῆρος λειανθέντος, ὡς ξῦλον ἀργὸν τήν ποτε κατακαίομεν εἰκόνα.*[2]) *Τὸν τοῦ σταυροῦ τύπον ἐκ δύο ξύλων συνάπτοντες, ἡνίκα τις ἡμῖν τῶν ἀπιστῶν ἐγκαλέσειεν ὡς ξῦλον προςκυνοῦσι, δυνάμεθα τὰ δύο ξῦλα χωρίσαντες καὶ τὸν τύπον τοῦ σταυροῦ διαλύσαντες ταῦτα νομίζειν ἀργὰ ξῦλα καὶ τὸν ἄπιστον ἐπιστομίζειν, ὅτι οὐ τὸ ξῦλον, ἀλλὰ τὸν τοῦ σταυροῦ τύπον σεβόμεθα.*

20. *Σὺν φόβῳ καὶ ἀληθείᾳ*[3]) *προςιτέον καὶ προςκυνητέον τὰς ἁγίας εἰκόνας καὶ πιστευτέον, χάριν θείαν ἐπιφοιτᾷν αὐταῖς ἁγιασμοῦ μεταδοτικήν.*[4])

21. *Ὥςπερ κατὰ φύσιν*[5]) *ἀχωρίστου μενούσης τῆς ἁγίας τριάδος, ἐπειδὴ ὁ υἱὸς ἐσαρκώθη, οὐ διὰ τοῦτο φήσει τις καὶ τὸν πατέρα καὶ τὸ πνεῦμα σεσαρκῶσθαι, οὕτω καθ' ὑπόστασιν ἑνωθείσης τῆς θεότητος τῇ ἀνθρωπότητι τοῦ υἱοῦ καὶ ἀδιαιρέτου μενούσης, οὐκ ἐπειδὴ τὸ ἀνθρώπινον αὐτοῦ περιγράφεται καὶ γράφεται ἐν εἰκόνι, διὰ τοῦτο καὶ τὴν θεότητα αὐτοῦ περιγράφεσθαι καὶ γράφεσθαι φήσει τις,*[6]) *ἐκεῖ μὲν τῆς κατὰ φύσιν συναφείας μὴ συγχεούσης τὰς ὑποστάσεις, ἐνταῦθα δὲ τῆς καθ' ὑπόστασιν ἑνώσεως μὴ ἐξιστώσης τῶν οἰκείων ὅρων τὰς φύσεις·*[7]) *ὅρος γὰρ θεότητος μὲν τὸ ἀόρατόν τε καὶ ἀπερίγραπτον, ἀνθρωπότητος δὲ τὸ ὁρατὸν καὶ περιγραπτόν.*

[1]) Blast.: *Ἑλλήνων παῖδες.*
[2]) Blast.: *τὴν τοιαύτην κατακαίομεν, εἰκόνα ποτὲ οὖσαν.* Reliqua desunt.
[3]) fort. *εὐλαβείᾳ,* ut habet Theod. Stud.
[4]) Paucis omissis ex Theod. ep. ad Platon. de imag. p. 505 A. B.
[5]) Haec §. deest in Mon. 194.
[6]) Suppleta ex Euthym.
[7]) Ex Theod. problem. ad Iconom. c. 14 p. 484. 485.

faciunt. Verum solum habitudinem et dilectionem animae nostrae, quam habemus ad prototypa, per hanc adorationem manifestamus. Unde charactere consumto ut lignum inutile pristinam imaginem comburimus. Crucis formam e duobus lignis facientes, si quis infidelium nobis ut lignum adorantibus maledicat, possumus duo ligna sejungere et soluta crucis forma haec inutilia ligna habere et infidelem ad silentium redigere, quia non lignum colimus, sed formam crucis.

20. Cum metu et veritate (reverentia) accedendum est ad sanctas imagines, adoratio ipsis praestanda, credendumque, divinam gratiam ipsis supervenire sanctificationis suppeditatricem.

21. Sicut secundum naturam inseparabili manente sancta Trinitate, quum Filius sit incarnatus, non idcirco etiam Patrem et Spiritum sanctum incarnatum esse quis dixerit: ita quoque, quum secundum personam divinitas humanitati Filii fuerit unita et indivisibilis permaneat, propterea quod ejus humana natura circumscribitur et pingitur, nemo dixerit idem de divina, cum illic naturalis conjunctio minime personas confundat, neque isthic personalis unio naturas de propriis finibus demoveat. Deitatis enim terminus est, quod invisibilis sit et non circumscribatur, humanitatis vero, quod videri possit ac circumscribi.

22. Εἰ διὰ τὸ τὸν Χριστὸν σαρκὶ ἐσταυρῶσθαι τὸ συμπεπονθέναι καὶ τὴν θεότητα λέγειν ἀσεβὲς, ἄρα καὶ διὰ τὸ σαρκὶ περιγράφεσθαι αὐτὸν τὸ συμπεριγράφεσθαι καὶ τὴν θεότητα λέγειν ὁμοίως ἀσεβές· κἀκεῖνο μὲν θεοπασχιτῶν, τοῦτο δὲ εἰκονομάχων. [1])

23. Τῇ πολλῇ καὶ ἀφράστῳ πρὸς τὸν Χριστὸν στοργῇ σεβόμεθα (καὶ προςκυνοῦμεν) [2]) καὶ τοὺς τόπους, εἰς οὓς [3]) περιεπάτησεν ἢ ἐκάθισεν, [4]) οὐ τοὺς τόπους προςκυνοῦντες ἁπλῶς, ἀλλὰ δι᾽ αὐτῶν τὸν ἐν αὐτοῖς ἀναστραφέντα, καὶ διὰ τῶν τόπων ἐκείνῳ τὴν τιμὴν ἀναφέροντες. [5])

24. Ἡ σεβασμία εἰκὼν πρὸς τὸ βδελυκτὸν εἴδωλον ταύτην ἔχει τὴν διαφορὰν, [6]) ὅτι τῶν εἰδώλων μὲν τὰ πρωτότυπα ψευδῆ (θεῶν γὰρ ἐκτυπώματα λέγομεν· οὐ θεῶν, ἀλλὰ δαιμόνων εἰσί· φησι γὰρ ὁ μέγας Δαβὶδ, ὅτι πάντες οἱ θεοὶ τῶν ἐθνῶν δαιμόνια·) [7]) τῶν δὲ τιμίων εἰκόνων πάντα ἀληθῆ τὰ ἀρχέτυπα· τῆς μὲν γὰρ ὁ Χριστὸς, τῆς δὲ ἡ θεομήτηρ, τῆς δὲ ὁ πρόδρομος καὶ ἑκάστης ἕκαστος τῶν ἄλλων ἁγίων· ὧν δὲ τὰ πρωτότυπα ψευδῆ, τούτων οὐδὲ εἰκόνες οὐδὲ εἴδωλα λέγοιτ᾽ ἂν δικαίως, ἀλλ᾽ ἁπλῶς ἔργα χειρῶν ἀνθρώπων μάταια καὶ γῆς ὕλη κωφή· καὶ ταῖς μὲν εἰκόσιν αἱ μορφαὶ

---

[1]) Ex Theod. Stud. Ant. III. c. 33 p. 404 D. paucis mutatis.

[2]) Uncis inclusa add. Mon. 194 Euth.

[3]) Mon. cit. pro εἰς οὓς habet: ἔνθα.

[4]) ἐκάθησεν Palat.

[5]) Hisce desinit cit. Monac. Cf. cum hac §. Niceph. Apol. maj. c. 71 p. 700 ed. Migne Theod. q. 38 in Exod. de differentia inter εἴδωλον et ὁμοίωμα. Alia sequuntur apud Euth. p. 1172 seq.

[6]) Cf. Theod. Vit. c. 70 p. 180 Ant. I c. 8 p. 337. Pauca ex his habes apud Euth. l. c. p. 1173 B. C. cum inscriptione: ἑτέρου.

[7]) Psalm. XCV 5. (LXX ψ. 96.)

---

22. Si impium est, propterea quod Christus carne crucifixus sit, compassam esse et deitatem dicere, simili modo quoque impium erit, eo quod carne circumscribatur, simul circumscribi et divinitatem affirmare. Illud Theopaschitarum est, hoc vero Iconomachorum.

23. Magno et ineffabili erga Christum amore colimus (et adoramus) etiam loca, in quibus ambulavit vel sedit Christus, non simpliciter loca adorantes, sed per ea illum, qui in ipsis versatus est, et illi per ea honorem exhibentes.

24. Veneranda imago ad exsecrabile idolum hanc differentiam habet, quod idolorum quidem prototypa mendacia (Deorum enim simulacra dicimus, qui non sunt Dii, sed daemones; ait namque magnus David: Omnes Dii gentium sunt daemonia), venerabilium vero imaginum omnia vera sunt archetypa. Hujus enim Christus, alterius Deipara, illius praecursor et cujuslibet quilibet ex aliis Sanctis. Quorum vero prototypa sunt mendacia, eorum neque imagines neque idola dicuntur juste, sed simpliciter opera manuum hominum vana et terrae materia surda. Atque imaginibus quidem prototyporum formae manifestantur, idolis vero minime. Idoli enim Jovis proto-

τῶν πρωτοτύπων ἐμφαίνονται, τοῖς εἰδώλοις δὲ οὐδαμῶς· τοῦ μὲν γὰρ εἰδώλου τοῦ Διὸς πρωτότυπον ὁ αἰθὴρ, τῆς Ἥρας δὲ ὁ ἀὴρ, τοῦ δὲ Ποσειδῶνος τὸ ὕδωρ, τῆς δὲ Δημήτερος ἡ γῆ, τοῦ δ' Ἀπόλλωνος ὁ ἥλιος, τῆς δὲ Ἀρτεμίδος ἡ σελήνη, τοῦ Ἄρεος δὲ ὁ θυμὸς, τοῦ Διονύσου δὲ ἡ μέθη, τῆς Ἀφροδίτης ἡ λαγνεία καὶ τῶν ἄλλων ὁμοίως, καὶ μάλιστα τῶν δώδεκα τῶν παλαιοτέρων.[1]) Τὰ μὲν οὖν εἴδωλα τούτων πάντων ἀνθρωπόμορφα, τὰ δὲ λεγόμενα πρωτότυπα τῶν τοιούτων εἰδώλων, τὰ δὲ ἑτερόμορφα, λέγω δὴ τὰ στοιχεῖα, τὰ δὲ παντελῶς ἄμορφα, φημὶ δὲ τὰ πάθη· πάντα δὲ ἄζωα καὶ ἀναίσθητα.[2])

F.

Opusculum contra Francos.

Φωτίου τοῦ ἁγιωτάτου πατριάρχου Κωνσταντινουπόλεως. Περὶ τῶν Φράγγων καὶ τῶν λοιπῶν λατίνων.

Ὁ Πάπας Ῥώμης καὶ ὅσοι τοῦ μέρους τῆς δύσεως χριστιανοὶ ἔξωθεν τοῦ ἰωνίου κόλπου, Ἰταλοὶ, Λογγίβαρδοι, Φράγγοι, οἱ καὶ Γερμανοὶ, Μολφινοὶ, Βενετικοὶ καὶ οἱ λοιποὶ ἄνευ τοῦ τῶν Καλαβρῶν γένους καὶ τοῦ ἔθνους τῶν Ἀλαμάνων· (τούτων γὰρ οἱ μὲν οὐδὲν τῶν παλαιῶν ἑλλήνων διαφέρουσιν, οὔτε κατὰ τὴν εὐσέβειαν οὔτε κατὰ τὴν ἀσέλγειαν, οἱ δὲ Καλαβροὶ χριστιανοὶ

[1]) Cf. Niceph. Apol. maj. c. 29. 30. et 39, praesertim p. 648 seq. 652 ed. Migne.
[2]) De eadem quaestione agit Phot. ep. 214 p. 315—317.

---

typum aether, Junonis aër, Neptuni aqua, Cereris terra, Apollinis sol, Dianae luna, Martis ira, Bacchi ebrietas, Veneris luxuria et aliorum similiter, ac praesertim illorum duodecim e vetustioribus Diis. Idola igitur horum omnium humana forma apparent, alia dicta prototypa ejusmodi idolorum, alia vero alia forma prostant, videlicet elementa, alia prorsus forma carent, ut passiones; omnia autem vita et sensu destituuntur.

Opusculum contra Francos.

Photii S. Patriarchae Constantinopolitani tractatus de Francis et reliquis Latinis.

Romanus Pontifex et quotquot sunt ex parte Occidentis christiani extra sinum jonium, Itali, Longobardi, Franci, qui et Germani, Amalphitani, Veneti et reliqui praeter Calabrorum gentem et nationem Alamannorum (ex his enim postremi quidem nihil a priscis gentilibus differunt nec religione nec morum procacitate; Calabri autem chri-

Textus Cod. Bavar. in Bibl. PP. Lugd. t. XXVII. p. 608. „Contra Romanum Pontificem.“

Romanus Pontifex et omnes partium occidentalium christiani, sacerdotes et laici, praeter Calabros ante multa tempora extra catholicam Ecclesiam pervagantur; Evangelistarum (l. evangelicarum) et apostolicarum traditionum ignari et a fide alieni. Nam Theotonici a ritibus gentium parum discordant, in Deum impii; sed Cala-

ὀρθόδοξοί εἰσιν ἀνέκαθεν καὶ τοῖς τῆς ἀποστολικῆς ἡμῶν ἐκκλησίας ἔθεσι τρόφιμοι)· ἅπαντες σὺν τῷ Πάπᾳ πρὸ πολλῶν χρόνων τῆς καθολικῆς ἐκκλησίας ἐκτὸς εἰσὶ καὶ τῶν εὐαγγελικῶν καὶ ἀποστολικῶν καὶ πατρικῶν παραδόσεων ἀλλότριοι δι' ἃ ἔχουσι παράνομα καὶ βαρβαρικὰ ἔθη, [1]) *ὧν τὰ χείρω καὶ πλείονα εἰσὶ ταῦτα.*

1. *Τοῦ ἁγίου συμβόλου τῆς πίστεως ἐκ τοῦ εὐαγγελικοῦ ῥητοῦ συντεθέντος τοῦ σαφῶς οὑτωσὶ διεξιόντος περὶ τοῦ ἁγίου πνεύματος· „καὶ εἰς τὸ πνεῦμα τὸ ἅγιον, τὸ κύριον, τὸ ζωοποιὸν, τὸ ἐκ τοῦ πατρὸς ἐκπορευόμενον", οὗτοι προστεθείκασι· „καὶ ἐκ τοῦ υἱοῦ" κακῶς* [2]) *καὶ ἐπισφαλῶς· οἶμαι γὰρ διὰ τὸ στενὸν τῆς αὐτῶν διαλέκτου ταὐτὸν εἶναι φήθησαν τήν τε τοῦ πνεύματος ἐκ τοῦ πατρὸς ἐκπόρευσιν καὶ τὴν διὰ τοῦ υἱοῦ πρὸς ἡμᾶς ἀποστολὴν καὶ κατὰ μηδὲν διαφέρειν τὴν ἀποστολὴν* [3]) *τῆς ἐκπορεύσεως βαρβαρικῶς καὶ ἀμαθῶς ἐνόησαν.*

---

[1]) Catif. *ἤθη*.

[2]) Catif. *καλῶς*, sed Vat. *κακῶς*.

[3]) Cat. mendose: *ἀποστολικήν*.

---

stiani orthodoxi sunt ab initio et apostolicae nostrae ecclesiae ritibus nutriti) omnes una cum Papa a multis jam annis extra catholicam Ecclesiam degunt et ab Evangelii, Apostolorum Patrumque traditionibus alieni, ob iniquos et barbaros, quos sectantur, ritus, quorum deteriores et graviores hi sunt.

1. Cum sanctae fidei symbolum ex verbis evangelicis compositum clare de Spiritu sancto ita loquatur: Et in Spiritum sanctum, Dominum, vivificantem, qui ex Patre procedit: hi addiderunt et ex Filio, male ac periculose. Puto enim ob linguae ipsorum angustias idem esse arbitrati Sancti Spiritus ex Patre processionem ejusdemque per Filium ad nos

bri et ceteri orthodoxi, sicut antiquitus, et apostolicae et (f. cath.) ecclesiae nostrae alumni ejus moribus informati sunt. Ceteri omnes exciderunt, impios a corpore Ecclesiae non solum mores alios et ignotos amplectentes, verum ipsam Trinitatem sanctam blasphemantes. Etenim sua concinnantes et alienis adhaerentes, neque divinis Scripturis redarguentibus illorum errores, neque illis, qui eos miserunt, volunt morem gerere; magis SS. Patres nostros et Doctores sic sensisse et inde se habere talem traditionem mentiuntur.

1. Nam in S. Symbolo, quod a Patribus nostris, qui apud Nicaeam convenerant, universali prima synodo consequenter manifeste sic definitum est: Et in Sp. S., Dominum et vivificantem et ex Patre procedentem; sed et in S. Evangelio evidenter clamante (sic) de Spiritu sancto qui a Patre procedit: supra nominati viri addiderunt et ex Filio, falla-

2. Ἀντὶ ἄρτου ἄζυμα προςφέρουσι καὶ συκοφαντοῦσι τὸν Ἀπόστολον Πέτρον καὶ τοὺς ἁγίους πατέρας ὡς ἐκεῖθεν ἔχοντες τὴν τοιαύτην παράδοσιν.

3. Οἱ ἀρχιερεῖς αὐτῶν ἐν καιρῷ πολέμου παρατάττονται [1]) καὶ πολεμοῦσι [μετὰ] [2]) τῶν ἄλλων.

4. Νηστεύουσι τὰ σάββατα καὶ ἐὰν τύχῃ ἐν σαββάτῳ ἑορτὴ τῆς Χριστοῦ γεννήσεως ἢ τῶν φώτων, οὐ λύουσι τὴν νηστείαν.

5. Τὴν μεγάλην τεσσαρακοστὴν ἀπὸ τῆς τετράδος τῆς πρώτης ἑβδομάδος ἄρχονται νηστεύειν.

6. Τὴν ἑβδομάδα τῆς τυροφάγου οὔτε κρέων ἀπέχονται οὔτε γνωρίζουσι τυροφαγίαν.

7. Οὐ νηστεύουσι τὴν ὅλην τεσσαρακοστὴν, ἀλλ' αὐτοὶ μὲν κατὰ τὴν ἁγίαν καὶ μεγάλην πέμπτην ὠὰ καὶ τύρον καὶ γάλα ἐσθίουσι, τοὺς δὲ παρ' αὐτοῖς παῖδας τὰς ὅλας κυριακὰς τῆς τεσσαρακοστῆς γάλα καὶ ὠὰ ἐσθίειν συγχωροῦσιν.

[1]) Cat. leg. παρατύπτονται.

[2]) vel προπολεμ. τ. ἄ.

missionem, nihilque discrepare missionem a processione barbare ac inscite cogitarunt.

2. Loco panis azyma offerunt, calumnianturque apostolum Petrum et sanctos Patres, quasi inde habentes ejusmodi traditionem.

3. Episcopi ipsorum belli tempore in acie stant et ante ceteros proeliantur.

4. Jejunant sabbatis, et licet contingat in sabbato festum Nativitatis Christi aut Epiphaniae, jejunium non solvunt.

5. Magnae Quadragesimae jejunium a quarta primae hebdomadae feria auspicantur.

6. Lacticiniorum hebdomada nec carnibus abstinent nec lacticiniorum agnoscunt usum.

7. Non jejunant integram Quadragesimam; sed ipsi quidem quinta sanctae magnaeque hebdomadae feria ova et caseum et lac comedunt, pueris

citer et ad suum periculum. Veruntamen, ut opinor, per angustiam suae linguae idem esse arbitrati sunt Spiritus ex Patre processionem et eam, quae per Filium fit, ad nos missionem, barbare et inconvenienter intellexerunt.

2. Pro fermentato azyma offerunt, et calumniantur S. Petrum et sanctos Patres Romanos Pontifices auctores exstitisse talis traditionis.

3. Sacerdotes principes cum laicis ad bella proficiscuntur armati et in acie bellant ante alios gradientes.

4. Jejunant in Sabbatis, et si festa dies Nativitatis sit vel Epiphaniae, non solvunt jejunium.

6. Septimanam edulio casei dicatam non agnoscentes carnes comedunt.

7. Secunda die Jovis ova, caseum et lac manducant; a quibus minime per totam Quadragesimam suos pueros prohibent.

8. Ἱστορίας τῶν ἁγίων πλὴν τῆς σταυρώσεως ἐν ταῖς ἑαυτῶν ἐκκλησίαις οὐκ ἀναστηλοῦσιν· ἀλλὰ καὶ αὐτὴν τὴν σταύρωσιν οὐ δι' ὑλογραφίας,[1]) ἀλλὰ μόνον ἀναπεμπτὰ ὡς ἕν τι τῶν γλυπτῶν ποιοῦσιν.

9. Εἰς τοὺς θείους ναοὺς εἰςιόντες καὶ ἐν τῷ ἐδάφει προςκολλώμενοι ἐπὶ πρόσωπον ψιθυρίζουσιν, εἶτα σταυρὸν ἐν αὐτῷ τυπώσαντες τῷ δακτύλῳ ἀσπάζονται καὶ ἐγείρονται, καὶ τὴν εὐχὴν ἐν τοσούτῳ καταλύουσιν.

10. Τὴν μητέρα τοῦ κυρίου ἡμῶν Ἰησοῦ Χριστοῦ οὐ καλοῦσι θεοτόκον, ἀλλὰ μόνον ἁγίαν Μαρίαν.

11. Ἐν τῷ θυσιαστηρίῳ αὐτῶν πᾶς ὁ βουλόμενος εἰςίασι,[2]) καὶ κατὰ τὸν καιρὸν τῆς λειτουργίας αὐτῶν, ὁποίας ἂν εἴη φύσεως ἢ ἡλικίας ἢ τάξεως, ὡς καὶ γυναῖκας, ὅτε θέλωσι,[3]) τῷ συνθρόνῳ καθίζεσθαι τῶν ἀρχιερέων· τοσοῦτον οἴδασι διαστέλλειν ἀνὰ μέσον ἁγίων καὶ βεβήλων.

12. Τὰ πνικτὰ ἐσθίουσι καὶ τὰ θηριάλωτα καὶ θνησιμαῖα καὶ τὸ αἷμα,

[1]) Catif.: εὐλογραφίας.
[2]) Cat. εἴςουσι fort. εἴςεισι.
[3]) Vat. θελήσειαν.

vero suis lac atque ova cunctis Quadragesimae Dominicis permittunt.

8. Imagines Sanctorum praeter Crucifixionis in suis ecclesiis non exponunt; sed et ipsam Crucifixionem non per picturam, sed opere glyptico quasi quoddam sculptitium faciunt.

9. In sacra ingredientes templa et ad solum prona facie provoluti susurrant; deinde crucem in solo efformantes digito exosculantur et surgunt, et orationem hoc pacto absolvunt.

10. Matrem D. N. J. Christi non vocant Deiparam, sed tantum sanctam Mariam.

11. Ad ipsorum Sanctuarium quicumque vult ingreditur, etiam quo tempore Missam celebrant, cujuscunque sit ille sexus aut gradus aut aetatis; etiam et mulieres, quando velint, sedent in subsellio Episcopis destinato; ita sciunt distinguere inter sancta et profana.

12. Suffocata comedunt et a feris capta, et morticina et sanguinem et

8. Historias Sanctorum praeter passionem Christi in ecclesiis suis non designant; et ipsam non pictura, sed opere plumario in similitudine sculptilium et in terra similium faciunt.

9. In sancta templa ingredientes super pavimentum cadunt in faciem, et primo susurrant; deinde crucem uno digito insurgentes osculantur et hanc orationem consummantes surgunt. Et sacras imagines renuunt osculari.

10. Sanctam Dei Genitricem, matrem D. N. J. Christi, tantum sanctam Mariam vocant.

11. Secus altare ecclesiarum quaelibet (l. quilibet) accedit, cujuscumque sit sexus, aetatis vel ordinis; et in solemnitate Missarum mulieres sedere possunt, si velint, in sede Sacerdotum. Sic sciunt distinguere inter sacra et profana.

12. Comedunt suffocata, capta a bestiis, morticina, sanguinem, ursos,

καὶ τὰς ἄρκτους καὶ τοὺς κυνοποτάμους [1]) καὶ τζακάλεις καὶ τὰ ἔτι τούτων μυσαρώτερα καὶ μιαιρώτερα.

13. Οἱ ἱερεῖς καὶ ἀρχιερεῖς αὐτῶν τὰς ἱερατικὰς στολὰς οὐκ ἐξ ἐρίων, ἀλλ' ἐκ σηρικῶν νημάτων ὑφαίνοντες περιβάλλονται, πολυχρόους ταύτας κατασκευάζοντες· καὶ δακτυλίους φοροῦσι καὶ τὰς χεῖρας ἐνδύουσι χειρόρτοις καὶ ἐν μὲν τῇ δεξιᾷ χειρὶ γράφεται· χεὶρ ὡς ἀπὸ νεφέλης, ἐν δὲ τῇ ἀριστερᾷ ὁ ἀμνὸς τοῦ θεοῦ ἐπιγέγραπται.

14. Οἱ αὐτοὶ ἱερεῖς εἰς ὕδωρ μόνον βαπτίζουσιν, ἅλας ἐμβάλλοντες εἰς τὸ στόμα τοῦ βαπτιζομένου· καὶ πτύουσι ἐν τῇ ἀριστερᾷ χειρὶ, μετὰ δὲ τῆς δεξιᾶς τὸν σίελον [2]) ἐνταράττοντες τὸν βαπτιζόμενον ἐπιχρίουσι· καὶ τοὺς

[1]) Cod. κυνοποταμένους.
[2]) fort. τὸ σίαλον.

ursas et fluviales canes et lupos, aliaque immundiora his animalia magisque abominanda.

fibros, quos vocant castores, ericios, quaeque his spurciora, contra apostolicum decretum, sicut Lucas in Apostolorum historia refert his verbis: Visum est enim — et fornicatione. (Act. 15, 28. 29.)

13. Sacerdotes et Episcopi eorum vestes non ex lana, sed ex serico contextas induunt, multis eas coloribus distinctas; annulosque gestant manusque amiciunt chirothecis; et in dextera quidem scribitur (pingitur) **Manus tamquam a nube**; in sinistra vero **Agnus Dei** inscriptus est (Catiforo locus videbatur corruptus).

13. Sacerdotes et Episcopi sacerdotales stolas, i. e. casulas, non de lana, sed de sericis netura contexentes eis operiuntur, diuturnas (πολυχρόνους leg.) ipsas praeparantes; cum hujusmodi stola, i. e. casula vel planeta, Christi habitum repraesentant, sive habitum, quem habuit, quando exutus fuit vestimentis, indutus est chlamyde coccinea, quae de lana contexta erat, qua nos utimur Quadragesimali tempore. In alienis (sic) vero diebus utimur albis, eo quod Christus agnus immolatus dicatur. Et ideo ex vestimentis ovium nobis casulas praeparamus. In signum S. Ecclesiae desponsationis annulos portant, et chirothecas; in dextera quidem scribunt: **Domini dextra**; in sinistra vero **Agnus Dei**.

14. Iidem sacerdotes in aqua solum baptizant, injicientes in os baptizati sal, et inspuunt in sinistra manu, cum dextera autem salivam permiscen-

14. Sacerdotes eorum solum in aqua baptizant, et salem in os mittentes baptizandi; baptizandos postquam spuunt in sinistra manu et dextera

βαπτισθέντας εἰς μέτρον ἡλικίας φθάσαντας καὶ σφάλμασι περιπεπτωκότας ἐλαίῳ [1]) ἐπιχρίουσιν εἰς ἄφεσιν ἁμαρτιῶν καὶ δὶς βαπτίζειν δοκοῦσι.

15. *Οἱ αὐτοὶ ἱερεῖς καὶ ἑτέρας τινὰς ἀνακαθάρσεις ποιοῦσι καθ' ἑκάστην καὶ ῥαντισμοὺς εἰς ἀποτροπὴν ὧν δεδίττονται, ἰουδαϊκοῖς δουλεύοντες ἔθεσιν.*

16. *Μετὰ τῶν πέντε δακτύλων πλαγίως πῶς κατασφραγίζονται [2]) καὶ ὕστερον μετὰ τῆς ἀντίχειρος τὴν ὄψιν ἐπισφραγίζουσιν.*

17. *Ἀπὸ τῆς τετράδος [3]) τῆς πρώτης ἑβδομάδος καὶ μέχρι τοῦ Πάσχα τὸ Ἀλληλούϊα οὐ ψάλλουσιν.*

18. *Οἱ χειροτονούμενοι διάκονοι καὶ πρεσβύτεροι καὶ ἐπίσκοποι τὰς γυναῖκας αὐτῶν ἀπολύουσιν· καὶ ταῖς ὑπ' αὐτοὺς ἁπάσαις χώραις ἐκήρυξαν μὲν, τοὺς αὐτῶν ἱερεῖς τὰς ἑαυτῶν ἀπολύειν γυναῖκας, οἱ δὲ οὐ μόνον τὸ κή-*

[1]) *ἐλέῳ* Ap. Cat.

[2]) *ἀποσφραγίζοντας* Ap. C.

[3]) *μετράδος* Ap. C.

---

tes baptizatum illinunt, baptizatos quoque ad firmiorem provectos aetatem atque in peccata lapsos oleo inungunt in remissionem peccatorum, bisque videntur baptizare.

15. Iidem sacerdotes alias quasdam expiationes faciunt quotidie et aspersiones ad avertenda ea quae extimescunt, judaicis servientes ritibus.

16. Cum quinque digitis obliquo nescio quo modo se signant et postea cum pollice faciem obsignant.

17. A quarta primae hebdomadae feria usque Pascha Alleluja non cantant.

18. Qui ordinantur diaconi et presbyteri et Episcopi uxores dimittunt suas; et per omnes subjectas ipsis regiones edixerunt, ut sui sacerdotes suas dimittant uxores; hi tamen non solum horum edictum non receperunt, sed insuper defunctis prioribus uxori-

miscentes salivam inungunt; postquam ad aetatem pervenerint, peccatis obnoxios oleo perungunt in remissionem peccatorum, et bis baptizari (l. baptizare) videntur.

15. Iidem sacerdotes quasdam purgationes faciunt jugiter et aspersionem, quibus alligantur, culparum (desunt quaedam), judaicis servientes ritibus.

16. Quinque digitis quomodo (?) aliqui benedicunt et cum pollice faciem signant, tamquam Monotheletae. Cum igitur debeant disponi digiti in consignationibus, quod per eos duae naturae significentur et tres personae, prout Christus monstravit, quando in coelum ascensurus discipulis manibus elevatis benedixit.

17. A Septuagesima usque ad Pascha non cantant Alleluja.

ρυγμα τούτων οὐκ ἐδέξαντο, ἀλλὰ καὶ ἐπὶ ταῖς πρώταις τελευτησάσαις καὶ δευτέρας φανερῶς λαμβάνουσι, τινὲς δὲ καὶ τρίτας, καὶ ἀδεῶς λειτουργοῦσιν.

19. Λέγουσι, μὴ δεῖν ἄλλαις γλώσσαις τὸ θεῖον γεραίρεσθαι, εἰ μὴ ταῖς τρισὶ ταύταις διαλέκτοις· ἑβραϊστὶ, ἑλληνιστὶ, ῥωμαϊστί.

20. Τοὺς ἐπισκόπους αὐτῶν τελευτῶντας ἐν ὅλαις ὀκτὼ ἡμέραις ἀτάφους ἐῶσι καὶ οἱ τῆς ἐνορίας παρ' αὐτοὺς φοιτῶντες οἷς ἔχουσι δεξιοῦνται, καὶ τότε θάπτουσι· τὰς χεῖρας οὐ σταυροειδῶς καθ' ἡμᾶς τυποῦντες, ἀλλὰ κάτω περὶ τοὺς μηροὺς αὐτὰς ἐφαπλοῦντες καὶ τὰ αἰσθητήρια πάντα κήρῳ κατακλείοντες· τὰ αὐτὰ δὲ καὶ εἰς τοὺς λαϊκοὺς νεκροὺς ποιοῦσι.

21. Οἱ ἱερεῖς αὐτῶν τρὶς καὶ τετράκις ἐφ' ἑνὶ ναῷ [1]) λειτουργοῦσιν, ἢ καὶ ὅπου ἂν τύχῃ, μὴ διακρίνοντες τὰ ἅγια ἀπὸ τῶν βεβήλων.

22. Ἕκαστος αὐτῶν τὴν ἑαυτοῦ θυγατέρα διδοὺς εἰς νύμφην ἐκεῖθεν αὖθις λαμβάνει τὴν τοῦ συμπενθεροῦ θυγατέρα εἰς τὸν ἑαυτοῦ υἱὸν ἢ ἀδελφὸν ἢ ἄλλον συγγενῆ.

23. Εἴ τις ἐκ μοναχῶν ἐπίσκοπος γένηται, καὶ κρέα ἐσθίειν ἀδεῶς

[1]) Cat. Ap. λαῷ, quod ipse correxit.

bus secundas palam accipiunt, nonnulli vero et tertias; et impune ac libere sacra peragunt.

19. Dicunt, non esse aliis linguis Deum laudandum, nisi his tribus: hebraica, graeca et iatina.

20. Episcopos suos mortuos totis octo diebus insepultos linquunt, et confluentes qui sunt de paroecia muneribus eos donant; et tunc sepeliunt, non in crucis forma, ut nos solemus, manus componentes, sed deorsum illas ad femora extendentes et cuncta sensoria obstruentes cera Eadem vero et in laicos mortuos faciunt.

21. Sacerdotes ipsorum ter et quater in uno eodemque templo Missas celebrant, vel etiam quolibet alio loco, non discernentes sacra a profanis.

22. Quilibet ipsorum filiam suam alteri collocans inde rursus accipit consoceri filiam suo uxorem filio aut fratri aut alteri cognato.

23. Si quis e monachis evaserit Episcopus, carne quoque vesci libere

19. Affirmant, non debere aliis linguis Dominum venerari, nisi istis tribus: hebraea, graeca et latina.

20. Mortuos sepeliunt manibus eorum nequaquam constitutis in modum crucis, sed deorsum missis circa inferiora instrumenta. Omnia cera oppilant.

21. Sacerdotes ter quater in die celebrant super uno altari, ubicumque contigerit; et unus sacerdos ter vel quater celebrat in uno die, cum felix sit, qui unam digne possit cantare.

22. Tradunt filias suas nuptui, accipientes consororis (lege: consoceri) filiam filio suo aut fratri aut consanguineo.

23. Si quis monachus in Episcopum promoveatur, carnes manducat intre-

ἐπιτρέπεται· καὶ οἱ μοναχοὶ δὲ, εἴ ποτε συμβῇ τινι αὐτῶν μικρά τις ἀῤῥωστία, κρεῶν μεταλαμβάνουσι· κοινῇ δέ τε πάντες καὶ ὑγιαίνοντες χρῶνται τῷ ὑείῳ στέατι.

24. Τὴν τεσσαρακοστὴν αἱ κατ' αὐτοὺς χῶραι καὶ τὰ πρόςοικα ἔθνη οὐκ ἐπίσης νηστεύουσιν· ἡ μὲν οὖν λεχία ἑβδομάδας ἐννέα, αἱ δὲ λοιπαὶ, αἱ μὲν ὀκτὼ, αἱ δὲ πλείους, αἱ δὲ ἐλάσσω, Ἰταλοὶ δὲ μόνας ἕξ.

25. Τὸν σταυρὸν τοῦ κυρίου τὰς μὲν ἄλλας πάσας ἡμέρας ἐν τῇ ἐκκλησίᾳ ἔχοντες καὶ σέβονται καὶ ὁρῶσι καὶ προςκυνοῦντες ἀσπάζονται· ἐν δὲ τῇ ἁγίᾳ τεσσαρακοστῇ οὔτε προςκυνοῦσιν οὔτε ὁρῶσιν αὐτὸν, ἀλλ' ἔν τινι τόπῳ ἀφανεῖ συνειλίσαντες κατακρύπτουσι,[1]) σὺν αὐτῷ καὶ τὸ ἀλληλουΐα· κατὰ δὲ τὸ μέγα σάββατον ἐκ τῶν ἀδύτων αὐτῶν ἀνακαλύπτοντες ὡς ἐκ τάφου δῆθεν ἀνιστάμενον τοῖς λαοῖς ἐπιδεικνύουσι καὶ αἴφνης ὑπὸ πάντων μετὰ μεγάλης κραυγῆς ἐκφωνεῖται τὸ ἀλληλουΐα· καὶ ἐπὶ πολλὰς ὥρας βοῶσιν ἅπαντες, ὡς ἡμεῖς τῇ μεγάλῃ κυριακῇ τὸ Χριστὸς ἀνέστη ἐκ νεκρῶν.

26. Λειτουργούντων τῶν ἱερέων τυχὸν καὶ ἐν τῇ ἐκφωνήσει τοῦ ἁγίου

[1]) κατακρύπτουσι — μέγα omitt. Cat. Apogr., ubi est: συνειλίσαντες κατὰ σάββ.

sinitur; imo et monachi, si forte contingat alicui ipsorum levis infirmitas, carnes comedunt; communiter autem omnes etiam sani utuntur suillo adipe.

24. Quadragesimam regiones ipsorum et nationes conterminae non aequaliter jejunant. Polonia enim jejunat hebdomadas novem; reliquae autem regiones aut octo aut plures vel pauciores, Itali vero dumtaxat sex.

25. Crucem Domini aliis quidem diebus omnibus in ecclesiis habentes et venerantur et inspiciunt, et adorantes osculantur; at tempore Quadragesimae neque adorant illam, neque aspiciunt, sed in quodam occulto loco convolutam [abscondunt, unaque et Alleluja], die [vero] Sabbati sancti ex suis adytis revelantes quasi e monumento resurgentem populis ostendunt; et repente ab omnibus ingenti clamore enuntiatur Alleluja; et ita multis horis exclamant omnes, ut nos Dominica Resurrectionis illud: Christus surrexit a mortuis.

26. Insuper celebrantibus Missam sacerdotibus, dum recitatur sanctum

pide; et monachi parva vexati aegritudine carnibus vescuntur; communiter autem omnes pinguedine porcina utuntur.

25. Venerabilem quidem Crucem in aliis diebus in ecclesia vident et adorant, in sancta Quadragesima velant sindonibus, cum qua et occultant Alleluja. Et in sancto magno Sabbato de penetralibus educentes, ipsam tamquam de sepulcro resurgentem demonstrant populo; et de subito cum magno clamore cantant Alleluja, et multoties, et per multas horas vociferantur, quemadmodum (deest: nos in die Resurrectionis:) Christus surrexit.

26. Cum Missae celebrantur et mysteria conficiuntur, plerique assisten-

εὐαγγελίου ἢ καὶ τῶν ἁγίων μυστηρίων,[1]) τῶν ἐκεῖσε παρόντων λαϊκῶν οἱ πλείονες οὕτω δόξαν αὐτοῖς[2]) καθῆνται ἀδέως καὶ ὁμιλοῦσιν ἀλλήλοις.

27. Τὴν μετάληψιν τῆς κοινωνίας οὐχ ὡς ἡμεῖς ἐκτελοῦσιν, ἀλλ', ὡς φασὶν, ὁ λειτουργῶν ἱερεὺς τὸν μεταλαβεῖσθαι[3]) βουλόμενον ἀσπάζεται μόνον καὶ τὸν ἀσπασμὸν λαμβάνει ἀντὶ κοινωνίας.

28. Τὰς τῶν κληρικῶν καὶ ἐπισκόπων χειροτονίας οὐ κατὰ πάντα καιρὸν ποιοῦσιν οἱ ἀρχιερεῖς, ἀλλὰ τετράκις τὸν ἕνα χρόνον ἐν ἡμέραις τεταγμέναις· τοῦ γὰρ ἐνιαυτοῦ τετραχῶς διῃρημένου, εἰς ἔαρ, θέρος, μετόπωρον καὶ χειμῶνα, τοὺς πρώτους μῆνας παρατηροῦσι τῆς εἰςόδου τῶν τροπῶν ἠοῦς,[4]) τὸν Μάρτιον, τὸν Ἰούνιον, τὸν Σεπτέμβριον, καὶ τὸν Δεκέμβριον, καθ' οὓς αἱ τροπαὶ τῶν τεσσάρων ὡρῶν ἄρχονται, καὶ τῇ πρώτῃ ἑβδομάδι τοῦ Μαρτίου μηνὸς ἢ τοῦ Ἰουνίου ἢ τῶν ἄλλων, ἐν μὲν τῇ πρώτῃ τετράδι ἱερεῖς καὶ διακόνους καὶ τοὺς λοιποὺς χειροτονοῦσι κληρικοὺς, ἐν δὲ τῷ σαββάτῳ τοὺς ἐπισκόπους

[1]) addendum fort.: τελουμένων.
[2]) C. αὐτοὺς.
[3]) C. μεταλαβεῖται.
[4]) C. ἡ ὡς fort. ἤτοι ἢ ὡς vel ἠόος, ἠοῦς. Legendum certe: ἡλίου.

Evangelium aut sacra mysteria consecrantur, plerique adstantium ibi laicorum pro libitu sedent impudenter et mutuo confabulantur.

27. Communionem non ut nos conficiunt, sed, ut dicunt, celebrans sacerdos volentem communicare osculatur (amplectitur) solum, quod osculum (quem amplexum) accipit pro communione.

28. Clericorum et Episcoporum ordinationes non omni tempore peragunt Episcopi, sed quater in anno diebus statis. Cum enim annus quadrifariam dividatur, in ver, aestatem, autumnum et hiemem, primos observant menses, quibus solstitia seu aequinoctia contingunt, scilicet Martium, Junium, Septembrem et Decembrem, quibus mensibus quatuor aetatum anni mutationes incipiunt, et prima hebdomada mensis Martii aut Junii aut reliquorum feria quidem quarta sacerdotes et diaconos et reliquos clericos ordinant, Sabbato autem solos Episcopos

tium laicorum, si placet eis, loquuntur et sedent.

27. Participationem sanctae communionis non similiter ut nos Graeci perficiunt, sed dicunt, quod qui Missam celebrat sacerdos osculatur volentem communicare.

28. Promotiones Episcoporum et Laicorum (lege: Clericorum) non per omne tempus perficiunt antistites, sed tantum in anno quater et per observabilem diem. Nam cum anni quatuor tempora sunt, scilicet ver, aestas, autumnus, hiems, horum temporum initia, primo eum mensis (f. primos menses) Martii scilicet et Junii, Septembris atque Decembris observant. In primis hebdomadibus Clericos et Diaconos, Presbyteros, Episcopos promovent: male sentientes et barbarice, adventum Spiritus sancti non secundum virtutem promoventis et promoti arbitrantes de-

μόνους καὶ ἀρχιερεῖς· κακῶς φρονοῦντες καὶ ἐπισφαλῶς. τὴν γὰρ ἐπιφοίτησιν καὶ χάριν τοῦ ἁγίου πνεύματος ἐν ἐκείναις μόναις, ὡς ἔοικε, μαντευόμενοι κατέρχεσθαι, καὶ οὐ τὴν ἀρετὴν τοῦ χειροτονουμένου καὶ χειροτονοῦντος αἰτίαν εἶναι [1]) τῆς τοῦ παναγίου πνεύματος ἐπελεύσεως ὀρθοδόξως [2]) πιστεύοντες, ἐν ταύταις μόναις ταῖς ἡμέραις, ὡς εἴρηται, τὰς χειροτονίας ποιοῦσι.

[1]) εἶναι add. Vat., non C.
[2]) C. ὀρθοδοξέως.

et Praesules, malo et pernicioso sensu; scilicet illustrationem et gratiam Spiritus sancti solis illis diebus, ut videtur, existimantes descendere, non autem cum catholica Ecclesia credentes, virtutem ordinandi et ordinantis causam esse, cur Spiritus sanctus adveniat, his solum diebus, ut diximus, peragunt ordinationes. scendere, sed in diebus quibusdam putant hunc venire, ut insipientes. —

Sequuntur eodem contextu et aliae criminationes:

a) Non patiuntur sacerdotes habere uxorem et sacramentorum peragere mysteria.

b) Duos fratres duabus sororibus carnaliter copulari permittunt.

c) Radunt barbas presbyteri more suorum militum praeter apostolicam institutionem.

d) Sanctam Eucharistiam negligentissime spectant. Nam ad aegros proficiscentes sine lumine ipsam deferunt et tribuunt; et qui castra sequuntur, in marsupio ponunt et portant in vestibus, in pileis.

e) Clerici eorum et laici (fort.: In Pileis clerici eorum et laici) non sunt distincti; altare velato capite accedunt.

f) Sanctis ac terribilibus locis nullam aut modicam habent reverentiam. Ad tempus sonum repraesentando in nocte Nativitatis Domini matutinae cantantur, vesicas explodi permittunt circa altare, ut risus habeant materiam. In diebus Passionis, cum ambulant exstinctis luminibus, in ecclesiis terraemotus faciunt, sedes, tabulas, parietes percutiunt malleolis et lagenas confringunt; et cum deberent vigilare in orationibus, alii in stuporem mentis, alii in risum convertuntur, et alia quaedam in ipsis tenebris fiunt, quae nec fatu digna judicavi.

Verum hac de grecogice laicorum lapsum excerpsi [intelligi haec vix queunt; monstra verborum sunt], ut si quando ad aures eorum devenerint, ad se reversi correctionibus vacent. —

[Bibl. PP. Lugd. XXVI. p. 468 finis est: Haec Graecanicus accusator Latinorum vel potius mendax calumniator.]

G.

ΝΙΚΗΦΟΡΟΥ ΤΟΥ ΓΡΗΓΟΡΑ ΛΟΓΟΣ ΕΙΣ ΤΗΝ ΑΓΙΑΝ ΘΕΟΦΑΝΩ ΤΗΝ ΒΑΣΙΛΙΔΑ. [1])

1. Ἔστι ταύτῃ πατρὶς μὲν ἡ κρατίστη καὶ βασιλὶς τῶν πόλεων, ὡς εἰρήκαμεν· γεννήτορες δὲ τῶν περιβλέπτων καὶ δόξῃ καὶ πλούτου πολυτελείᾳ κομώντων καὶ τὰς τοῦ γένους φλεβὰς ἄνωθέν ποθεν ἐκ βασιλικῶν ἕλκοντες πηγῶν· διὰ δὴ ταῦτα καὶ ὁ τῆς ὁσίας πατὴρ πολλῆς μὲν καὶ ἄλλης ἦν ἀπολαύων τῆς παρὰ τῶν βασιλέων τιμῆς, ἦν δὲ καὶ τὴν ἀξίαν πατρίκιος, ὃ τῶν μεγίστων τότε ἀξιωμάτων ἦν . . . [2]) Γεννητόρων μὲν οὖν τοιούτων ἡ ὁσία γεγέννηται καὶ οὕτω περιβλέπτων τὴν τύχην. Ἀλλὰ τἄλλα μὲν εὐτυχεῖς ὄντες αὐτοὶ καὶ πτωχοῖς τὸν πλοῦτον ἀμφοτέραις χερσὶν ἐπαντλοῦντες καὶ λίαν θεοφιλῶς τὸν βίον ἀνύοντες ἐδυστύχουν ἀπαιδίαν μακράν, ὃ δὴ καὶ θανάτου παντὸς ἐγίνετο αὐτοῖς πικρότερον. . . [3]) Τοὺς ἀσκήσει καὶ ἡσυχίᾳ πνευματικῇ συνεζηκότας καὶ ἡλικιώτην κεκτημένους τὴν ἀρετὴν περιῄεσαν ἰχνηλατοῦντες συχνὰ καὶ ἄλλοτε ἄλλον ἄνθρωπον τοῦ θεοῦ πρὸς βοήθειαν τοῦ λυποῦντος ἐπεκαλοῦντο καὶ ἀνεμίμνησκον εἴ τί που παραπλήσιον ἐν τοῖς

---

[1]) Cod. Mon. 10. saec. 16 chart. f. 33. seq. Longum exordium, in quo fusius agitur de scribendi occasione ex amicorum adhortationibus sumta et de utilitate, quam Sanctorum Vitae scribentibus ac legentibus exhibent, quae sicut et cetera, quae oratorio ornatui ac piis monitionibus serviunt quaeque ad Theophanonis vitam non pertinent, omittenda censuimus. Incipit autem oratio: *Πολλοί μοι πολλάκις τῶν ἀρετῇ καὶ συνέσει διαφερόντων προσίασι ἄλλο τε ἄλλοι παραινοῦντές τε καὶ συμβουλεύοντες.*

[2]) Disserit auctor de patriciorum dignitate a Romulo fundata et per Constantinum M. Cplim translata (p. 37).

[3]) Querelae conjugum eorumque luctus describuntur.

Nicephori Gregorae Sermo in sanctam Theophanonem Imperatricem.

1. Patria ei fuit praestantissima urbium regina, uti diximus; parentes vero ex illustribus, honore ac divitiarum copia gloriantibus, immo sanguinem ex imperatorum quondam stirpe trahebant. Quare Sanctae pater tum aliis multis apud imperatores fruebatur honoribus, tum dignitate patricii erat ornatus, quae tum temporis inter maximas censebatur. Talibus igitur et adeo fortunae bonis insignibus parentibus progenita fuit. Verum quum in aliis prospere degerent, pauperibus utraque manu divitias erogarent ac vitam divino numini acceptam ducerent, diuturnam patiebantur prolis orbitatem, quod quavis morte acerbius ipsis fuit. Viros ascesi ac solitudini spirituali a teneris deditos ac virtute matura praeditos assidue requirebant ac consulebant et alium alias hominem Dei in tristitiae remedium provocabant ac reminiscebantur, quidquid in priscis temporibus consimile evenit, quoad

πάλαι χρόνοις ἦν γεγονὸς πρός τε νόσον καὶ ἰατρείαν, πρός τε λύπην καὶ θεραπείαν. Ἐπειδ' ὁ μὲν χρόνος ἐτρίβετο καὶ τὸ τῆς ἀπαιδίας δεινὸν ὁμοίως ἔχον πρὸς γῆρας ἔλαυνε τὰ τῆς ἡλικίας αὐτῶν, πρὸς μόνην ἤδη καὶ τελευταίαν ἔβλεψαν ἄγκυραν, τὴν ἄνευ ἀνδρὸς τὸν θεὸν λόγον τεκοῦσαν παρθένον, καὶ ὅλῃ ζέσει ψυχῆς πρὸς τὸν αὐτῆς οὑτωσί πως ὀνομαζόμενον ἀφικνοῦνται τοῦ Βάσσου νεὼν, οὔπω τότε μοναζόντων οἰκητήριον ὄντα. . . . [1]) Ταῦτα δὴ οὖν καὶ πλείω τούτων πολλάκις ἐλθόντες καὶ πολλάκις εὐξάμενοι καὶ διεξελθόντες τὰς ἐντεῦθεν ἔπνεον χρηστὰς ἐλπίδας, τοῦ ἄγαν ἐφίεσθαι καθάπερ κρηπῖδας τινὰς ἀῤῥαγεῖς ὑποβαλλομένου τὰς ἀφορμὰς τοῦ πιστεύειν καὶ ὡς παρὸν ἤδη συνωθοῦντος ὁρᾷν τὸ μήπω γινόμενον. Ἐν μιᾷ δὲ τῶν νυκτῶν ἄνθρωπον ἔδοξαν ἐν ὕπνοις ἰδεῖν ἐκ βασιλείων καὶ δεσποίνης [2]) ἐλθόντα μηνύειν τὴν τῆς στειρώσεως λύσιν αὐτοῖς· καὶ ἦν τοῦτο προαναφώνησις τῆς παναγίου θεομήτορος θυμηδίας μακρᾶς ἐκείνοις αἰτία καὶ ἵν' εἴπω θεῖός τις χρησμός. . . . [3]) Ἐκεῖθεν οὐ πολὺς παρέδραμε χρόνος καὶ συνέλαβεν ἡ μήτηρ καὶ τοῦ προσήκοντος παραλλάξαντος χρόνου ἡ τῆς γεννήσεως ὥρα ἐφέστηκε μετὰ σφοδρῶν τῶν πόνων καὶ θάνατον ἀπειλούντων· ἀλλὰ κληθεῖσα καὶ νῦν ἡ τὴν στείρωσιν λύσασα πρότερον ταύτης ἁγνὴ παρθένος καὶ θεοτόκος καὶ τοῦ παρόντος κινδύνου ταύτην μετὰ τοῦ βρέφους ἐῤῥύσατο· καὶ ἦν ἰδεῖν ἐπὶ τούτῳ φίλων καὶ συγγενῶν πανηγύρεις. . . . [4])

---

[1]) De Bassi templo vide Bandur. Imp. Or. t. I P. III p. 29 t. II p. 483. Sequitur descriptio supplicationis et longa precatio ad B. V. p. 38—41.

[2]) Videtur quid deesse ante voc. δεσπ.

[3]) Reflexiones Nicephori.

[4]) Laetitiae descriptio et miracula in infante patrata.

---

aegritudinem ejusque lenimentum, quoad luctum et ejus remedium. Quoniam vero tempus terebatur et infoecunditatis malum ipsis jam senescentibus perseverabat, ad solam atque ultimam respiciebant ancoram, beatam Virginem, quae sine ope viri Deum Verbum genuit, ac toto mentis ardore ad ejus templum a Basso nominatum veniunt, quod nondum tunc monachorum oratorium erat. . . . Haec et his plura promentes repetitis saepius supplicationibus et precibus bonam inde spem concipiebant et vehemens desiderium veluti fundamenta quaedam haud nutantia credulitati subministrabat ac movebat ad id, quod nondum evenerat, sicut jam praesens conspiciendum. Nocte vero quadam in somniis hominem videre arbitrati sunt ex regiis et ex Dominae domo prodeuntem, qui ipsis sterilitatis finem renuntiabat; quod erat sanctissimae Dei genitricis praenuntiatio, magnae ipsis laetitiae causa et ut dicam veluti divinum oraculum. . . . Inde haud longum defluxit tempus et mater concepit. Praeterlapso tempore debita hora partus institit cum vehementi dolore, qui mortem minabatur; verum invocata etiam nunc, quae prius matris sterilitatem sustulerat, sancta Virgo ac Dei mater et a praesenti periculo matrem cum infante liberavit. Et in hoc videre erat amicorum cognatorumque festivam laetitiam. . . .

2. Ἀλλὰ πρὶν ἀπογαλακτισθῆναι τὸ βρέφος ἡ μήτηρ ἐξ ἀνθρώπων ἐγένετο, μὴ φθάσασα τῆς περιβλέπτου δόξης καὶ τύχης ἀπολαῦσαι τῆς θυγατρός· καὶ ὁ πατὴρ ἀχθόμενος τῇ χηρείᾳ καὶ τῷ τοῦ βρέφους ἀπρομηθεύτῳ, ἐννοῶν δ' ὅμως καὶ συλλογιζόμενος τὰς ἐπ' αὐτῷ τελουμένας θεοσημείας ἐπτεροῦτο τοῖς λογισμοῖς καὶ . . . τὴν παῖδα καὶ τὸν ἕκτον ἀμείβουσαν χρόνον τοῖς ἱεροῖς ἐκπαιδεύεσθαι γράμμασι δίδωσιν, ἀφ' ὧν ἐν ὀλίγῳ χρόνῳ πλείστην συνέλεξε τὴν σοφίαν καὶ σύνεσιν . . . καὶ ἦν ἅπασι τὸ τῆς κόρης ὄνομα περιβόητον.[1]) . . . Ἄρτι δὲ πεντεκαιδέκατον ἄγουσα χρόνον, ὁπότε δὴ μάλιστα τὰ τῆς οἰκείας ἀνθοῦσι γνωρίσματα γνώμης καὶ προαιρέσεως, ὅλας ἡ κόρη πρὸς τὰς ῥοπὰς τῆς ψυχῆς εἰς τὴν τῶν βελτιόνων μοῖραν ταλαντεύει πραγμάτων.[2]) . . .

3. Ἡ δὲ φήμη ῥυεῖσα σφοδρότερον καὶ τὰς τῶν αὐτοκρατόρων ἐνέπλησεν ἀκοὰς τοῦ θαύματος. Βασίλειος δ' οὗτος ἦν ὁ Μακεδὼν καὶ σύζυγος Εὐδοκίᾳ· καὶ παῖς ἐτρέφετο αὐτοῖς βασιλικῶς, ὁ σοφώτατος Λέων, ἄρτι τὸν πρῶτον ἀνθῶν ἴουλον καὶ γαμηλίων ἐρώτων ἄγων ὥραν· δι' ὃν καὶ ἠθροίζοντο ἐκ παντὸς ἔθνους, ἠθροίζοντο δὲ ἐξ ἁπάσης πόλεως, ὁπόσαι κατ' ἐκλογὴν ὥρᾳ καὶ κάλλει σώματος διαφέρουσαι ἦσαν νεανίδες· ὧν ἐν μέσῳ τῷ καταλόγῳ γενέσθαι κληθεῖσα καὶ ἡ Θεοφανὼ τοσούτῳ πάσας παρέλασεν ἄνθει προσώπου καὶ ἡλικίας ὥρᾳ καὶ ἤθους εὐπρεπείᾳ, ὅσῳ καὶ πλησιφαὴς πανσέληνος πάντας τοὺς ἐν νυκτὶ φαινομένους ἀστέρας.[3]) . . . Διὰ δὴ τοῦτο καὶ πρὸς γάμου

[1]) Miracula. p. 44.
[2]) Virtutes virginis. p. 44. 45.
[3]) Descriptio Theophanonis.

2. Sed priusquam ablactaretur infans, mater e vivis excessit haud nacta occasionem illustri gloria ac fortuna filiae fruendi. Et pater aegre ferens tum viduitatem tum infantis absque matris cura relicti conditionem, nihilo tamen secius divina signa in eo perfecta considerans atque reputans sublimis cogitationibus efferebatur et . . . filiam sexto jam aetatis anno divinis literis imbuendam curavit, unde illa brevi tempore summam hausit sapientiam ac prudentiam. Atque cunctis percelebre erat puellae nomen. . . . Quumque decimum quintum aetatis annum ageret, quando potissimum propriae sententiae atque arbitrii characteres in lucem prodeunt, virgo in meliorum rerum partem omnes animae motus protendebat. . . .

3. Ejus autem fama magis magisque increbescens jam imperatorum aures miro eo prodigio replevit. Basilius tunc imperavit Macedo et Eudociae conjux; et regio cultu nutriebatur eis filius, sapientissimus Leo, qui nuper adolescente barba conjugalium amorum tempus erat ingressus. Propter quem congregatae sunt ex omni gente et ex quavis urbe quotquot juvenes secundum electionem pulchritudine ac venustate corporis visae sunt excellere. Quarum in ordine sisti jussa quoque Theophano tantum reliquas personae suavitate, aetatis jucunditate ac moribus compositis superavit, quanto et plenilunium toto fulgore suo stellas noctu apparentes excedit. Quare in conjugii societatem haec

κοινωνίαν αὕτη τῶν ἄλλων προὐκρίθη πασῶν Λέοντι τῷ βασιλεῖ· καὶ βασιλικοῖς παρασήμοις κοσμεῖται λοιπὸν ἡ Θεοφανὼ καὶ γίνεται κοινὴ τοῖς ὑπηκόοις ἑορτὴ καὶ χρηστῶν ἐλπίδων πανήγυρις. [1]) . . .

4. Τοῦ δὲ χρόνου ῥυέντος οὐκ ἠνέσχετο βλέπειν ὁ τῆς βασκανίας πατὴρ διάβολος οὕτω ψυχῆς ἀρεταῖς καὶ σώματος κάλλεσι διαλάμπουσαν ἐν βασιλείοις οἴκοις τὴν κρατίστην ἐκείνην καὶ ἄριστα ἡνωμένην συζυγίαν, ἀλλ' ὀργάνῳ χρησάμενος κακομηχάνῳ καὶ τὴν γνώμην διεφθειρότι μονάζοντί τινι ὄνομα Σανταβαρηνῷ πείθει λόγοις τισὶ πιθανῶς ἐσκευασμένοις περιελθεῖν καὶ διαφθεῖραι τὴν τοῦ βασιλέως γνώμην κατὰ τοῦ υἱοῦ Λέοντος. Τίς δ' ἦν οὗτος ὁ Σανταβαρηνὸς καὶ ὁπόθεν εἰς τὰς αὐτοκρατορικὰς οἰκίας παρεισεφθάρη, μικρὸν ἀναλαβόντες τὸν λόγον διέξιμεν. Κωνσταντῖνον τὸν δεύτερον υἱὸν τοῦ αὐτοκράτορος **Βασιλείου** πρὸ βραχέος συνέβη τεθνάναι· καὶ ἦν ἀπολεγόμενος τὸ ζῆν ὁ πατὴρ διὰ τὴν ἐκείνου ζημίαν καὶ δεόμενος ἀνάψυξιν εἰληφέναι τινὰ καὶ σβεστήριον τῆς ἐγκαρδίου φλογός· ὅθεν ἱεροὺς ἄνδρας ἐκάλει πρὸς συμμαχίαν τοῦ πάθους καὶ σαφεῖς θεοῦ λατρευτὰς ἐντυχεῖν ὑπὲρ αὐτοῦ δι' εὐχῶν τῷ θεῷ, εἰ μὴ ἄλλως γέ πως, διὰ γοῦν ὀνείρων καὶ ἐνυπνίων τινῶν τῆς τοῦ παιδὸς ὁμιλίας τυχεῖν. . . . Τότε τοίνυν ἐν ἀφανείᾳ διάγων καὶ μοναδικὸν τριβώνιον περικείμενος ὁ Σανταβαρηνὸς πρόσεισι τῷ αὐτοκράτορι **Βασιλείῳ**, ἦθος πεπλασμένος εὐλαβές τι καὶ ἔνθεον, καὶ δείξειν ὑπισχνεῖται τὸν υἱὸν αὐτῷ **Κωνσταντῖνον** καὶ ὁμιλῆσαι μέχρι καὶ ἐς πολλοστημόριον ὥρας. Τὸ γὰρ γένος **Αἰγύπτιος** ὢν καὶ μάγοις ἐκεῖ που χρησάμενος διδασκάλοις

[1]) Gaudium populi (p. 46.)

---

ceteris omnibus a Leone Imp. praelata est et regiis ornatur insigniis Theophano, ac communis fit subditis festivae laetitiae ac spei bonae causa.

4. Labente vero tempore haud tulit invidiae pater diabolus par conjugum ita animi virtutibus ac corporis pulchritudine insignitum et optima consensione conjunctum in regiis conspicere aedibus, sed instrumento usus monacho quodam malarum artium ac mente corrupto, cui Santabareno nomen erat, persuadet, sermonibus quibusdam callide constructis Imperatoris mentem contra Leonem filium circumeundo irritare. Quis vero fuerit Santabarenus iste et unde in regias aedes irrepserit, paulo altius est repetendum. Constantinum, secundum Imperatoris filium, paulo ante mori contigit, et ob illius jacturam pater vitae ipsius pertaesus et leniminis cujusdam, quod interioris luctus flammas exstingueret, accipiendi cupidus fuit. Unde viros sanctos vocabat auxilio perspicuosque Dei cultores, qui precibus suis apud Deum pro se intercederent, quo, si non alio modo, saltem in somniis filii societate gauderet. Tunc igitur Santabarenus, qui obscuram vitam egerat monachorumque vestem induerat, Basilium Imperatorem adit, pios atque coelestes mores praeseferens et effingens, atque eidem pollicetur, se Constantinum filium ei ostensurum ejusque consuetudinem usque ad modicam partem horae suppeditaturum. Genere enim Aegyptius erat magistrisque ibi usus magis necromantiam et animarum eductionem ab iisdem didicerat, qua ex inferis animas

νεκρομαντείαν τε καὶ ψυχοπομπίαν ἐκεῖθεν ἐμεμαθήκει, ᾗ δοκεῖ μὲν ἐξ ᾅδου ψυχὰς ἀνάγειν εἰς φῶς δι' ἐπῳδῶν τινων καὶ ἀφορκισμῶν· φαίνονται γὰρ καὶ ἀποκρίνονται περὶ ὧν ἄν τις ἐρωτᾷν βούλοιτο μορφαί τινες τεθνεώτων γνωρίμων, εἰσὶ δὲ τὰ φαινόμενα οὐ ψυχαὶ, ἀλλὰ χθόνιοί τινες καὶ ὑποχθόνιοι δαίμονες· τῇ δὴ τοιαύτῃ κακοτεχνίᾳ κἀνταῦθα χρώμενος κἀκεῖνος ὁ ἀλιτήριος, ὅπερ πάλαι τῷ Σαοὺλ[1]) ἡ ἐγγαστρίμυθος πέπραχεν ἀναγαγοῦσα τὸ τοῦ Σαμουὴλ ὁμοίωμα, τοῦτο καὶ αὐτὸς ἤδη τεχνάζεται καὶ πρὸς τὴν τοῦ Κωνσταντίνου διασκευασθῆναι μορφὴν παρασκευάζει τινὰ τῶν αὐτοῦ γε ὁμιλητῶν ὑποχθονίων δαιμόνων· τοῦτον ἰδὼν καὶ ὁμιλήσας ὁ αὐτοκράτωρ καὶ τῆς ἀπάτης οὐκ αἰσθόμενος ἔδοξεν αὐτὸν ἰδεῖν τὸν υἱὸν καὶ θεῖον ἄνδρα λοιπὸν ἐνόμισεν εἶναι τὸν Σανταβαρηνὸν καὶ διὰ μεγάλης ἦγε τοῦτον τιμῆς καὶ αἰδοῦς.

5. Τῷ γε μὲν Λέοντι τῷ νέῳ βασιλεῖ σοφῷ γε ὄντι ἀνδρὶ καὶ συννενοηκότι, μὴ ἀπὸ θείας εἶναι μοίρας τὸ γεγονὸς, ἀλλ' ἐκ σατανικῆς τινος βακχείας δαιμονιώδους ἐνθουσιασμοῦ, μέμφεσθαί τε ἐπῄει καὶ χλευάζειν αὐτὸν ἐπὶ τοῦ αὐτοκράτορος Βασιλείου, καὶ περιφανῶς πανταχοῦ διαλοιδορεῖσθαι καὶ ἀλάστορα τῆς ἀληθείας ἀποκαλεῖν καὶ θιασώτην δαιμόνων ἀπατηλῶν. Ἀλλ' ἐκεῖνος πρὸς ταῦτα ὑβριοπαθῶν ἐμεμήνει τὸ κάθαρμα καὶ ῥάπτει διαβολὰς καὶ δόλους κατὰ Λέοντος πιθανὰς καὶ ἐριννύων μεστὰς, καὶ γίνεται προδότης ἀνδρὸς ἀνευθύνου· καὶ ὑπελθὼν πείθει τὸν αὐτοκράτορα λέγων, „ὡς ἐπιβουλεύει σοι Λέων ὁ σὸς υἱὸς ἀχθόμενος τῇ πολυετίᾳ καὶ ξίφη καὶ λόχους συσκευάζει κατὰ τῆς σῆς κεφαλῆς.“ Ταύτῃ τοι καὶ εἱρκτῇ παραπέμπεται ὁ

[1]) Cod. p. 47: Σαμουήλ. Cf. I Sam. XXVIII 7 seq.

---

in lucem evocare videbatur per incantationes quasdam et ejurationes; apparent enim respondentque de iis, quae quis quaerere ex ipsis voluerit, formae quaedam jam mortuorum cognatorum, sed quae videntur non sunt animae, sed daemones quidam, qui vel in terra vel infra terram existunt. Hac autem mala arte et hic miser ille usus, eo modo, quo olim cum Saulo egit engastrimythos Samuelis spectrum evocans, et ipse ad fingendam Constantini speciem quemdam e familiaribus sibi daemonibus sub terra degentibus praeparat instruitque. Quem Imperator conspiciens atque alloquens fraude nullatenus perspecta filium cernere opinabatur atque divinum virum reputabat Santabarenum eumque magno honore summaque veneratione prosequebatur.

5. Leoni vero juveni Imperatori, qui sapiens ac perspicaci ingenio praeditus intellexit, non ex divini numinis nutu evenisse quod factum erat, sed ex satanicis quibusdam bacchanalibus ac furore daemoniaco, reprehendere eum apud Basilium Imperatorem et diserte omni in loco probris eum afficere, sceleratum veritatis destructorem daemonumque fraudulentorum consortem appellare in mentem venit. Sed ille super his multum lamentans dolos consuit atque calumnias in Leonem valde plausibiles furiisque plenas proditorque fit viri plane innoxii. Imperatorem supplantat eique persuadendo dicit: Insidiatur tibi Leo filius tuus aegre ferens longaevitatem tuam, et enses insidiasque parat contra caput tuum. Hinc Leo, qui nil mali fecerat,

μηδὲν ἀδικήσας Λέων, πρὶν εἰς ἔλεγχον ἐληλυθέναι καὶ δικαστήρια καὶ πρὶν εἰδέναι τῆς καταδίκης τὰ αἴτια.

6. Ἡ δὲ καλὴ σύζυγος ἐκείνη Θεοφανὼ καὶ θυγάτριον ἔχουσα ἐκ τοῦ Λέοντος ἤδη καὶ ἀχθομένη τῷ χωρισμῷ οὐ δίκαιον ἔκρινε, τοῦ ἀνδρὸς ἐν δεσμωτηρίῳ ῥιφέντος αὐτὴν ἐλεύθερον βλέπειν τὸν ἥλιον, ἀλλὰ κοινὸν τὸν ὁμόζυγον ἔχειν ἐβούλετο, καθάπερ τῆς εὐδαιμονίας, οὕτω δὴ καὶ τῶν ἀδίκων δεσμῶν, καὶ μίαν τοῦ πάθους γενέσθαι στήλην ἐζήτει τὸ δεσμωτήριον καὶ κοινὸν καταστῆναι τάφον δυοῖν σωμάτων εἰς μίαν κραθέντων φύσιν καινῇ τινι καὶ ξένῃ ξυνθήκῃ καὶ ἁρμονίᾳ. „Βελτίω γάρ", ἔλεγεν, „ἐμοὶ τῆς πορφύρας καὶ τῶν βασιλικῶν λαμπάδων τὰ τοῦ συζύγου δεσμὰ καὶ ὁ ἀτέκμαρτος ζόφος ἐκεῖνος, καὶ στρωμνῆς ἀνθηρᾶς ἡ ἐκεῖ χαμευνία καὶ τραπέζης πολυτελοῦς ἡ ἀπαράκλητος ἀσιτία. Τίς δ' ἂν διελεῖν δυνηθείη μίαν ψυχὴν ἐν δυσὶ τελέουσαν σώμασιν ἢ τίς διαστήσειεν οὓς ἥνωσεν ὁ κύριος"; Τοῦ μὲν βασιλέως συγκεχωρηκότος τὴν εἴσοδον μετὰ πολλοὺς τοὺς αὐτῆς κοπετοὺς εἰσήει καὶ αὕτη μετὰ τῆς θυγατρὸς πρὸς τὸν ὁμόζυγον Λέοντα καὶ μεστὸν ἀθυμίας ἐκεῖνον εὑρίσκει καὶ ὅλον βεβυθισμένον τῷ πάθει, καὶ τἄλλα μὲν ὄντα σοφὸν καὶ γενναῖον, νῦν πρὸς τὸ τῆς συμφορᾶς παράλογον ὅλον ἤδη προδεδωκότα τὸ φρόνημα καὶ τοιαῦτά τινα διεξίοντα ῥήματα· „ὡς ἀπόλοιτο", φησιν, „ἡ ἡμέρα, ἐν ᾗ ἐγεννήθην". [1]) . . . Ἡ δὲ θαυμασία Θεοφανὼ παρακαθημένη καὶ ἀκούουσα καὶ δακρύουσα καὶ μηκέτι φέρειν δυναμένη πρὸς παραινέσεις ἔβλεψε· τἄλλα γὰρ γύνη οὖσα κατὰ καιρὸν ἐφάνη καὶ τοῦ ἀνδρὸς

[1]) Job III 1 seq. Sequitur Leonis lamentatio.

carcere includitur, antequam judicium et examen subierit, immo antequam causas condemnationis cognoverit.

6. Praeclara vero illa conjux Theophano, quae jam filiolam habebat ex Leone et separationem aegre ferebat, haud justum esse censebat, marito in carcerem dejecto apertum se conspicere solem, verum conjugis societatem, ut in prospera fortuna, sic et in vinculis injustis appetebat et unum passionis monumentum fieri carcerem communeque sepulcrum duorum corporum nova quadam et peregrina conjunctione et harmonia in unam naturam commixtorum. Praestantiora, inquit, mihi purpura regiisque fulgoribus sunt conjugis vincula tenebrarumque illarum obscuritas; florido lectulo praestat in nudo solo quies, mensa dapibus referta tristis in carcere fames. Quis vero diviserit animam unam duobus in corporibus existentem vel quis separaverit, quos Dominus conjunxit? Quum Imperator post multas ejus querimonias ac lamentationes tandem annuisset, intravit et ipsa una cum filia ad Leonem conjugem, quem reperit tristitia doloreque plenum, totum in luctum immersum, adeo ut qui ceteroquin sapiens erat et strenuus, nunc prae infortunii magnitudine sensum fere omnem jam amisisse videretur. Qui in ejusmodi verba prorupit: Pereat dies, in qua natus sum etc. Sed admirabilis Theophano prope ad eum considens, ejus verba audiens, lacrymans nec ferre rem valens, ad cohortationes animum intendit, et quum in aliis esset femina, hic temporis et ipso viro fortior apparuit ad toleranda instantia

στεῤῥοτέρα πρὸς τὴν τῶν ἐνεστώτων δεινῶν καρτερίαν. . . . Καθ' ἡμέραν ἡ θαυμασία Θεοφανὼ παρεμυθεῖτο τὸν Λέοντα καὶ μετεῤῥύθμιζε πρὸς τὸ εὐθυμότερον.[1]) . . .

7. *Οὕτω τούτων ἐν τῷ δεσμωτηρίῳ διατελούντων, κατηφείας ἦσαν μεστὰ τὰ βασίλεια. . . . Τίς οὐκ ἂν ἐδάκρυσεν, εἰ μὴ σιδηρᾶν καὶ ἀδαμαντίνην ἐκτήσατο φύσιν, βλέπων μικροῦ δεῖν καὶ τὰς ἀλόγους φύσεις αἴσθησιν εἰληφυίας τοῦ πάθους; Ἔτυχον γὰρ τηνικαῦτα παρὰ τὰς βασιλείας αὔλας ἐν οἰκίσκοις ἀφράκτοις συγκεκλεισμένοι τισὶν ἔνιοι τῶν ἐξ Αἰγύπτου καὶ Λιβύης ὀρνίθων, ὁπόσοι ῥαδίως πρὸς τὴν τῆς ἀνθρωπίνης φωνῆς ἐξικνοῦνται μίμησιν καὶ συχνὰ τὸ τοῦ Λέοντος ἀναφωνούμενον ἀκούοντες ὄνομα ἐμιμήσαντο μετὰ τοῦ θρηνοῦντος ἤθους καὶ αὐτοὶ τὴν φωνὴν καὶ ἦν ἐξακούειν ἐξ ἑωθινοῦ πρὸς μεσημβρίαν κἀκ μεσημβρίας πρὸς ἑσπέραν ἀεὶ τῆς ξένης ἐκείνης καὶ συμμιγοῦς τῶν ὀρνίθων ᾠδῆς γέμοντά τε καὶ περιηχούμενα τὰ βασίλεια. . . . Διὰ δὴ ταῦτα καὶ οἱ παρόντες ἀκούσαντες ἄνθρωποι ῥᾶστα πρὸς δάκρυα καὶ θρήνους ἐτρέποντο, οὐχ ὅπως ὁπόσοι τῶν ὁμοφύλων, ἀλλὰ καὶ εἴ τινες ἐξ ἀλλοδαπῆς παρῆσαν πρεσβεύοντες ἑτερόδοξοι. Καὶ ὁ βασιλεὺς αἰθεσθεῖς, μὴ παῤ αὐτῶν ἀγνωμονέστερος τῶν ἀλόγων κριθείη, ἐξάγει τὸν υἱὸν τοῦ δεσμωτηρίου ἔτος ἤδη τρίτον ἐν τούτῳ διηνυκότα, καὶ τὰ τῆς βασιλείας αὖθις παραδίδωσι κράτη καὶ πάρεδρον παῤ ὅλον ποιεῖται τὸν βίον.*

8. *Βραχὺς γὰρ ἐκεῖθεν ὁ χρόνος καὶ Βασίλειος τοῦ παρόντος μεθίσταται βίου καὶ μόνος αὐτοκράτωρ ὁ Λέων ἀναγορεύεται, καὶ ἅμα ἡ σύζυγος Θεοφανώ,*

[1]) p. 51. 52.

mala. . . . Quotidie admiranda Theophano Leonem consolabatur et ad meliorem spem erigebat.

7. Quum hi tali pacto in carcere degerent, regium palatium tristitia erat refertum. Quis haud lacrymas funderet, nisi ferreo vel adamantino instructus pectore, vel ipsa animalia ratione destituta dirae sortis sensum suscipientia cernens? Erant enim tunc in Imperatoris palatio caveis quibusdam inclusae ex Aegypto et Libya aves, quae facile ad humanae vocis imitationem deveniunt; quumque frequenter Leonis nomen pronuntiatum audirent, et ipsae flebili modo eam vocem imitabantur licebatque audire a mane ad meridiem et a meridie usque ad vesperam regiam aulam miro illo ac concertato cantu avium resonantem. Quapropter et praesentes eo audito facillime ad lacrymas et lamenta vertebantur, non solum quicumque erant nostrae gentis et fidei, verum etiam qui e peregrinis terris legatione fungentes aderant heterodoxi. Mox et Imperator veritus, ne ab ipsis brutis crudelior censeretur, filium e carcere educit tertium jam annum in eo versatum, regiam rursus dignitatem ei reddit et per universam vitam consortem facit.

8. Brevi inde tempore elapso Basilius ex hac vita migrat et solus Augustus renunciatur Leo una cum Theophanone conjuge, quam etiam majore

ἣν καὶ διὰ πλείονος ἢ πρότερον ἦγε τιμῆς ὁ Λέων. Οὐδὲ γὰρ ὅσην χαρίζονται ταῖς γυναιξὶν ἀγάπην καὶ στοργὴν οἱ ὁμόζυγοι, τοσαύτην καὶ αὐτὸς ἐδίδου τῇ γυναικί, ἀλλὰ πάσης ὑπερβολῆς ὑπερτέραν καὶ σεμνοτέραν, οὐ μόνον ὅτι συνέπαθεν αὐτῷ καὶ παρήγορος ὤφθη κράτιστος ἐν ἀνάγκης καιρῷ, ἀλλὰ καὶ διὰ τὴν ἄλλην τῆς γυναικὸς ἀρετὴν καὶ τὴν πρὸς πᾶν ἀγαθὸν εὐδοκίμησιν· ὅθεν οὐδὲ τῆς βασιλικῆς ὁλκάδος τοὺς οἴακας μόνος ἄγειν αὐτὸς ἐνόμιζε δεῖν, ἀλλ' ἔχειν ἠξίου καὶ ταύτην συλλήπτορα τῆς τοιαύτης ἐνταυθοῖ κυβερνητικῆς, ἵν' εἰ μὲν ἀσφαλῶς ἰθύνοι τὰ πράγματα, ἐπόπτην ἔχῃ καὶ μάρτυρα τῆς ἀρετῆς τὴν ὁμόζυγον καὶ ἅμα συνηδομένην καὶ ταύτην τοῖς τοιούτοις τῶν ἀγαθῶν τοῦ ἀνδρός, εἰ δέ τι τοῦ δέοντος ἐκπίπτειν ἀναγκάζοιτο πρὸς τῆς τῶν πραγμάτων ἀνωμαλίας καὶ τρικυμίας, ἐγγύθεν ἔχῃ, καὶ ὡς εἰπεῖν ἀπὸ μέσων τῶν σπλάγχνων, τὸν ὁδηγὸν εἰς τὴν τῶν βελτιόνων ἀνάληψιν. Ἐξ ὧν αἰδὼς καὶ δικαιοσύνη ταῖς Ῥωμαίων ἤκμασε πόλεσι καὶ ἠλαύνετο μὲν ἀνομία καὶ ἀμαθία καὶ ὕβρις, εἰσήγετο δ' εὐνομία καὶ παιδεία καὶ εὐταξία καὶ δικασπόλοι μὲν καὶ ἀγορανόμοι τάς τε δίκας καὶ ἀγορὰς περιῄεσαν, νόθοι δὲ καὶ παρέγγραπτοι κῆρες τῶν ψήφων, ὁπόσαι τὸ δίκαιον προφανῶς ἐκαπήλευον, ἐξωθοῦντο τοῦ βήματος. Τότε δὴ οὖν τότε καὶ πάντας ὅσοι παρ' Ἕλλησι καὶ Λατίνοις ὑπῆρχον νόμοι πολιτικοί, συνελὼν ὁ βασιλεὺς ἐν μόναις ξ' βίβλοις συντέταχεν, οἰκειωσάμενος μὲν ὅσα πρὸς ἀνάγκην τῆς Ῥωμαίων προσῆκε πολιτείας, ἐξελάσας δ' ὅσα περιττὰ καὶ ἀνόητα. Καὶ ἦν ὡς ἀληθῶς τηνικαῦτα τὸ τοῦ θείου φάναι Δαυίδ· ἀλήθεια ἐκ τῆς γῆς ἀνέτειλε καὶ δικαιοσύνη ἐκ τοῦ οὐρανοῦ διέκυψε.[1]) Γυναικὸς γὰρ ἀληθὴς ἀρετὴ φιλοσόφῳ ψυχῇ καὶ

[1]) Ps. LXXXV. 11 gr.

quam antea honore prosequitur Leo. Neque enim quantam uxoribus mariti exhibere solent dilectionem et charitatem, tantam et ipse conjugi exhibet, verum omni mensura superiorem et digniorem, non solum quia cum ipso passa et necessitatis tempore consolatrix fuerat validissima, sed propter reliquas etiam uxoris virtutes ejusque ad bonum commune inclinationem. Quare neque imperialis regiminis clavos sibi soli tenendos esse censuit, sed eamdem quoque voluit participem ac consortem esse gubernii, ut si quidem recte res gereret, inspectricem testemque virtutis haberet uxorem ac simul bonis viri actibus congaudentem, si autem a recto tramite excedere rerum anomalia temporisque fluctibus cogeretur, prope haberet et, ut ita dicam, ab ipsis suis visceribus ad resumenda meliora ducem et hortatricem. Exinde pudor et justitia in romanis civitatibus floruit, abacta exlex iniquitas, ignorantia et ignominia fuit, inducta vero legum observantia, recta institutio ac dispositio ordinata; jam jus dicentes et fori praetores tribunalia et fora circumeunt, spuriae et falsae sententiarum ejiciuntur sortes, quaecumque jus aperte perverterunt. Tunc quoque Imperator leges politicas, quotquot apud Graecos et Latinos exstabant, contrahens solis sexaginta libris disposuit, recipiens quidem, quae ad romani imperii necessitates erant apta, abjiciens vero quaecumque superflua et imprudentia. Et revera tunc cum divo

δυνάμει βασιλικῇ συνεῤῥυηκυῖα ῥύακας εὐνομίας καὶ ἀληθείας πρὸς ἁπάσας τὰς Ῥωμαίων προςήκατο πόλεις. Τότε μὴν τῶν λόγων κράτος εἴπερ δή τινων ἁπάντων ἄλλο, καὶ τότε μᾶλλον εἴπερ ἄλλοτέ ποτε μεγάλην ἔσχε τὴν ἀκμὴν, ἀμφοῖν τῶν βασιλέοιν μάλα τοι πλείστην δεδωκότων αὐτοῖς τὴν ῥοπὴν καὶ τιμήν. Καὶ ἦν ὁρᾷν ὁσίων ἀνδρῶν συναυλίας καὶ σοφῶν ῥητόρων θέατρα καὶ πᾶσαν λόγων ἀρετῆς ἐπίδειξιν, ἀθροιζομένων ἁπανταχόθεν πολλῶν καὶ ποιούντων ἄλλην σωκρατικήν τε καὶ πλατωνικὴν στοὰν καὶ ἀκαδημίαν καὶ λυκεῖον τὰ βασίλεια.

9. *Διὰ δὴ ταῦτα καὶ πολλὴν τὴν ἐπίδοσιν εἴληφε τότε καὶ ἡ τῆς τοῦ θεοῦ ἐκκλησίας εὐπρέπεια· οὐ γὰρ μόνον ὁ βασιλεὺς πολλὰς τῶν ἐτησίων ἑορτῶν καὶ πανηγύρεων οἰκείοις ἐκόσμησε λόγοις καὶ ᾠδαῖς, ἀλλὰ καὶ πολλοὺς τῶν τότε ἐλλογίμων τὰ ὅμοια πράττειν ἐκέλευσεν· ὧν εἷς ἦν καὶ ὃς τά τε ἄλλα μετέφρασε πρὸς τὸ εὐφραδέστερον καὶ τοὺς πλείους τῶν τε τῆς ἀρετῆς ἀσκητῶν καὶ ἀθλητῶν συνεγράψατο βίους.*

10. *Ἡ μέντοι θαυμασία Θεοφανὼ ἔρωτας ἐρώτων, οὐρανίους γηίνων, καὶ θείους ἀνθρωπίνων ἠλάττετο, καὶ οὐδὲν ἡγεῖτο βέβαιον τῶν περιβλέπτων καὶ λαμπρῶν τοῦ βίου, ἀλλὰ πανήγυριν καὶ σκηνὴν ἐνυπνίων ἅπαντα καὶ χοῦν καὶ κόνιν ὑπ' ἀνέμου φερομένην ἄλλοτε ἄλλως ἐνόμιζε τήν τε βασιλείαν αὐτὴν καὶ τὴν τῆς βασιλείου δόξης ἀπόλαυσιν.*[1] . . . *Πτωχοτροφεῖα δὲ καὶ νοσοκομεῖα οἰκοδομεῖν, καὶ θείους ἐπισκευάζειν ναοὺς, τοὺς μὲν τὰ πεπονηκότα*

[1]) Pii sensus imperatricis de vanitate terrenae gloriae et imperii p. 54. 55.

Davide dici potuit: Veritas de terra orta est et justitia de coelo prospexit. Vera enim uxoris virtus cum mente philosophi et imperatoris potentia sociata ac confluens largos fluvios boni ordinis et veritatis ad omnes Romanorum civitates produxit. Tunc literarum robur magis quam quidquam aliud et magis quam ullo tempore florebat, quum imperantium uterque summum eis tribueret et fomentum et honorem; et videre erat sanctorum virorum concentum, sapientium theatra oratorum, omnemque virtutis rationum ostensionem, collectis undique multis, qui aliam socraticam et platonicam stoam, novam academiam et lyceum regiam aulam effecerunt.

9. Quapropter et Ecclesiae decor venustasque largam tunc accessionem nanciscebantur. Neque enim Imperator tantummodo multas ex annuis Ecclesiae solemnitatibus propriis orationibus et carminibus exornabat, verum etiam multos insignes ejus temporis viros eadem jubebat facere. Ex quibus unus erat Metaphrastes, qui plura facundius et clarius exposuit et permultas ascetarum et martyrum vitas conscripsit.

10. Attamen admirabilis Theophano amores amoribus, terrestres coelestibus, humanos divinis commutavit nihilque censuit firmum ex iis, quae in terra illustria habentur et splendida, verum pompam et scenam somniorum, lutum ac pulverem a vento agitatum et alias et alias deportatum censuit tum imperium ipsum tum imperialis gloriae fruitionem. . . . Pauperum vero erigere hospitia et nosocomia atque Dei exstruere templa, alia qua parte

μέρη, τοὺς δὲ ἐξ αὐτῶν κρηπίδων, τοῦτο δ' ἔργον ἦν ἐκείνης τὸ σπουδαιότατον· ὧν εἷς ἐστι καὶ ὁ τοῦ μεγάλου Κωνσταντίνου νεὼς, ὃν καὶ αὐτὸν ἐξ αὐτῶν κρηπίδων εἰς πλεῖστον ἀνήγειρε κάλλος καὶ μέγεθος καὶ πολλοῖς καὶ ποικίλοις ἐκόσμησεν ἀναθήμασι καὶ προςόδοις παντοίων κτημάτων, ἐν ᾧ καὶ μέχρι νῦν τὸ ἱερὸν αὐτῆς τεθησαύρισται σῶμα. Ἀλλὰ τοῦτο μὲν ὕστερον.

11. Ἐκείνη δὲ τοῖς συνεχέσι κατὰ θεὸν πόνοις καὶ ἀγρυπνίαις ὅλην κατατήξασα τὴν φυσικὴν τοῦ σώματος ἰκμάδα νοσήμασι κάτοχος ἐγεγόνει μακροῖς· δι' ἃς ὁ βασιλεὺς ἀφόρητον εἶχε τὴν λύπην καὶ ἀπελέγετο μικροῦ καὶ τὸν βίον αὐτὸν, τοῦτο μὲν καὶ δι' οὓς ἔθαλπεν ἐν καρδίᾳ φλέγοντας πόθους αὐτῆς, τοῦτο δὲ καὶ διὰ τὴν ἀπαιδίαν· ἀνάγκη γὰρ ἦν αὐτῷ τελευτῶντι συντελευτῆσαι τό τε ὄνομα καὶ τὸ γένος αὐτοῦ· ἡ μὲν γὰρ ἐξ αὐτῆς γενομένη θυγατὴρ αὐτῷ ἐπὶ νέᾳ τῇ ἡλικίᾳ ἀπήλλαξεν, ἐλπὶς δ' οὐκέτι παιδὸς ἐξ αὐτῆς ἑτέρου παρῆν· σῶμα γὰρ ἀσθενὲς καὶ ὅλῃ πνευματικῇ θεωρίᾳ προςτετηκὸς ἀωρίαν ἔχειν γε εἰκὸς ἂν εἴη δήπου σαρκικοῖς ὑπηρετεῖσθαι πόθοις. Οὕτω τοίνυν ὁ βασιλεὺς δυςχεραίνων εἰς χρησμῶν τε ἀνάμνησιν ᾔει προτέρων καὶ συχνὰ τοὺς τῆς γενεθλιαλογίας ἐπὶ νοῦν ἔστρεφε λόγους· πολλὴν γὰρ εἰςηνέγκατο σπουδὴν ἐκ νεότητος περὶ τὴν ἀστροθεάμονα σοφίαν καὶ τοὺς γενεθλιαλογικοὺς λόγους, ἐξ ὧν καὶ μελλόντων ἐπορίσατο πρόγνωσιν περί τε αὐτοῦ καὶ τῶν διαδόχων αὐτοῦ· ἐμεμαθήκει δ' ἐκεῖθεν, καὶ ὅτι τεχθήσεται τούτῳ [1]) παῖς τῆς βασιλείας

[1]) fort. αὐτῷ.

restauratione indigebant, instaurare, alia ex ipsis erigere fundamentis, hoc ejus opus erat diligentissimum. Inter quae templa quoque est illud magni Constantini, quod et ipsum e fundamentis in insignem pulchritudinem magnitudinemque aedificavit, multis ac variis exornavit anathematis reditibusque ditavit e variis possessionibus, in quo nunc usque sacrum ejus corpus reconditum est. Verum de his postea.

11. Illa autem continuis secundum Deum laboribus et insomniis consumto universo corporis naturali humore et vigore longis aegritudinibus obnoxia evasit. Ob quas Imperator intolerabili afficiebatur luctu et ipsam propemodum vitam desperabat, tum propter ingens, quod in corde nutriebat, ejus desiderium, tum propter liberorum defectum. Nam ipso moriente necesse erat simul exstingui ejus et nomen et genus. Filia enim ex illa ipsi nata puerili adhuc aetate obiit, alterius vero prolis ex ipsa suscipiendae spes erat nulla. Corpus etenim infirmum et spirituali contemplatione consumtum opportunitatem praebere haud poterat ad serviendum carnali amori. Quod aegre ferens Imperator priorum oraculorum recordabatur frequenterque mente versabat astrologiae et nativitatis rationes, quibus jam a juventute sua studia dedicarat, unde et futurorum quaesivit praescientiam tum de se ipso tum de successoribus suis. Didicerat inde, nasciturum sibi filium imperii successorem, eique alterum, alterum similiter isti, et sic deinceps longam posteritatem sibi fore, atque divinum hoc arbitrabatur decretum et inevitabile prorsus fatum. Quam ob causam etiam vivente adhuc conjuge clam pulchrae cuidam puellae ex insignioribus se commiscet, non despiciens

διάδοχος καὶ τῷ παιδὶ παῖς ὁμοίως κἀκείνῳ αὖθις ἕτερος καὶ τοῦτο μέχρι πολλοῦ· καὶ θεῖον ἐνόμιζεν εἶναι δόγμα τοῦτο καὶ οἷον ἄφυκτόν τινα πεπραγμαμένην. [1]) *Διὰ δὴ ταύτην τὴν αἰτίαν καὶ ζώσης ἔτι τῆς ὁμοζύγου λάθρα ἐμίγνυτο εὐπρεπεῖ τινι κόρῃ τῶν εὖ γεγονότων, οὐ περιφρονῶν τὴν Θεοφανώ· πῶς γάρ, ἣν καὶ τῆς ψυχῆς αὐτῆς προετίθει καὶ ᾗ πολλὴν παρεῖχε τὴν αἰδῶ; ἀλλ᾽ ἔχει καὶ ἡ τῆς βασιλείας καὶ τοῦ γένους εἰς τὸ μέλλον παραπομπὴ καὶ διαδοχὴ ψυχαγωγούς τινας ἔρωτας καὶ πόθους μάλα ἀφύκτους. Τῇ δὲ καὶ (συζύγῳ) συννοούσῃ καλύπτειν ὅμως ἐπῄει τὰ δρώμενα σιωπῇ· καίτοι πολλαί τινες ἦσαν αἱ λάθρα ἐπιφυόμεναι λοίδωροι γλῶσσαι, βουλόμεναί τε ἐκμαίνειν τὴν βασιλίδα καὶ μάχην ἀναῤῥιπίζειν κατὰ τοῦ φιλτάτου συζύγου καὶ βασιλέως· ἀλλ᾽ ἀνεξικάκως ἐκείνη πρὸς τὰ τοιαῦτα διακειμένη οὐδὲ ἤχθετο οὔτε ζηλότυπον ἔτρεφε γνώμην, οἷα φιλεῖ τοῖς τοιούτοις συντρέχειν ὡς τὰ πολλά, ἀλλὰ καὶ θερμοτέρας ὑπὲρ τῆς αὐτοῦ θυμηδίας καὶ εὐρωστίας προςῆγε θεῷ τὰς δεήσεις, ὡς ἂν ἀκωλύτως ἡ τῶν βασιλικῶν αὐτῷ τελῆται πραγμάτων διοίκησις· μηδὲ γὰρ ἔτι κρότοις βασιλικοῖς προςανέχειν ἐθέλουσα μηδὲ κοσμικαῖς ἐπιβρίθουσα φαντασίαις ἐλεύθερον εἶχε τὸ φρόνημα καὶ τοῖς τοιούτοις καθάπαξ ἀνάλωτον κύμασιν.*

12. *Ἤδη δὲ καὶ ὁ καιρὸς ἐκάλει τὴν ἁγίαν πρὸς θάνατον, οὐ γῆρας ἐπάγων καὶ τὰ φύσικα τοῦ γήρους νοσήματα (οὐ γάρ πω οὐδὲ πρὸς ὅλον τῆς ἡλικίας τριακοστὸν ἔφθασεν ἔτος), ἀλλὰ τῇ γε ἀνυπερβλήτῳ τῆς τοῦ βίου διαίτης καὶ ἀγωγῆς σκληρότητι τὸ ἑαυτῆς δαπανήσασα σῶμα ἐξίτηλον παντὶ καὶ ἀσθενὲς πεποίηκε καὶ ὅλως φαρμάκοις ἰατρικοῖς ἀνέλπιστον καὶ ἀνεπιχείρητον· ὅθεν καὶ τὴν ἡλικίαν καὶ ἔτι νεάζουσαν ἔχουσα τοῦ τῇδε μεθίσταται*

[1]) f. *πεπρωμένην.*

quidem Theophanonem (quomodo enim, quum eam ipsi praeferret animae eique multam reverentiam exhiberet?), sed etiam et imperii et generis in futura tempora transmissio et successio habebant quosdam amores mentem attrahentes et desideria inevitabilia. Conjugi vero ea cognoscenti, quae faciebat, occultare studuit; quamquam multae erant clam insurgentes linguae detractoriae, quae imperatricem in furorem agere et contra amatissimum conjugem et Imperatorem pugnam accendere niterentur. Verum patienter illa quoad haec affecta neque irata est neque zelotypiam nutrivit, prout in ejusmodi rebus plerumque solet accidere, sed ferventiores adhuc Deo super ejus prosperitate et sanitate obtulit supplicationes, ut absque impedimento ab eo administratio rerum perficeretur. Neque enim plausibus regiis attendere volens neque saecularibus onusta phantasiis liberam tenuit mentem et in ejusmodi fluctibus semel pro semper invincibilem.

12. Jam vero et tempus Sanctam ad mortem vocabat, haud senectutem inducens ac naturales senilis aetatis morbos (neque enim ea jam ad completum trigesimum aetatis annum pervenerat), sed nimia austeritate vitae et conversationis corpus suum debile ac confractum exhaustis viribus reddiderat, nulloque modo medicorum ope sanandum ac restaurandum. Unde

βίου. Καὶ ὁ βασιλεὺς πένθος μὲν ἐποιήσατο μακρὸν ἐπὶ συχναῖς ἡμέραις· τὸ δὲ αὐτῆς ἱερὸν σῶμα μετὰ βασιλικῆς προπομπῆς καὶ δορυφορίας καὶ μεγαλοπρεποῦς εὐκοσμίας καὶ τάξεως ἐν τῷ τῶν ἁγίων ἀποστόλων ἐκόμισε τηνικαῦτα ναῷ· ἐβούλετο γὰρ μικρὸν ὕστερον μεταθεῖναι δυοῖν θάτερον, ἢ πρὸς τὸν τοῦ θείου Κωνσταντίνου ναὸν, ὃν ἐκείνη πρὸς ἀσκητήριον ἑαυτῆς ἐκ θεμελίων ἐδείματο, ἢ πρὸς ὃν αὐτὸς ἔμελλεν ἐγείρειν νεὼν δι' αὐτήν. Ἀνήγειρε γὰρ καὶ αὐτὸς μετὰ χρόνον πάνυ τοι δεξιᾷ φιλοτίμῳ καὶ γνώμῃ τῷ ὄντι βασιλικῇ περὶ τὰ πρὸς ἔσω μέρη τοῦ τῶν θείων ἀποστόλων ναοῦ νεὼν ἕτερον, σχήματι καὶ θέσει καὶ μεγέθει λίαν διαπρεπέστατον καὶ βασιλικώτατον, οὗ τὴν ἐπωνυμίαν εἰς τὸ Θεοφανοῦς τῆς ἁγίας ἐπέγραψεν ὄνομα, ὕστερον δ' εἰς τὴν τῶν ἁγίων πάντων μετήνεγκε κλῆσιν διὰ φθόνον οὐκ εὔλογον ἐπισκόπων τινῶν· συγγενικοῦ γὰρ ἔφασαν εἶναι πόθου τὸ πεπραγμένον ἐκεῖνο, καὶ μὴ παντελῶς ὁρῶν πρὸς ἔνθεον ζῆλον· διὰ δὴ ταῦτα καὶ δικαιότερον ἔδοξε τὸ μὲν ταύτης ὄνομα τῇ κοινῇ τῶν ἁγίων πάντων συνηριθμῆσθαι κλήσει, τὸ δὲ σῶμα πρὸς τὴν τοῦ θείου Κωνσταντίνου μετηνέχθη μονήν. [1])

---

[1]) Reliqua (p. 57—60) praeter brevem miraculorum commemorationem exprimunt auctoris desiderium, ut sibi per reliquias hujus sanctae ab aegritudine liberato alio libro uberius de ea ejusque miraculis agere liceat, ac supplicationem ad Theophanonem, ut suis precibus civibus et imperio faveat.

---

etiam florescente adhuc aetate e praesenti tollitur vita. Et Imperator quidem diuturnum per multos dies luctum egit, sacrum vero ejus corpus cum regio cultu ac comitatu, magnifico splendore et ordine in SS. apostolorum collocavit templum; voluit enim illud mox transferri aut in Divi Constantini aedes, quas illa in suum exercitationem e fundamentis erexerat, aut in ecclesiam, quam ipse propter eam erat aedificaturus. Erexit enim ipse post aliquod tempus manu liberali et mente revera regia aliud templum circa interiores partes ecclesiae SS. apostolorum, figura, situ ac magnitudine magnificentissimum, cujus nomen Theophanoni sanctae inscripsit, postea vero in Sanctorum omnium denominationem transformavit ob invidiam episcoporum nonnullorum haud rationabilem, qui factum illud conjugalis amoris potius, quam zeli divinae gloriae signum esse dictitabant. Quamobrem aequius esse visum est, ejus nomen communi Sanctorum omnium denominatione comprehendi; corpus vero ad monasterium D. Constantini translatum est.

H.

ΝΙΚΗΤΑ ΒΥΖΑΝΤΙΟΥ ΠΑΤΡΙΚΙΟΥ ΚΑΙ ΦΙΛΟΣΟΦΟΥ ΚΑΙ ΔΙΔΑΣΚΑΛΟΥ

κεφάλαια συλλογιστικὰ ἐκ κοινῶν περὶ θεοῦ ἐννοιῶν καὶ ἀποδεικτικῆς καὶ διαιρετικῆς μεθόδου καὶ διαλεκτικῶν ἀφορμῶν καὶ φυσικῶν ἐπιχειρημάτων τεχνολογηθέντα κατὰ τῶν δυσσεβῶς καὶ ἀθέως ἐν τῷ θείῳ συμβόλῳ τῆς ὀρθοδόξου τῶν χριστιανῶν πίστεως προςτιθέντων τε καὶ λεγόντων καὶ δοξαζόντων περὶ τοῦ παναγίου καὶ ζωαρχικοῦ θείου πνεύματος καὶ εἰς τὸ πνεῦμα τὸ ἅγιον τὸ κύριον καὶ ζωοποιὸν, τὸ ἐκ τοῦ πατρὸς καὶ τοῦ υἱοῦ ἐκπορευόμενον, μὴ μέντοι γε ἐκ τοῦ πατρὸς μόνου, καθὼς ὁ κυριακὸς ἐκδιδάσκει λόγος καὶ ἡ ἀπὸ περάτων ἕως περάτων καθολικὴ καὶ ἀποστολικὴ ὀρθόδοξος ἐκκλησία διαῤῥήδην ἀνακηρύττουσα καθομολογεῖ. [1])

Ἦν δὲ οὗτος ὁ συγγραφεὺς Βυζάντιος ἐπὶ τῶν χρόνων τοῦ βασιλέως Μιχαὴλ υἱοῦ Θεοφίλου διαρκέσας μέχρι καὶ τῆς βασιλείας αὐτῆς τοῦ βασιλέως κυρίου Λέοντος τοῦ σοφοῦ.

Ποικίλη μὲν καὶ πολυσχιδὴς, ὦ φιλευσεβεῖς ἄνδρες, ἡ τοῦ πονηροῦ δαίμονος ἀπάτη κατὰ διαφόρους καιρούς τε καὶ χρόνους τὸ γένος τῶν ἀνθρώπων ἀπὸ τῆς εὐθείας ὁδοῦ ἐπὶ τρίβους σκολιὰς καὶ τραχείους ὁδοὺς τῆς δυσσεβείας ἀποσύρουσα, ἐν αἷς οὐκ ἐπισκοπεῖ κύριος, καὶ τοσοῦτον, ὅσον οὐδὲ μέχρι τῆς δεῦρο κόρον λαβεῖν τῆς ἐπὶ τὸ χεῖρον καταδρομῆς ἠνέσχετο· διά τοι τοῦτο πάλαι μὲν αὐτὸς ὁ τῶν ζιζανίων σπορεὺς καὶ τοῦ κακοῦ ἐφευρετὴς

---

[1]) Cod. Mon. 229 bombyc. saec. 13. in 4. male conservatus et inscriptus, f. 337 a — f. 355 b.

Nicetae Byzantii patricii, philosophi et doctoris

capita syllogistica ex communibus de Deo notionibus et demonstrativa ac disjunctiva methodo atque dialecticis argumentis et physicis epicherematis artificiose composita contra eos, qui impie ac sacrilege in divino symbolo orthodoxae christianorum fidei addunt et dicunt et sentiunt de sanctissimo et vivifico divino Spiritu: Et in Spiritum sanctum, Dominum, vivificantem, qui ex Patre et Filio procedit, et non: ex Patre solo, sicuti Domini sermo docet et universa catholica et apostolica orthodoxa Ecclesia manifeste enuntiat et confitetur.

Erat autem scriptor Byzantius tempore Michaelis Imperatoris filii Theophili superstes usque ad imperium imperatoris domini Leonis sapientis.

Varia quidem est ac diversimoda, o viri pietatis studiosi, mali daemonis fraus, quae secundum diversa tempora et occasiones a recta via in obliquas asperasque semitas, quibus Dominus haud prospicit, humanum abegit et abduxit genus, idque in tantum, ut usque nunc satietatem haud senserit in pejora quaeque abripiendi. Quare antiquitus jam ipse zizaniorum sator

δοχεῖα κατάλληλα τῆς ἑαυτοῦ σκαιότητος ἐφευρὼν ἐκ κοιλίας φθεγγόμενα, καὶ οὐκ ἀπὸ στόματος κυρίου, ὅλον τὸν ἰὸν τῆς ἑαυτοῦ φθοροποιοῦ κακίας ἐν αὐτοῖς ἐκχέας ἀνέδην καὶ ἀπηρυθριασμένως κατὰ τοῦ παναγίου καὶ ζωαρχικοῦ καὶ θείου πνεύματος, τοῦ ἑνὸς τῆς ὑπερουσίου καὶ παντουργοῦ τριάδος, δυςφήμως δογματίζειν προεσκεύασε· ἐν οἷς ἦν καὶ Μακεδόνιος ὁ πνευματομάχος καὶ Εὐνόμιος ὁ θεομάχος καὶ οἱ τῆς αὐτῆς συμμορίας ὀπαδοί τε καὶ σύμφρονες, οἳ τὸ παράκλητον καὶ ζωαρχικὸν καὶ θεῖον πνεῦμα ἐκ τῆς ἀγενήτου καὶ ἀκαταλήπτου καὶ ὑπερουσίου θείας φύσεως ἀσεβῶς καὶ ἀθέως ἀποτεμόντες εἰς κτίσμα κακῶς οἱ δείλαιοι κατῆγον καὶ τρίτον τῇ φύσει ἀπὸ τοῦ θεοῦ καὶ πατρὸς καὶ τοῦ ἐνυποστάτου καὶ ζωαρχικοῦ θείου λόγου ἀφορίζοντες ἔλαττον καὶ τρανῶς ἐδογμάτιζον· ὧν τὸ θεοστυγὲς τοῦτο καὶ ἄθεον δόγμα τῷ τηνικάδε θεοῦ χάριτι παρὰ τῶν τροφίμων τῆς ἐκκλησίας σφοδρῶς ἀπελεγχθὲν πόῤῥω ἀπελήλαται καὶ φροῦδον ἀποδέδεικται καὶ σιγῇ παραδέδοται. Νυνὶ δ' αὖ ὡς φήμης τινὸς εἰς ἡμᾶς περιαγγελθείσης, ὅτιπερ ὁ αὐτὸς μισόκαλος Σατὰν περὶ τὰ ἑσπέρια μέρη ἐν προσχήματι μὲν ὀρθοδοξίας ἄνδρας οὐκ εὖ περὶ τὴν πίστιν διακειμένους καὶ τὸ βέβαιον καὶ στερέμνιον οὐδαμῶς ἔχοντας λαβόμενος οὐχ ἧττον[1]) δυσσέβειαν τῆς προῤῥηθείσης ἀσεβείας κατὰ τοῦ παρακλήτου καὶ ζωαρχικοῦ θείου πνεύματος ἀναφανδὸν κηρύττειν ἐξεπαίδευσε, ὁποῖον δ' ἂν ᾖ τὸ περιαγγελθὲν ἡμῖν τουτὶ ἀπευκταιότατον καὶ θεοστυγὲς δόγμα, παραπλήσιον μὲν[2]) τῆς ἑλληνικῆς μυθοποιΐας ἀναπλαττόμενον, ὁ τῆς ἀληθείας λόγος παραδηλώσει. Τῆς γὰρ ἀνὰ πᾶσαν τὴν οἰκουμένην καθολικῆς

[1]) fort. ἥττονα.
[2]) Non sequitur δέ, quod exspectatur.

ac mali inventor apta suae infaustae machinationi vasa reperiens ex proprio ventre, non vero a Domini ore loquentia effuso in eos universo malitiae suae funestae veneno audacter et impudenter contra sanctissimum, vitae auctorem ac divinum Spiritum, unum ex superessentiali et omnipotenti Trinitate, impia dogmata proferre docuit. Inter quos erant Macedonius Spiritus sancti hostis et Eunomius divinitatis inimicus atque ejus consortii sequaces et asseclae, qui Paracletum et vivificantem divinum Spiritum ex innascibili et incomprehensibili atque supersubstantiali divina natura sacrilege et impie resecantes in creaturae conditionem misere miseri detrudebant, tertium natura constituebant a Deo Patre et ab enhypostato et zoarchico divino Verbo illum sequestrantes minorem esse aperte praedicabant. Quorum placitum Deo invisum et impium tunc temporis Dei gratia ab Ecclesiae alumnis valide confutatum, procul profligatum, inane ostensum ac silentio traditum est. Nunc vero iterum, quum fama late apud nos quaedam vulgaverit, quod idem cujusvis boni hostis Satanas in partibus occidentalibus praetextu quidem rectae fidei viros quosdam haud bene circa fidem affectos et nullo modo stabilem ac firmam regulam sequentes nactus haud minorem praedicta perversitate impietatem contra Paracletum et vitae auctorem divinum Spiritum publice praedicare eos docuerit, cujusmodi fuerit placitum illud maxime maledictum Deoque invisum, quod nobis nuntiatum fuit, ethnicorum mythologiae ad

ἐκκλησίας ἐκ τῶν κυριακῶν λογίων καὶ [1]) τοῦ περὶ τὴν πίστιν θείου συμβόλου, τοῦ παρὰ τῶν ἁγίων καὶ οἰκουμενικῶν συνόδων, φημὶ δὴ πρώτης καὶ δευτέρας, ἐκφωνηθέντος καὶ εἰς πᾶσαν γῆν καὶ θάλασσαν ταῖς τῶν πιστῶν ἐκκλησίαις παραδοθέντος καὶ ἕως τοῦ νῦν διακρατυνθέντος, δοξαζούσης καὶ ὁμολογούσης πιστεύειν εἰς ἕνα θεὸν πατέρα παντοκράτορα, ποιητὴν οὐρανοῦ καὶ γῆς, καὶ εἰς ἕνα κύριον Ἰησοῦν Χριστὸν τὸν υἱὸν τοῦ θεοῦ τὸν μονογενῆ, καὶ εἰς ἓν πνεῦμα ἅγιον, τὸ ζωοποιόν, τὸ ἐκ τοῦ πατρὸς ἐκπορευόμενον, οὐ μήν γε καὶ ἐκ τοῦ υἱοῦ, τὸ σὺν πατρὶ καὶ υἱῷ συμπροσκυνούμενον καὶ συνδοξαζόμενον καὶ ὅσα πρὸς τούτοις περιέχει τὸ θεῖον σύμβολόν, τινες, ὡς ἔφθημεν εἰπόντες, ἐκ τῆς τοῦ μισοκάλου δαίμονος κακοβουλίας ἀποβουκοληθέντες [2]) καὶ κατὰ πολὺ τῆς ἀληθείας ἀποσφαλέντες τὸ πανάγιον καὶ παντουργὸν θεῖον πνεῦμα ἐκ τοῦ υἱοῦ ἐκπορεύεσθαι καθὼς καὶ ἐκ πατρὸς ὁμοιοτρόπως δογματίζειν ἐπιχειροῦσιν· οὐ συνορῶντες οἱ τάλανες τὸν ἐντεῦθεν ἀναφυόμενον βόθυνον καὶ τὰ ἑπόμενα παμπληθῆ ἀσεβήματα. Τοιγάρτοι τοῦδε ἡμῖν διαγγελθέντος τοῦ δυσσεβήματος, ἐποτνιώμην, ἐδυσχέραινον καὶ διαπύρῳ καὶ θείῳ ζήλῳ βαλλόμενος ἐμαυτὸν ἐπιδοῦναι πρὸς

[1]) In cod. verba οἰκουμενικῶν συνόδων, φημὶ δὴ πρώτης καὶ δευτέρας, ἐκφωνηθέντος, quae postea recurrunt, perperam adscripta, dein deleta ac rursus refecta.

[2]) Aliter certe non legit Hugo Ether., qui L. III c. Graec. c. 11 fin. haec habet: „Nicetas vero philosophus non minus amara effundit. Ex daemonis, inquit, odientis bonum pravo consilio ὑπακολουθοῦντες (lege: ἀποβουκοληθέντες), i. e. aberrantes vel seducti et quam plurimum a veritate absistentes sanctissimum conditorem divinum Spiritum ex Filio procedere ut ex Patre (Ed. mend.: parte) simili modo decernere conantur (ed.: conatur), non intuentes miseri emergentem hinc foveam et profana quam multa quae sequuntur.“

similitudinem confictum, veritatis sermo demonstrabit. Quum enim catholica per universum orbem Ecclesia ex Domini eloquiis et ex fidei divino symbolo, quod a sanctis et universalibus Conciliis, videlicet primo et secundo, enuntiatum, in omnem terram et in mare fidelium ecclesiis traditum et usque nunc continuo vigore servatum est, sentiat et confiteatur, se credere in unum Deum Patrem omnipotentem, factorem coeli et terrae, et in unum Dominum Jesum Christum filium Dei unigenitum, et in unum Spiritum sanctum, vivificantem, qui ex Patre procedit, non vero etiam ex Filio, qui cum Patre et Filio simul adoratur et conglorificatur et quaecumque praeter haec divinum symbolum continet: quidam, ut paulo ante diximus, seducti a perversis daemonis bonum odio prosequentis consiliis atque multum a veritate aberrantes sanctissimum et omnipotentem divinum Spiritum ex Filio procedere, quemadmodum et ex Patre, simili ratione praedicare conantur, non videntes miseri inde emergentem foveam et plurimas, quae inde sequuntur, impietates. Quum itaque haec impia doctrina mihi nuntiata fuerit, aegre tuli ac lamentatus sum et ardenti ac divino zelo commotus me ad eam refutandam et evertendam accingere

ἔλεγχον καὶ ἀνατροπὴν τοῦδε τοῦ δυσσεβήματος ἐπειρώμην· ἤσχαλλε δὲ ἡ διάνοια καὶ παντελῆ ἀναβολὴν τῆς τοιαύτης προὔτρεπεν ἐγχειρήσεως, μή πως ὁ τῆς εὐσεβείας καὶ τοῦ ὀρθοῦ δόγματος λόγος ἀκρωτηριασθῇ παρὰ τὸ ἡμᾶς μὴ διαρκεῖν πρὸς τὴν ὑπόθεσιν· ὅμως δ' οὖν τὸν ἐκ τῆς σιωπῆς ἐπηρτημένον ὑφορώμενοι κίνδυνον, αὐτὸ τὸ ζωαρχικὸν καὶ θεῖον πνεῦμα, περὶ οὗ ἡμῖν ὁ ἀγὼν συνέστηκε, σὺν τῷ πατρὶ καὶ τῷ υἱῷ ἐπικαλεσάμενοι,[1]) ὡς τὸν μὲν εὐδοκεῖν, τὸν δὲ συνεργεῖν, τὸ δὲ ἐμπνεῖν, μᾶλλον δὲ μίαν ἐκ τῆς μιᾶς θεότητος γενέσθαι τὴν ἔλλαμψιν ἐλπίσαντες, εἰς τουτονὶ τὸν ἀγῶνα ἑαυτοὺς καθήκαμεν καὶ ὡς ἡ[2]) δύναμις ἐγχωρεῖ καὶ λόγος ἐν ἀνοίξει τοῦ στόματος παρ' αὐτῆς τῆς ὑπερουσίου καὶ ζωαρχικῆς τριάδος ἡμῖν χορηγηθείη, συλλογιστικά τινα κεφάλαια ἐκτιθέμεθα εἰς ἔλεγχον καὶ ἀνασκευὴν τοῦδε τοῦ δυσσεβήματος, διόρθωσιν δὲ τῶν ἀποσφαλέντων τῆς ἀληθείας καὶ εἰς στηριγμὸν καὶ ὠφέλειαν τῶν ἐντυγχανόντων τροφίμων τῆς εὐσεβείας.

Ἔχει δὲ τὸ πρῶτον κεφάλαιον ὧδε.

I. Εἰ πᾶσι μὲν τοῖς τὰ θεῖα δόγματα ἐκ τῶν ἱερῶν λογίων καὶ τῶν κοινῶν περὶ θεοῦ ἐννοιῶν καλῶς διεσκεμμένοις ὡμολόγηται, ὅτι τῶν ἐπὶ τῆς θεολογίας ὀνομάτων τε καὶ πραγμάτων τὰ μὲν κοινῶς καὶ ταυτοτρόπως καὶ συνωνύμως ἐπὶ τῶν τριῶν θεαρχικῶν ὑποστάσεων ἰσομοίρως τὴν κατηγορίαν ἐμφαίνει, οἷον τὸ θεός, τὸ κύριος καὶ ὅσα τούτοις παραπλήσια, ἃ εἰ καὶ τὴν κατ' οὐσίαν καὶ φύσιν ὕπαρξιν τῆς θεαρχικῆς τριάδος τοῦ ἑνὸς ὄντος

---

[1]) Cod. f. 338 a: ἐπικαλεσάμενος.
[2]) Cod.: ὅση.

---

conabar; lugebat vero mens et ejusmodi conamen differre omnino suadebat, ne forte pietatis ac recti dogmatis ratio mutilationem quamdam subiret, eo quod vires meae haud sufficerent ad hoc argumentum pertractandum. Nihilo tamen secius periculum e silentio enascens suspicati, ipsum zoarchicum et divinum Spiritum, de quo nobis certamen instat, una cum Patre et Filio invocantes, ut ille quidem beneplacito annuat, Filius cooperetur, Spiritus inspiret, immo vero unam ex una deitate illustrationem adfuturam sperantes, in hunc agonem descendimus et ut vires permittunt et oratio in aperitione oris ab ipsa superessentiali et zoarchica Trinitate nobis suppeditabitur, syllogistica quaedam capita exponimus ad impietatem illam confutandam et refellendam, ad corrigendos vero eos, qui a veritate aberrarunt, atque ad confirmandos et utiliter erudiendos Ecclesiae alumnos, qui ea legent.

Primum vero caput sic se habet.

I. Si omnibus, qui divina dogmata ex sacris eloquiis et communibus de Deo notionibus recte perspexerunt, in confesso est, occurrentium in theologia tum nominum tum rerum quaedam communiter et eodem modo atque univoce de tribus personis divinis aequaliter praedicationem prae se ferre, veluti vocabula Deus, Dominus et quaecumque his similia, quae etsi veram secundum essentiam ac naturam existentiam divinae Trinitatis unius Dei ac Domini minime significant, tamen haud una solum ratione, licet alio quodam

θεοῦ καὶ κυρίου οὐδαμῶς δηλοῦσιν, ἀλλ' οὖν οὐ μονοτρόπως, εἰ καὶ ἄλλως πῶς τὸ λέγεσθαι παρεμφαίνουσιν, ἀλλὰ τὰ μὲν ἐξ ἀποφάσεως εἴρηται, ἅ τι οὐκ ἔστι δηλοῦσιν, ὡς τὸ ἀόρατον καὶ ἀκατάληπτον καὶ ἄκτιστον καὶ τὰ τούτοις παραπλήσια, τὰ δὲ σχέσιν πρός τι τῶν ἀντιδιαστελλομένων σημαίνει, ὡς τὸ κύριος καὶ βασιλεὺς καὶ τῶν κυριευομένων κύριος, τὰ δὲ ἐξ ἐνεργείας, οἷον τὸ θεὸς καὶ ζωὴ καὶ φῶς καὶ ὅσα τοιουτότροπα·[1]) (καὶ γὰρ ἐκ τοῦ θεῖν καὶ περιέπειν τὰ σύμπαντα ἢ ἐκ τοῦ αἴθειν, ὅ ἐστι καίειν, ἢ ἐκ τοῦ θεᾶσθαι τὰ σύμπαντα· ἀλάθητος γάρ)·[2]) τὰ δὲ ἐκ τῶν παρεπομένων τῇ θείᾳ φύσει, ὡς τὸ ἀγαθὸν καὶ δίκαιον καὶ ὅσιον καὶ τὰ τοιαῦτα· παρέπονται γὰρ ταῦτα τῇ θείᾳ φύσει, αὐτὴν δὲ οὐδ' ὅλως δηλοῦσι· τὰ δὲ ἰδίως καὶ διακεκριμένως[3]) ἐπὶ μιᾶς τῶν θεαρχικῶν ὑποστάσεων λέγεται, οἷον ἐπὶ μὲν τοῦ πατρὸς τὸ ἀναίτιον καὶ ἀγέννητον καὶ ἄναρχον κατ' αἰτίαν καὶ αὐτὴ ἡ πατρότης καὶ τὸ προβολεὺς καὶ ὅσα τῆς πατρικῆς καὶ μόνον ὑποστάσεως ὡς ἀναιτίου καὶ ἀνάρχου καὶ πρώτης αἰτίας κατηγοροῦνται, τὰ δὲ ἐπὶ τοῦ υἱοῦ, οἷον τὸ γεννητὸν καὶ τὸ γέννημα, τὰ δὲ ἐπὶ τοῦ ἁγίου πνεύματος, οἷον τὸ ἐκπορευτὸν καὶ πρόβλημα· δηλονότι χωρὶς τῶν κοινῶς μέν, μὴ ταυτοτρόπως δὲ λεγομένων, ἐν οἷς ἂν καὶ κατηγοροῦνται διὰ το αἰτιατόν, ὅπερ τοῦ υἱοῦ ὡς γεννήματος κατηγορεῖται, τοῦ δὲ πνεύματος ὡς προβλήματος, καὶ διὰ τοῦτο μὴ ἐπὶ τῶν τριῶν θεαρχικῶν ὑποστάσεων

[1]) Cf. Joh. Dam. F. O. I 9 p. 142; c. 12. p. 147. 148.
[2]) ib. c. 9 p. 143.
[3]) ib. c. 10.

---

modo dici denotant; sed alia quidem ex negatione dicuntur, quae quid non sit manifestant, ut invisibile, incomprehensibile, increatum et hisce affinia, alia vero habitudinem ad aliquid ex contradistinctis exprimunt, velut Dominus, Rex et Dominus dominantium, alia vero ex operatione efferuntur, ut Deus, vita, lumen et quaecumque sunt ejusmodi [etenim Deus dicitur vel a percurrendo et circumiendo omnia (a θέειν Plat. ap. Eus. Praep. Ev. L. I Theophil. ad Aut. II 4 Naz. Or. 30 c. 18 ed. Clem.) vel ab urendo sive incendendo (αἴθειν Naz. l. c.) vel a spectando universa (θεᾶσθαι Nyss.), quia nihil eum fugere potest]; alia vero ex iis quae divinam naturam consequuntur ut bonum, justum, sanctum et alia id genus; consequuntur enim haec divinam naturam, ipsam autem nullatenus manifestant; e contra alia constat proprie ac distincte de una ex divinis personis dici, ut v. g. de Patre absque principio et causa atque innascibilem esse ipsamque paternitatem et (activam) spirationem, et quaecumque de paterna, et quidem sola, praedicantur persona ut principii et causae experte ac prima causa; alia vero de Filio, ut genitum et foetum, alia de Spiritu S., veluti procedentem et emissum esse: nimirum praeter ea, quae communiter quidem, non tamen eodem prorsus modo dicuntur, in quibus praedicantur, propter causatum, quod de Filio ut genito et de Spiritu ut producto enuntiatur, atque ideo minime in tribus divinis personis consideratur. — Si itaque haec

θεωρούμενον. Τούτων οὖν ἡμῖν διωρισμένων, σκοπεῖν ἔστι τὸ βλάσφημον τοῖς λέγουσι τὸ πνεῦμα ἐκπορεύεσθαι τοῦ υἱοῦ, ὥςπερ ἐκ τοῦ πατρός. Εἰ οὖν τὸ πνεῦμα ἐκ τοῦ πατρὸς καὶ υἱοῦ ἐκπορεύεται, ἀνάγκη πᾶσα τὸν υἱὸν προβολέα τε εἶναι τοῦ πνεύματος καθὰ καὶ ὁ πατήρ· εἰ δὲ τοῦτο, κοινή ἐστι πατρὸς καὶ υἱοῦ ἡ προβολὴ τοῦ πνεύματος· εἰ οὖν τοῦτο καθ' ὑμᾶς κοινὸν, ἀνάγκη τοῦ πνεύματος κατηγορεῖσθαι· τὰ γὰρ ταῖς δυσὶ θεαρχικαῖς ὑποστάσεσι κοινῶς καὶ ταυτοτρόπως καὶ συνωνύμως κατηγορούμενα πᾶσα ἀνάγκη καὶ τῆς λοιπῆς κατηγορεῖσθαι· εἰ δὲ τοῦτο, ἔσται τὸ πνεῦμα ἢ αὐτὸ ἐξ ἑαυτοῦ προϊὸν καὶ διὰ τοῦτο αὐτὸ ἑαυτοῦ αἴτιον καὶ αἰτιατὸν, ἢ ἑτέραν ὑπόστασιν προβαλεῖται, ἵνα ᾖ τετρὰς τῶν ὑποστάσεων, καὶ οὕτως ἀνήρηται ἡ τριὰς τὸ εἶναι τριὰς καὶ οἴχεται καθόλου ἡ τῶν χριστιανῶν πίστις·[1]) εἰ δὲ τὸ οὕτως καθ' ὑμᾶς τὸ πνεῦμα λέγειν τοῦ υἱοῦ ἐκπορεύεσθαι, καθὰ καὶ ἐκ πατρὸς, τὰ πάντα δύςφημα καὶ ἀσεβείας ἀνάπλεα ἕπεται, φανερὸν ἄρα, ὅτι ἐκ τοῦ πατρὸς καὶ μόνου πρόεισι, καθὰ καὶ ὁ τῆς ἀληθείας λόγος διαπρεσβεύει καὶ ἡ ἀπὸ περάτων ἕως περάτων καθολικὴ ἐκκλησία τρανῶς καθομολογεῖ· (Ἔνστασις).[2]) Εἰ δὲ ὁ δι' ἐναντίας ἐνσταίη λέγων, ἰδοὺ τὸ αἰτιατὸν τῶν δύο θεαρχικῶν ὑποστάσεων εὕρηται κατηγορούμενον, φημὶ δὴ υἱοῦ καὶ πνεύματος, ἐπὶ δὲ τῆς λοιπῆς ἤγουν τῆς πατρικῆς ὑποστάσεως οὐδόλως λέγεται· τί κωλύει πατρὸς καὶ υἱοῦ κοινὴν εἶναι τὴν προβολὴν, τοῦ δὲ πνεύματος μὴ εἶναι ἐξ ἀνάγκης συνάγεσθαι; ἀπόχρη πρὸς τοῦτον εἰπεῖν (Λύσις)· ὦ βέλτιστε,

[1]) Cf. Phot. de Sp. S. myst. §§. 6. 36. 37. 43.
[2]) Cod. f. 339 a in marg.

(in confesso atque) a nobis stabilita sunt, consideranda est blasphemia illis, qui dicunt Spiritum ex Filio procedere sicut ex Patre. Si ergo Spiritus ex Patre Filioque procedit, omnino necesse est Filium esse Spiritus productorem, sicut et Patrem; si vero hoc, communis est Patris ac Filii productio Spiritus; si vero id juxta vos commune, necesse est et de Spiritu praedicetur; quae enim de duabus divinis personis communiter et eodem modo atque univoce praedicantur, omnino necesse est et de tertia praedicari. Si autem hoc, erit Spiritus aut ipse ex seipso prodiens, atque idcirco sui ipsius causa et causatum, aut aliam personam producet, ita ut quaternitas sit personarum, atque sic Trinitas non amplius habebit ut sit Trinitas et universim christianorum fides evanescit. Si vero assertionem vestram, procedere Spiritum ex Filio sicut et ex Patre profana et impietate referta omnia consequuntur, liquet ergo eum ex Patre solo procedere, quemadmodum et veritatis sermo praedicat et catholica Ecclesia ubique diffusa luculenter confitetur. (Instantia) Si vero adversarius instaret dicens: „Ecce causati ratio de duabus divinis personis praedicata reperitur, de Filio videl. ac Spiritu, de tertia vero sive de Patris persona nullatenus dicitur; quid ergo prohibet, quominus Patris et Filii communem esse spirationem, Spiritus vero minime, necessario concludatur?“ tunc ipsi respondere oportebit: (Solutio) Ratio quidem causati, vir optime, licet communiter de Filio ac Spiritu praedicetur, non tamen

τὸ μὲν αἰτιατὸν, εἰ καὶ κοινῶς υἱοῦ καὶ πνεύματος κατηγορεῖται, ἀλλ' οὐ ταυτοτρόπως κατ' ἄμφω λέγεται, ἵνα ἢ ἀμφότερα ἢ ὡς γέννημα ἢ ὡς πρόβλημα, ἐπεὶ καὶ διάφορον τὴν πρόοδον ἔχει· ἐπὶ δὲ τοῦ θεοῦ καὶ πατρὸς καὶ τοῦ υἱοῦ ἡ κοινὴ καθ' ὑμᾶς προβολὴ τοῦ πνεύματος καταναγκάζει κοινῶς καὶ ταυτοτρόπως λέγεσθαι· οὐδὲ γὰρ ἂν ἔχοι τις διάφορον τὴν ἐκ πατρὸς καὶ υἱοῦ τοῦ πνεύματος προβολὴν λέγειν, ἵνα μὴ διάφορον τὴν προβολὴν ὁμολογῶν σύνθετον, κἂν μὴ βούληται, τὸ πνεῦμα ὁμολογήσῃ, εἰ δὲ τοῦτο, καὶ διαλυτὸν καὶ φθειρόμενον, καὶ πρὸς τούτοις μυρία ὅσα τὰ ἄτοπα ἕψεται. Διὸ ἐπὶ μὲν τῶν δύο θεαρχικῶν ὑποστάσεων κοινῶς τι καὶ ταυτοτρόπως κατηγορούμενον ἀνάγκη καὶ τῆς λοιπῆς κατηγορεῖσθαι· ἐπὶ δὲ τῶν κοινῶς μὲν, μὴ ταυτοτρόπως δὲ λεγομένων οὐκ ἀνάγκη ἐπὶ τῶν τριῶν. Εἰ δὲ τοῦτο ἀληθὲς, ὥςπερ οὖν καὶ ἀληθὲς, μάταιος ὁ ἐκ τῆς ἀνθυποφορᾶς λόγος δείκνυται.

II. Ἔτι εἰ πᾶσι μὲν τοῖς θεοφόροις πατράσι δοκεῖ, ἐν οἷς ἡ θεία χάρις διὰ βίου καθαρότητα πλουσίως ἐκκέχυται, οὓς ἡ πάντα νοῦν ὑπερέχουσα τοῦ θεοῦ ἀγαθότης εἰς οἰκοδομὴν καὶ καταρτισμὸν τῆς ἐκκλησίας κατὰ τὸν θεῖον ἀπόστολον οἱονεὶ διατάκτορας καὶ νομοθέτας πρὸς τὴν ἐπίγνωσιν τῆς περὶ τὴν ὀρθὴν πίστιν εὐσεβείας ὁδηγοὺς ἀπέδειξεν, οἳ ἀριδήλως ἐν ταῖς θεολογικαῖς αὐτῶν ὑποτυπώσεσιν ἡμᾶς ἐκπαιδεύουσιν, ὁμολογεῖν μὲν τὸν θεὸν καὶ πατέρα ἀναίτιον καὶ ἀγέννητον (οὐ γὰρ ἔκ τινος οὐδὲ ἐξ αὐτοῦ τὸ εἶναι ἔχει [ὡς αἴτιος αὐτὸς ἑαυτοῦ] [1]) οὐδέ τι τῶν ὅσα ἔχει, αὐτὸς δὲ μᾶλλον ἀρχὴ καὶ

[1]) Haec uncis inclusa in marg. scholii adinstar adscripta.

eodem modo quoad utrumque dicitur, ita ut uterque vel ut genitus vel ut spiratus existat, quandoquidem diversam habent progressionem; at spiratio secundum vos communis communiter et eodem modo de Deo Patre ac Filio dici flagitat; neque enim poterit quis diversam Spiritus ex Patre Filioque spirationem asserere, ne diversam confitens spirationem compositum esse Spiritum, licet invitus, confiteatur, proindeque dissolubilem quoque et corruptibilem, et praeter haec sexcenta alia absurda, quae sequentur. Quare si de duabus divinis personis communiter quid et eodem modo praedicatur, et de tertia persona praedicetur necesse est, in iis vero, quae communiter quidem, non tamen eodem modo dicuntur, haud necesse est de tribus praedicari. Quodsi hoc verum, sicut reipsa est verum, vana excipientis et replicantis demonstratio ostenditur.

II. Praeterea si omnibus videtur a Deo ductis Patribus, in quibus propter vitae puritatem divina gratia uberrime effusa est, quos Dei bonitas omnem excedens sensum in Ecclesiae suae aedificationem et consummationem secundum divum apostolum velut ordinatores et legislatores ad eam, quae circa rectam fidem est, pietatem cognoscendam viae duces ostendit, quique perspicue in theologicis suis lucubrationibus nos erudiunt — (si hisce, inquam, videtur Patribus) confitendum esse, Deum quidem Patrem absque causa atque ingenitum (neque enim est ex quopiam neque ex ipso habet esse, ut sui ipsius causa ipse existens, neque etiam quidquam eorum quae habet, ipse

αἰτιατοῦ εἶναι καὶ τοῦ πῶς εἶναι φυσικῶς τοῖς πᾶσιν)· ἔτι γε μὴν πηγὴν καὶ αἰτίαν εἶναι υἱοῦ καὶ πνεύματος, ἀλλ' υἱοῦ μὲν καὶ λόγου γεννήτορα, προβολέα δὲ ἐκφαντορικοῦ πνεύματος·[1]) τὸν δὲ υἱὸν μονογενῆ τὸν κύριον ἡμῶν Ἰησοῦν Χριστὸν τὸν αὐτὸν δύναμιν καὶ σοφίαν τοῦ πατρὸς ὄντα καὶ λόγον οὐσιωδῶς καὶ ἐνυποστάτως ὑφεστηκότα, παντουργὸν, ἐνεργὸν, παντοδύναμον, ὁμοούσιον τῷ πατρὶ καὶ τῷ ἁγίῳ πνεύματι· τὸ δέ γε μὴν ἅγιον πνεῦμα δύναμιν τοῦ θεοῦ καὶ πατρὸς ἐκφαντορικὴν τοῦ κρυφίου τῆς θεότητος καὶ δύναμιν ἁγιαστικὴν καὶ τελειωτικὴν πάντων τῶν ὄντων, ἐνυπόστατον ἤγουν ἐν ἰδίᾳ ὑποστάσει ὑπάρχον, ἀχώριστον καὶ ἀνεκφοίτητον πατρὸς καὶ υἱοῦ καὶ ὁμοούσιον τῷ πατρὶ καὶ τῷ υἱῷ καὶ πάντα ἔχον ὅσα ἔχει ὁ πατὴρ καὶ ὁ υἱὸς πλὴν τῆς ἀγεννησίας καὶ τῆς γεννήσεως, ἐκ τοῦ πατρὸς ἐκπορευόμενον, δι' υἱοῦ δὲ διαδιδόμενον καὶ μεταλαμβανόμενον ὑπὸ πάσης τῆς κτίσεως· καὶ πάντα ὅσα ἔχει ὁ υἱὸς καὶ τὸ πνεῦμα, ἐκ τοῦ πατρὸς ἔχει, καὶ αὐτὸ τὸ εἶναι, οὐ δημιουργικῶς (ἄπαγε), ἀλλ' ὁ μὲν γεννητῶς, τὸ δ' ἐκπορευτῶς· καὶ εἰ μὴ ὁ πατὴρ ἔστιν, οὐδὲ ὁ υἱὸς οὐδὲ τὸ ἅγιον πνεῦμα καὶ εἰ μὴ ὁ πατὴρ ἔχει τι ὡς θεὸς, οὐδὲ ὁ υἱὸς ἔχει οὐδὲ τὸ πνεῦμα· καὶ διὰ τὸν πατέρα, τουτέστι διὰ τὸ εἶναι τὸν πατέρα, ἔστιν ὁ υἱὸς καὶ τὸ πνεῦμα καὶ διὰ τὸν πατέρα ἔχει ὁ υἱὸς καὶ τὸ πνεῦμα πάντα ὅσα ἔχει τῷ χαρακτηριστικῷ καὶ μόνον τῆς ἰδίας ὑποστάσεως, ἵν' οὕτως εἴπω, διαιρούμενα·[2]) διὸ καὶ ὅσα ἁρμόττει πατρὶ, πηγῇ, γεννήτορι καὶ

[1]) Dam. F. O. I 11 p. 148.
[2]) Dam. I 8 p. 136. 138.

---

vero potius principium est naturaliter omnibus, quo causata sunt et quo certo quodam modo se habent), insuper eum fontem et causam esse Filii ac Spiritus, sed Filii quidem et Verbi genitorem, Spiritus vero explanantis productorem; Filium vero unigenitum D. N. Jesum Christum, qui ipse virtus et sapientia Patris existit et Verbum essentialiter et in propria persona subsistit, omnia facientem, operantem, omnipotentem, consubstantialem Patri sanctoque Spiritui; hunc autem sanctum Spiritum, virtutem Dei Patris manifestantem abscondita divinitatis virtutemque sanctificatricem ac perfectricem rerum omnium, subsistentem sive in propria existentem persona, inseparabilem indivisibilemque a Patre et Filio ac Patri Filioque consubstantialem, omnia habentem, quae habent Pater et Filius, praeter innascibilitatem et generationem, ex Patre procedentem, per Filium autem communicatum et acceptum ab omni creatura; ac quaecumque habent Filius ac Spiritus, ex Patre habent, et ipsum etiam esse, non rerum conditarum adinstar, apage, sed ille quidem per generationem, hic vero per processionem; et si non esset Pater, neque Filius foret neque Spiritus sanctus, et si Pater non habet quidpiam ut Deus, neque Filius habet neque Spiritus sanctus, et propter Patrem, id est quia est Pater, sunt Filius et Spiritus sanctus; et propter Patrem habet uterque quidquid possidet, una characteristica nota propriae personae, ut ita dicam, distincti. Quapropter et quae conveniunt Patri,

προβολεῖ καὶ ἀρχῇ καὶ αἰτίᾳ, τῷ πατρὶ προςαρμοστέον· ὅσα δὲ αἰτιατῷ γεννητῷ, υἱῷ, λόγῳ, δυνάμει, σοφίᾳ, θελήσει, τῷ υἱῷ· ὅσα δὲ αἰτιατῷ ἐκπορευτῷ, ἐκφαντορικῇ καὶ τελεσιουργικῇ δυνάμει, τῷ ἁγίῳ πνεύματι·[1]) καὶ μέντοι γε τὸ πνεῦμα τὸ ἅγιον, ὅτι ἐκ τοῦ πατρὸς ἐκπορεύεται καὶ ἐν τῷ υἱῷ ἐπαναπαύεται καὶ δι' αὐτοῦ διαδίδοται καὶ μεταλαμβάνεται ὑπὸ πάσης τῆς κτίσεως διὰ τῆς κατὰ τὸν ἥλιον εἰκονικῆς παραστάσεως βεβαιοῦσιν· ὥςπερ γὰρ ὁ ἥλιος πηγὴ καὶ αἰτία τῆς τε ἀκτῖνος καὶ τῆς ἐλλάμψεως ὤν, διὰ δὲ τῆς ἀκτῖνος ἡ ἔλλαμψις ἡμῖν μεταδίδοται καὶ αὐτή ἐστιν ἡ φωτίζουσα ἡμᾶς καὶ μετεχομένη ὑφ' ἡμῶν,[2]) οὕτω δὴ καὶ ὁ θεὸς καὶ πατὴρ πηγὴ καὶ αἰτία οὖσα υἱοῦ καὶ πνεύματος, τὸ δὲ πνεῦμα ἐκ πατρὸς ἐκπορευόμενον δι' υἱοῦ διαδίδοται καὶ πεφανέρωται· ὅθεν καὶ τοῖς μαθηταῖς ὁ σωτὴρ ἐμφυσήσας τὴν τοῦ παναγίου πνεύματος χάριν παρέσχε. Ταῦτα οὖν ἡμῶν ὧδέ πη ὀρθῶς φρονεῖν παρὰ τῶν θεοφόρων πατέρων ἐκδιδασκομένων, ἄθρει πᾶς ὅςτις ἂν ὀρθὰ βλέπειν βούλοιτο τὸ παρὰ τῶν δι' ἐναντίας δυσσέβημα.[3]) Εἰ γάρ, ὥς τινες φασὶ, τὸ πνεῦμα ἐκ πατρὸς καὶ υἱοῦ ἐκπορεύεται, ὡμολόγηται δὲ ἡμῖν ἀληθέστατα ἐν ταῖς θεολογικαῖς ὑποτυπώσεσιν, ὅτι τὸ πνεῦμα ἐκ πατρὸς ἐκπορευόμενον δι' υἱοῦ δίδοται καὶ ἐν τῷ υἱῷ ἐπαναπαύεται, ἅμα τε καὶ τῷ πατρὶ συνάπτεται, ἐκπορεύεται δὲ κατ' ἐκείνους καὶ τοῦ υἱοῦ, ἀνάγκη δεδεῆσθαι τὸν υἱὸν ἑτέρου υἱοῦ ἐν τῇ φανερώσει καὶ μεταδόσει ἐξ αὐτοῦ τοῦ

[1]) Cf. Dam. I 11 p. 148.
[2]) Dam. I 8 p. 141.
[3]) Sequentia ex Niceta affert Hugo Ether. L. I c. 7 p. 1203, cujus versionem paucis mutatis retinemus.

---

fonti, genitori ac productori, principio et causae, Patri sunt adaptanda, quaecumque vero causato genito, Filio, Verbo, virtuti, sapientiae ac voluntati, Filio; quaecumque demum causato procedenti, virtuti manifestatrici et perfectrici, Spiritui sancto. Attamen quod Spiritus sanctus ex Patre procedit et in Filio quiescit et per ipsum datur et ab omni creatura suscipitur, ex solis similitudine et comparatione confirmant SS. Patres. Quemadmodum enim sol fons et causa radii ac luminis est, per radium vero nobis lumen communicatur et ipsum est quod nos illuminat et a nobis participatione possidetur: ita et Deus Pater fons et causa Filii ac Spiritus sancti est, Spiritus vero ex Patre procedens per Filium datur et manifestatur; unde et in discipulos sufflans Salvator Spiritus sancti gratiam praebuit. Haec igitur quum ex SS. Patribus ita recte sentire didicerimus, quivis recte videre volens jam conspicit, quanta sit blasphemia quam adversarii propugnant. Si enim, ut quidam aiunt (H. fatentur), Spiritus ex Patre et Filio procedit, quum manifestum verissime sit nobis ex theologicis informationibus, quoniam Spiritus ex Patre procedens per Filium datur et in Filio quiescit, simul autem et Patri copulatur, procedit autem secundum illos et ex Filio, necesse utique est indigere Filium altero Filio (H. dari filium Filii) in manifestatione ac distributione

πνεύματος· εἰ δὲ τοῦτο, ἔσται τοῦ υἱοῦ υἱὸς καὶ διὰ τοῦτο υἱωνὸς ἀναφαινόμενος· καὶ πάλιν κατὰ τὰς αὐτῶν ὑποθήκας ἔσται ἐκ τοῦ υἱωνοῦ πνεῦμα πεφηνὸς καὶ ἐκεῖνο πάλιν δεήσεται ἑτέρου, καὶ τοῦτο ἐπ' ἄπειρον.[1] Οὐκ ἄρα κατὰ τὸν ἐκείνων ὕθλον τὸ πνεῦμα ἐκπορεύεται τοῦ υἱοῦ καθὼς ἐκ πατρός· εἰ δὲ τοῦτο, φανερὸν ὅτι ἐκ πατρὸς καὶ μόνου, καθὰ καὶ ἡ ἀνὰ πᾶσαν τὴν οἰκουμένην ἐκκλησία ἀνέκαθεν καὶ σήμερον ὀρθῶς δοξάζει.

III. Ἔτι εἰ πᾶσι μὲν τοῖς εὐσεβῶς φρονεῖν ἐθέλουσιν ὡμολόγηται, ὅτι τὰ κοινὰ τῆς κτίσεως ἀκοινώνητα τῷ ἁγίῳ πνεύματι καὶ τὰ ἴδια τοῦ πνεύματος ἀκοινώνητα τῇ κτίσει,[2] ὡςαύτως δὲ καὶ τὰ κοινὰ τῆς κτίσεως ἀλλότρια πατρὸς καὶ υἱοῦ καὶ τὰ κοινὰ πατρὸς καὶ υἱοῦ ἀκοινώνητα τῇ κτίσει, ἐξ ὧν συνάγεται οὐ μόνον ὁμοούσιος ἡ ὑπερούσιος τριάς, ἀλλ' ὅτι καὶ τὰ κοινὰ πατρὸς καὶ υἱοῦ τοῦ πνεύματός ἐστι κοινά· ἐστὶ δὲ πατρὸς καὶ υἱοῦ ἡ τοῦ πνεύματος ἐξ αὐτῶν ἐκπόρευσις, ὥς τινες φασὶν, ἀνάγκη καὶ τοῦ πνεύματος εἶναι· εἰ δὲ τοῦτο, ἢ ἐξ αὐτοῦ τὸ πνεῦμα ἐκπορευθήσεται καὶ ἔσται κατὰ ταὐτὸν αὐτὸ ἑαυτοῦ αἴτιον καὶ αἰτιατὸν, ἢ ἕτερον προβαλεῖται πνεῦμα καὶ τοῦτο πάλιν κατὰ τὸ συναγόμενον ἄλλο καὶ τοῦτο ἐπ' ἄπειρον,[3] ὅπερ κατὰ πολὺ χεῖρον τῆς ἑλληνικῆς μυθοποιΐας εὕρηται. Οὐκ ἄρα καὶ ἐκ τοῦ υἱοῦ τὸ πνεῦμα ἐκπορεύεται καθὼς ἐκ τοῦ πατρός.

---

[1]) Cf. Phot. l. c. §. 61.
[2]) Ex Basil. L. V. c. Eunom. init.
[3]) Cf. Phot. l. c. §§. 6. 37.

Spiritus ex ipso; si autem ita est, erit Filii filius et ideo nepos pronuntiabitur. Et rursus secundum illorum nugas de nepote erit pronepos (H. non legit πνεῦμα, sed προέκγονος πεφηνώς) et ille rursus alterius egebit, et hoc in infinitum. Non igitur secundum illorum vanitatem Spiritus procedit ex Filio sicut ex Patre. Ex quo apparet, quod ex Patre ac solo Spiritus est, sicut per universum Ecclesia orbem longe (antiquitus) usque in hodiernum diem recte docet.

III. Cunctis pie sentire volentibus in confesso est, communia creaturae incommunicabilia esse Spiritui sancto et propria Spiritus incommunicabilia creaturae, eodem quoque modo communia creaturae aliena a Patre et Filio et communia Patris ac Filii incommunicabilia creaturae, unde non solum consubstantialis colligitur superessentialis Trinitas, sed etiam communia Patris et Filii esse Spiritus sancti communia. Si vero Patris et Filii communis, ut quidam dicunt, Spiritus ex eisdem processio, necesse ergo ut et Spiritus sit communis. Quodsi ita est, aut ex se ipso Spiritus procedet et erit ipse secundum idem sui ipsius causa et causatum, aut alium emittet Spiritum, et hic rursus secundum conclusa alium, et hoc in infinitum, quod multo pejus ethnicorum mythologia reperitur. Non ergo ex Filio quoque procedit Spiritus sicut ex Patre.

IV. Ἔτι εἰ τὸ πνεῦμα ἐκ πατρὸς καὶ υἱοῦ ἐκπορεύεται, ὥς τινες φασὶν, ἀνάγκη ἢ ἅμα ἄχρονον καὶ συναΐδιον εἶναι τὴν πρόοδον τοῦ πνεύματος τὴν ἐκ πατρὸς καὶ υἱοῦ ἢ κατὰ τὸ πρότερον καὶ ὕστερον. Ἀλλ' εἰ μὲν κατὰ τὸ πρότερον καὶ ὕστερον, κἂν ἐν ὁποτέρῳ ἂν εἴη, πρόδηλον τὸ βλάσφημον· ἔσται γὰρ τὸ πνεῦμα αὐτὸ ἑαυτοῦ πρότερον καὶ ὕστερον, ἀΐδιον καὶ οὐκ ἀΐδιον, καὶ πρόςφατον καὶ οὐ πρόςφατον, καὶ ὑπὸ χρόνον τὸ ὑπερχρόνιον· ἐπεὶ γὰρ οὐχ ἅμα ἡ πρόοδος τοῦ πνεύματος καὶ ἡ ὕπαρξις τοῦ εἶναι πρόςεστιν, ὅπερ ἐστὶ πάσης βλασφημίας ἀνάμεστον. Εἰ δὲ ἅμα καὶ ἀχρόνως καὶ συναϊδίως ἐξ ἀμφοτέρων, φημὶ δὲ πατρὸς καὶ υἱοῦ, ἐκπορεύεται, ὅπερ ὡς ἰσχυρὸν οἱ διατιθέμενοι προβάλλονται, ἐρωτητέον αὐτοὺς, πότερον τὸ ἅμα καὶ ἀχρόνως καὶ συναϊδίως [1]) πῶς φατέ; εἰ μὲν πρωταιτίως [2]) ἐξ ἀμφοτέρων εἴποιεν, πρόδηλον καὶ οὕτως τὸ βλάσφημον· ἔσονται γὰρ ἐν τῇ ὑπερουσίῳ καὶ ὑπερφυεῖ καὶ ζωαρχικῇ τριάδι δύο ἀρχικαὶ καὶ ἄναρχοι κατ' αἰτίαν ὑποστάσεις, καὶ διὰ τοῦτο δύο αἴτια καὶ δύο ἀρχαὶ καὶ δύο ἀναίτια καὶ ἄναρχα κατ' αἰτίαν, καὶ εἰς πολυθείαν τὰ τῶν χριστιανῶν μεταφέρειν καὶ ὕβριν οὐ τὴν τυχοῦσαν τῇ ζωαρχικῇ καὶ ὑπερουσίῳ τριάδι προσάπτειν· εἰ δὲ μὴ πρωταιτίως, εἰ καὶ ἅμα καὶ συναϊδίως, ἀλλ' ἢ προσεχῶς καὶ ποῤῥωτέρω, ἢ πρώτως καὶ δευτέρως, καὶ

[1]) fort. addend. ἤ; sic legit Hugo Eth. L. I c. 15. Textus habet: quomodo dicitis?
[2]) Cod. προταιτίως.

IV. Adhaec: Si Spiritus ex Patre Filioque procedit, ut quidam aiunt, necesse est aut simul sine tempore et aeternam esse Spiritus ex Patre et Filio progressionem, aut secundum prius et posterius. Quodsi secundum prius et posterius, in quocumque duorum sit, evidens est blasphemia; erit enim Spiritus se ipso prior et posterior, aeternus et temporalis, recens et antiquus, sub tempore is qui supra tempus (H. et ante tempora), eo quod non simul adsit Spiritus progressio ac ejus existentia, quod omnis impietatis plenum est. Sin autem simul, praeter tempus, aeternaliter ex ambobus, Patre dico et Filio, procedit, cui ut propugnaculo innituntur qui ex adverso dimicant, quaerendum est ab ipsis, utrum simul (et) praeter tempus et aeternaliter, an (ἤ) quomodo dicant. Nam si principaliter ex ambobus dicant, aperta est et sic blasphemia; erunt enim in supersubstantiali, supernaturali et zoarchica Trinitate duae principales et sine principio secundum causam [H. sine causa] personae, ideoque duae causae et duo principia et duo non habentia causam neque principium, ideoque in Deorum [ed. H.: duorum] pluralitatem quae christianae sunt religionis transferentur et injuria non quaelibet zoarchicae et supersubstantiali irrogabitur Trinitati. Quodsi non principaliter, licet simul et aeternaliter, sed (aut) propius atque remotius, aut primo aut secundario, et sic prae manibus est (H.: parturitur) impietas: primum quidem, quod magis erit Pater

οὕτω πρόχειρον τὸ δυσσέβημα· πρῶτον μὲν ὅτι μᾶλλον ἔσται ὁ πατὴρ αἴτιος τοῦ πνεύματος, ἧττον δὲ ὁ υἱός·[1]) τὸ γὰρ πρώτως αἴτιον μᾶλλον αἴτιον αἵ τε κοιναὶ ἔννοιαι καὶ ὁ τῆς ἀληθείας λόγος τίθησιν· ὅπερ[2]) ἐπὶ τῆς ἀπαραλλάκτου καὶ ἀναλλοιώτου θείας φύσεως καὶ ἐπὶ τῶν θεαρχικῶν ὑποστάσεων τὸ μᾶλλον καὶ τὸ ἧττον εὑρεῖν οὐκ ἔνεστι διὰ τὸ ἰσομοίρως καὶ ἰσοκλεῶς πάντα τὰ κοινὰ ἐν ταῖς θεαρχικαῖς ὑποστάσεσι προσεῖναι·[3]) ἔπειτα τί[4]) ὑμῖν δοκεῖ; τελεία ἡ ἐκ πατρὸς τοῦ πνεύματος ἐκπόρευσίς[5]) ἐστιν ἢ οὔ;[6]) εἰ μὲν οὖν οὐ τελεία καὶ διὰ τοῦτο συλλήπτορα τὸν υἱὸν ἔχει ἐν τῇ τοῦ πνεύματος προβολῇ, ἀτελὴς ἔσται ὁ πατὴρ καὶ τὸ πνεῦμα, καὶ διὰ τοῦτο οὐ τέλειος θεὸς ὁ πατὴρ, οὐδὲ[7]) μὴν τὸ πνεῦμα· εἰ δὲ τὸ οὕτως λέγειν παντὸς δυσσεβήματός ἐστιν ἐπέκεινα, τελεία ἡ ἐκπόρευσις, ἐπεὶ καὶ θεὸς τέλειος τὸ πνεῦμα, ἐκ τελείου δηλονότι τοῦ θεοῦ καὶ πατρὸς ἀχρόνως προελθόν· εἰ δὲ τοῦτο, περιττὴ καὶ ματαία ἡ ἐκ τοῦ υἱοῦ πρόοδος τοῦ πνεύματος· οὐδὲ γὰρ ἂν εἰπεῖν αἰτίαν τις ἔχοι, δι' ἣν ἐκ τοῦ υἱοῦ τὴν πρόοδον τὸ πνεῦμα ἔχει.[8]) Ἐπεὶ οὖν ὁ λόγος ἐξ ἀφύκτου καὶ ἀναγκαίας διαιρέσεως τὸ παρ' αὐτῶν δογματιζόμενον περὶ τῆς προβολῆς τοῦ πνεύματος τῆς ἐκ τοῦ υἱοῦ ἔδειξε κατὰ πολὺ τὴν ἀσέβειαν ἔχον, φανερὸν ὅτι ἐκ τοῦ πατρὸς καὶ μόνον

---

[1]) Aliter legit Hugo Eth., ut ejus versio testatur. Utrumque rectum habet sensum. Causa propinqua, immediata Filius habetur, primaria et suprema Pater.
[2]) Hugo legit: ἀλλ'.
[3]) Hucusque Hugo L. I c. 15 p. 1208. 1209.
[4]) Cod. τίς.
[5]) Cod. add. ἐν.
[6]) Cf. Phot. l. c. §§. 7. 42. 44.
[7]) Cod. f. 340, b: οὔτε.
[8]) Cf. Phot. l. c. §§. 7. 31.

(H.: Filius) causa Spiritus, minus autem Filius (H.: Pater). Nam quae primaria (H.: propinqua) causa est, magis causa est, prout communes conceptiones et veritatis sermo declarat; sed in ea, quae incommutabilis et inalterabilis est, Divinitate atque in thearchicis hypostasibus neque magis neque minus est reperire, eo quod aequaliter et in eadem gloria ea quae communia sunt divinis personis consistant. Deinde quid vobis videtur? Estne perfecta Spiritus ex Patre processio an non? Si igitur non perfecta atque idcirco Filium in Spiritus emissione habet socium, imperfectus Pater erit ac Spiritus, atque ideo haud perfectus Deus Pater sicut nec Spiritus. Si vero tale effatum omnem impietatem transcendit, perfecta ergo processio, quia et Deus perfectus est Spiritus, utpote ex perfecto Deo Patre absque tempore progrediens; si vero hoc, superflua ac vana Spiritus ex Filio progressio; neque enim causam proferre quis poterit, cur Spiritus ex Filio habeat progressionem. Quoniam itaque ratio ex necessaria et inevitabili disjunctione id quod ab illis de Spiritus ex Filio emissione praedicatur multiplici modo impietate refertum ostendit, liquet ex Patre eoque solo eum procedere, hunc

πρόεισι, τοῦτον πηγὴν καὶ αἰτίαν μόνον ἐπιγραφόμενον, οὐ γεννητῶς, ἀλλ' ἐκπορευτῶς, καθὰ καὶ ἡ ἀνὰ πᾶσαν τὴν οἰκουμένην ὀρθοτομοῦσα ἐκκλησία ἄνέκαθεν καὶ σήμερον τρανῶς διακηρύττει.

Εἰ δὲ ὁ δι' ἐναντίας αὖθις ἐνσταίη λέγων· „τὸ αὐτὸ καὶ ὑμῖν ἕψεται ἄτοπον δι' ὧν ἡμᾶς πειρᾶσθε παρακρούειν, ἐπεὶ καὶ ὑμεῖς φατὲ ἐπὶ τῆς ζωαρχικῆς καὶ ὑπερουσίου τριάδος τὸν μὲν πατέρα εὐδοκεῖν, τὸν δὲ υἱὸν ἐνεργεῖν καὶ τὸ πνεῦμα τὸ ἅγιον συνενεργεῖν· οὐκοῦν καὶ καθ' ὑμᾶς ἔσται ὁ πατὴρ ἄμοιρος ἐνεργείας ἢ ὁ υἱὸς ἀτελὴς ἐν τῷ ἐνεργεῖν τὸ πνεῦμα συνεργὸν ἔχων, ἀλλὰ μὴν ὁ υἱὸς καὶ τὸ πνεῦμα ἄμοιροι πατρικῆς εὐδοκίας; εἰ δὲ τὸ οὕτως ἐκφωνεῖν περὶ τῶν θεαρχικῶν ὑποστάσεων ἐκ τῶν ἱερῶν λογίων μυηθέντες τὴν εἴδησιν ἔχοιτε, καὶ οὐδαμῶς ὑμᾶς ὁ τῆς ἀληθείας λόγος καταμωμήσεται (οὐδὲ γὰρ τὴν ὁπωςοῦν ἀτέλειαν ἐπὶ τῶν θεαρχικῶν ὑποστάσεων προςάπτοιτε), ὡςαύτως γε μὴν καὶ τὸ πνεῦμα ὑμεῖς ὁμολογοῦντες ἐκ τοῦ θεοῦ καὶ πατρὸς ἐκπορεύεσθαι καὶ διὰ υἱοῦ διαδίδοσθαι καὶ μεταλαμβάνεσθαι παρὰ πάσης τῆς κτίσεως, πῶς οὐχὶ καὶ ὑμεῖς ἀδυναμίας γραφὴν προςάπτοντες τῷ θεῷ καὶ πατρὶ ἀπενέγκοισθε, εἴπερ προβολεὺς καθ' ὑμᾶς ἐστι διὰ λόγου πνεύματος ἐκφαντορικοῦ;[1]) Τί οὖν κωλύει, τελείας οὔσης τῆς πατρικῆς προβολῆς διὰ τὴν μίαν συμπνοίαν καὶ ὁμόνοιαν, θέλησίν τε καὶ βούλησιν καὶ ἐνέργειαν καὶ τἄλλα πάντα κοινὰ πατρὸς καὶ υἱοῦ εὐδοκεῖν τὸν θεὸν καὶ πατέρα, καὶ ἐκ τοῦ υἱοῦ καθὰ καὶ ἐξ αὐτοῦ τοῦ πνεύματος τὴν

[1]) Dam. F. O. I 12 p. 148 Le Quien. In marg. Cod. f. 341, a: Τοῦτο ὡς ἐκ τοῦ ἐναντίου ἐῤῥήθη.

---

fontem ac causam solum habere, non per generationis, sed per processionis modum, quemadmodum etiam recte sentiens per universum orbem Ecclesia ab antiquo usque hodie perspicue tradit ac docet.

Si vero adversarius rursum instaret dicens: „Idem et vos sequetur absurdum ex iis, per quae nos conamini a sententia nostra deterrere, quum et vos dicatis, in zoarchica et supersubstantiali Trinitate Patrem quidem beneplacitum dare, Filium vero operari et Spiritum sanctum cooperari. Nonne igitur et secundum vos Pater operationis expers vel Filius imperfectus erit, cum hic in operando Spiritum habeat cooperatorem, sed et Filius ac Spiritus paterni beneplaciti haud erunt participes? Si vero ita statuere de divinis personis ex sacris edocti eloquiis scientiam habeatis, et nullo modo vos veritatis sermo reprehendet (neque enim imperfectionem qualemcumque thearchicis personis adaptaveritis), pari modo quoque Spiritum confitentes ex Deo Patre procedere et per Filium dari et accipi ab omni creatura, quomodo non et vos impotentiae maculam Deo Patri tribuentes abripiemini, quandoquidem juxta vos Pater per Verbum est Spiritus manifestantis productor? Quid igitur prohibet, quominus Deus Pater, quum perfecta sit ejus emissio, propter unam consensionem et conspirationem, volitionem quoque ac voluntatem operationemque et alia cuncta Patris et Filii communia, habeat beneplacitum, et ex Filio sicut ex ipso sit Spiritus progressio,

πρόοδον εἶναι, ἐπεὶ καὶ τὸ πνεῦμα παρὰ τῇ γραφῇ εὕρηται πνεῦμα πατρὸς λεγόμενον ἐν τῷ λέγειν· Ποῦ πορευθῶ ἀπὸ τοῦ πνεύματός σου καὶ ἀπὸ τοῦ προςώπου σου ποῦ φύγω; καὶ ἀλλαχόσε· ἐξαπόστειλον τὸ πνεῦμά σου καὶ κτισθήσονται καὶ ἀνακαινιεῖς τὸ πρόςωπον τῆς γῆς,[1]) ὡςαύτως γε μὴν καὶ τοῦ υἱοῦ παρὰ τῇ γραφῇ λεγόμενον εὕρηται, οἷον· εἴ τις πνεῦμα Χριστοῦ οὐκ ἔχει, οὗτος οὐκ ἔστιν αὐτοῦ· καὶ πάλιν· ἐξαπέστειλεν ὁ θεὸς τὸ πνεῦμα τοῦ υἱοῦ αὐτοῦ εἰς τὰς καρδίας ὑμῶν κρᾶζον· ἀββᾶ ὁ πατήρ·[2]) ἢ γὰρ καὶ ὑμεῖς ἐν τῷ οὕτως ἐκφωνεῖν ἀσεβείας γραφὴν ἀπενέγκοισθε, ἢ καὶ ἡμᾶς μάτην ὡς ἀσεβοῦντας ἀποκρούεσθε."

Καὶ ταῦτα μὲν ὁ δι' ἐναντίας. Εἴπωμεν δὲ πρὸς αὐτὸν καὶ ἡμεῖς·[3]) ὦ γενναῖε, ἐν οἷς μὲν μηδὲν ἀνάξιον[4]) καὶ ἀπᾷδον τῇ θείᾳ φύσει ἐπακολουθεῖ, ἐν τούτοις τὸν μὲν πατέρα λέγομεν εὐδοκεῖν, τὸν δὲ υἱὸν ἐνεργεῖν, τὸ δὲ πνεῦμα συνενεργεῖν, καὶ οὐδεμία ὕβρις τῇ παντοκρατορικῇ καὶ ὑπερουσίῳ τριάδι προςτρίβεται· καὶ γὰρ ἐν τῇ τῶν ὄντων δημιουργίᾳ τρία ἐπινοοῦμεν· τὴν προκαταρκτικὴν αἰτίαν, τὸν πατέρα· τὴν δημιουργικὴν, τὸν υἱόν· τὴν τελεωτικὴν, τὸ πνεῦμα· ὥςτε θελήματι μὲν πατρὸς τὰ ὄντα ὑπάρχει, ἐνεργείᾳ δὲ τοῦ υἱοῦ εἰς τὸ εἶναι παράγεται, παρουσίᾳ δὲ πνεύματος τελειοῦται·[5]) ἀλλ' εἰ καὶ οὕτως ὁμολογοῦμεν, ἀλλ' οὐ λέγομεν τρεῖς ἀρχικὰς κατ' αἰτίαν ἀνάρχους ὑποστάσεις ἢ τὸν πατέρα ἄμοιρον ἐνεργείας ἢ τοῦ υἱοῦ ἀτελῆ τὴν

[1]) Psalm. CXXXVIII. 7. CIII (CIV) 30.
[2]) Rom. VIII. 9 Gal. IV. 6.
[3]) Cod. f. 341, b in marg.: λύσις.
[4]) Cod. ἄξιον.
[5]) Cod. τελειοῦνται.

quando etiam Spiritus, qui in Scripturis Patris dictus invenitur in illis verbis: Quo ibo a Spiritu tuo et quo a facie tua fugiam? et in aliis: Emitte Spiritum tuum et creabuntur, et renovabis faciem terrae, eodem quoque modo Filii dictus in sacris literis reperitur, ut v. g.: Si quis Spiritum Christi non habet, hic non est ejus, et rursum: Misit Deus Spiritum Filii sui in corda vestra, qui clamat Abba Pater? Aut enim et vos in illa enuntiatione impietatis crimen incurretis aut et nos frustra impietatis arguitis."

Haec si adversarius diceret, responderemus ei et nos: In quibus quidem, o bone, nihil indignum aut repugnans divinae naturae consequitur, in his Patrem quidem beneplacitum habere, Filium operari, Spiritum cooperari dicimus, ac nulla injuria omnipotenti et supersubstantiali Trinitati irrogatur. In rerum enim creatarum productione tria cognoscimus ac cogitamus: causam principalem et absolute primam: Patrem; causam conditricem: Filium, ac consummatricem: Spiritum; unde voluntate quidem Patris res creatae existunt, operatione vero Filii in esse producuntur, praesentia Spiritus perficiuntur. Verum etsi haec confitemur, non tamen tres secundum causam

ἐνέργειαν ἢ πάλιν τὸν υἱὸν καὶ τὸ πνεῦμα ἄμοιρον τῆς πατρικῆς εὐδοκίας. Οὐδὲ γὰρ ὁ πατὴρ ὁ τὰ πάντα ἐν πᾶσιν ἐνεργῶν ἄμοιρος ἔσται εὐδοκίας, οὐδὲ ὁ υἱὸς ἐλλειπῆ τὴν δημιουργίαν ἔχει μὴ τελειουμένην παρὰ τοῦ πνεύματος. Οὔτω γὰρ ἂν οὔτε ὁ πατὴρ προςδεηθείη υἱοῦ, μόνῳ τε τῷ θέλειν δημιουργῶν, ἀλλ' ὅμως θέλει δι' υἱοῦ· οὔτε ὁ υἱὸς συνεργίας προςδεηθῇ καθ' ὁμοιότητα τοῦ πατρὸς ἐνεργῶν· ἀλλὰ καὶ ὁ υἱὸς θέλει διὰ τοῦ πνεύματος τελειοῦν· τῷ γὰρ λόγῳ κυρίου οἱ οὐρανοὶ ἐστερεώθησαν καὶ τῷ πνεύματι τοῦ στόματος αὐτοῦ πᾶσα ἡ δύναμις αὐτῶν.[1]) Διά τοι τοῦτο ἐν τούτοις ἐπινοοῦμεν τὸν μὲν θεὸν καὶ πατέρα εὐδοκοῦντα, δημιουργοῦντα τὸν λόγον, στερεοῦντα[2]) δὲ τὸ πνεῦμα, ἐπειδὴ ταῦτα ἔξω τῆς οὐσίας κατ' ἐνέργειαν εἰσὶ καὶ οὐδὲν ἀπαίσιον ἢ ἀσεβὲς οὕτω δοξάζοντες προστρίβομεν τῇ ὑπερουσίῳ καὶ ζωαρχικῇ τριάδι, μᾶλλον δὲ εὐσεβείας μεγίστης ἐχόμεθα· ἐπὶ δὲ τοῦ θεοῦ καὶ πατρὸς, ἐπειδὴ οὐ δύναται ἑαυτὸν ἀρνεῖσθαι καὶ ὅπερ ἐστὶ μὴ εἶναι· καὶ γάρ ἐστιν ἀρχὴ καὶ αἰτία τοῦ υἱοῦ καὶ τοῦ πνεύματος καὶ μόνως καὶ κυρίως ἐστὶ πατὴρ καὶ προβολεύς· διά τοι τοῦτο, κἂν συμφυία τοῦ πατρὸς καὶ τοῦ υἱοῦ μία τίς ἐστι, κἂν πάντα τὰ θεοπρεπῆ κοινὰ πλὴν μόνης τῆς ὑποστατικῆς ἰδιότητος, κἂν σύνδρομον ἔχῃ τῷ θέλειν τὸ δύνασθαι, οὐκ ἔχει φύσιν ἑαυτὸν ἀπαρνεῖσθαι καὶ αὐτὸ ὅπερ ἐστὶ μὴ εἶναι· ἐν γὰρ τῷ λέγειν· τὸ πνεῦμα ἐκ τοῦ υἱοῦ ἐκπορεύεται καθὼς ἐκ πατρὸς, κοινὴν εἶναι

[1]) Ps. XXXII 6. Textus paucis mutatis est ex Basil. de Sp. S. c. 16 n. 38 (Migne t. XXXII. p. 136).

[2]) Sic et ap. Basil. l. c. in pluribus textibus. Alias στερεοῦν.

---

principii expertes ac principiantes dicimus personas, vel Patrem operationis extorrem vel imperfectam operationem Filii vel rursum Filium ac Spiritum a paterno beneplacito alienos. Neque enim Pater, qui operatur omnia in omnibus, expers beneplaciti, nec Filius habet inconsummatam creationem, nisi a Spiritu perficiatur. Hoc enim pacto nec Pater opus habebit Filio, sola voluntate creans, attamen vult creare per Filium; neque Filius egebit auxilio, juxta Patris similitudinem operans; sed et Filius vult per Spiritum perficere; nam „Verbo Domini coeli firmati sunt et spiritu oris ejus omnis virtus eorum.“ Idcirco in his intelligimus Deum quidem Patrem beneplacitum habentem, creans Verbum et firmantem Spiritum, quia haec extra essentiam secundum operationem sunt, et nihil indignum vel impium ita sentientes superessentiali ac zoarchicae Trinitati tribuimus, immo vero summae pietati adhaeremus. In Deo vero Patre, quia se ipsum negare non potest ac nequit non esse quod est: est enim principium et causa Filii ac solum et proprie est Pater ac productor; idcirco, licet natura Patris ac Filii una quaedam sit, licet cuncta Deo digna attributa sint communia excepta personali dumtaxat proprietate, licet ejus voluntati potentia plane concurrat, non est ejus naturae ut se ipsum neget et quod est non sit. Dicens etenim:

τὴν προβολὴν πατρὸς καὶ υἱοῦ δίδωσι καὶ τὸ ἴδιον τῆς ὑποστάσεως τῆς πατρικῆς, καθ' ὃ πέφυκε χαρακτηρίζεσθαι ὁ πατὴρ μόνος ὡς προβολεύς, ἀπόλλυσι· διά τοι τοῦτο ἐκφεύγει εἶναι καὶ τὸ μόνον ὅπερ ἐστὶν, ἀρχὴ καὶ αἰτία. Μενοῦνγε λεγόντων ἡμῶν, ὅτι τὸ πνεῦμα ἐκ πατρὸς ἐκπορεύεται, δι' υἱοῦ δὲ διαδίδοται καὶ μεταλαμβάνεται ὑπὸ πάσης τῆς κτιστῆς φύσεως, οὔτε αἴτιον τοῦ πνεύματος εἰςάγομεν οὔτε ἀτονίαν τοῦ πατρός· εἰ καὶ δι' υἱοῦ χορηγεῖται καὶ μεταδίδοται, ἀλλὰ φυσικῶς πρόςεστιν ἡ ἐκ τοῦ πατρὸς τοῦ πνεύματος δι' υἱοῦ χορηγία τε καὶ μετάδοσις. Καὶ τούτου εἰ θέλεις ἀμυδράν τινα κατανόησιν λαβεῖν, ἐκ τῆς εἰκονικῆς ἐμφάσεως τοῦ ἡλίου ἄθρει· ὥςπερ γὰρ ὁ ἥλιος πηγὴ καὶ αἰτία οὖσα τῆς τε ἀκτῖνος καὶ τῆς ἐλλάμψεως, φυσικῶς δὲ πρόςεστι διὰ τῆς ἀκτῖνος τὴν ἔλλαμψιν τοῦ ἡλίου διαδίδοσθαι καὶ ἡμῖν χορηγεῖσθαι, οὕτω καὶ ἐπὶ τῆς τοῦ παναγίου πνεύματος προβολῆς τῆς ἐκ πατρὸς, δι' υἱοῦ δὲ χορηγίας διανοεῖσθαι χρὴ καὶ οὐδὲν ἀνάξιον ἢ ἀπαίσιον προςτρίβεται τῇ ζωαρχικῇ καὶ ὑπερουσίῳ τριάδι. Τὸ δ' αὖ πνεῦμα παρὰ τῇ γραφῇ ἐκφωνεῖσθαι τοῦ θεοῦ καὶ πατρὸς εἶναι πνεῦμα καὶ τοῦ υἱοῦ οὕτως ἐπινοοῦμεν· τοῦ μὲν πατρὸς, ὅτι τε ἐξ αὐτοῦ ἀχρόνως καὶ συναϊδίως ἐκ τῆς πατρικῆς οὐσίας πρόεισι καὶ αἴτιον τὸν θεὸν καὶ πατέρα καθὸ πρόβλημα ἐπιγράφεται· διά τοι τοῦτο καὶ παρὰ τῆς κυριακῆς φωνῆς εἴρηται τὸ ἐκ τοῦ πατρὸς ἐκπορευόμενον· τὸ δ' αὖ πάλιν υἱοῦ πνεῦμα λέγεσθαι ὡς χορηγούμενον δι' αὐτοῦ καὶ φανερωθὲν ἡμῖν δι' αὐτοῦ, καὶ διὰ τὴν κατὰ φύσιν οἰκείωσιν τὴν πρὸς αὐτόν· ὅθεν καὶ παρὰ πάσῃ τῇ γραφῇ οὐχ εὕρηται ὅτι ἐκ τοῦ υἱοῦ ἐκπορεύεται, ἀλλ' ὅτι πνεῦμα υἱοῦ λέγεται

Spiritus ex Filio procedit sicut ex Patre communem esse Patris et Filii spirationem concedit et proprium paternae personae, secundum quod Pater solus dignoscitur ceu spirator, destruit; atque propterea desinit Pater esse ac solus esse quod est: principium et causa. Dum itaque dicimus, Spiritum ex Patre procedere, per Filium vero dari et accipi ab omni creata natura, neque causam inducimus Spiritus neque Patris lassitudinem et imperfectionem; etsi per Filium suppeditatur et distribuitur, naturaliter tamen adest Spiritus ex Patre per Filium suppeditatio ac distributio. Quod si obscuram quamdam hujus rei cognitionem capere desideras, eam conspice ex specie et imagine solis. Sicut enim sol fons et causa est tum radii tum luminis, naturaliter vero fit, ut per radium solis lumen distribuatur nobisque suppeditetur: sic et in sanctissimi Spiritus ex Patre processione et per Filium suppeditatione cogitari debet et nihil indecens vel indignum Trinitati vivificae ac superessentiali attribuitur. Quod vero Spiritus in scripturis Dei Patris Spiritus appellatur et pariter Filii, hoc pacto intelligimus: Patris quidem est, quia ex ipso absque tempore et coaeterne ex paterna essentia prodit et causam Deum Patrem velut spiratus agnoscit, quamobrem et per Domini vocem dicitur ex Patre procedens; rursum Filii Spiritus dicitur ut per ipsum suppeditatus ac manifestatus nobis per ipsum, et propter naturalem cum ipso conjunctionem ac veluti familiaritatem; unde et in universis Scripturis haud reperitur, eum ex Filio procedere, sed ibi Filii Spiritus dicitur eo

καθ' ὃν εἴπομεν τρόπον.[1]) Εἰ δὲ τοῦτο ἀληθὲς, ὥςπερ καὶ ἀληθὲς, μάταιος πάλιν ὁ ἐκ τῆς ἀνθυποφορᾶς τοῦ ἐναντίου λόγος ἀποδέδεικται.

V. Ἔτι εἰ ταῖς κοιναῖς ἐννοίαις καὶ πᾶσι τοῖς ἀντίφροσι καὶ ἐλλογίμοις ἀνδράσι καὶ τὴν τῶν ὄντων φύσιν ἀκριβῶς ἐπιστήσασι δῆλον καθέστηκεν, ὅτι [2]) ἑνὸς ὄντος αἰτίου αἰτιατὰ πολλά τε καὶ πλεῖστα εἶναι καθορᾶται ἐν τοῖς φυσικοῖς καὶ τεχνικοῖς καὶ προαιρετικοῖς, καὶ σχεδὸν εἰπεῖν ἐν πᾶσι πράγμασιν· οἷον ὁ Ἀδὰμ εἷς ὢν ἄνθρωπος πολλῶν αἰτιατῶν ἐξ αὐτοῦ ἀπογεννηθέντων αἴτιος ὡς πατὴρ ἐξεγένετο· ὁμοίως δὲ καὶ Βεσελεὴλ ἀρχιτέκτων εἷς ὢν πλείστων ὅσων καὶ διαφόρων τῶν ἐν τῇ σκηνῇ πραγμάτων αἴτιος ἐγεγόνει· ὡςαύτως δὲ καὶ ἐπὶ τῶν προαιρετικῶν ἔστιν ἰδεῖν· οἷον φέρε εἰπεῖν ἐπὶ Παύλου καὶ Πέτρου τῶν ἀοιδίμων ἀνδρῶν· προαιρετικῶς τῇ διδασκαλίᾳ τοῦ εὐαγγελικοῦ κηρύγματος πλείστους ὅσους ἐσαγήνευσαν καὶ εἷς ὢν ἑκάτερος προαιρετικῶς πολλοὺς ἀπεγέννησαν καὶ πολλῶν σωτηρίας γεγόνασι πρόξενοι· ἐπὶ δέ γε μὴν τῶν αἰτιατῶν τὸ ἔμπαλιν ἔχει· ἑνὸς ὄντος αἰτιατοῦ ἀνάγκη προςεχῶς ἓν αἴτιον εἶναι, εἰ μὴ ἄρα δι' ἀσθένειαν καὶ ἀτονίαν τοῦ αἰτίου μεθ' ἑαυτοῦ συναίτιον ἄλλο προςλήψηται·[3]) οὕτω γὰρ ἐξ ἐναργείας τῶν

[1]) Cf. Phot. de Sp. S. myst. in tit. et c. 49 seq. 90 seq.

[2]) Sequentia magna ex parte exhibet Hugo Eth. L. II c. 10 absque Nicetae nomine.

[3]) Cod. f. 342 b: προςλήψεται.

quo diximus modo. Quodsi hoc verum, sicuti re ipsa verum, vanam rursum ratiocinationem excipientis adversarii esse demonstratum est.

V. Praeterea communibus notionibus ac cunctis etiam alia sentientibus prudentibus viris, qui accurate norunt rerum naturam, manifestum est, quod una existente (ed. H.: existentiae) causa plura ac plurima causata conspiciuntur (H.: plures effectus esse inspiciuntur) in naturalibus, artificialibus et voluntariis, et paene in omnibus rebus; v. g. (H.: ut) Adam cum unus homo fuerit multorum causatorum (H.: effectuum) ex ipso progenitorum (H.: prodeuntium) causa exstitit ut pater; similiter et Beseleel architectus (H.: faber), cum unus esset, quam plurium (plurimarum) et differentium rerum in tabernaculo causa fuit; idem quoque invenire est in his quae sponte fiunt; v. g. in Paulo et Petro venerabilibus viris; (H.: nam Petrus atque Paulus) sponte evangelicae praedicationis doctrina quam plures traxerunt ad fidem, et uterque eorum, cum unus esset, (H.: alteruter singulus existens) sponte multos genuit et multorum salutis factus est reconciliator (H. add.: et voluntarie multos in fide genuerunt). At vero vice versa fit in effectibus (s. causatis). Nam uno existente effectu unam proximam (proxime) causam esse necesse est, nisi propter defectum ejusdem causae ac imbecillitatem aliquam secum causam (concausam) assumat. Sic enim ex ipsa rerum evidentia verum esse, quod a nobis asseritur, apparet. (H. ita concludit arg.: Quod ex ipsis rebus liquido apparet. Hoc si ita est, Spiritus ex Filio processio

πραγμάτων ἀληθὲς εἶναι το λεχθὲν ἡμῖν καταφαίνεται· ἐπεὶ οὖν οὕτω τὰ πράγματα ἔχει, ὡς ὁ λόγος ὑπέγραψεν, ὅτι ἑνὸς αἰτίου σχεδὸν πολλὰ τὰ αἰτιατὰ, ἑνός γε μὴν αἰτιατοῦ ἀνάγκη ἓν εἶναι τὸ προςεχὲς αἴτιον, εἰ μὴ ἄρα ἀδυναμίᾳ καὶ ἀτονίᾳ πρόςληψις γένηται, ὡς ἔφημεν· τοῦτο γὰρ καὶ τοῖς ἀκρέμοσι τῶν σοφῶν δοκεῖ. Τούτων ἡμῖν ἐκ τῆς ἐναργείας τῶν πραγμάτων ὡμολογημένων, σκοπεῖν ἔστι τὸ παρ' αὐτῶν δογματιζόμενον. Τί γὰρ καὶ φασί; τὸ πνεῦμα τὸ ἅγιον ἐκ πατρὸς καὶ υἱοῦ τὴν πρόοδον τῆς ἐκπορεύσεως ἔχει. Εἰ μὲν οὖν τὸ πνεῦμα πολλά τε εἶναι καὶ διάφορα πράγματα, καὶ διὰ τοῦτο σωρεία τις αἰτιατῶν, καὶ πολλὰ τῇ ὑποστάσει, καὶ μὴ ἓν τῷ ἀριθμῷ ὂν παρ' αὐτοῖς ἀνεπλάττετο, ὥςπερ οἱ μῦθοι τοὺς γίγαντας,[1]) ἦν ἂν αὐτοὺς ἴσως ἐκφυγεῖν πρὸς τὸ πάντη δύςφημον ποσῶς τὸ ἀδύνατον, δύο αἴτια λέγοντας τῆς προβολῆς τοῦ πνεύματος· ἐπειδὴ δὲ οὐδεὶς τῶν φρενῶν μὴ[2]) ἐξεστηκὼς, ὅςτις τοῦ καθ' ἡμᾶς τῶν χριστιανῶν δόγματος ἀνὰ τὴν οἰκουμένην πᾶσαν μεμύηται, ὃς τὸ θεῖον καὶ πανάγιον πνεῦμα ἓν ὂν τῇ ὑποστάσει καὶ ἓν ὂν τῆς ἁγίας τριάδος οὐχ ὑπείληφε, μήτι γε οἱ ἐκ τοῦ πατρὸς καὶ τοῦ υἱοῦ τὸ πνεῦμα ἐκπορεύεσθαι δογματίζοντες, φανερὸν ὅτι ἢ τοῦ πατρὸς ἀτονίαν καὶ ἀσθένειαν πρὸς τὴν ἐκπόρευσιν τοῦ πνεύματος καταψηφίσονται καὶ διὰ τοῦτο δεδεημένον πρὸς τὴν προβολὴν συλλήπτορος, ἢ ἐκφεύγοντες τὸ οὑτωσὶ ἀριδήλως βλάσφημον καὶ ἀπωλείας, πρόξενον τῇ τῶν πραγμάτων δὲ μᾶλλον ἀνάγκῃ καταγχόμενοι, κἂν μὴ βούλωνται, τοῦ πνεύματος ἑνὸς αἰτιατοῦ ὄντος ἐν τῇ ζωαρχικῇ καὶ ὑπερουσίῳ τριάδι, πάντως καὶ ἓν

[1]) scil. ἀναπλάττουσι. Naz. Or. 27 n. 9 p. 494 ed. Maur.
[2]) μὴ omitt. Cod. f. 342, b.

Patris defectum et imbecillitatem indicat). Quum itaque ita se res habeant, ut sermo adumbravit, nimirum unius causae permulta esse causata, unius autem causati unum necessario proximum esse principium, nisi forte impotentia et imperfectione assumtio alterius fiat, ut dictum est; hoc enim et sapientium proli videtur. His itaque nobis ex rerum evidentia in certo positis, considerandum est id quod ab adversariis praedicatur. Quid enim inquiunt? „Spiritus sanctus ex Patre et Filio processionis habet progressionem.“ Si igitur Spiritus multae ac diversae res, atque idcirco acervus causatorum quidam, ac plura quoad personalitatem, non vero unus numero apud ipsos fingeretur, sicut in mythis gigantes, tunc fortasse potuissent quodammodo effugere praeter omnimodam blasphemiam etiam impossibilitatem; quoniam vero nemo sanae mentis, qui nostro christiano dogmate per universum orbem imbutus fuerit, existit, qui divinum et sanctissimum Spiritum haud supponat esse unum persona et unum ex sancta Trinitate, nedum illi ipsi, qui ex Patre Filioque eum procedere asserunt, liquet, eos aut Patris imperfectionem et imbecillitatem ad Spiritus productionem, quum ideo cooperatore in spirando indigeat, sancituros, aut ejusmodi manifestam ac perditionem inducentem blasphemiam effugientes, rerum vero potissimum necessitate constrictos, licet haud velint, quum Spiritus unum causatum sit in

αἴτιον τὸν πατέρα εἶναι δώσουσι· [1]) *τοῦτο γὰρ ἡμᾶς ὁμολογεῖν ἐξ ἅπαντος η τῶν πραγμάτων ἀκολουθία καταναγκάζει.*

VI. *Ἔτι εἰ ἐκπορεύεται τοῦ υἱοῦ τὸ πνεῦμα ὥςπερ ἐκ τοῦ πατρὸς, καθώς τινες φασὶ, διερωτώντων ἡμῶν αὐτοὺς ἀποκρινέτωσαν, πότερον αὐτοῖς δοκεῖ· ὁ υἱὸς πρὸς αἴτιον ἔχει τὴν ἀναφορὰν ἢ οὔ;* [2]) *πάντως τῷ προδήλῳ συνθήσονται, ὅτι πρὸς τὸν θεὸν καὶ πατέρα τὴν ἀναφορὰν καὶ τὴν σχέσιν ἔχει, ἐξ οὗ ἀχρόνως καὶ ἀπαθῶς πρὸ πάντων τῶν αἰώνων γεννητῶς ἐξ αὐτοῦ ἐξέλαμψε· τί δέ; ὁ πατὴρ καθὸ γεννήτωρ καὶ αὐτὸς πρός τινα ἔχει τὴν ἀναφορὰν καὶ τὴν σχέσιν ἢ οὔ; πάντως, ἐροῦσι, πρὸς τὸν υἱόν· οὐ γὰρ τοσοῦτον ἀναισθητότεροι τῶν μαινομένων καθεστήκασιν, ἵνα καὶ τῇ ἐναργείᾳ τῶν πραγμάτων ἀπομάχωνται· τί δ' αὖ; ὁ πατὴρ, αἴτιος ὢν καὶ τοῦ πνεύματος, καθὸ γεννήτωρ καὶ πρὸς τὸ πνεῦμα τὴν σχέσιν καὶ τὴν ἀναφορὰν ἔχει, ἢ κατ' ἄλλην τινὰ τὴν μὴ κατὰ γέννησιν πρόοδον; φανερὸν ὅτι κατ' ἄλλην τινὰ, ἵνα μὴ καθὸ γεννήτωρ καὶ πρὸς τὸ πνεῦμα τὴν σχέσιν ἔχων συμβῇ διὰ τὴν ταυτότητα τῆς σχέσεως τοῦ γεννήτορος καὶ τὸ πνεῦμα γέννημά τε εἶναι καὶ υἱὸς, καὶ διὰ τοῦτο ἢ συγχεῖσθαι τὰς ὑποστάσεις ἢ ἀδελφὸν τοῦ υἱοῦ τὸ πνεῦμα ἀναπλάττεσθαι· οὐκοῦν διὰ ταῦτα κατ' ἄλλην τινὰ πρόοδον· τίς δέ ἐστιν αὕτη; πρόδηλον ὅτι ἡ ἐκπόρευσις, ἐξ ἧς σχέσεως καὶ τὸ πνεῦμα ἐκπορευτὸν κέκληται καὶ ὁ τούτου αἴτιος καθὸ τοῦδε αἴτιος προβολεὺς εἴρηται. Εἰ οὖν τοῦτο ἀληθὲς, ὥςπερ οὖν καὶ ἀποδέδεικται, ἐρωτητέον αὖθις αὐτούς·*

[1]) Cf. Phot. op. cit. §§. 17. 31. 44.

[2]) Paucis mutatis hoc caput inseruit suae *ἱερᾷ Ὁπλοθήκῃ* Parte I syllog. 30 (in eod. cod. Mon. f. 87. 88.) Andronicus Camaterus.

---

zoarchica et supersubstantiali Trinitate, omnino et unam ejusdem causam Patrem esse concessuros; hoc enim confiteri plane rerum nos consequentia cogit.

VI. Adhuc: si ex Filio procedit Spiritus sicut ex Patre, ut quidam dicunt, nobis eos interrogantibus respondeant, utrum ipsis videatur: Filiusne ad causam habet relationem an non? Omnino manifeste concedent, eum ad Deum Patrem relationem habitudinemque, habere, ex quo absque tempore et absque passione ante omnia saecula per generationem effulsit. Quid vero? Pater quatenus genitor habetne ipse ad aliquem habitudinem ac relationem an non? Omnino, inquient, ad Filium. Non enim eo usque furentibus insensibiliores effecti sunt, ut et rerum evidentiae repugnent. Quid rursum? Paterne, quum sit Spiritus causa, habet etiam quatenus genitor et ad Spiritum relationem habitudinemque, an vero secundum aliam quamdam progressionem, quae non sit generatio? Manifeste secundum aliam quamdam, ne dum quatenus genitor ad Spiritum quoque relationem habeat, propter identitatem habitudinis genitoris Spiritus etiam genitus ac Filius esse credatur, atque ideo aut hypostases confundi aut Filii fratrem Spiritum fingi eveniat. Quaenam vero est haec alia? Manifeste processio, ex qua habitudine et Spiritus procedens nominatur et hujus auctor et causa qua talis productor dicitur. Si itaque hoc verum est, sicut et demonstratum est,

εἰ τὸ πνεῦμα ἐκπορεύεται τοῦ υἱοῦ ὥςπερ ἐκ τοῦ πατρὸς, πότερον ἔχει τινὰ σχέσιν ὁ υἱὸς πρὸς τὸ πνεῦμα προβαλλόμενος αὐτὸ καθὼς καὶ ὁ πατὴρ ἢ οὔ· εἰ μὲν οὖν οὐκ ἔχει, πρόδηλον [1]) οὐκ ἐξ αὐτοῦ· καὶ γὰρ τὸ ἄσχετον δηλονότι καὶ ἀκοινώνητον κατ' ἐκεῖνο καὶ ἀλλότριον· εἰ δὲ ἐροῦσιν ἔχειν, κἂν μὴ βούλωνται, ἢ καθὸ υἱός ἐστί τε καὶ λέγεται, ἢ καθὸ καὶ ὁ πατὴρ πρὸς τὸ πνεῦμα οὐ καθὸ πατὴρ, ἵνα μὴ υἱὸς ἀναφανῇ τὸ πνεῦμα, ἀλλὰ καθὸ προβολεύς· παρὰ ταῦτα γὰρ οὐκ ἐγχωρεῖ λέγεσθαι τὸν υἱὸν ἔχειν πρὸς τὸ πνεῦμα σχέσιν, [2]) εἴπερ ἐξ αὐτοῦ τὴν πρόοδον ἔχει· ἀλλ' εἰ μὲν καθὸ υἱὸς, υἱωνὸς τὸ πνεῦμα τάχα ἀναπλασθήσεται [3]) καὶ ἔσται τοῦτο πολλοῦ γέλωτος καὶ μεγίστης βλασφημίας ἀνάμεστον· [4]) οὐκ ἄρα καθὸ υἱός· [5]) λείπεται δὲ κατ' ἄλλην τινὰ σχέσιν, ἤγουν τὴν ἐκπόρευσιν· ἄλλην γὰρ παρὰ ταύτην οὐκ ἔστιν εὑρεῖν· εἰ δὲ τοῦτο, ἔσται ἄρα ὁ υἱὸς ὡς μὲν υἱὸς αἰτιατὸς, ὡς δὲ καὶ αὐτὸς προβολεὺς τοῦ πνεύματος, αἴτιος· διὸ ἐντεῦθεν σκόπει τὰ ἄτοπα· ἤτοι γὰρ ἀναιτίως ἔσχε τὸ εἶναι προβολεὺς ὁ υἱὸς τοῦ πνεύματος ἢ οὐκ ἀναιτίως, ἀλλ' ἐκ τοῦ πατρός· ἀλλ' εἰ μὲν ἀναιτίως, ἔσονται ἐν τῇ ὑπερφυεῖ καὶ ὑπερουσίῳ τριάδι δύο ἀρχικαὶ καὶ ἄναρχοι κατ' αἰτίαν ὑποστάσεις, καὶ διὰ τοῦτο δύο ἀρχαὶ καὶ αἴτια, καὶ [6]) ἐντεῦθεν τὸ σεβαζόμενον ἡμῖν τῆς

[1]) ὡς addit Camat. l. c. f. 87, b.

[2]) Sic Camat. In Nic.: οὐκ ἐγχ. τὸν υἱὸν ἔχειν πρὸς τὸ πν. σχέσιν τοῦ λέγεσθαι. f. 343 a.

[3]) Cam. ἀναπλ. τάχα.

[4]) Cam. καὶ ἔσται τοῦτο βλάσφημον.

[5]) Sequentia paucis mutatis affert Hugo Eth. L. I c. 17 p. 1211.

[6]) καὶ omitt. Cam. f. 88 a.

---

rursus ex iis quaerendum: Si Spiritus procedit ex Filio sicut ex Patre, habetne relationem quamdam Filius ad Spiritum eum emittens sicut et Pater, an non? Si quidem non habet, manifeste non est ex ipso; etenim quod habitudinem non habet incommunicabile quoad illud et alienum est. Si vero dicent, eum habere, licet haud velint, habebit eam vel quatenus Filius est ac dicitur vel quatenus et Pater ad Spiritum refertur non qua Pater, ne filius appareat Spiritus, sed qua spirator; praeter haec enim Filium ad Spiritum relationem habere nequit dici, si quidem ex ipso progressionem habeat. Sed si ut Filius habet relationem, protinus nepos effingitur Spiritus, quod erit magno risu et maxima blasphemia abundans. Non ergo ut Filius. Relinquitur vero ut ad Spiritum referatur secundum aliam quamdam habitudinem, sive secundum processionem; praeter hanc enim alia inveniri nequit. (H.: Si Filius non in eo quod Filius Spiritum emittat, cum Pater non in eo quod Pater Spiritus causa existat, relinquitur utique secundum aliquam aliam habitudinem). Quodsi ita est, erit ergo Filius ut Filius ex causa, ut autem et ipse Spiritus emissor, causa. Considera hinc sequentia absurda. (H.: propter quod hinc inde inconvenientia oboriuntur.) Aut enim non ex causa existens habet Filius emissor Spiritus esse, aut ex causa existens, Patre scilicet. Atqui si non existens ex causa, erunt (rursus) in supernaturali et super-

μοναρχίας κράτος ἀπόλλυται [1]) καὶ ἡ πολυπληθία τῶν σεβομένων παρ' Ἕλλησι θεῶν συνειςφρήσεται, ἀλλὰ καὶ τὸ πνεῦμα ἔσται μόνον ἐξ ἁπάντων πολύαρχον ἀρχὴν ἔχον, [2]) ὅπερ ἐστὶ καὶ τοῦτο [3]) πλείστης ἀσεβείας ἀνάμεστον· εἰ δὲ οὐκ ἀναιτίως ἔσχεν ὁ υἱὸς τὸ [4]) εἶναι προβολεὺς τοῦ πνεύματος, πάντως ἐκ τοῦ πατρὸς τοῦτο ἔσχεν, ἐπεὶ καὶ τὸ εἶναι υἱὸς καὶ πάντα ὅσα ἔχει διὰ τὸν πατέρα ἔχει· εἰ δὲ ἐκ τοῦ πατρὸς τοῦτο ἔχει, τίς ἡ ἀπόκληρωσις καὶ καινοτομία τῆς υἱικῆς ὑπάρξεως, [5]) ἵνα μὴ καθὸ υἱὸς υἱὸν ἀπογεννᾷ καὶ πατὴρ ἀναφαίνηται, [6]) εἴπερ ὁ πατὴρ καθὸ προβολεὺς [7]) τὸν υἱὸν αὖθις προβολέα τοῦ πνεύματος ἀποδείκνυσι; εἰ γὰρ ἐκ τοῦ πατρὸς τὸ ἀκαινοτόμητον ἔχει ἡ τοῦ υἱοῦ γέννησις, ἀλλὰ μὴν καὶ ἡ τοῦ πνεύματος ἐκπόρευσις, ὥςπερ δὲ προβολεὺς ὁ υἱὸς ἀναδείκνυται, ἀνάγκη πᾶσα, ἵνα μὴ καινοτομία περὶ τὴν θείαν φύσιν εὑρεθῇ, καὶ [8]) γεννῆσαι υἱὸν, καὶ ἔσται υἱωνὸς ἐντεῦθεν ἀναπλαττόμενος, εἴπερ καὶ προβολεὺς τοῦ πνεύματος καθὸ ἐκ πατρὸς ἀναδείκνυται. [9]) Εἰ δὲ ταῦτα ὁρμαθὸς ἀσεβείας καὶ βόθυνος μέγιστος καθίσταται, οὐκ ἄρα τὸ πνεῦμα τοῦ υἱοῦ ἐκπορεύεται ὥςπερ ἐκ τοῦ πατρός.

[1]) Sequ. usque ad vocem συνειςφρ. desunt ap. Cam.
[2]) Cf. Phot. l. c. §. 33.
[3]) κ. τοῦτο δυσσεβές Cam.
[4]) Cod. τοῦ.
[5]) Cf. Phot. l. c. §. 47 not. 7.
[6]) Sic. Cam., Nic. text. ἀπογεννᾷ — ἀποφαίνεται.
[7]) καθὸ προβ. deest ap. Cam.
[8]) καὶ add. ex Cam.
[9]) Hucusque Cam.

essentiali Trinitate duae personae secundum causam principii expertes et principiantes (H.: duo principia sine principio) atque propterea duo principia et duae causae (Pater sc. et Filius) atque hinc monarchiae quod veneramur robur destruitur et multitudo Deorum, quos gentiles colunt, inducitur; sed et Spiritus solus ex omnibus erit multiplex principium habens, quod idem et maxima impietate refertum est. Si autem ex causa Filius existens Spiritus emissor sit, omnino ex Patre hoc sortitus est, quia et quod sit Filius et omnia, quaecumque habet, propter Patrem habet. Sin autem ex Patre hoc habet, quae est ista exhaereditatio et detrimentum filialis existentiae, ut non in eo quod Filius filium generet et pater censeatur, cum Pater in eo quod emissor Filium rursus emissorem Spiritus ostendat? Si enim ex Patre indemnis (nulli obnoxia innovationi) est Filii generatio Spiritusque processio, quemadmodum emissor Filius ostenditur, necesse omnino, ut detrimentum (innovatio et alteratio) circa divinam naturam non inveniatur, quod et generet filium, et sit (erit) nepos hinc complasmatus aliquis, cum et emissor Spiritûs in eo quod ex Patre Filius monstretur. Quod si ita est, congeries impietatis et profunda fovea emergit. Non ergo Spiritus ex Filio procedit sicut ex Patre. (Si vero haec congeries . . . existunt, non ergo etc.)

VII. Ἔτι εἰ πᾶσι μὲν οἷς τὸ κρίνειν ὀρθῶς πρόσεστι καὶ ἡ τῶν ὄντων γνῶσις ποσῶς πάρεστι, δύο τὰς ἀνωτάτω διαφορὰς τῶν ὄντων διαγινώσκουσι, καθώς φησιν ὁ θεολόγος Γρηγόριος,[1]) δεσποτείας φημὶ καὶ δουλείας, οὐχ ἃς παρ' ἡμῖν ἡ τυραννὶς ἔτεμεν, ἀλλ' ἃς ἡ φύσις διώρισεν, εἴ τῳ[2]) φίλον οὕτω καλεῖν. Τὸ γὰρ πρῶτον καὶ ὑπὲρ τὴν φύσιν· Τούτων τοίνυν ἡ μὲν ποιητική τέ ἐστι καὶ ἀρχικὴ καὶ ἀκίνητος, ἡ δὲ πεποιημένη καὶ ὑπὸ χεῖρα καὶ μεταπίπτουσα. Καλεῖται δὲ ἡ μὲν θεός, ἡ δὲ μεθ' ἡμῶν τέ ἐστι καὶ καλεῖται κτίσις, κἂν ἄλλα[3]) ἄλλων ὑπεραίρῃ κατὰ ἀναλογίαν τῆς πρὸς θεὸν ἐγγύτητος. Τούτων τοίνυν κατὰ τὸ ἀκόλουθον ἡ μέν ἐστιν ἀπερίγραπτος καὶ ἀκατάληπτος καὶ ἀναλλοίωτος καὶ ὅσα πρέπει θείᾳ καὶ ὑπερουσίῳ καὶ ἀκτίστῳ φύσει, ἡ δέ ἐστι περιγραπτὴ καὶ καταληπτὴ καὶ ἀλλοιωτὴ καὶ ὅσα ἁρμόζει κτιστῇ φύσει. Καὶ ἡ μὲν ἐφ' ὧν εὕρηται κατηγορουμένη ὑποστάσεων, ἤγουν ἡ κτιστὴ φύσις πολλὴν μὲν τὴν διαφορὰν ἔχει, ἐλαχίστην δὲ τὴν κοινωνίαν, οἷα φέρε εἰπεῖν ὡς ἐπ' ἀνθρώπου· ἡ γὰρ ἀνθρωπίνη φύσις κατὰ Πέτρου καὶ Παύλου καὶ τῶν λοιπῶν κατηγορουμένη ὀλίγην τὴν κοινωνίαν παρέχει· κατὰ γὰρ τὸν τῆς οὐσίας λόγον καὶ ὅσα ταύτης ἀναγκαίως ἕπονται· κατὰ δὲ τὰ λοιπὰ πάντα πλεῖστον[4]) ἀλλήλων διεστήκασιν ὅ τε Πέτρος καὶ Παῦλος καὶ οἱ παραπλήσιοι ἄνθρωποι· κατὰ γὰρ κίνησιν καὶ βούλησιν καὶ προαίρεσιν καὶ ἐνέργειαν καὶ

[1]) Naz. Or. 34 in advent. Aegypt. n. 8 p. 623 ed. Maur. Nonnulla omissa.
[2]) Sic Naz. Cod. f. 243, b: εἴ τό γε φίλον.
[3]) Cod. f. 344 a: ἄλλως.
[4]) Cod.: πλείστων.

VII. Praeterea omnes qui recte judicare possunt et quibus rerum certo quodam modo adest cognitio, duas supremas rerum differentias agnoscunt, ut Gregorius ait Theologus, dominationis videlicet et servitutis, non quas nobis tyrannis scidit, sed quas natura distinxit atque constituit, si cui tamen placet ita appellare. Nam quod primum est, supra naturam est. Harum igitur prior effectrix est et princeps atque immobilis, posterior vero effecta, subdita atque caduca. Illa vocatur Deus, haec vero nobiscum est et vocatur creatura, licet alia aliis dignitate praestet, prout videl. quaeque Deum propius attingit. Harum per consequens illa incircumscripta, incomprehensibilis et immutabilis est, ac quaecumque decent divinam, superessentialem et increatam naturam, haec vero circumscripta, comprehensibilis mutabilisque ac quaecumque creatae conveniunt naturae. Atque haec quidem creata natura de quibus personis invenitur praedicata magnam differentiam habet, minimam vero communionem, ut. v. gr. in homine. Etenim humana natura de Petro et Paulo ac ceteris praedicata haud magnam praebet communionem, id est secundum rationem essentiae et eorum quae necessario hanc consequuntur; quoad reliqua vero omnia plurimum ab invicem distant tum Petrus tum Paulus tum consimiles homines. Nam secundum motionem ac volitionem,

χρόνον καὶ τόπον καὶ πλείστοις ὅσοις ἰδιώμασιν· ἀλλὰ μὴν καὶ τὴν εἰς ἄλληλα περιχώρησιν ἀσύγχυτον ἀδύνατον ἔχειν, ἔτι γε μὴν καὶ τὴν ἐξ ἀλλήλων διάστασιν μάλα κέκτηνται, ὃ καὶ μᾶλλον τὸν πληθυσμὸν πέφυκεν ἐμποιεῖν· διά τοι τοῦτο καὶ ἀριθμοῦντες τρεῖς λέγομεν ἀνθρώπους καὶ τρεῖς ἵππους, ἃ καὶ μᾶλλον ἐν πλήθει χαρακτηρίζεσθαι εἴωθεν ἢ ἐν τῷ ἑνὶ διὰ τὸ πλείστην ἔχειν διαφορὰν, ἥττονα δὲ τὴν κοινωνίαν καὶ τὴν ἕνωσιν. Ἡ δὲ ἐφ' ὧν ἂν κατηγορῆται, ἤγουν ἡ θεία καὶ μακάρια φύσις τὸ ἔμπαλιν ἔχει, οἷον ἐπὶ τοῦ πατρὸς καὶ τοῦ υἱοῦ καὶ τοῦ ἁγίου πνεύματος πλείστην μὲν τὴν κοινωνίαν καὶ σχεδὸν εἰπεῖν ἐν πᾶσι, πλὴν μόνης μιᾶς τῆς τῶν ὑποστατικῶν ἰδιοτήτων διαφορᾶς εὑρισκομένης. Ταῦτα δέ ἐστιν ἀγέννητον, γεννητὸν, ἐκπορευτόν· τὰ δ' ἄλλα πάντα κοινά· ἐξαιρέτως δὲ τὴν εἰς ἄλληλα περιχώρησιν ἔχουσιν ἀσυγχύτως, οὐχ ὥςτε συναλείφεσθαι, ἀλλ' ὥςτε ἔχεσθαι ἀλλήλων κατὰ τὸν τοῦ κυρίου λόγον· ἐγὼ ἐν τῷ πατρὶ καὶ ὁ πατὴρ ἐν ἐμοί·[1]) διά τοι τοῦτο καὶ τὸν πληθυσμὸν ἐκπέφευγε καὶ εἷς θεός ἐστιν ὁ πατὴρ καὶ ὁ υἱὸς καὶ τὸ πνεῦμα τὸ ἅγιον, κἂν τρία ταῖς ἰδιότησι γνωρίζηται καὶ πιστεύηται· τριὰς δὲ πάλιν γνωρίζεται καὶ πιστεύεται κατὰ τὴν τῶν ὑποστατικῶν ἰδιοτήτων διαφοράν· ἐν ταύταις γὰρ καὶ μόναις ἡ τριὰς τριὰς εἶναι πιστεύεται καὶ προςκυνεῖται καὶ χαρακτηρίζεται. Τούτων οὖν ἡμῖν ὧδε προωμολογημένων σκεπτέον τὸ παρά τισι δογματιζόμενον. Εἰ οὖν τὸ πνεῦμα καὶ κατ' ἐκείνους ἐκπορεύεται τοῦ υἱοῦ καθὼς ἐκ τοῦ πατρὸς, πάντως κοινὴ ἔσται ἡ προβολὴ πατρὸς καὶ υἱοῦ· εἰ δὲ τοῦτο, ἀνάγκη τὰς

[1]) Joh. XIV. 10. Alia verba subsignata ex Naz. Or. 42 n. 15 p. 758.

electionem operationemque, secundum tempus et locum et quam plurimis proprietatibus maxime differunt; verum et fieri nequit, ut circuminsessionem ad invicem inconfusam habeant; immo revera magnam ab invicem habent discrepantiam, quod et maxime pluralitatem gignere potest. Quare etiam numerantes tres dicimus homines et tres equos, quae et magis in multitudine distingui solent quam in unitate, quia plurimam habent differentiam, minorem vero societatem et unitatem. Verum altera de quibus praedicetur vice versa se habet, divina videl. ac beata natura; ut in Patre et Filio et Spiritu sancto cernimus maximam quidem communionem ac paene in cunctis praeter unam solam differentiam, quae in personalibus proprietatibus reperitur. Hae vero sunt: ingenitum, genitum ac procedens, reliqua omnia communia. Eminenter vero habent ad invicem circuminsessionem inconfuse, non ut in unum contrahantur, sed ut ad invicem sint conjuncti secundum Domini vocem: Ego in Patre et Pater in me. Idcirco et pluralitatem effugiunt et unus Deus est Pater et Filius et Spiritus sanctus, licet tria proprietatibus cognoscantur credanturque; Trinitas vero rursum intelligitur et creditur secundum personalium proprietatum differentiam; in his namque iisque solis et Trinitas esse Trinitas creditur, adoratur, dignoscitur. His igitur a nobis praestitutis considerandum est quod quidam docent. Si Spiritus juxta illos procedit ex Filio sicut ex Patre, omnino communis erit productio (spiratio activa) Patris et Filii; si vero hoc, necesse est personarum proprietates

ἰδιότητας τῶν ὑποστάσεων κοινοῦσθαι·[1]) καὶ πῶς ἂν ἔτι εἶεν ἰδιότητες κινούμεναί τε καὶ μεταπίπτουσαι ἢ πῶς ἂν ἡ τριὰς τριὰς εἶναι πιστευθῇ, τῶν ἰδιοτήτων μεταπιπτουσῶν καὶ συγχεομένων; ἐν γὰρ ταῖς ἰδιότησι ταύταις καὶ μόναις ἡ τριὰς τριὰς γνωρίζεται καὶ πιστεύεται καὶ προςκυνεῖται καὶ χαρακτηρίζεται. Τοιγαροῦν καὶ προβολέα ὁμολογοῦντες τὸν θεὸν καὶ πατέρα τοῦ πνεύματος (τοῦ μὲν γὰρ υἱοῦ γεννήτωρ ἐστὶ, τοῦ δὲ πνεύματος προβολεύς· τοῦτο γὰρ ἐκ τῶν ἱερῶν λογίων δεδιδάγμεθα) οὐ κατὰ τὸν τῆς φύσεως αὐτοῦ[2]) λόγον τὸν κοινῶς ἐπὶ τῶν τριῶν θεαρχικῶν ὑποστάσεων κατηγορούμενον ἐπινοοῦντες εὐσεβοῦμεν (ἢ γὰρ ἂν καὶ ἐπὶ τῶν λοιπῶν δύο θεαρχικῶν ὑποστάσεων εὑρίσκεται λεγόμενον· καὶ γὰρ ὅσα τῷ θεῷ καὶ πατρὶ καθὸ θεὸς τέλειος καὶ πληρέστατος κατηγοροῦνται, ταῦτα πάντως καὶ κατὰ τῶν δύο θεαρχικῶν ὑποστάσεων ἰσομοίρως κατηγορηθήσονται), μᾶλλον δὲ εἰπεῖν κατὰ τὸν τῆς ὑποστάσεως λόγον,[3]) καθ' ὃν τῶν δύο θεαρχικῶν ὑποστάσεων, φημὶ δὴ τοῦ υἱοῦ καὶ τοῦ πνεύματος, διακέκριται καὶ διῄρηται ἀδιαιρέτως. Εἰ δὲ τοῦτο ἀληθὲς, ὥςπερ οὖν καὶ ἀληθὲς, τῆς προβολῆς πατρὸς καὶ υἱοῦ κοινῆς διδομένης, φανερὸν ὅτι τὰ προλεχθέντα βλάσφημα ἕψεται, καὶ οὐ μόνον ταυτὶ, ἀλλ' ἢ καὶ αἱ κοιναὶ περὶ θεοῦ ἔννοιαι καὶ ὁ φυσικὸς λόγος διαγορεύσας τὴν ἄκτιστον καὶ θείαν φύσιν ἔμπαλιν ἔχειν ἐφ' ὧν ὑποστάσεων κατηγορεῖται τῆς κτιστῆς ἄλλως ἐχούσης διαπεσεῖται, συγχύσεως ἐπὶ τῶν θεαρχικῶν ὑποστάσεων

[1]) Cf. Phot. op. cit. §§. 9. 10. 46. 47.
[2]) Cod. f. 344 b: αὐτόλογον.
[3]) Phot. l. c. §. 15.

---

communicari, et quomodo forent adhuc proprietates eae quae mobiles sunt et excidunt, aut quomodo Trinitas crederetur esse Trinitas, si proprietates alterantur et confunduntur? In his enim proprietatibus iisque solis et Trinitas ut Trinitas cognoscitur et creditur et adoratur et discernitur. Quare et productorem Spiritus confitentes Deum Patrem (Filii enim genitor est, Spiritus vero productor, quod ex divinis eloquiis edocti sumus) non secundum naturae rationem, quae communiter de tribus divinis personis praedicatur, id intelligendo pie plane sentimus (alias enim et de reliquis duabus divinis personis dictum inveniretur, quum omnia quaecumque de Deo Patre, quatenus est Deus perfectus et completissimus, praedicantur, ea omnino et de duabus divinis personis aequo modo praedicanda sint), imo potius secundum personae rationem, juxta quam a reliquis divinis personis, Filio sc. ac Spiritu, Pater absque divisione distinctus et discretus est. Si vero hoc verum, quemadmodum et reipsa verum est, liquet semel concesso, Patris et Filii communem esse productionem, praedicta consequi absurda; et non solum ista, sed et communes de Deo notiones ac naturalis ratio enuntians, increatam ac divinam naturam viceversa se habere de quibus personis praedicetur, quam naturam creatam aliter se habentem, omnino intercident, confusione secundum illorum nugas ac commenta divinis personis inducta. Si vero tantam impietatis congeriem eorum ratio praeparavit (etenim

συναγομένης κατὰ τὸν αὐτῶν λῆρον καὶ μῦθον. Εἰ δὲ τοσοῦτον ἑσμὸν ἀσεβείας ὁ λόγος αὐτῶν ἐξήρτυσε (καὶ γὰρ ἑνὸς ἀτόπου δοθέντος τὰ μυρία ἕψεται, σοφός τις ἔφη), φανερὸν ὅτι τὸ πνεῦμα ἐκ τοῦ θεοῦ καὶ πατρὸς πρόεισι μόνως ἐκπορευτῶς καθὼς καὶ ὁ υἱὸς γεννητῶς.

VIII. Ἔτι εἰ τὸ πνεῦμα ἐκπορεύεται τοῦ υἱοῦ καθὼς ἐκ τοῦ πατρὸς, πότερον τὴν αὐτὴν ἐκπόρευσιν ἢ διάφορον; [1]) ἀλλ' εἰ μὲν διάφορον, ἢ κρείττων ἔσται τῆς πατρῴας ἢ χείρων ἢ ἴση· καὶ εἰ μὲν κρείττων, πάντως καὶ ὁ υἱὸς κρείττων ἔσται τοῦ πατρός· [2]) καὶ γὰρ ὧν ἡ κατὰ φύσιν προβολὴ κρείττων, πάντως αὐτὰ κρείττω· εἰ δὲ χείρων, ἔσται οὐ μόνον τὸ πνεῦμα ἑαυτοῦ χεῖρον καὶ κρεῖττον, ἐπεὶ κατὰ διάφορον ἐκπόρευσιν τὴν ὕπαρξιν ἔχει, ἀλλὰ καὶ ὁ υἱὸς οὐχ ὁμοούσιος τῷ θεῷ καὶ πατρί· καὶ γὰρ ὧν αἱ κατὰ φύσιν προβολαὶ τὸ χεῖρον ἔχοιεν, τούτων καὶ αἱ φύσεις χείρους· εἰ δὲ ἴση, ἡ αὐτή ἐστι τῆς πατρῴας· εἰ δὲ ἡ αὐτὴ, πότερον συντελεῖ εἰς ὕπαρξιν τοῦ πνεύματος ἢ οὔ; εἰ μὲν οὐ συντελεῖ, μάτην· οὐδὲν δὲ ἐν θεῷ μάτην· εἰ δὲ συντελεῖ, ἢ ἀτελὴς ἔσται τοῦ πατρὸς ἡ προβολὴ καὶ τούτου [3]) χάριν καὶ αὐτὴν συλλαμβάνεται· εἰ δὲ τελεία ἡ πατρῷα τοῦ πνεύματος προβολὴ (πῶς γὰρ οὔ; καὶ γὰρ ἐπαρκεῖ εἰς τελείαν ὕπαρξιν τῷ πνεύματι) περιττὴ πάλιν ἡ τοῦ υἱοῦ· [4]) οὐ γάρ τι δώσουσι τῶν περὶ τὸ πνεῦμα συντελεῖν τὴν ἐκ τοῦ υἱοῦ ἐκπόρευσιν

[1]) Cf. Phot. l. c. §. 35. Hoc cap. exhibet Hugo Eth. L. II c. 2.
[2]) Cod. f. 345 a: πνεύματος.
[3]) Cod. τοῦ.
[4]) Cf. Phot. l. c. §. 7. 31.

---

uno dato absurdo sexcenta sequentur, ut sapiens quidam dixit), liquet Spiritum ex Deo Patre solummodo per processionem prodire, sicut Filius prodit per generationem.

VIII. Praeterea si Spiritus procedit ex Filio sicut ex Patre, an eamdem hinc habet processionem an diversam? (H.: aut secundum eamdem processionem aut secundum differentem.) Si differens, aut potior (ed. prior) paterna erit aut deterior aut aequalis. Quodsi potior, erit prorsus Patre Filius melior; nam quorum secundum naturam emissio potior, omnino et ipsa meliora sunt. Quodsi pejor, erit non solum Spiritus seipso deterior et potior, eo quod differenti processione habeat existentiam, sed et Filius minime consubstantialis Deo Patrique; namque (ed. nempe) quorum secundum naturam emissiones deterius habent, horum et naturae deteriores sunt. Quodsi aequalis, eadem erit paternae. Si eadem, quaero, utrum actu compleat existentiam (conferat in existentiam) Spiritus an non. Si non complet, frustra est; nihil autem circa Deum frustra. Si opere complet, vel imperfecta est ex Patre emissio, quamobrem et ipsam assumit; vel si perfecta est paterna Spiritus emissio (quomodo enim non? nam sufficit Spiritui ad existentiam [H.: cum perfectam existentiam Spiritui efficiat]), superflua

διὰ τὸ ταὐτὴν εἶναι τῆς πατρῴας καὶ τὸ ἀσύνθετον τῆς ὑπάρξεως τοῦ πνεύματος.

IX. Ἔτι εἰ πᾶν ὅπερ ἂν ἐπὶ τῆς ζωαρχικῆς καὶ παντουργοῦ τριάδος κατηγορεῖται, ἢ κοινῶς ἐπὶ τῶν τριῶν θεαρχικῶν ὑποστάσεων εὕρηται λεγόμενον, δηλονότι ταυτοτρόπως καὶ συνωνύμως,[1]) καὶ οὐ διαφόρως, ἢ ἰδίως ἐπὶ μιᾶς χωρὶς τῶν ἐπὶ δύο ὑποστάσεων οὐ ταυτοτρόπως λεγομένων, ὡς τὸ αἰτιατὸν καὶ τὰ ὅμοια· ἡ δὲ προβολὴ τοῦ πνεύματος ἡ ἐκ πατρὸς καὶ υἱοῦ ταυτοτρόπως οὖσά τε καὶ λεγομένη οὔτε κοινὴ τῶν τριῶν οὔτε μιᾶς τινος μόνης, ὡς οἱ τὸ πνεῦμα καὶ ἐκ τοῦ υἱοῦ ἐκπορεύεσθαι διατεινόμενοι λέγουσιν·[2]) οὐκ ἄρα ὅλως ἐν τῇ ζωαρχικῇ καὶ παντουργῷ καὶ τελείᾳ τριάδι ἡ τοῦ πνεύματος προβολὴ πρόςεστιν· ὅπερ ὡς πάντη δύςφημον καὶ τῆς τῶν χριστιανῶν μερίδος ἀλλότριον ποῤῥωτάτω τὴν κατὰ τοῦ ἁγίου πνεύματος οὑτωσὶ κενοφωνίαν[3]) καὶ βλασφημίαν ἀποσειόμεθα.

X. Ἔτι[4]) εἰ πᾶσα εἰκὼν ἀμυδροτέραν ἔχει τὴν ἐμφέρειαν οὗτινος ἂν καὶ λέγοιτο εἶναι εἰκὼν, χωρὶς δηλονότι τῆς φυσικῆς λεγομένης· ἔστι δὲ ὁ ἄνθρωπος εἰκὼν θεοῦ ὡς κατ' εἰκόνα θεοῦ δημιουργηθείς· οὗτος δὲ διπλοῦς χρηματίζων

[1]) Haec affert Hugo L. II c. 3.
[2]) Cf. Phot. §§. 36. 64.
[3]) fort.: καινοφωνίαν.
[4]) Sequ. dat Hugo Ether. L. II c. 5. Rursum leguntur apud Camat. l. c. syllog. 31 f. 88 b.

---

rursum ea quae ex Filio (H.: superabundat rursus quae ex F.) Neque enim concedent, quid eorum quae sunt circa Spiritum conferre processionem ex Filio, eo quod eadem sit paternae et Spiritus existentia haud sit composita. (H.: Nihil praestat enim circa Spiritum completionis, eo quod illa, quae ex Filio, eadem paternae sit [atque] etiam propter existentiae Spiritus simplicitatem.)

IX. Omne quod de zoarchica et omniconditrice Trinitate praedicatur, aut communiter de tribus personis divinis eodemque modo et univoce, et non differenter dictum reperitur, aut proprie de una, praeter ea quae de duabus personis, non eodem tamen modo dicuntur, cujusmodi est causatum et similia. Jam vero productio Spiritus, quae ex Patre et Filio, eodem modo quum existat dicaturque, neque trium communis neque unius cujusquam personae solius est, ut tradunt ii qui Spiritum ex Filio quoque procedere contendunt. Non igitur plane in zoarchica et omnipotenti ac perfecta Trinitate adest Spiritus productio. Quod ut omnino blasphemum et a christianorum sorte alienum quam longissime ablegamus veluti inanem dictionem ac blasphemiam contra Spiritum sanctum.

X. Omnis imago disparem (obscuriorem) habet circumferentiam ad illum, cujus imago esse dicitur, praeter illam quae naturaliter (naturalis) dicta est. Est (ed. cum) autem homo imago Dei ut (ed.: et) ad imaginem Dei conditus; hic autem cum duplex sit,

διπλῆν πρὸς τὴν ζωαρχικὴν τριάδα τὴν ἐξ ἀναλόγου [1]) ὁμοιότητα φέρει· καθ' ἓν μὲν ὅτι ὁ πρῶτος ἄνθρωπος ἀγέννητος (πλάσμα γάρ), ὁ δὲ Σὴθ γεννητός (γέννημα· γάρ), ἡ δὲ Εὔα οὐδέτερον τούτων (καὶ γὰρ τμῆμα)· [2]) καθ' ἕτερον δὲ ὅτι ὁ νοῦς ἡμῶν ἀπαθῶς καὶ ἀῤῥεύστως γεννήτωρ ἐστὶ τοῦ ἐν ἡμῖν λόγου, [3]) ὁ δὲ λόγος τοῦ νοὸς γέννημα καὶ τὸ πνεῦμα ἕτερον τοῦ τε νοὸς καὶ τοῦ λόγου ὂν ἐν ἡμῖν σὺν τῷ λόγῳ πρόεισιν· εἰ δὲ ἐπ' ἀνθρώπου θεωρούμενον τὸ κατ' εἰκόνα θεοῦ τὴν τῶν ὑποστατικῶν ἰδιοτήτων διαφοράν, καθ' ἣν πρὸς τὴν ἁγίαν τριάδα τὴν ἐξ ἀναλόγου [1]) ἀποσώζει ὁμοίωσιν, ἀκοινώνητον [4]) πρὸς τὰς λοιπὰς ὑποστάσεις τὰς συμπαραληφθείσας εἰς τὴν τοῦ κατ' εἰκόνα δήλωσιν τῆς ἐμφερείας ἤγουν ὁμοιώσεως ἔχει· οὐδὲ γὰρ ἂν ἔχοι τις πλάσαι ποτὲ τὸ ἰδίωμα τοῦ πρώτου ἀνθρώπου, ἵνα καὶ προσάψῃ τῷ Σὴθ ὡς κοινόν, οὔτε μὴν τῆς Εὔας πρὸς ἑκατέρους, τόν τε γεννήτορα καὶ τὸ γέννημα, οὔτε δ' αὖ πάλιν τοῦ γεννήματος τὸ γεννητὸν τῷ Ἀδὰμ ἢ τῇ Εὔᾳ· ὡςαύτως δὲ καὶ ἐπὶ τὰ ἐντὸς σκοπῶν τὸ αὐτὸ ἂν ἴδοις· τὸ γὰρ τοῦ νοὸς ἰδίωμα, ὃ τοῦτον [5]) αὐτὸν γεννήτορα συνιστᾷ [6]) τοῦ λόγου, οὐκ· ἂν εὕροις ἐπὶ τοῦ λόγου, οὔτε μὴν τοῦ

[1]) ἐξ ἀναλογίας Camat. l. c.
[2]) Ex Naz. Or. 31 s. theol V. n. 11 p. 562 ed. Clem. Cf. Dam. I 8 p. 135.
[3]) λόγου omitt. Cod. f. 345, b; sed habet Cam. l. c. Cf. Naz. Or. 23 n. 7 p. 431 seq.
[4]) ἔχει hic addit Camat.
[5]) Sic Cam., text. f. 345. b: τοῦτο.
[6]) Cam.: παριστᾷ.

duplicem ad zoarchicam Trinitatem ex proportione (ed. mend.: propositione) similitudinem refert: uno quidem modo, quoniam primus homo ingenitus est (plasma enim est), Seth vero genitus (est enim genimen), at Eva neutrum horum, quia sectio (segmentum) est; altero vero modo, quoniam mens nostra impassibiliter et sine fluxu generatrix est ejus quae in nobis est orationis; existit quippe oratio mentis genimen; sed enim spiritus, diversus a mente cum sit ac oratione, in nobis cum oratione provenit (prodit). Ergo quando (ed. quidem) in homine consideratur id quod est ad imaginem Dei circa hypostaticarum proprietatum differentiam, secundum quam ad sanctam Trinitatem ex proportione remetitur similitudinem, incommunicabile est ad reliquas personas, quae comprehenduntur sub demonstrata imagine circumferentiae, similitudinis scilicet (quae simul assumtae sunt ad manifestandam similitudinem ejus quod est secundum imaginem). Magis autem cum non habeat (Neque enim poterit) quis fingere aliquando idioma primi hominis contingere Seth ut commune, neque quidem (etiam) Evae ad alterutrum, genitorem dico et genimen; sive rursus geniminis nascibile Adam (Adae) vel Evae. Similiter autem ea quae interius sunt si speculeris, idem videas. Nam mentis idioma, quod quidem illam orationis genitricem constituit, non invenies in oratione, neque etiam orationis ut nascibilis (geniminis) in mente,

λόγου ὡς γεννήματος ἐπὶ τοῦ νοὸς οὔτε τοῦ πνεύματος ὡς πνεύματος.[1]) Εἰ δὲ ἐπὶ τῶν εἰκονικῶς ἐξ ἀναλόγου[2]) ἀμυδράν τινα τὴν ἐμφέρειαν ἤγουν τὴν ὁμοίωσιν ἐχόντων ἀκοινώνητος ἡ τῶν ἰδιοτήτων διαφορὰ εὕρηται, πολλῷ ἂν μᾶλλον ἐπὶ τῆς ὑπὲρ νοῦν καὶ ἔννοιαν οὔσης καὶ ἀναλλοιώτου καὶ ἀμετακινήτου πάντη τριάδος εὕροι ἄν τις τὴν τῶν ὑποστατικῶν ἰδιοτήτων ὕπαρξιν ἀκοινώνητον· καὶ γὰρ εἰ τὸ ἧττον δοκοῦν ὑπάρχειν[3]) ὑπάρχει, καὶ ὃ μᾶλλον δοκεῖ ὑπάρχειν[3]) ὑπάρξει·[4]) δοκεῖ δὲ πολλῷ ἧττον, μᾶλλον δὲ ἀπείρῳ λόγῳ ἐν τῇ ῥευστῇ καὶ κτιστῇ φύσει καὶ τρεπτῇ τὸ μὴ κινεῖσθαι καὶ μεταπίπτειν τὰς ἰδιότητας τῶν ὑποστάσεων, καθ' ἣν τὴν ἐμφέρειαν ἤγουν τὴν ὁμοίωσιν ἐξ ἀναλόγου τοῦ[5]) κατ' εἰκόνα φέρει, πολλῷ ἂν μᾶλλον ἐν τῇ ἀτρέπτῳ καὶ ἀναλλοιώτῳ καὶ ἀεὶ ὡσαύτως ἐχούσῃ φύσει τοῦτο ὑπάρξει.[6]) Εἰ δὲ τοῦτο ἀληθὲς, ὡς δέδεικται, οὐκ ἄρα ἐστὶν ἡ τοῦ πνεύματος προβολὴ κοινὴ πατρὸς καὶ υἱοῦ, ὡς οἱ τοῦτο δυςφήμως καὶ τὰ μάλιστα ἀσεβοῦντες δογματίζουσιν.

XI. Ἔτι εἰ πᾶσιν οἷς τὸ κρίνειν ἐπιστημόνως καὶ ὀρθῶς πρόςεστι δῆλον καθέστηκεν, ὅτι τῶν ἰδιωμάτων τὰ μὲν φύσεως εἶναι λέγεται, οἷον τοῦ ἀνθρώπου τὸ γελαστικὸν, τὰ δὲ ὑποστάσεως, οἷον τοῦ Ἀδὰμ τὸ

[1]) Hugo Eth. l. c.: „De oratione vero, spiritu et mente dico, quod languida similitudo sit et nequaquam familiaris proposito, utro modo λόγος, ratio sive oratio accipiatur; nam mens rationem non generat, cum potius ex ipsa suo modo constitutionem habere videatur. Quare tantum de ratione cum voce prolata intelligenda est comparatio" etc.

[2]) ἐξ ἀναλογίας Camat. l. c.

[3]) Sic Camat.; text. noster ὑπάρχον.

[4]) Cam. ὑπάρχει.

[5]) Cam. τῷ.

[6]) Hucusque Camat. f. 89 a.

neque spiritus ut spiritus. Quodsi in his, quae imaginabiliter (per rationem imaginis) ex proportione languidiorem aliquam circumferentiam, scilicet (sive) similitudinem habent, incommunicabilis proprietatum differentia invenitur: multo magis in ea, quae ultra sensum et intelligentiam est, in inalterabili et incommutabili prorsus Trinitate quis inveniat personalium proprietatum existentiam incommunicabilem. Nam si quod minus videtur inesse, inerit, et quod magis videtur inesse, inerit; videtur autem multo minus, immo infinita ratione minus, quod in defluxa et creata convertibilique natura est non moveri neque commutari proprietates personarum, secundum quas ex proportione similitudinem imaginis repraesentat; multo autem magis in ea, quae inconvertibilis et inalterabilis et semper similiter se habens, natura hoc inerit. Quod si verum, ut demonstratum est, non igitur Spiritus emissio communis est Patris et Filii, ut qui hoc dicunt detestabiliter et maxime impie agentes dogmatizant.

XI. Cunctis, qui recte ac sapienter judicare possunt, manifestum est, ex proprietatibus alias esse quae naturae esse dicuntur, velut hominis risibile, alias vero hypostaseos, velut Adae figmentum vel Evae segmentum esse

πλάσμα ἢ τῆς Εὔας τὸ τμῆμα καὶ ἄλλων ἄλλα· καὶ τὰ μὲν φύσεως ἰδιώματα οἱ περὶ ταῦτα δεινοὶ τετραχῶς ἀφορίζουσι· τὰ μὲν μόνῳ καὶ παντὶ καὶ ἀεὶ ἐνυπάρχειν, οἷον τὸ γελαστικὸν τῷ ἀνθρώπῳ, τὰ δὲ μόνῳ μὲν καὶ ποτὲ, οὐ μὴν δὲ καὶ παντὶ, ὡς ἀνθρώπῳ τὸ γεωμετρεῖν, τὰ δὲ παντὶ μὲν καὶ ἀεὶ, οὐ μόνῳ δὲ, ὡς ἀνθρώπῳ τὸ δίποδι, τὰ δὲ μόνῳ καὶ παντὶ, οὐκ ἀεὶ δὲ, ὡς ἀνθρώπῳ τὸ ἐν γήρᾳ πολιοῦσθαι· ὡςαύτως δὲ καὶ τὰ ὑποστατικὰ τετραχῶς ἀφορίζονται· τὰ μὲν μόνῳ καὶ ποτὲ ἐνυπάρχειν, τὰ δὲ μόνῳ καὶ ἀεὶ, τὰ δὲ ποτὲ μὲν, οὐ μόνῳ δὲ, τὰ δὲ ἀεὶ μὲν, οὐ μόνῳ δέ· σκεπτέον ἄρα κατὰ τὸν τῆς ἀφύκτου διαιρέσεως λόγον, τίσι τῶν ἰδιωμάτων τῶν τε φυσικῶν τῶν τε ὑποστατικῶν κατὰ τὸ ἑνιαῖον καὶ μοναδικὸν τῆς φύσεως τοῦ ἑνὸς θεοῦ καὶ κυρίου καὶ τὸ τριςυπόστατον τῶν θεαρχικῶν ὑποστάσεων, φημὶ δὴ πατρὸς καὶ υἱοῦ καὶ ἁγίου πνεύματος, ὡς θεμιτὸν ἐφαρμόζει· τὰ μὲν οὖν τρία σημαινόμενα τῶν τῆς φύσεως ἰδιωμάτων, ὧν ἡ διαίρεσις ὑστέρως παρέθηκε, ταῦτα ἐπὶ τῶν θεαρχικῶν ὑποστάσεων ὡς μιᾶς θεότητος ἤτοι οὐσίας καὶ φύσεως ἐν αὐτοῖς θεωρουμένης, καὶ ἑνὸς ὄντος θεοῦ καὶ κυρίου τῶν τριῶν ὑποστάσεων κατὰ τὸ ἑνιαῖον τῆς φύσεως οὐκ ἄν ποτε λεχθείη· τὸ μὲν γὰρ πάσῃ θεαρχικῇ ὑποστάσει τῶν κατὰ τὸν τῆς θείας φύσεως ἰδιωμάτων λόγον ποτὲ λέγεσθαι ἐν αὐταῖς ὑπάρχειν πάντη ἀθέμιτον καὶ ἀπαίσιον· οὐδὲν γὰρ ἐν ταῖς θεαρχικαῖς ὑποστάσεσιν οὔτε κατὰ τὸν τῆς μιᾶς θεότητος λόγον ἐν αὐτοῖς θεωρούμενον οὔτε κατὰ (τὸν) τῶν ἰδιωμάτων (λόγον) εὕρηταί τί ποτε λεγόμενον διὰ τὸ πολλὰ εἶναι τὰ ἄτοπα· ἢ γὰρ ἀτελῶς ἡ θεία φύσις εὑρεθήσεται τῶν θεαρχικῶν ὑποστάσεων κατηγορουμένη, ἢ καὶ αὐτὰς τὰς θεαρχικὰς ὑποστάσεις

---

aliorumque alias. Atque naturae quidem proprietates hi qui circa ista praevalent scientia quadrupliciter dividunt: alia soli et omni et semper insunt, velut risibile homini, alia vero soli et aliquando, non vero omni, ut homini geometriam nosse, alia omni et semper, non tamen soli, ut homini bipedem esse, alia autem soli et omni, non tamen semper, ut homini in senectute canum fieri. Pari modo et personales proprietates quadrupliciter dividuntur: alia soli et aliquando insunt, alia vero soli et semper, alia aliquando quidem, non tamen soli, alia semper, non tamen soli. Considerandum itaque est secundum inevitabilis hujus divisionis rationem, quibusnam ex proprietatibus sive naturalibus sive personalibus secundum unitatem et singularitatem naturae unius Dei ac Domini et divinarum personarum Trinitatem, Patris videlicet et Filii et Spiritus sancti, uti fas est, congruat. Tria igitur significata naturalium proprietatum, quae divisio posterius proposuit, haec de divinis personis, quum una deitas sive substantia ac natura in ipsis consideretur atque unus verus Deus ac Dominus sint tres personae, secundum naturae unitatem haud dicentur unquam; nam omni divinae personae quid proprietatum secundum divinae naturae rationem aliquando inesse dici prorsus nefas et indignum est; etenim in divinis personis neque secundum rationem unius divinitatis in ipsis consideratam neque secundum idiomatum rationem aliquando dictum quid reperitur, propterea quod multa inde fluunt absurda. Vel enim imperfecte de divinis personis praedicata reperietur divina natura vel et ipsas

κατὰ τὸν οἰκεῖον λόγον ἀτελεῖς εἶναι καὶ ἐπίκτητον καὶ ἐπισκευαστὸν ἐν τῇ ὑπερουσίῳ καὶ ζωαρχικῇ τριάδι ὀφθήσεται καὶ διὰ τοῦτο γινόμενον καὶ ἀπογινόμενον, ὅπερ ἐστὶ πάντῃ ἀσεβές· οὔτε κατὰ μιᾶς τῶν θεαρχικῶν ὑποστάσεών τι [1]) τῶν τῆς θείας φύσεως ἰδιωμάτων μόνης ποτὲ κατηγορηθήσεται διὰ τὸ τὰ τῆς φύσεως ἰδιώματα κοινὰ εἶναι τῶν θεαρχικῶν τριῶν ὑποστάσεων καὶ ἀεὶ προςεῖναι διὰ τὸ ἀναλλοίωτον καὶ ἄτρεπτον, οὔτε δ' αὖ πάλιν τι τῶν ἰδιωμάτων τῆς θείας φύσεως κατὰ πάσης θεαρχικῆς ὑποστάσεως κατηγορούμενον [2]), οὐ μόνον δὲ διὰ τὸ μηδέ τινι τῶν ὄντων τὸ θεῖον ἐπικοινωνεῖν, καὶ ὁμοφυὲς καὶ ὁμοούσιον πρός τι λέγεσθαι, ἀλλ' ὑπερκεῖσθαι ἀσυγκρίτως πάσῃ γενητῇ φύσει ὡς ὑπερούσιος· λείπεται κατὰ τὸ κυρίως ἴδιον, ὃ διεγράφετο τῷ μόνῳ καὶ παντὶ καὶ ἀεί· καὶ γὰρ μόνῳ τῷ ἑνὶ θεῷ καὶ μονάρχῃ πρόςεστιν ὡς ἰδίωμα φύσεως ὂν τὸ ἐν τῷ παντὶ ἀμερίστως καὶ ἀπεριγράπτως καὶ ὑπὲρ τὸ πᾶν παρεῖναι, καὶ τὸ ἐξουσίαν ἔχειν ἀφιέναι τοῖς ἀνθρώποις τὰ ἁμαρτήματα καὶ ἄλλα ὅσα πλεῖστα· ταῦτα δὲ πάσῃ θεαρχικῇ ὑποστάσει ἁρμόζει· καὶ γὰρ ὁ πατὴρ πανταχοῦ πάρεστιν ἀμερίστως καὶ ἀπεριγράπτως ὡς θεὸς τέλειος καὶ ὁ υἱὸς ὡςαύτως τέλειος ὢν θεὸς καὶ τὸ πανάγιον πνεῦμα καὶ αὐτὸ τέλειος ὂν [3]) θεός· καὶ γὰρ ἐκ τριῶν τελείων ἓν τέλειον καὶ ὑπερτελὲς ἡμῖν τοῖς χριστιανοῖς, τὸ σεβαζόμενον. Τὰ δέ γε μὴν ὑποστατικὰ τὰ μὲν δύο, τά [4]) τε μιᾷ μόνῃ καὶ ποτὲ καὶ τὰ οὐ μιᾷ μόνῃ καὶ ποτὲ κατηγο-

[1]) *Τί* omitt. Cod. f. 346, b.

[2]) Videtur *ποτέ* supplendum vel aliter legendum. Sequens ratio suspicionem ingerit, quaedam esse a scriptore omissa.

[3]) Cod. f. 346 b: *ὤν*.

[4]) Cod. *τό*, sequ. *τό*.

---

divinas personas secundum propriam rationem imperfectas esse et adscititium adventitiumque in superessentiali et zoarchica Trinitate conspicietur, atque idcirco nascens et denascens, quod prorsus impium; neque de una divinarum personarum sola quaepiam ex naturae proprietatibus aliquando praedicabitur eo quod communes sunt naturae proprietates tribus personis divinis et semper eis adsunt propter inalterabilitatem et immutabilitatem, neque rursum quaepiam e divinae naturae proprietatibus de omni divina hypostasi; non solum (vero) quia nulli rerum existentium deitas communicat et consubstantialis atque ejusdem naturae ad aliquid dicitur, sed incomparabiliter universae factae naturae ut superessentialis supereminet. Relinquitur ut sit secundum id quod proprio sensu proprium, quod describebatur ut soli et omni et semper. Etenim soli Deo uni et monarchae adest ut naturae proprietas, quod in omni (universo) indivise et incircumscripte et super omne (universum) sit praesens et potestatem habeat dimittendi hominibus peccata et alia ejusmodi quam plurima. Haec vero omni divinae personae conveniunt. Nam Pater ubique adest indivise et incircumscripte ut Deus perfectus, et Filius pari modo perfectus Deus, et sanctissimus Spiritus et ipse Deus perfectus; ex tribus enim perfectis unum perfectum et superperfectum nos christiani colimus. Ex personalibus vero proprietatibus alias duabus, alias

ρεῖσθαι ἐπὶ μιᾶς τῶν θεαρχικῶν ὑποστάσεων παντελῶς ἀλλότριον καὶ ἀσεβὲς καθίσταται· λείπεται τῶν δύο τὸ ἕτερον· τό τε μιᾷ μόνῃ καὶ ἀεὶ τὰ ὑποστατικὰ ἰδιώματα κατηγορεῖσθαι, ἢ οὐ μόνῃ, ἀεὶ δέ· ἀλλὰ τὸ μὲν οὐ μόνῃ καὶ ἀεί τι τῶν ὑποστατικῶν ἰδιοτήτων κατηγορεῖσθαι ἐπὶ τῶν θεαρχικῶν ὑποστάσεων σύγχυσιν ἐμποιεῖ τοῦ ἰδίου γνωρίσματος τῆς ὑποστάσεως κατὰ τὸ οὐ μιᾷ, ἀλλὰ κοινὸν εἶναι τὸ ἰδίωμα, καὶ διὰ τοῦτο φεύγει εἶναι αὐτὸ ὅπερ ἐστὶ διὰ τὸ καὶ ἐπ' ἄλλους μεταχωρεῖν καὶ μεταπίπτειν παὶ διὰ τὸ μὴ τὸ ἴδιον τῆς ὑποστάσεως ἐκ τοῦ κοινοῦ χαρακτηρίζεσθαι. Ἐπεὶ οὖν τὸ οὐ μιᾷ καὶ ἀεὶ θεαρχικῇ ὑποστάσει κατηγορεῖσθαι τὰ ὑποστατικὰ ἰδιώματα ὁ λόγος ἔδειξε ψευδὲς διὰ τὰ ἑπόμενα ἄτοπα καὶ ἀδύνατα, λείπεται κατὰ τὸ ἓν σημαινόμενον, ὃ ὑπεγράφετο τῇ μιᾷ μόνῃ καὶ ἀεὶ προςεῖναι τὰ ὑποστατικὰ ἰδιώματα, ὅπερ ἀληθές ἐστι καὶ ταῖς κοιναῖς περὶ θεοῦ ἐννοίαις ἁρμόττει καὶ ταῖς τῶν θεηγόρων πατέρων διδασκαλίαις συνᾴδει. Ἐπεὶ οὖν ὁ λόγος ταῦτα ἐξ ἀφύκτου διαιρέσεως παρέστησεν ὡς θεμιτὸν καὶ ἀναγκαῖον πρόςεστιν, ἐν ταῖς θεαρχικαῖς ὑποστάσεσι τὰ ὑποστατικὰ ἰδιώματα μιᾷ μόνῃ καὶ ἀεὶ προςεῖναι, δι' ὧν ἡ τριὰς τριὰς εἶναι γνωρίζεται καὶ χαρακτηρίζεται καὶ παρ' ἡμῶν τῶν χριστιανῶν πιστεύεται καὶ προςκυνεῖται, φανερὸν ὅτι ὁ πατὴρ πατὴρ μόνως ἐστὶ καὶ κυρίως, καὶ προβολεὺς μόνως καὶ κυρίως, καὶ τὸ πνεῦμα τὸ ἅγιον ἓν πνεῦμα ἅγιόν ἐστι καὶ κυρίως καὶ μόνως. Εἰ δὲ τοῦτο ἀληθὲς, ὡς ἀποδέδεικται, ἀσεβῶς καὶ ματαίως τινὲς τὸ πανάγιον πνεῦμα ἐκ τοῦ υἱοῦ ἐκπορεύεσθαι καθὼς ἐκ τοῦ πατρὸς δογματίζουσιν.

---

uni et soli et aliquando, alias non uni soli et aliquando adscribi ex divinis personis alienum prorsus et impium existit; reliquum est ex duobus alterutrum: vel de una sola et semper personales proprietates praedicari vel non de sola, semper tamen. Sed non de sola, attamen semper aliquid praedicari ex personalibus proprietatibus de divinis personis confusionem generat propriae tesserae hypostaticae secundum id quod non uni propria, sed communis erit proprietas, atque idcirco desinit esse quod est, propterea quod et in alios migrat et transit, atque quod proprium personae minime ex communi insignitur et distinguitur. Quoniam igitur ratio falsum ostendit non de una et semper praedicari divina persona proprietates personales, ob consequentia inde absurda et impossibilia, reliquum est, ut secundum unum significatum, qui describebatur uni soli et semper, insint personales proprietates, quod verum est et communibus de Deo notionibus consentaneum atque doctrinis Patrum divinitus excitatorum omnino consonum. Quum itaque ratiocinatio haec ex inevitabili divisione rectum ac necessarium esse ostenderit, in divinis personis personales proprietates uni soli semperque convenire, per quas Trinitas esse Trinitas cognoscitur et distinguitur et a nobis christianis creditur adoraturque, manifestum est, Patrem solummodo ac proprie esse Patrem, et solummodo ac proprie productorem, et Spiritum sanctum unum Spiritum sanctum esse proprie ac solum. Si vero hoc verum, ut probatum est, impie ac vane nonnulli sanctissimum Spiritum ex Filio procedere sicut ex Patre arbitrantur.

XII. Ἔτι εἰ ὁ θεὸς καὶ πατὴρ καθὸ ἀρχὴ καὶ αἰτία τοῦ παντός ἐστί τε καὶ λέγεται, ἤγουν κατὰ τὸ ποιητικὸν αἴτιον εἴτουν δημιουργικὸν, καὶ ὁ υἱὸς καὶ τὸ πνεῦμα ἀρχή ἐστι τοῦ παντὸς, εἴπερ εἷς θεὸς μετὰ πατρὸς ὁ υἱὸς καὶ τὸ πνεῦμα τὸ ἅγιον καὶ ἐστὶ καὶ θεολογεῖται καὶ καλῶς παρὰ τῶν εὐσεβῶν πιστεύεται· ἀλλὰ καὶ πᾶσα θεϊκὴ ἐνέργεια μία τίς ἐστιν, ἐκ πατρὸς μὲν ἐφορμῶσα καὶ δι' υἱοῦ ἐνεργουμένη καὶ ἐν τῷ πνεύματι τῷ ἁγίῳ τελειουμένη, ὅθεν καὶ πάντα τὰ ὄντα ἐκ πατρὸς δι' υἱοῦ δεδημιούργηνται καὶ ἐν τῷ πνεύματι τῷ ἁγίῳ τὴν τελείωσιν ἔσχε· καὶ γὰρ δεῖ νοεῖν πρῶτον μὲν τὴν προκαταρκτικὴν αἰτίαν τῶν γινομένων τὸν πατέρα, τὴν δημιουργικὴν τὸν υἱὸν, τὴν τελειωτικὴν τὸ πνεῦμα,[1]) ὥστε δηλονότι ὁ θεὸς καὶ πατὴρ καθὸ αἰτία καὶ ἀρχὴ ἤγουν ποιητική ἐστι τοῦ παντὸς καὶ ὁ υἱὸς καὶ τὸ πανάγιον πνεῦμα κοινωνεῖ· καθὸ δὲ αἰτία καὶ ἀρχὴ τῶν ἐξ αὐτοῦ, τουτέστιν ἐκ τῆς οὐσίας αὐτοῦ κατὰ φύσιν ἀχρόνως καὶ ἀπαθῶς καὶ συναϊδίως προελθόντων, καὶ οἷον εἰπεῖν πηγὴν ὄντα τὸν θεὸν καὶ πατέρα καὶ ὡς ἐκ πηγῆς ἐκεῖθεν ἐνυποστάτως πηγάζοντα οὐ δημιουργικῶς (ἄπαγε τῆς ἀσεβείας) ἀλλὰ τὸ μὲν ὡς γέννημα, τὸ δὲ ὡς πρόβλημα, διαστέλλεται δὲ καὶ διακέκριται τοῦ υἱοῦ καὶ τοῦ πνεύματος διὰ τὸ ταῦτα αἰτιατῶς τὸ εἶναι ἐξ αὐτοῦ ἔχειν, τὸν μὲν γεννητῶς, τὸ δὲ ἐκπορευτῶς, τὸν δὲ θεὸν καὶ πατέρα ἀναιτίως καὶ ἀνάρχως[2]) τὸ εἶναι ἔχοντα. Εἰ οὖν κατὰ τοῦτο δέδοκται τοῖς καλῶς καὶ εὐσεβῶς νοεῖν ἐθέλουσι περὶ τῶν θεαρχικῶν ὑποστάσεων ὁ πατὴρ[3]) καθὸ αἰτία

[1]) Basil. de Sp. S. c. 16 n. 38.

[2]) Cod. f. 347, b: ἀχρόνως.

[3]) Sic in marg. corrigitur lectio, dum in textu est: τῷ πατρί.

XII. Deus Pater quatenus principium et causa universi est ac dicitur, sive secundum effectricem sive conditricem causam, et Filius ac Spiritus sanctus principium est universi, quandoquidem unus Deus cum Patre Filius et Spiritus sanctus et est et rite praedicatur recteque a piis creditur; sed et omnis divina operatio una quaedam est, ex Patre quidem exordiens, et per Filium patrata et in Spiritu sancto consummata, unde et cunctae res existentes a Patre per Filium conditae et in Spiritu sancto consummationem nactae sunt; etenim cogitemus primum oportet principalem ac primariam rerum causam Patrem, conditricem causam Filium, perfectricem Spiritum sanctum; unde et Deus Pater, quatenus causa et principium est universi efficiens, et Filius ac sanctissimus Spiritus communicant; quatenus vero est causa ac principium eorum, quae ex ipso, id est ex ejus substantia secundum naturam sine tempore et sine passione ac coaeterne prodeunt, atque ut ita dicam cum fons existat Deus Pater, quasi e fonte exinde in propriis personis scaturiunt non per modum creationis (apage cum ista impietate!), sed alterum ut genitum, alterum ut spiratum, distinguitur et secernitur a Filio et Spiritu, eo quod hi causate ex ipso habent existentiam, alter per generationem, alter per processionem, Deus vero Pater a se absque causa et principio habet esse. Si itaque secundum hoc iis, qui recte pieque cogitare

καὶ ἀρχὴ φυσικὴ τοῦ υἱοῦ καὶ τοῦ πνεύματός ἐστι διαστελλόμενος καὶ διαιρούμενος, ἵν' οὕτως εἴπω, ἀδιαιρέτως, οὐκ ἐγχωρεῖ κατὰ ταὐτὸ κοινωνεῖν τῷ υἱῷ καὶ τῷ πνεύματι· καὶ γὰρ ὥςπερ ἐν οἷς κοινωνεῖ τῷ υἱῷ καὶ τῷ πνεύματι οὐ πέφυκε τὸ παράπαν διαστέλλεσθαι καὶ διαχωρίζεσθαι, οὑτωσὶ καὶ καθὸ τὴν διάκρισιν καὶ διαστολὴν πρὸς τὸν υἱὸν καὶ τὸ πνεῦμα τὸ ἅγιον ἔχει ἀδύνατον κατὰ ταὐτὸ ἐπικοινωνεῖν. Εἰ οὖν ταῦτα ἀληθῆ ἀποδέδεικται, ἀδύνατον τὸν υἱὸν αἴτιον εἶναι τοῦ πνεύματος, ἵνα ᾖ ἐξ αὐτοῦ ἐκπορευτῶς καθὼς καὶ ἐκ πατρὸς, ἐπεὶ συμβαίνει καθὸ ὁ θεὸς καὶ πατὴρ διακέκριται, κατ' ἐκεῖνο πάλιν ἐπικοινωνεῖν, ὅπερ ἐστὶ πάντη ἀδύνατον καὶ ἀνακόλουθον, καὶ τὴν ἀντίφασιν συναληθεύειν, τὸ αὐτὸ κατὰ ταὐτὸ ἡνωμένον καὶ διακεκριμένον, ὅπερ ἐστὶν ἄτοπον ἐπί τινος τῶν ὄντων ταῦτα λέγειν, μήτι γε ἐπὶ τῶν θεαρχικῶν ὑποστάσεων· οὐκ ἄρα τὸ πανάγιον πνεῦμα καὶ ἐκ τοῦ υἱοῦ ἐκπορεύεται καθὼς καὶ ἐκ τοῦ πατρός.

XIII. Ἔτι εἰ πᾶσι μὲν τοῖς ἀοιδίμοις πατράσιν ἐκ τῶν ἱερῶν λογίων καὶ τῶν κοινῶν περὶ θεοῦ ἐννοιῶν ἀναλεγομένοις ὡμολόγηται, ὅτι τὸ ἓν μὲν ἐπὶ τῆς ζωαρχικῆς τριάδος κατά τε φύσιν καὶ οὐσίαν μοναχῶς ἐξαγγέλλεται διὰ τὸ μίαν καὶ τὴν αὐτὴν θεότητα ὁμοιοτρόπως, τουτέστιν ἀνελλιπῶς ἐν θεῷ πατρὶ καὶ ἐν θεῷ μονογενεῖ καὶ ἐν θεῷ ἁγίῳ πνεύματι θεωρεῖσθαι, διά τοι τοῦτο καὶ μοναρχίαν μίαν εἶναι πιστεύοντες δογματίζουσιν· ὡςαύτως δὲ καὶ ἐπὶ τῶν θεαρχικῶν ὑποστάσεων ἑκάστην μοναχῶς ἐξαγγέλλουσιν· ἐπεὶ δὲ εἷς θεὸς καὶ πατὴρ λέγεται καὶ κυρίως καὶ μόνως, ὡςαύτως δὲ καὶ μόνως

---

volunt de divinis personis, Pater quatenus principium et causa naturalis Filii ac Spiritus distinctus ac secretus, ut ita dicam absque divisione cernitur, non potest secundum idem cum Filio et Spiritu communicare. Etenim quemadmodum in quibus Filio ac Spiritui communicat, nequit omnino ab eis secerni et distingui: ita et quatenus ad Filium et Spiritum sanctum habet distinctionem et discretionem, fieri nequit, ut secundum idem ipsum communicet. Quod si haec vera ostensa sunt, impossibile Filium esse causam Spiritus sancti, ita ut ex ipso existat per processionem sicut et ex Patre, quum tunc eveniat, ut secundum id quo Deus Pater distinguitur, secundum hoc rursus communicet, quod est prorsus impossibile et inconveniens, utque simul vera sint contradictoria, idem secundum idem unitum et distinctum, quod est absurdum de quapiam rerum existentium dicere, nedum de divinis personis. Non ergo sanctissimus Spiritus etiam ex Filio procedit sicut et ex Patre.

XIII. Cunctis venerabilibus Patribus ex divinis eloquiis et ex communibus de Deo notionibus ratiocinantibus in confesso est, de vivificatrice Trinitate unum secundum naturam essentiamque singulariter enuntiari, propterea quod una eademque divinitas aequali modo, id est haud defective in Deo Patre et in Deo unigenito et in Deo Spiritu sancto consideratur, quare et unam monarchiam esse credunt ac praedicant. Pari modo vero et de divinis personis unamquamque singulariter enuntiant. Quoniam vero unus Deus Pater dicitur et proprie et unice, ac pariter unice ac proprie productor, et

προβολεὺς καὶ κυρίως, καὶ εἷς μονογενὴς υἱὸς καὶ κυρίως καὶ μόνως, καὶ ἓν πνεῦμα ἅγιον καὶ κυρίως καὶ αὐτὸ μοναδικῶς ἐξαγγελλόμενον, δι' ἑνὸς υἱοῦ τῷ ἑνὶ πατρὶ συναπτόμενον καὶ δι' αὐτοῦ ἀναπληροῦν τὴν πολυΰμνητον καὶ μακαρίαν τριάδα, οὗ[1]) καὶ τὴν πρὸς θεὸν πατέρα καὶ υἱὸν οἰκείωσιν ἱκανῶς ἐμφαίνει τὸ μὴ ἐν πλήθει τῆς κτίσεως τετάχθαι, ἀλλὰ μοναδικῶς καὶ αὐτὸ ἐκφωνεῖσθαι· οὐ γὰρ ἓν τῶν πολλῶν ἐστὶν, ἀλλ' ἕν ἐστιν, ὡς εἷς πατὴρ καὶ εἷς υἱὸς, καὶ ἓν πνεῦμα ἅγιον· κἂν γὰρ δέῃ συναριθμῆσαι, οὐχὶ ἀπαιδεύτῳ ἀριθμήσει πρὸς πολυθείας ἔννοιαν ἐκφέρονται· οὐ γὰρ κατὰ σύνθεσιν ἀριθμοῦσιν ἀφ' ἑνὸς εἰς πλῆθος ποιοῦντες τὴν παραύξησιν, ἓν καὶ δύο καὶ τρία λέγοντες, οὐδὲ πρῶτον καὶ δεύτερον καὶ τρίτον (ἐγὼ γὰρ θεὸς πρῶτος καὶ ἐγὼ μετὰ ταῦτα),[2]) ἀλλὰ θεὸν ἐκ θεοῦ τὸν υἱὸν καὶ γεννητῶς ὡς γέννημα προελθόντα καὶ τὸ πνεῦμα ὡςαύτως θεὸν ἐκ θεοῦ ἐκπορεύτως ὡς πρόβλημα προϊὸν καλῶς ἐπιστάμενοι προςκυνοῦσι καὶ ἡμᾶς ὡςαύτως πιστεύειν ἐκπαιδεύουσι· καὶ γὰρ τὸ ἰδιάζον τῆς ὑποστάσεως ὁμολογοῦσι καὶ μένουσι ἐπὶ τῆς μοναρχίας εἰς πλῆθος ἀπεσχισμένον τὴν θεότητα μὴ σκεδαννύντες διὰ τὸ μίαν ἐν θεῷ πατρὶ καὶ ἐν θεῷ υἱῷ καὶ ἐν θεῷ πνεύματι ἁγίῳ τὴν θεότητα ἀπαραλλάκτως θεωρεῖσθαι,[3]) ὡς ἔφαμεν. **Εἰ** οὖν οὕτω μὲν τοῖς ὀρθοτομεῖν περὶ τὴν πίστιν θέλουσιν αἱ τῶν θεοφόρων πατέρων διδα-

[1]) Cod. f. 348, a: ὅ. Sed Bas. de Sp. S. c. 18 n. 45 fin. ut supra.

[2]) Isai XLIV. 6.

[3]) Haec paucis mutatis desumta sunt ex Basil. lib. de Spir. S. cap. 18 n. 44 fin. n. 45. init.

---

unus unigenitus Filius et proprie et unice, unus etiam Spiritus sanctus et proprie et unice enuntiatus, per unum Filium uni Patri copulatus et per eum complens Trinitatem multoties celebratam beatamque, cujus etiam intimam ad Deum Patrem et Filium conjunctionem sufficienter declarat, quod non in creaturarum multitudine collocatus est, sed et ipse singulariter enuntiatur. Neque enim unus ex multis est, sed unus est; sicut unus Pater et unus Filius, et unus Spiritus sanctus; licet enim connumerari debeant, non tamen inculta enumeratione ad polytheismi notionem efferuntur. Non enim secundum compositionem numerant, ab uno ad plura facientes incrementum, unum et duo et tria dicentes, neque primum secundum ac tertium (Ego enim Deus primus et ego post haec), sed Deum ex Deo Filium atque per generationem ut genitum prodeuntem, et Spiritum pariter Deum ex Deo per processionem ut productum progredientem recte intelligentes adorant nosque similiter credere instituunt. Nam quod proprium est hypostaseos confitentur atque in monarchia persistunt, haud dissipantes deitatem in scissam multitudinem, eo quod unam in Deo Patre et in Deo Filio et in Deo Spiritu sancto absque discrimine conspiciamus, uti diximus, deitatem. Si itaque hoc pacto iis qui recte circa fidem sentire volunt Patrum a Deo inspiratorum

σκαλίαι ἐκπαιδεύουσι καὶ ὁ τῆς ἀληθείας λόγος καὶ ἐξ αὐτῶν τῶν κοινῶν περὶ θεοῦ ἐννοιῶν διδάσκει τὸ μοναδικῶς κατὰ τὴν μίαν θεότητα τὴν ὑπερούσιον τριάδα ἐξαγγέλλεσθαι, ὡςαύτως γε μὴν καὶ κατὰ τὰς ἰδιότητας εἴτουν ὑποστάσεις, τὸ δὲ μοναχῶς [1]) ἐξαγγελλόμενον καθὸ μοναδικῶς καὶ ἰδικῶς τὸ πολλαχῶς καὶ κοινῶς ἀπαναίνεται, ἵνα μὴ συμβῇ τὸ αὐτὸ κατ' αὐτὸ ἓν εἶναι καὶ πολλά, καὶ ἴδιον καὶ οὐκ ἴδιον, ἀλλὰ κοινὸν, καὶ τὴν ἀντίφασιν συναληθεύειν καὶ σύγχυσιν ἐν τοῖς πράγμασιν ἐμποιεῖν· ὁ δέ γε δοξάζων τὸ πνεῦμα καὶ ἐκ τοῦ υἱοῦ ἐκπορεύεσθαι καθὼς ἐκ τοῦ πατρὸς τὸν πατέρα ποιεῖ μὴ μοναχῶς καὶ ἰδίως ἐξαγγέλλεσθαι καθό ἐστιν αἴτιος καὶ ἀρχὴ υἱοῦ καὶ πνεύματος καὶ ἰδίως πέφυκεν ἐξαγγέλλεσθαι, ἀλλὰ κοινωνεῖν λέγει τοῦ υἱοῦ, ὅθεν καὶ μὴ μόνον εἶναι ὅπερ ἐστὶ διὰ τὸ λέγειν κοινὴν εἶναι τὴν προβολὴν πατρὸς καὶ υἱοῦ τοῦ πνεύματος· τὸ δὲ οὕτως τὰς ἰδιότητας κοινοῦσθαι ἀπαρνεῖσθαί ἐστιν ὅπερ ἐστὶ καὶ τὴν ἀντίφασιν συναληθεύειν καὶ τὸ αὐτὸ κατὰ ταὐτὸ ἴδιον καὶ οὐκ ἴδιον, ἡνωμένον καὶ διακεκριμένον καταφάσκειν· εἰ δὲ τὸ οὕτω φρονεῖν καὶ λέγειν ἐξεστηκότων καὶ μαινομένων κατὰ πολὺ χεῖρόν ἐστι καὶ μέγιστον ἀπωλείας βάραθρον τοῖς πειθομένοις προξενεῖ, φανερὸν ἄρα ὅτι τὸ πνεῦμα τὸ ἅγιον οὐκ ἐκ τοῦ υἱοῦ πρόεισι καθὼς ἐκ τοῦ πατρός.

XIV. Ἔτι [2]) εἰ πᾶσι μὲν τοῖς τὰ θεῖα δόγματα καλῶς ἐξασκήσασιν

[1]) Μοναχῶς et μοναδικῶς promiscue occurrunt. Illud, quod etiam apud Nyssen. L. I c. Eunom. p. 348 legitur, h. l. opponitur τῷ πολλαχῶς. Cf. Basil. l. c. p. 149.

[2]) Hoc cap. occurrit apud Hugonem Eth. I c. 12 his praemissis verbis: Attamen Nicetas ex adverso instat dicens.

---

doctrinae tradunt et veritatis sermo etiam ex ipsis communibus de Deo notionibus suadet, singulariter secundum unam deitatem superessentialem Trinitatem enuntiari, ac similiter quoque secundum proprietates sive hypostases; quod vero singulariter effertur, quatenus singulariter et proprie, prorsus respuit id quod multipliciter ac communiter est, ne eveniat idem secundum idem et unum esse et plura, ac proprium et non proprium, sed commune, et simul vera esse contradictoria et confusionem in rebus induci; qui autem ex Filio etiam procedere Spiritum arbitratur sicut ex Patre, Patrem facit non singulariter et proprie enuntiari, quatenus est causa ac principium Filii ac Spiritus et proprie enuntiandus, sed communicare dicit Filio, unde neque solum eum esse ait id quod est, eo quod dicat Spiritus sancti spirationem esse communem Patris et Filii; hoc pacto proprietates communes facere nil aliud est nisi abnegare quod est, atque simul contradictoria esse vera et idem secundum idem proprium et non proprium, unitum et distinctum asserere. Si vero ita sentire ac dicere insanientium furentiumque amentia multo pejus est et maximum perditionis barathrum asseclis inducit, liquet itaque, Spiritum sanctum non ex Filio prodire quemadmodum ex Patre.

XIV. Si omnibus quidem, qui divina dogmata bene meditantur, inambiguum et indubitabile constat, quoniam omne quod in

ἀναμφίβολον καὶ ἀναντίῤῥητον [1]) πρόςεστιν, ὅτι πᾶν ὃ ἐπὶ τῆς ζωαρχικῆς καὶ παντουργοῦ τριάδος ὁμοιοτρόπως θεωρεῖται, ἢ κοινῶς τῶν τριῶν κατηγορεῖται ἢ ἰδίως ἐπὶ μιᾶς λέγεται, ἡ δὲ προβολὴ ὁμοιοτρόπως κατὰ τὴν αὐτὴν ἐκπόρευσιν ἐπὶ τῆς ζωαρχικῆς τριάδος λεγομένη οὐκ ἔστι κοινὴ, μιᾶς ἂν εἴη πάντως. Εἰ δὲ τοῦτο, πότερον τοῦ πατρὸς εἶναι φήσουσι μόνου ἢ τοῦ υἱοῦ; Ἀλλ' εἰ μὲν τοῦ πατρὸς, ἰδοὺ κἂν μὴ βούλωνται τὴν οἰκείαν δόξαν ἀπαρνήσονται. Εἰ δὲ τοῦ υἱοῦ, φεῦ τοῦ δυσσεβήματος! ὅτι τε τοῦ πατρὸς ταύτην ἀφαιροῦσι καὶ τῷ υἱῷ προςάπτουσιν· [2]) οἷς ἐξ ἀνάγκης ἕψεται καὶ τὰ ἄλλα ἴδια εἰς ἄλληλα μεταχωρεῖν καὶ μεταπίπτειν, καὶ διὰ τοῦτο σύγχυσις παντελὴς καὶ ἀταξία ἐν θεότητι τῇ τἄλλα εἰς τάξιν ἀγούσῃ, καὶ οὐ μόνον τουτὶ, ἀλλὰ καὶ φεύγει εἶναι ἅπερ ἐστὶν ἡ ἁγία Τριὰς, μεταχωρούντων καὶ μεταπιπτόντων τῶν ἰδιωμάτων. Εἰ δὲ ταῦτα πάσης ἀσεβείας ἐστὶ λέγειν ἐπάξια, οὐκ ἄρα τὸ πνεῦμα ἐκ τοῦ υἱοῦ ἐκπορεύεται καθὼς ἐκ πατρὸς, ὥς τινες φασίν.

XV. Ἔτι εἰ ἐπὶ τῆς ζωαρχικῆς καὶ παντουργοῦ τριάδος δύο θεωροῦνται, φύσις καὶ ἰδίωμα, τὰ συνιστῶντα μίαν ἑκάστην τῶν θεαρχικῶν ὑποστάσεων, ἡ δὲ φύσις ἑνοῖ τὸν πατέρα καὶ τὸν υἱὸν καὶ τὸ πνεῦμα τὸ ἅγιον καὶ ἕνα θεὸν τὰ τρία δείκνυσι, φανερὸν ὅτι αἱ ἰδιότητες καθὸ ὑποστατικαὶ ἰδιότητες τὴν διαίρεσιν καὶ διαστολὴν ἐμφαίνουσι, δι' ὧν καὶ μόνων ἡ τριὰς τριὰς εἶναι

[1]) Cod. f. 348, b: ἀναντήρητον.
[2]) Phot. l. c. §. 36.

---

zoarchica et omniconditrice Trinitate simili modo conspicitur, aut communiter (ed. mend. communicatur) de tribus praedicatur aut singulariter (proprie) de una persona dicitur; emissio autem simili modo secundum eamdem processionem in zoarchica Trinitate dicta non est communis; unius utique omnino erit. Si autem hoc ita est, utrum Patris fatebuntur solius an (et delendum) Filii? Verum (ed. Quorum) si Patris, ecce quamquam nolint domesticam (propriam) suam opinionem inficiabuntur; si vero Filii, heu quanta impietas! Hanc enim Patri auferunt et Filio attribuunt. Quibus concedere necesse erit, etiam alia propria in invicem permutari et succedere, immo (atque propterea) omnimoda confusio atque inordinatio erit in Deitate, quae alia in ordinem redigit; et neque hoc solum, sed fugit esse quod est sancta Trinitas, sibi vicissim cedentibus et succedentibus proprietatibus. Quodsi haec (ed. quae) omnis impietatis plena sunt, ergo Spiritus non ex Filio procedit quemadmodum ex Patre, ut quidam fatentur (aiunt).

XV. Praeterea si in vivificatrice omnipotenteque Trinitate duo considerantur, natura ac proprietas, quae constituunt unamquamque divinarum personarum; natura autem unit Patrem et Filium et Spiritum sanctum unumque Deum esse tria haec ostendit: manifestum est, proprietates, quatenus sunt proprietates personales, distinctionem et diversitatem declarare, quibus, et quidem solis Trinitas proprietatibus Trinitas esse creditur; productio

ταῖς ἰδιότησι πιστεύεται· ἡ δὲ προβολή, ἰδιότης οὖσα τῆς πατρικῆς ὑποστάσεως, κατὰ τοὺς λέγοντας τὸ πνεῦμα καὶ ἐκ τοῦ υἱοῦ ἐκπορεύεσθαι καθὼς καὶ ἐκ τοῦ πατρὸς κοινὴ ἔσται· εἰ δὲ κοινή, οὐκ ἴδιον ὑποστάσεως· εἰ δὲ μὴ ἴδιον, κοινὸν ἔσται· τὸ δὲ κοινὸν τῆς πατρικῆς ὑποστάσεως ἢ[1]) φύσις ἐστὶ τοῦ θεοῦ καὶ πατρὸς ἤ τι τῶν τῇ φύσει ἑπομένων· συνάγεται ἄρα κατὰ τὸν δι' ἐναντίας λόγον, ὅτι ἡ προβολὴ οὖσα κοινὴ πατρὸς καὶ υἱοῦ ἢ φύσις ἔσται τοῦ πατρὸς καὶ τοῦ υἱοῦ ἤ τι[2]) τῇ φύσει αὐτῶν ἑπόμενον· εἰ δὲ τοῦτο, κοινὸν ἔσται καὶ τοῦ πνεύματος καὶ ἔσται πάλιν τὸ πνεῦμα ἑαυτὸ προβαλλόμενον καὶ αὐτὸ ἑαυτοῦ αἴτιον καὶ αἰτιατόν, ἢ ἑτέραν ὑπόστασιν προβαλεῖται· καὶ οὐ μόνον ταυτὶ τὰ δύσφημα, ἀλλ' ἢ καὶ ταὐτὸν ἔσται φύσις καὶ ὑπόστασις, εἴπερ ἡ προβολὴ ἰδίωμα τῆς ὑποστάσεως τῆς πατρικῆς ὂν συνήχθη κατὰ τὸν λόγον τοῦ δι' ἐναντίας ὡς κοινὸν ὂν πατρὸς καὶ υἱοῦ φύσις εἶναι ἤ τι τῶν τῇ φύσει παρεπομένων· εἰ δὲ εἰς τοσοῦτον ἑσμὸν ἀσεβειῶν ὁ λόγος αὐτῶν ἀποφέρεται διὰ τὸ ἀλλόκοτον τῆς δόξης, οὐκ ἄρα τὸ πνεῦμα ἐκ τοῦ υἱοῦ προέρχεται καθὼς καὶ ἐκ πατρός.

XVI. Ἔτι εἰ τὰ κοινὰ κατὰ πλειόνων ἀνάγκη κατηγορεῖσθαι καὶ τὰ ἴδια δηλονότι καθ' ἑνός, καὶ μάλιστα ὅταν μοναχῶς[3]) καὶ ἰδίως ἐξαγγέλλεσθαι πέφυκε τῷ ἔχοντι τὸ οὑτωσὶ ἴδιον· οἷον ὁ πατὴρ μοναχῶς ἐξαγγέλλεται· μόνως γὰρ πατὴρ καὶ εἷς πατὴρ καὶ κυρίως λέγεται διὰ τὸ ἔχειν ἀμετα-

[1]) Cod. f. 348, b; ἡ.
[2]) Cod. f. 349, a: τό.
[3]) μοναχικῶς apud Camat., qui syllog. 32 f. 89 affert hoc caput.

autem, cum paternae sit proprietas personae, secundum eos qui Spiritum ex Filio quoque dicunt procedere sicut et ex Patre, communis erit; si vero communis, jam non proprium personae; si non proprium, erit commune; commune autem paternae personae natura est Dei Patris vel aliquid ex iis, quae naturam consequuntur; efficitur ergo secundum adversarii rationem, productionem, quum sit communis Patris et Filii, vel naturam esse Patris et Filii vel quid eorum, quae naturam ipsorum consequuntur. Si vero hoc, communis erit et Spiritus sancti, ac rursum Spiritus erit se ipsum producens, ipse sui ipsius causa et causatus, vel aliam producet personam. Atque non haec solum impia sequentur, verum etiam idem erunt natura ac persona, quandoquidem productio, quae paternae personae proprietas est, colligitur secundum opponentis ratiocinationem, commune quid existens Patris et Filii, natura esse vel quid eorum, quae naturam consequuntur. Si autem eorum ratiocinatio in tantum impietatum examen abripitur propter opinionis inconvenientiam, non ergo ex Filio Spiritus procedit sicut ex Patre.

XVI. Insuper communia de pluribus praedicari necesse est ac propria manifeste de uno, ac tunc potissimum quando singulariter ac proprie de eo qui habet ejusmodi proprium enuntiantur; ut v. g. Pater singulariter enuntiatur; solum enim Pater et unus Pater et proprie dicitur, quia inalterabilem inamovibilemque habet hancce proprietatem; pari modo quoque Filius et Spiritus

κίνητον τουτὶ τὸ ἴδιον· ὡςαύτως δὲ καὶ ὁ υἱὸς καὶ τὸ πνεῦμα τὸ ἅγιον μοναχῶς ἐξαγγέλλονται διὰ τὸ ἔχειν τὰ οὑτωσὶ ἴδια ἀμετάπτωτα· ὅθεν καὶ μονογενῆ υἱὸν φαμὲν τὸν κύριον ἡμῶν Ἰησοῦν Χριστόν· καὶ εἷς υἱὸς καὶ κυρίως καὶ μόνως· τὸ δέ γε μὴν πνεῦμα πάλιν καὶ αὐτὸ ἓν πνεῦμα ἅγιον καὶ μόνον καὶ κυρίως· εἰ δέ γέ ἐστιν ἡ προβολὴ τοῦ πατρὸς, ἥτις ἐστὶν ἰδίωμα τῆς πατρικῆς ὑποστάσεως, κοινὴ τοῦ υἱοῦ, ἔσται ἄρα τὸ ἴδιον κοινὸν καὶ τὸ καθ᾽ ἑνὸς κατηγορούμενον κατὰ πλειόνων, καὶ διὰ τοῦτο κοινὸν καὶ οὐ κοινὸν, καὶ ἴδιον καὶ οὐκ ἴδιον, καὶ ἡ ἀντίφασις πάλιν συναληθεύσει· εἰ δὲ τὸ οὕτως λέγειν πρὸς τὸ ἀδύνατον [1]) καὶ τὸ βλάσφημον ἔχει, οὐκ ἄρα τὸ πνεῦμα ἐκ τοῦ υἱοῦ ἐκπορεύεται καθὼς ἐκ τοῦ πατρός.

XVII. Ἔτι [2]) εἰ πᾶν ὃ ἐπὶ μιᾶς ἑκάστης τῶν θεαρχικῶν ὑποστάσεων λέγεται οὐ λέγεται ἐπ᾽ αὐτῆς μᾶλλον καὶ ἧττον, τὸ δὲ αἴτιον καὶ ἡ ἀρχὴ κατηγορεῖται τῆς πατρικῆς ὑποστάσεως, οὐκ ἔσται [3]) ὁ πατὴρ μᾶλλον αἴτιος τοῦ εἶναι τοῦ υἱοῦ γεννήτωρ ἢ τοῦ εἶναι προβολεὺς τοῦ πνεύματος· τῆς δὲ ἰδιότητος ἤγουν τῆς πατρότητος καθὸ ἔστι γεννήτωρ τοῦ υἱοῦ οὐ μεταδίδωσι τῷ υἱῷ, ἵνα [4]) καὶ αὐτὸς πατὴρ ἀναφανῇ καὶ μὴ ᾖ [5]) εἷς θεὸς καὶ πατὴρ ἐν [6]) τριάδι καὶ [7]) κυρίως λεγόμενος· οὐκ ἄρα [8]) καθὸ προβολεὺς καὶ αἴτιος

[1]) fort.: πρὸς τῷ ἀδ.

[2]) Hoc cap. legitur tum apud Camat. l. c. syllog. 33 f. 89, b tum apud Hugon. Ether. L. II c. 6, cujus versionem infra damus. Cf. Nyss. L. I c. Eun. p. 321.

[3]) Cam. ἐστιν.

[4]) μὴ add. Cam., quod h. l. deest.

[5]) Sic Cam.; Cod. f. 349, b: ἐστίν.

[6]) τῇ add. Cam.

[7]) καὶ omitt. Cam.

[8]) οὐδὲ add. Cam.

sanctus singulariter enuntiantur, quia habent ejusmodi proprietates inamovibiles; unde et unigenitum Filium dicimus D. N. Jesum Christum; et unus Filius et proprie et solum, ac Spiritus rursum et ipse unus Spiritus S. et solum et proprie. Si autem productio, quae est paternae personae proprietas, Filio quoque communis est, erit igitur quod est proprium commune et quod de uno praedicatur de pluribus praedicatum, atque idcirco commune et non commune, ac proprium et non proprium, et contradictoria simul vera erunt. Quodsi ita dicere ad impossibilitatem blasphemiam quoque est adjungere, non ergo Spiritus ex Filio procedit sicut ex Patre.

XVII. Rursum si omne, quod de unaquaque persona divinae majestatis dicitur, non enuntiatur de ea magis et minus, causa vero et principium praedicatur de Patris persona, non erit Pater magis causa, ut sit Filii genitor, quam ut sit emissor Spiritus; at vero proprietatem, scil. paternitatem, secundum quam genitor Filii existit, non impertit Filio, ut et ipse Pater appareat et non sit unus Deus Pater in Trinitate et proprie dictus. Non igitur in eo quod emissor et causa existit Spiritus Pater, dat Filio, ut

χρηματίζει τοῦ πνεύματος ὁ πατὴρ δοίη [1]) τῷ υἱῷ, ἵνα μὴ μᾶλλον καὶ ἧττον αἴτιον ἀναφανῇ ὁ Θεὸς (καὶ πατὴρ) τοῦ υἱοῦ ἤπερ τοῦ πνεύματος. Εἰ δ' ἀναισχύντερον ὁ δι' ἐναντίας ἐνίσταται, [2]) φαμὲν πρὸς αὐτόν· τίς ἡ ἀποκλήρωσις, ἵνα ὁ Θεὸς καὶ πατὴρ αἴτιος καὶ ἀρχὴ ὁμοίως χρηματίζων υἱοῦ καὶ πνεύματος τῷ μὲν [3]) μεταδίδωσι τὴν προβολὴν, τὴν δὲ πατρότητα οὐ δίδωσιν; [4]) Εἰ δὲ οὐδέν ἐστι ἐπὶ μιᾶς τῶν θεαρχικῶν ὑποστάσεων κατὰ τὸ μᾶλλον καὶ ἧττον λεγόμενον, οὐδὲ [5]) καινοτομία τις ἐν τῇ παντοκρατορικῇ καὶ ὑπερουσίῳ τριάδι, φανερὸν ἄρα ὅτι ὁ Θεὸς καὶ πατὴρ μόνος ἐστὶν αἴτιος τοῦ πνεύματος ὡς προβολεὺς καθὼς [6]) καὶ γεννήτωρ μόνος τοῦ υἱοῦ.

XVIII. Ἔτι [7]) εἰ πᾶσι μὲν τοῖς ὀρθῶς φρονεῖν ἐθέλουσιν ὡμολόγηται, ὅτι ὁ υἱὸς καὶ τὸ πνεῦμα τὸ ἅγιον ἐκ τοῦ Θεοῦ καὶ πατρὸς, ὁ μὲν γεννητῶς, τὸ δὲ ἐκπορευτῶς, κατὰ φύσιν ἐκ τῆς τοῦ πατρὸς οὐσίας ἀχρόνως καὶ συναϊδίως ἅμα οἱονεὶ βλαστοὶ θεόφυτοι ἐξιᾶσι, καὶ οὐχὶ ὁ μὲν πρότερον, τὸ δὲ ὕστερον, ἵνα μὴ χρόνος θατέρου προτερεύσῃ· καὶ γὰρ ἐν οἷς τὸ πρότερον καὶ τὸ ὕστερον, ἐκεῖ πάντως χρόνου μεσιτεία καὶ [8]) ἔσται τις τῶν θεαρχικῶν [9]) ὑποστάσεων ὑπὸ χρόνον, καὶ διὰ τοῦτο κτίσμα, ὡς ἐν χρόνῳ τὸ εἶναι λαχὸν

[1]) μεταδοίη Cam.

[2]) εἰ δέ τις διενίσταται Cam.

[3]) τοῦ μὲν Cod. f. 349, b.

[4]) οὐ omitt. text. h. l. Cam. habet: τῷ μὲν μεταδίδωσι τῆς προβολῆς, τῷ δὲ πατρότητος οὐ μεταδίδωσι.

[5]) γάρ legit Hugo Eth.

[6]) Cod. καθὸ.

[7]) Occurrit hoc quoque caput ap. Hugon. L. II c. 3.

[8]) Hugo alia quoque legit, quae excidisse videntur.

[9]) Hugo legit: τι τῶν ζωαρχ. ὑπ. et postea λαχόν, ὁμοούσιον.

non magis et minus causa Deus Pater appareat Filii quam Spiritus. Quod si adhuc inverecundius qui ex adverso disputat institerit, famur ad ipsum: quae exhaereditatio, ut Deus et Pater causa et principium similiter existens Filii ac Spiritus huic quidem attribuat emissionem, paternitatem vero minime? Si autem nihil de aliqua divinae majestatis personarum secundum magis et minus dicitur (non enim est aliqua nova sectio in omnipotente ac supersubstantiali Trinitate), manifestum utique, quod Deus Pater solus est causa Spiritus, sicut et genitor solus Filii.

XVIII. Si omnibus, qui recte sapere volunt, in confesso (H.: confitendum) est, quod Filius sanctusque Spiritus ex Deo Patre, hic quidem per generationem, hic (alter) vero per processionem secundum naturam ex Patris substantia intemporaliter et aeternaliter simul ceu germina exorta Deo prodeunt, nec hic quidem prius, ille vero posterius, ut non alterum forte tempus praeveniat: nam in quibus prius est et posterius, ibi prorsus temporis intercalatio (mediatio); quod si penes Trinitatem detur, erit aliquid

καὶ οὐχ ὁμοούσιος τῷ αἰτίῳ, ὅπερ ἐστὶν ἀρειανικῆς καὶ εὐνομιανικῆς καὶ μακεδονικῆς αἱρέσεως δρᾶμά τε καὶ σκηνή. Εἰ δὲ τοῦτο ἀληθὲς, ὥςπερ καὶ ἀληθὲς, τὸ ἀχρόνως καὶ συναϊδίως ἅμα τὸν υἱὸν καὶ τὸ πνεῦμα ἐκ τῆς τοῦ πατρὸς οὐσίας ἐκλάμψαι, πότερον ὑμῖν δοκεῖ τὸ πνεῦμα ἅμα ἀχρόνως καὶ συναϊδίως τὸ εἶναι ἐκ τοῦ θεοῦ καὶ πατρὸς φυσικῶς ἐκλάμψαι, ὥςπερ καὶ ὁ υἱὸς, καὶ ἐκ τοῦ υἱοῦ κατὰ ταὐτὸ ἐξέφυ [1]) ἀχρόνως καὶ συναϊδίως καθὼς καὶ ἐκ πατρὸς, ἢ ὕστερον ἐκ τοῦ υἱοῦ φατέ. Εἰ μὲν οὖν ὕστερον, ἔσται το πνεῦμα αὐτὸ ἑαυτοῦ πρότερον καὶ ὕστερον, καὶ ὑπὸ χρόνον καὶ πρὸ χρόνου, καὶ ἀΐδιον καὶ οὐκ ἀΐδιον, διὰ τὸ σύνδρομον ἔχειν τῇ ἐκπορεύσει τὴν ὕπαρξιν, ὅπερ ἐστὶ παντὸς ἀσεβήματος ἄξιον. Εἰ δὲ διὰ τὸ οὑτωσὶ ἑπόμενον ἀδύνατον καὶ δύςφημον φεύγοιεν τοῦτο εἰπεῖν, ἀνάγκη πᾶσα θάτερον ἐροῦσιν, ὅτι ἀχρόνως ἐκ τοῦ θεοῦ καὶ πατρὸς καὶ συναϊδίως καὶ ἐκ τοῦ υἱοῦ ἐκπορεύεται· καὶ πῶς ἐγχωρεῖ ὁμοῦ τι ἀχρόνως καὶ συναϊδίως ἐκ δύο αἰτίων τὸ εἶναι ἔχειν, εἰ μὴ ἀμφότερα ἔσονται συναίτια καὶ πρῶτα αἴτια, ἢ πῶς ἐγχωρεῖ ἓν αἰτιατὸν ἐκ δύο αἰτίων τὸ εἶναι ἔχειν, τοῦ ἑνὸς αἰτίου καὶ αὐτοῦ ἅμα τοῦ ἐξ αὐτοῦ αἰτιατοῦ ἐκ θατέρου αἰτίου τὴν ὕπαρξιν ἔχοντος; ὅπερ ἐστὶ πάσης τερατολογίας καὶ ἀναπλάσεως δαιμονιώδους ἀλογώτερον. Εἰ δὲ ἐνιστάμενοι

[1]) Constructio prava; flagitat infinitivum verborum series.

(aliqua) zoarchicarum personarum sub tempore, ideoque creatura, ut in tempore esse accipiens nec suae causae consubstantiale(-is), quod est Arianae, Eunomianae atque Macedonianae haereseos actus et inumbratio (scenica repraesentatio). Quod si verum, immo quia maxime (sicut reipsa) verum, intemporaliter et aeternaliter simul Filium Spiritumque de Patris substantia effulgere, utrum dicatur, quaerendum, simul ipsum (Spiritum) intemporaliter et aeternaliter esse ex Deo Patre et naturaliter ex ipso effulgere, quemadmodum et Filius, et ex Filio eodem modo prodire ut ex Patre (absque tempore et coaeterne), aut (an) posterius. Quodsi posterius, erit Spiritus se ipso prior et posterior, et ante tempus et sub tempore, et aeternus et non aeternus (ed. -um), eo quod concurrentem habeat processioni existentiam, quod omnis plenum est impietatis. Sin autem propter hujusmodi, quod consequitur, impossibile ac profanum hoc dicere vitaverint, ex necessitate dicent alterum, quia intemporaliter ex Deo Patre ac aeternaliter (simul) ex Filio procedit. Sed quomodo est possibile, simul intemporaliter et aeternaliter ut (quid) ex duabus causis esse habeat, nisi ambae primae causae sint et principales? Aut qua ratione potest unum causatum (ed.: una causa) duabus ex causis existentiam habere, cum altera causarum simul cum eo causato quod ex ipsa est (ed.: cum illa ex se quam emittit) ex altera (ed.: de alia) causa existentiam habeat? Hoc omni prodigio figmentoque daemoniaco irrationabilius. Quodsi instantes qui hoc modo dis-

οἱ οὕτω διατιθέμενοι φήσαιεν, ὅτι πάντα δυνατὰ τῷ θεῷ καὶ πατρὶ ὅσα ἂν καὶ εὐδοκῇ, ἀλλ' οὖν πρὸς αὐτοὺς ἀποκριτέον· ἀλλ' εἰ καὶ πάντα δυνατὰ τῷ θεῷ καὶ πατρὶ, ἀλλ' οὐ δύναται καὶ ἑαυτὸν ἀρνήσασθαι[1]) καὶ ὅπερ ἐστὶν, ἀρχὴ καὶ αἰτία μόνως τοῦ υἱοῦ καὶ τοῦ πνεύματος, μὴ εἶναι τοῦτο αὐτὸ ὅπερ ἐστίν. Εἰ οὖν διὰ τὴν οὑτωσὶ δύςφημον δόξαν τὴν φάσκουσαν, τὸ πνεῦμα καὶ ἐκ τοῦ υἱοῦ ἐκπορεύεσθαι καθὼς καὶ ἐκ τοῦ πατρὸς, ἠκολούθησε πολλά γε καὶ πλεῖστα δυσσεβήματα, φανερὸν ὅτι τὸ πνεῦμα ἐκ τοῦ θεοῦ καὶ πατρὸς μόνου ἀχρόνως καὶ συναϊδίως πρόεισιν, ὅπερ καὶ ὁ τῆς ἀληθείας λόγος ἀνέκαθεν καὶ σήμερον τρανῶς διακηρύττει.

XIX. Ἔτι εἰ πᾶσιν οἷς τὸ εἰδέναι ἀκριβῶς πρόςεστι καὶ ἡ περὶ θεοῦ καὶ τῶν ὄντων σαφὴς διάκρισις πάρεστιν ὡμολόγηται, ὅτιπερ τὸ θεῖον ἁπλοῦν μὲν κυρίως καὶ πάσης συνθέσεως καὶ συνθετικῆς ἐννοίας ἐπέκεινα καθίσταται, τὴν τῆς ἁπλότητος ἔννοιαν ἀπολελυμένην καὶ μὴ πρός τι τῶν ὄντων ἐν συγκρίσει παραβαλλομένην ἔχον, καὶ διὰ τὴν ἁπλουστάτην ὕπαρξιν καὶ τὸ ἀνεπίδεκτον, κἂν ἐν ἐπινοίᾳ, τῆς συνθετικῆς ἐμφάσεως μετὰ τὴν μοναδικὴν οὐσίαν τε καὶ φύσιν κατάλληλον τῆς ἁπλουστάτης οὐσίας τὴν ὕπαρξιν καὶ μίαν δύναμιν ἄπειρον καὶ φυσικὴν ἐνέργειαν συμπαρεκτεινομένην τῇ τῆς οὐσίας ἀπειρίᾳ ἐκληρώσατο·[2]) καὶ οὐ μόνον ἡ κοινὴ ἔννοια τὴν ἁπλουστάτην καὶ μοναδικὴν ἔμφασιν ἐπὶ τοῦ θείου κατὰ τὸν τῆς οὐσίας καὶ δυνάμεως καὶ ἐνεργείας λόγον δίδωσιν, ἀλλὰ καὶ ἐν αἷς ἂν οἷον εἰπεῖν θείαις ἑνάσιν[3]) ἤτοι

[1]) II Tim. II. 13.

[2]) Cf. Naz. Or. 45 in S. Pascha. n. 3. 4.

[3]) Vocem ἑνάδος ut μονάδος usurpat Basil. ep. 8 c. 2. 7. p. 249. 256 ed. Migne. Cf. Dionys. de div. nom. c. 1 n. 1. 4.

---

ponuntur dicunt, quoniam omnia Deo et Patri possibilia sunt quaecumque ei placent, respondendum est eis, quod, licet omnia Deo Patri sint possibilia, ipsum negare non possit se et cum sit principium et causa Filii (et Spiritus) solum, non esse hoc idem quod est. Si ergo propter abominabilem hujusmodi opinionem, quae dicit Spiritum et ex Filio procedere, quemadmodum ex Patre, multa, immo plurima sequuntur inconvenientia (et impietates), palam, quod Spiritus ex solo Patre absque tempore et coaeterne procedit, sicut veritatis sermo ab antiquo usque in hodiernum diem manifeste praedicat.

XIX. Adhuc: omnibus, qui accuratam habent scientiam et qui clare Deum et creaturas norunt distinguere, in confesso est, Divinitatem simplicem proprie ac compositione omni compositionisque notione superiorem existere, absolutam simplicitatis notionem et ad nihil ex creatis comparationem proportionemque habentem, atque propter simplicissimam existentiam et propterea quod nullam, ne in cogitatione quidem, habet compositae apparitionis receptivitatem, post singularem substantiam ac naturam respondentem simplicissimae substantiae existentiam unamque virtutem infinitam atque naturalem operationem infinitae

θεαρχικαῖς ὑποστάσεσι θεωρηθείη ὡς συμπληρωτικὴ τούτων οὖσα, μᾶλλον δὲ ἀκριβέστερον εἰπεῖν κατὰ τὸν θεῖον Γρηγόριον [1]) ταῦτα εἶναι πάντως κἀκεῖ μιᾷ ἑκάστῃ ὑποστάσει τὸ μοναδικὸν [2]) καὶ ἴδιον τῶν ἰδιωμάτων ἔχει παρεμφαίνουσα μηδόλως κοινοποιούμενον μετὰ θατέρας· [3]) ὥςτε δηλονότι διὰ παντὸς τὸ θεῖον κατά τε φύσιν καὶ τοῖς ἰδιώμασι, καθὸ μία ἑκάστη τὸν οἰκεῖον χαρακτῆρα κατὰ τὸ ἰδίωμα τὸ ὑποστατικὸν ἐπιδείκνυσιν, ἀποκεκληρωμένον τὸ μοναδικὸν καὶ ἰδίως εἶναι κρατύνεται, ἡ δὲ τῶν ὄντων ὕπαρξις, ἐπεὶ ἀπὸ τροπῆς ἔσχε τὸ εἶναι καὶ ἀλλοιωτὴ πάντως ἐστὶ καὶ διὰ τοῦτο ποικιλουμένη, [4]) τὴν τῆς συνθέσεως ὕπαρξιν παντελῶς οὐκ ἀπαναίνεται, κἂν ἄλλα ἄλλων δοκῇ [5]) μᾶλλον καὶ ἧττον τὸν τῆς συνθέσεως τρόπον ἐν τῇ κατὰ τὸ εἶναι συστάσει ἔχειν καὶ διὰ τοῦτο δοκῇ ἁπλούστερα εἶναι· μενοῦν γε κἂν ἐν συγκρίσει τὴν τῆς ἁπλότητος ἔννοιαν προςκο(μίζει), [6]) ἀλλ' οὖν ἁπλῶς κατὰ τὸν ὁπωςοῦν τρόπον τῶν συνθέτων τὸ εἶναι σύνθετον οὐ διαδράσειε. Καὶ θέα μοι καὶ ἐπ' αὐτῶν τῶν πραγμάτων τὸν λόγον τὸ ἀληθὲς ἔχοντα· τὰ ὄντα πάντως ἤτοι ἐνυπόστατα καὶ αὐθύπαρκτα πράγματα εἰσὶ καὶ καλοῦνται οὐσίαι ἢ ἐν ἑτέρῳ τὸ εἶναι ἔχει καὶ καλεῖται συμβεβηκότα· ἀλλ' ὅτι μὲν καὶ αὐτὰ τὰ συμβεβηκότα τὴν τῆς συνθέσεως ἔννοιαν οὐκ ἐκπέφευγεν, ἐντεῦθεν ἄθρει· τὰ συμβεβηκότα πάντως ἐν ἑτέρῳ τὸ εἶναι ἔχει· τὸ δὲ ἐν ἑτέρῳ τὸ

[1]) Naz. Or. 39 in s. lum. n. 11: τὰ ἐν οἷς ἡ θεότης, ἢ μᾶλλον ἀκριβέστερον εἰπεῖν ἃ ἡ θεότης.

[2]) Cf. Naz. Or. 39 in Heron. n. 16. Or. 34 in Aeg. adv. n. 8.

[3]) Naz. Or. 20 de dogm. n. 5 seq.

[4]) ποικιλλομένη C. f. 350, b.

[5]) δοκεῖ Cod.

[6]) Erasae sunt 5 literae.

substantiae coextensam et coaequalem possidere. Atque non solum communis notio simplicissimam et singularem speciem in divinitate secundum essentiae, virtutis et operationis rationem ponit, verum etiam in quibus divinis, ut ita dicam, unitatibus sive personis ea consideranda sit, ut completiva earum existens, immo vero, ut accuratius dicamus secundum divum Gregorium, haec omnino esse et ibi cuilibet personarum singularem et proprium characterem idiomatum neutiquam cum alia persona communicatum ostendit. Unde liquet, per omnia Divinitatem secundum naturam et proprietates, quatenus unaquaeque persona proprium characterem secundum idioma personale ostendit, singularitatem absolutam et proprie esse possidere, rerum vero creatarum existentiam, quoniam a mutatione habet esse et mutabilis prorsus est ac propterea variata, compositionis existentiam omnino non respuere, licet aliae aliis magis ac minus in constitutione secundum esse habere et idcirco simpliciores esse videantur; si itaque et in comparatione ad alia simplicitatis notionem referant, simpliciter tamen secundum compositorum utcumque modum compositionem haud effugient. Et vide mihi etiam ab ipsis rebus veritatem hujus rei ostendi. Quae sunt omnino, ea vel res sunt per se subsistentes et vocantur substantiae, vel in alio habent esse et dicuntur accidentia. Quod

εἶναι ἔχον αὐτό τε διὰ τὸ μὴ οἷόν τε τὴν ὕπαρξιν μόνην καθ' ἑαυτὸ ἔχειν μετὰ τοῦ ἐν ᾧ ἐστὶ παραλαμβανόμενον σύνθετον λογίζεται καὶ τὸ ἔμπαλιν τὸ δεκτικὸν ὑποκείμενον συμβεβηκότος μετὰ τοῦ συμβεβηκότος τὴν τοῦ συνθέτου ἔννοιαν εἰςάγεσθαι δίδωσι· διά τοι τοῦτο καὶ ἡ κοινὴ περὶ θεοῦ ἔννοια οὐδαμῶς συγχωρεῖ ἡμᾶς νοεῖν ἐπὶ θεοῦ τι συμβεβηκὸς, ἵνα μὴ εἰς τὴν τῶν συνθέτων τάξιν τὸ θεῖον κατάξωμεν καὶ ἐντεῦθεν εἴτε ἐν ἐπινοίᾳ εἴτε ἐν ὑπάρξει διαλυτὸν καὶ φθειρόμενον αὐτὸ λογισώμεθα [1]) (τοιαύτη γὰρ ἡ τῶν συνθέτων ὕπαρξις κατὰ φύσιν)· ἔπειτα δὲ καὶ τὰ πλεῖστα τῶν συμβεβηκότων οἱ περὶ ταῦτα δεινοὶ ὁριστὰ εἶναι λέγουσι διὰ τὸ ὁρισμοῖς τισιν αὐτὰ ὑποκεῖσθαι· ὁ δέ τινος ὁρισμὸς αὐτοῦ τοῦ πράγματος τῆς ὑπάρξεως ἔχει τὴν οἱονεὶ ἐξάπλωσιν καὶ ἀνάπτυξιν καὶ διασάφησιν καὶ δοκεῖ ταὐτὸν εἶναι τῷ ὁριστῷ· [2]) ὁ δὲ ὁρισμὸς ἐκ διαφόρων πραγμάτων τὴν σύστασιν ἔχειν δοκεῖ, φημὶ δὴ ἐκ γένους καὶ διαφορῶν, καὶ τὸ ἐκ διαφόρων τὸ εἶναι λαχὸν καὶ τὴν τῶν συνθέτων ἔμφασιν παρειςάγει· ὥςτε καλῶς ἂν ὁ λόγος ἔφασκε δι' ἀμφοῖν τοῖν τρόποιν ὡς ἔφαμεν τὰ συμβεβηκότα μηδὲ αὐτὰ τὴν τῆς συνθέσεως ἔννοιαν πάντῃ ἐκφεύγειν· τὰ δὲ ἐνυπόστατα ἤτοι αὐθύπαρκτα, ἅπερ οὐσίαι καλοῦνται, καὶ αὐτὰ πάντως ἤτοι σώματα ἢ ἀσώματα εἰσὶν ἢ μικτά· ἀλλ' ὅτι μὲν τὰ σώματα καὶ τὰ μικτὰ οἷον ὁ λίθος καὶ ὁ ἄνθρωπος καὶ ὁ ἵππος καὶ τὰ ἄλλα κατὰ τὸ εἶναι τὸν τῆς συνθέσεως τρόπον ἔχοιεν, οὐδεὶς ἂν ἀμφιβάλλῃ· ἀλλὰ μὴν οὐδὲ ἡ τῶν ἀσωμάτων ὕπαρξις οἷον φημὶ ἀγγέλου καὶ

[1]) λογισόμεθα C. p. 351, a.
[2]) Cod. τὸ ὁριστὸν.

---

vero et ipsa accidentia compositionis modum haud effugiunt, exinde cognosce. Accidentia prorsus in alio esse habent; quod vero in alio esse habet, ipsum propterea quod existentiam solam secundum se habere nequit cum eo, in quo est, sumtum reputatur compositum, et vice versa subjectum accidentis susceptivum cum accidente compositi notionem induci sinit. Idcirco et communis de Deo notio nullatenus patitur, ut in Deo quid accidens cogitemus, ne in compositorum ordinem Deitatem deprimamus atque exinde, sive in cogitatione sive in existentia, eam dissolutioni et corruptioni obnoxiam existimemus (talis est enim compositorum secundum naturam existentia). Praeterea plurima quoque accidentia ii qui in his scientia praevalent definita esse aiunt eo quod definitionibus et limitibus quibusdam subjiciuntur; rei vero cujusdam definitio existentiae habet veluti explicationem, declarationem et manifestationem, et videtur idem esse cum definito. Definitio autem ex diversis rebus constituta esse videtur, videl. ex genere et differentiis; atque id quod ex differentibus esse sortitum est, etiam compositorum speciem inducit; unde recte sermo affirmavit per utrumque modum, prout diximus, accidentia ipsa compositionis notionem haud prorsus effugere. Subsistentia vero vel in se et per se existentia, quae substantiae appellantur, et ipsa omnino vel corpora sunt vel incorporea vel mixta. Sed nemo sane dubitaverit, quin corpora et mixta, veluti lapis, homo et equus etc., secundum esse

ψυχῆς ἐκτὸς συνθετικῆς ἐννοίας λογισθήσεται, κἂν χάριτι τὴν τῆς ἀθανασίας διαμονὴν ἔχοιεν· ἤτοι [1]) γὰρ διὰ τὸ πολυδύναμον ἢ καὶ τὸ δεκτικὸν τῶν συμβεβηκότων ἢ καὶ διὰ τὸ ὁριστὰ καὶ αὐτὰ εἶναι, τὸν τῆς συνθέσεως τρόπον πάντη οὐκ ἐκπέφευγεν. Ἐπεὶ οὖν ταῦτα περὶ θεοῦ καὶ τῶν ὄντων ὁ τῶν κοινῶν ἐννοιῶν καὶ ὁ φυσικὸς λόγος νοεῖν ἡμᾶς ἐξ ἅπαντος ἀπαιτεῖ, σκόπει, τί συμβαίνει τοῖς λέγουσι τὸ πανάγιον πνεῦμα καὶ ἐκ τοῦ υἱοῦ ἐκπορεύεσθαι, καθὼς καὶ ἐκ τοῦ πατρός. Εἰ γὰρ ἐκ τοῦ υἱοῦ ἐκπορεύεται, κοινὴ ἔσται ἡ προβολὴ πατρὸς καὶ υἱοῦ τοῦ πνεύματος· εἰ δὲ κοινὴ, οὐκ ἔσται ἰδίᾳ οὐδὲ μοναδικῶς κατὰ τὸν λόγον ὃν ἔφαμεν τὸ μιᾷ τινι ὑποστάσει θεωρεῖσθαι καὶ μοναχῶς τὸν πατέρα πατέρα τε εἶναι τοῦ υἱοῦ καὶ προβολέα πνεύματος· εἰ δὲ ὁ λόγος προαπέδειξεν ἐπὶ θεοῦ, ἐπί τε φύσεως, ἐπί τε δυνάμεως καὶ ἐνεργείας καὶ ἐπὶ τῶν ὑποστατικῶν ἰδιωμάτων κατὰ μίαν ἑκάστην τῶν θεαρχικῶν ὑποστάσεων τὴν μοναδικὴν ἔμφασιν ἔχειν καὶ [2]) τὸ ἰδίωμα, φανερὸν ἄρα ὅτι τοῦ πατρὸς τὸ ἰδίωμα ἤγουν ἡ προβολὴ τοῦ πνεύματος οὐκ ἔστι κοινὴ τοῦ υἱοῦ· εἰ δὲ οὐκ ἔσται κοινὴ, πάντως ἰδία ἔσται· εἰ δὲ τοῦτο, οὐκ ἐκπορεύεται τὸ πνεῦμα καὶ ἐκ τοῦ υἱοῦ, καθὼς ἐκ τοῦ πατρὸς, ὥς τινες ἀσεβῶς πειρῶνται δογματίζειν.

XX. Ἔτι [3]) εἰ πᾶσι τοῖς περὶ τὸ θεῖον εὐσεβεῖν ἐθέλουσι δῆλον καθέστηκεν, ὅτιπερ τὸ θεῖον ἄκτιστόν τέ ἐστι καὶ ἀμετάβλητον καὶ τροπῆς ἁπάσης

[1]) ἤ τι C.
[2]) f. 351, b: ἔχει κατὰ τὸ ἰδ.
[3]) Haec exhibet Hugo L. II c. 10.

habeant compositionis modum; verum neque incorporeorum existentia, ut angeli et animae, absque compositionis notione cogitabitur, licet per gratiam immortalitatis possideant durationem; etenim vel propterea quod multum valeant vel etiam quod accidentia recipiant vel quod et ipsa sint definita et circumscripta compositionis rationem haud effugiunt. Quoniam itaque ita de Deo ac de rebus creatis cogitare communium notionum et naturae ratio prorsus efflagitat, considera, quid eveniat iis, qui sanctissimum Spiritum etiam ex Filio procedere dicunt sicut et ex Patre. Si enim ex Filio procedit, communis erit productio Spiritus Patri ac Filio; si autem communis, non erit seorsim neque singulariter, secundum ea quae supra diximus, in una quapiam persona considerari et unice Patrem esse Patrem Filii et productorem Spiritus. Si vero sermo antea demonstravit, in Deo, in natura, virtute, operatione atque in personalibus proprietatibus secundum unamquamque divinarum personarum singularem significationem habere etiam idioma, manifestum ergo, Patris idioma, id est Spiritus sancti productionem, non esse commune Filio; si vero non erit communis, prorsus erit propria; quodsi hoc, non procedit Spiritus ex Filio sicut ex Patre, ut quidam impie praedicare conantur.

XX. Cunctis, qui de Deo pie sentire volunt, manifestum existit (H.: Si apud omnes, qui circa Divinum exhibere pium cultum volunt,

ἀποσκίασμα[1]) οὐδόλως ἐπιδέχεται, ἔτι γε μὴν παντοδύναμον, ἀπειροδύναμον καὶ ὅσα ἄν τις θεοπρεπῶς[2]) ἐκ τῶν ἱερῶν λογίων τὰς ἐπωνυμίας καὶ ἐκ τῶν περὶ θεοῦ κοινῶν ἐννοιῶν ἀναλεξάμενος ὡς θεμιτὸν εἶναι τὸ θεῖον εἴποι, ὅσα δὲ ἄν τις περὶ αὐτοῦ καθ' ὕπαρξιν λέγοι δηλονότι οὐσιωδῶς ἂν φήσειεν,[3]) ταῦτα εἶναι διὰ τὸ ἀνεπίδεκτον εἶναι τὸ θεῖον[4]) συμβεβηκότος. Ἐπεὶ οὖν περὶ θεοῦ οὕτω τε φρονεῖν καὶ λέγειν ὁ τῆς εὐσεβείας ἡμᾶς λόγος ἐκπαιδεύει, σκεπτέον, εἰ τὸ θεῖον ἀνεπίδεκτόν ἐστι πρὸς κατηγορίαν τῶν λεγομένων ἀντικειμένων. Ταῦτα δὲ οἱ περὶ ταῦτα δεινοὶ τετραχῶς ἀφορίζουσιν· ἢ γὰρ ἐν λόγοις φασὶν εἶναι ἢ ἐν πράγμασι· καὶ τὰ μὲν ἐν λόγοις ποιεῖ τὸ κατὰ ἀντίφασιν ἀντικεῖσθαι, τὰ[5]) δὲ ἐν πράγμασιν ἢ ἐν σχέσει ἢ ἀσχέτως παραλαμβάνεται· καὶ τὰ μὲν ἐν σχέσει ἄλληλά τε συνεισάγουσι καὶ ἄλληλα συμφθείρουσι καὶ ποιεῖ τὸ πρός τι ἀντικεῖσθαι· τὰ δὲ πάλιν ἄσχετα ἢ τὴν εἰς ἄλληλα ἔχουσι μεταβολήν, εἰ μὴ οἷς φύσει τὸ ἓν πρόσεστι, καὶ

[1]) Jac. I 17.
[2]) Hugo legit θεοπρεπεῖς.
[3]) Cod. f. 351 b: φύσειεν.
[4]) In hac voce desinit pag. 351 b. Sequens pag. 352 non quadrat cum his, verum ea solum, quae pag. 354 leguntur. Folia nimirum perperam sunt compacta et numerata.
[5]) Cod. τὸ δέ.

---

manifestum constat), Deitatem increatam esse et incommutabilem ac vicissitudinis obumbrationem nullatenus suscipientem, immo vero et omnipotentem, infinite potentem (H.: quod Divinum incausatum est, incommutabile est et nullius vicissitudinem obumbrationis suscipit, amplius autem omnipotens, infinitum) et quaecumque quis modo Deum decente (H.: Deo dignas) ex sacra Scriptura denominationes et ex communibus de Deo conceptionibus colligens ut fas est Deitatem dixerit (H.: quoad licet Divinum esse fateatur); quidquid vero de Deo secundum existentiam enuntiet, manifestum quod substantialiter hoc depromat, eo quod Divinitas accidentia suscipere nequeat (insusceptibile sit Divinum accidentis). (Et) quoniam sic sentire ac dicere de Deo divinae pietatis ratio nos instruit, considerandum, utrum Deitas possit suscipere praedicationem (Divinum [in-]susceptibile sit praedicationis) eorum quae opposita dicuntur (add. H. an non). Haec qui circa ea praevalent (H.: versantur) quadrifariam dividunt: Aut enim in oratione inquiunt esse aut in re; et ea quidem quae in oratione, secundum contradictionem oppositionem constituunt (H.: ut affirmationem et negationem opponi dicunt); quae vero in re, aut in habitudine aut absque habitudine accipiunt(ur); at vero quae in habitudine, se invicem simul inducunt et mutuo se perimunt et ad (H. ed.: ut) aliquid opponi faciunt; quae vero sine habitudine, vel ad invicem habent permutationem nisi quibus natura unitas adest, et faciunt secundum contrarietatem opponi, vel (Hugo

ποιεῖ τὸ κατ' ἐναντίωσιν ἀντικεῖσθαι· ἢ τὸ μὲν πέφυκε μεταβάλλειν, τὸ δὲ μὴ, καὶ ποιεῖ τὸ κατὰ στέρησιν καὶ ἕξιν.[1]) Ἀλλ' ὅτι μὲν τὸ θεῖον τάς τε κατ' ἐναντιότητα καὶ στέρησιν καὶ ἕξιν ἀντιθέσεις πρὸς κατηγορίαν οὐκ ἐπιδέχεται, δῆλόν ἐστιν, ἐπεὶ φύσει πάντῃ τὸ ἀμετάβλητον ἔχει· ταῦτα δὲ ἐν οἷς πέφυκε τὸ ἀλλοιοῦσθαι καὶ μεταβάλλεσθαι τὴν οἰκείαν[2]) ὕπαρξιν ἐπιδείκνυται· ἀλλὰ μὴν οὐδὲ τὴν κατὰ ἀντίφασιν ἀντίθεσιν ἔστιν εὑρεῖν ἐν αὐτῷ τὸ ἀληθὲς ἔχουσαν κατ' ἄμφω τὰ μέρη, κἂν ἐν ἄλλῳ καὶ ἄλλῳ χρόνῳ ληφθήσονται· ἀλλ' εἴ τι περὶ τοῦ θείου λεχθείη· ἢ γὰρ ἡ κατάφασις ἀληθεύει ἀεὶ μόνη καὶ ἡ ἀπόφασις χώραν ἀληθείας ἐν αὐτῷ ποτε οὐχ ἕξει, ἢ ἔμπαλιν ὁμοίως ἡ ἀπόφασις διὰ τὸ ἀεὶ κατὰ τὰ αὐτὰ καὶ ὡσαύτως τὸ θεῖον εἶναι. Εἰ δέ τις ἀναιδέστερον πρὸς ταῦτα διατεθείη λέγων· „καὶ πῶς ὁ μέγιστος ἐν θεολογίᾳ Διονύσιος[3]) πάσας ἐπὶ θεοῦ τὰς τῶν κρειττόνων καταφάσεις καταφάσκει καὶ πάσας ἀποφάσκει, οἷον ὅτι ἐστὶ φῶς, οὐκ ἔστι φῶς, ἀλλ' ὑπὲρ φῶς, ἐστὶ δικαιοσύνη, οὐκ ἔστι δικαιοσύνη, ἀλλ' ὑπὲρ δικαιοσύνην καὶ ὅσα τούτοις παραπλήσια;“ φαμὲν οὖν πρὸς αὐτὸν, ὅτι πρῶτον μὲν οὐ κατὰ τὴν τῶν ἔξω τεχνολογίαν ὁ κράτιστος ἐν θεολογίᾳ Διονύσιος τὰς τῶν κρειττόνων καταφάσεις τοῦ θεοῦ καταφάσκει καὶ πάλιν ἀποφάσκει· αἱ μὲν γὰρ ἀποφάσεις αἱ παρὰ τοῖς ἔξω δῆλον ὅτι ἀντιφατικῶς ἀντικείμεναι καὶ μαχόμεναι τῶν καταφάσεων,

---

[1]) Cf. Damasc. Dial. c. 57 p. 59.
[2]) Cod. οἰκίαν.
[3]) Cf. Dion. de div. nom. c. 2 seq. de myst. theol. c. 1. n. 2.

---

his omissis pergit:) hoc quidem aptum est permutari, hoc vero non; et sunt opposita ut privatio et habitus. Quod (H. ed.: quomodo) vero Deitas (Divinum) eas, quae secundum contrarietatem, privationem et habitum sunt, oppositiones ad praedicationem non suscipit, manifestum est eo quod natura prorsus incommutabile(-is) sit. Haec autem in iis, quae aptitudinem habent alterandi et permutandi (ut alterentur et commutentur), suam existentiam ostendunt. Neque vero ea quae ut contradictio se habet in eo reperitur (reperiri potest) oppositio verificata quoad utramque partem, licet alio et alio tempore accipiantur; sed si quid de Deo dicatur: vel enim affirmatio vera est semper sola et negatio locum veritatis tunc in ipso numquam habebit; vel vice versa pari modo negatio, quia semper secundum eadem et eodem modo Deitas existit. (Ceteris omissis H.: quia semper eadem et similiter quae circa Divinum considerantur existunt.) Quodsi vero quis impudentius circa haec affectus diceret: „Et quomodo maximus in Theologia Dionysius omnes de Deo praestantiorum rerum affirmationes affirmat et omnes rursum negat, ut v. g.: Est lumen, non est lumen, sed super lumen; est justitia, non est justitia, sed super justitiam, et quaecumque his similia?“ respondemus ei primum, quia non secundum profanorum artificiosum loquendi modum summus in Theologia Dionysius de Deo affirmationes affirmat meliorum rerum et rursum denegat. Negationes enim quae apud profanos sunt

ὕστεραι καὶ χείρους τῶν ἕξεων καὶ τὴν ἀνυπαρξίαν αὐτῶν παρεμφαίνουσιν· αἱ δὲ παρὰ τῷ θεολόγῳ Διονυσίῳ κατὰ τὰς θεολογικὰς ὑποτυπώσεις ἐπὶ θεοῦ λεγόμεναι πολλῷ πρότεραι τῶν ἕξεων καὶ τῶν στερήσεων καὶ κρείττονες καὶ οὐδαμῶς ἀντικείμεναι ἢ μαχόμεναι τῶν καταφάσεων καθίστανται· ἔπειτα δὲ εἰ καὶ κατὰ τὴν τῶν ἔξω τεχνολογίαν συγχωρηθείη τὰς καταφάσεις τε καὶ ἀποφάσεις ἐπὶ θεοῦ τῷ Διονυσίῳ εἰρῆσθαι, ἀλλ᾽ οὖν οὐκ ἐκ τῶν αὐτῶν ἀμφοτέρας λήψεται, ἀλλ᾽ αἱ μὲν ἀποφάσεις ἐκ τῶν κατὰ ταὐτὸ τὸ θεῖον, αἱ δὲ καταφάσεις ἐκ τῶν περὶ αὐτό· ὥςτε δῆλον οὐ κατὰ τὸ αὐτὸ, εἰ καὶ ἓν τὸ ὑποκείμενον, τὰ ἀντικείμενα τῆς ἀντιφάσεως καὶ κατ᾽ αὐτὸν τὸν Διονύσιον προςδέχοιτο, οὔτε μὴν τὴν σχέσιν τὴν ὡς πρός τι τῶν ἀντικειμένων κατὰ τὸ αὐτὸ καὶ ἓν ὑποκείμενον εἴτουν ἐπὶ μιᾶς ὑποστάσεως ἐπιδέξαιτό ποτε, διὰ τὸ ταῦτα ἐν οἷς ἂν ἀντικειμένως θεωρηθείη, πάντως κατὰ τὸν λόγον τὸν συμβεβηκώδη τὸν γινόμενον καὶ ἀπογινόμενον [1]) τὴν ὕπαρξιν ἐπιδείκνυσθαι, οἷς δὲ φύσει καὶ ὑπερφυῶς καὶ ἀϊδίως ἡ σχέσις πρόςεστι, πάντως ταῦτα οὐδὲ κατὰ τὸ αὐτὸ καὶ ἓν ὑποκείμενον εἴτουν ἐπὶ μιᾷ ὑποστάσει τὴν τῶν ἀντικειμένων σχέσιν τὴν ὡς πρός τι ἐπιδέχοιτο. **Εἰ δέ** τις ἐνσταίη λέγων, ὅτι τί κωλύει τὸ θεῖον πρὸς ἄλλο καὶ ἄλλο τὴν κατὰ πρός τι ἀντίθεσιν ἐπιδέχεσθαι; εἰ μὲν γὰρ πρὸς τὸ αὐτὸ καὶ ἕν, καλῶς ἂν εἴρηται· οὐ γὰρ ἐγχωρεῖ ἄλλως καὶ ἄλλως ἔχειν ἢ αὐτὸ ἑαυτοῦ αἴτιον εἶναι καὶ αἰτιατόν· εἰ δὲ πρὸς ἄλλο καὶ ἄλλο, τί κωλύει; ἀπόχρη πρὸς αὐτὸν εἰπεῖν, ὅτι ταῦτα ἐπὶ τῆς κτιστῆς

[1]) fort. τῶν γινομένων κ. ἀπογινομένων.

manifeste opponuntur contradictorie ac pugnant cum affirmationibus, posteriores ac inferiores sunt habitibus et eorum nonexistentiam declarant; quae vero apud Theologum Dionysium secundum theologicas informationes de Deo dicuntur, multo priores sunt habitibus et privationibus ac meliores, atque nullatenus oppositae et repugnantes affirmationibus existunt. Deinde quia licet concedatur secundum profanorum artificiosum loquendi modum negationes et affirmationes de Deo dici a Dionysio, non tamen ex iisdem utrasque sumit, sed negationes quidem ex iis quae sunt secundum ipsum Deum, affirmationes vero ex iis quae circa ipsum. Unde manifeste non secundum idem, licet unum sit subjectum, opposita contradictionis, etiam ex ipso Dionysio, accipiet, neque vero habitudinem ut ad aliquid oppositorum secundum unum idemque subjectum sive de una persona aliquando admittet, propterea quod haec in quibus opposite considerantur, omnino secundum rationem accidentibus similem eorum quae nascuntur et denascuntur existentiam ostendunt, in quibus vero relatio naturaliter ac supernaturaliter et sempiterne adest, haec neque secundum unum idemque subjectum sive in una persona oppositorum ut ad aliquid relationem suscipiunt. Si vero quis insisteret dicens: „Quid impedit, quominus Divinitas ad aliud et aliud oppositionem relativam (quae est ad aliquid) suscipiat? Si enim ad unum idemque, illud recte dicitur, quia nequit aliter et aliter se habere vel idem sui ipsius principium esse et principiatum; si vero ad aliud et aliud, quid impedit?“ tunc oportet ipsi dicatur,

φύσεως εὕροις ἂν, ἐν ᾗ τάξις ἀνωτέρων καὶ ὑφειμένων ἐστὶ καὶ ἄλλων ἄλλα ὑπερέχει καὶ ἡ ἐξ ἄλλων γέννησις καὶ διαδοχὴ καὶ πάντα κατώτερα τῆς ἀνωτάτω φύσεως· ἐπὶ δὲ τῆς ἁπάντων ἐπέκεινα φύσεως οὐκ ἔστι τοῦτο λαβεῖν, ἀλλ' εἴ τι ἂν εὑρεθείη ἢ τῆς θείας φύσεως κατηγορούμενον κατὰ τὸν θεοπρεπῆ λόγον, ἢ ἐπὶ τῶν θεαρχικῶν ὑποστάσεων ἰδικῶς λεγόμενον ἤγουν ἐπὶ μιᾶς ὑποστάσεως, οὐδαμῶς κατὰ τὴν τοῦ πρός τι σχέσιν κατ' ἄμφω τὰς σχέσεις [1]) ἀντικειμένων λεχθείη ἄν. Εἰ δέ τις καὶ πρὸς ταῦτα τολμηρότερον διατεθείη φάσκων· ἰδοὺ ὁ υἱὸς καὶ τὸ πνεῦμα τὸ ἅγιον ἀρχὴ μὲν καὶ αἰτία μετὰ πατρὸς δημιουργική ἐστι τοῦ παντὸς, τοῦ γε μὴν πατρὸς αἰτιατός ἐστιν ὅ τε υἱὸς καὶ τὸ πνεῦμα· λέγομεν οὖν πρὸς ταῦτα, ὅτι ὁ υἱὸς οὐ κατὰ τὸ αὐτὸ εἶδος τῆς ἀντιθέσεως τῶν πρός τι ἑκατέρας τὰς σχέσεις ἐπιδέχεται, ἀλλὰ κατ' ἄλλο καὶ ἄλλο εἶδος· πρὸς μὲν γὰρ τὰ ὄντα λεγόμενος κατὰ τὸ ποιητικὸν αἴτιον ἤγουν τὸ δημιουργικὸν ἂν εἴη, πρὸς δὲ τὸν πατέρα οὐ κατ' ἐκεῖνο τὸ εἶδος τῆς σχέσεως αἰτιατός· ἢ γὰρ ἂν κτίσμα ἦν τοῦ θεοῦ καὶ πατρὸς, ὅπερ λέγειν ἐστὶ παντὸς ἀσεβήματος ἐπέκεινα. Εἰ δὲ τοῦτο, δῆλον ὅτι [2]) ἡ θεία φύσις κοινὴ οὖσα τῶν θεαρχικῶν ὑποστάσεων καὶ ὡς ποιητικὴ τοῦ παντὸς τὴν τοῦ πρός τι ἀντίθεσιν κατὰ τὸ αὐτὸ εἶδος τῆς σχέσεως οὐδαμῶς κατηγορουμένην αὐτῆς ἐπιδέχοιτο, οὔτε μὴν αἱ θεαρχικαὶ ὑποστάσεις μία ἑκάστη ἄμφω τὰς σχέσεις

[1]) Hic quadrat f. 352. a. Fort. *ἀντικείμενον*.

[2]) Hugo, cujus superius dedimus verba vel codicis vitio vel propria negligentia haud satis accurate translata, consulto plura praetermisit, ut ejus verba: Et post modicum aperte indicant. Sequentia rursum idem scriptor suppeditat.

---

haec in creata natura reperiri, in qua ordo superiorum et inferiorum est atque alia aliis praestant, in qua generatio ex aliis et successio cunctaque inferiora natura summa; in natura vero, quae est super omnia, hoc non licet deprehendere, verum si quid repertum fuerit vel de divina natura praedicatum secundum rationem Deo dignam vel de divinis personis seorsum dictum vel etiam de una persona, neutiquam secundum habitudinem ejus, quod est ad aliquid, quoad utramque relationem oppositorum (oppositum) dicendum erit. Quodsi quis et contra haec audacius affectus dicat: „Ecce Filius et Spiritus S. principium quidem et causa conditrix universi sunt una cum Patre; Patris vero principiata sunt tum Filius tum Spiritus:" dicimus ad istum haec: Filius non secundum eamdem speciem oppositionis eorum quae sunt relata ad aliquid utramque suscipit habitudinem, verum secundum aliam et aliam speciem: ad res namque creatas dum causa et principium dicitur, secundum efficiens vel condens principium id erit, ad Patrem autem non secundum hanc relationis speciem principiatus est; sic enim creatura foret Dei Patris, quod dicere omnem impietatem transcendit. Si vero hoc, manifeste (H.: Cum igitur) divina natura cum tribus sit communis divinis personis et ut conditrix universi (H.: conditrixque universalis), eorum quae ad aliquid oppositionem secundum eamdem relationis speciem nullatenus de se praedicari permittit; neque etiam divinae personae et

ὑποδέξοιτο, ἵνα μὴ τὸ μονοειδὲς καὶ μονότροπον τῆς σχέσεως αὐτῶν δόξῃ ἀναιρεῖσθαι. Τούτων οὖν ἡμῖν ἐκ τῶν κοινῶν περὶ θεοῦ ἐννοιῶν καὶ τῶν φυσικῶν καὶ ἀποδεικτικῶν λόγων καὶ τῶν σοφῶν περιλήψεων προομολογηθέντων, σκοπεῖν ἔστι τοῖς φάσκουσι τὸ θεῖον πνεῦμα ἐκπορεύεσθαι τοῦ υἱοῦ ὥςπερ ἐκ πατρός· καὶ γὰρ εἰ τοῦτο ἔστι, [1]) κοινὴ ἔσται ἡ προβολὴ πατρὸς καὶ υἱοῦ καὶ ἔσται ὁ υἱὸς τῆς τοῦ πνεύματος ὑπάρξεως αἴτιος ὥςπερ καὶ ὁ πατὴρ καθὸ προβολεύς· ὁ δέ γε μὴν υἱὸς γεγέννηται μὲν ἐκ τοῦ θεοῦ καὶ πατρὸς καὶ αἴτιον αὐτὸν ἐπιγράφεται ὡς γεννήτορα κατὰ τὸν τῆς ἀληθείας λόγον· συνάγεται ἄρα ὁ υἱὸς τὴν τῶν ἀντικειμένων σχέσιν τῶν πρός τι ἐπιδεχόμενος· ὁ αὐτὸς γὰρ ἅμα αἴτιος τοῦ πνεύματος καὶ αἰτιατὸς τοῦ θεοῦ καὶ πατρὸς ἀναπέφηνε· δέδεικται δὲ ἡμῖν διὰ καθολικοῦ λόγου, ὅτι ἀδύνατόν ἐστιν εὑρεῖν τὰ ἀντικείμενα ἐπὶ τῆς θείας φύσεως κατηγορούμενα οὔτε μὴν ἐπὶ μιᾶς ἑκάστης τῶν θεαρχικῶν ὑποστάσεων· οὐκ ἄρα ἐκπορεύεται ἐκ τοῦ υἱοῦ τὸ θεῖον πνεῦμα ὥςπερ ἐκ τοῦ πατρὸς, καθώς τινες δυσσεβῶς καὶ ἀθέως δοξάζουσιν.

XXI. Ἔτι εἰ πάντα [2]) τὰ πρὸς ἄλληλά τε καὶ ὁμοούσια τὴν κοινωνίαν καὶ ἕνωσιν κατὰ φύσιν καὶ τὰ τῇ φύσει ἑπόμενα ἔχει, τὴν δέ γε μὴν διαστολὴν καὶ διάκρισιν κατὰ τὴν τῶν ὑποστατικῶν ἰδιοτήτων διαφορὰν παρεμφαίνει, δι' ὧν αἵ τε ὑποστάσεις τὸ εἶναι ἔχουσι καὶ τὸν οἰκεῖον χαρακτῆρα ἐμφαίνουσι

[1]) Cod. ἔν ἐστι f. ἔνεστι.

[2]) Hoc cap. 21 legitur in Andr. Camateri Armentario f. 90 a. syllog. 34.

---

earum unaquaeque utramque relationem suscipiet, ne forte uniforme et unifarium habitudinis eorum videatur interimi. His igitur nobis ex communibus de Deo conceptionibus et naturalibus et demonstrativis rationibus atque philosophorum conquisitionibus promulgatis, animadvertendum est illis, qui confitentur Spiritum sanctum ex Filio procedere quemadmodum ex Patre. Nam si hoc ita est, communis erit emissio Patris et Filii, et erit Filius Spiritus sancti existentiae causa quemadmodum et Pater in eo quod emissor; at vero Filius genitus est ex Deo Patre et causam ipsum describit ut genitorem juxta verbum veritatis; colligitur ergo quod Filius oppositorum habitudinem eorum quae ad aliquid suscipiat et similiter sit (gr.: Nam idem simul est) causa Spiritus et ex Deo Patre ut ex causa (apparet); sed demonstratum est nobis per universalem rationem, quod impossibile sit invenire opposita de divina natura praedicari vel de aliqua trium hypostaseon. Non igitur procedit ex Filio sanctus Spiritus quemadmodum ex Patre, sicut quidam impie ac profane opinantur.

XXI. Si omnia quae sunt ad invicem et consubstantialia communionem et unionem secundum naturam eaque quae naturam consequuntur habent, distinctionem autem et divisionem secundum personalium proprietatum differentiam declarant, per quas personae esse habent et proprium characterem

καὶ ἄλλος ἐξ ἄλλου διακέκριται καὶ διακεχώρισται, ἵνα μή τις περὶ τὰς ὑποστάσεις σύγχυσις γένηται, δῆλον ὅτι καὶ ὁ θεὸς καὶ πατὴρ πρὸς τὰ ὁμοούσια, φημὶ δὴ τὸν υἱὸν καὶ τὸ πνεῦμα, κοινωνήσει κατὰ τὸν τῆς φύσεως λόγον καὶ τῶν ταύτῃ ἑπομένων, διαστελεῖται δὲ καὶ διακριθήσεται κατὰ τὰς ὑποστατικὰς ἰδιότητας· ἔστι δὲ ὑποστατικὴ ἰδιότης κυρίως καὶ μόνως πατρὸς τὸ εἶναι γεννήτορα υἱοῦ καὶ προβολέα πνεύματος· φανερὸν ὅτι κατὰ τοῦτο διακέκριται υἱοῦ καὶ πνεύματος· εἰ δὲ διακέκριται, οὐ κοινὴ ἔσται ἡ προβολὴ πατρὸς καὶ υἱοῦ τοῦ πνεύματος· εἰ δὲ οὐκ ἔστι κοινή, φανερὸν ὅτι τοῦ πατρὸς μόνου·[1]) εἰ δὲ τοῦτο, δῆλον ἄρα ὅτι τὸ πνεῦμα οὐκ ἐκ τοῦ υἱοῦ ἐκπορεύεται καθὼς καὶ ἐκ πατρός, ὅπερ τινὲς ἀσεβῶς δοξάζουσιν.

XXII. Ἔτι εἰ πᾶν μὲν ὁμοούσιον μεθ' ὧν λέγεται ὁμοούσιον κοινωνεῖ κατὰ τὸν τῆς φύσεως λόγον, κατὰ δὲ τὰς ὑποστατικὰς ἰδιότητας διαστέλλεται καὶ διακρίνεται, καὶ εἰ μὲν μιᾷ τινι ὑποστατικῇ ἰδιότητι εὕρηται, καθ' ἣν τὸ εἶναι ἔχει, πάντως ἐξ ἀνάγκης κατ' αὐτὴν ἀκοινώνητος ἔσται τοῖς ὁμοουσίοις· ἐπεὶ πῶς ἂν σχοίη πρὸς τὰ ὁμοούσια τὴν διαστολήν; εἰ δὲ πλείοσιν ὑποστατικοῖς τὸ εἶναι ἔχει, εἰ καὶ ἅπαντα κατὰ συνάθροισιν λαμβανόμενα ἐπ' ἄλλοις ὁμοουσίοις εὑρεῖν ταῦτα ἀδύνατον (καὶ γὰρ αἱ Μωύσεως ἰδιότητες οὐκ ἂν ἐπ' ἄλλου τῶν κατὰ μέρος ἀνθρώπων εὕρηνται) ἀλλ' οὖν ἐνδέχεταί τινα τῶν ἰδιωμάτων, ἐπεὶ πλείονα ἔνεισι, τισὶν ὁμοουσίοις ἐπικοινωνεῖν· καὶ τοῦτο γνώριμον ἐκ τῆς ἐναργείας. Ἐπεὶ οὖν ἐπὶ τῶν θεαρχικῶν ὑποστάσεων μία

[1]) Hucusque Camat. l. c.

---

ostendunt atque alius ab alio distinguitur et secernitur, ne qua circa personas oriatur confusio: liquido etiam Deus Pater ad consubstantialia sibi, Filium videlicet ac Spiritum, communionem habebit secundum rationem naturae et eorum quae hanc consequuntur, distinguetur vero et secernetur secundum proprietates personales; est autem personalis Patris proprietas proprie et exclusive, quod sit genitor Filii et Spiritus productor; constat inde, quod secundum hoc a Filio Spirituque distinguitur. Si vero distinguitur, haud communis Patri et Filio erit Spiritus productio; si vero non communis, perspicue est Patris solius; quodsi hoc, evidens ergo Spiritum non ex Filio procedere sicut ex Patre, ut quidam impie arbitrantur.

XXII. Si omne consubstantiale ad ea, cum quibus consubstantiale dicitur, communionem habet secundum naturae rationem, distinguitur vero ac secernitur secundum personales proprietates; et si una quadam personali proprietate reperitur, secundum quam persona habet esse, necessario prorsus secundum eamdem incommunicabilis erit cum consubstantialibus; secus enim quomodo ad consubstantialia haberet distinctionem? Si vero pluribus proprietatibus personalibus habet esse, licet omnes collective sumtae in aliis consubstantialibus simul reperiri nequeant (nam Moysis sane proprietates in alio quopiam hominum particularium non inveniuntur), attamen fieri potest, ut aliqua idiomata, quum plura insint, consubstantialibus quibusdam sint communia; et hoc ex evidentia notum est. Quum itaque in divinis personis

τις ἑκάστῃ ὑποστάσει ἰδιότης πρόςεστι, φανερὸν, ὅτι ἀκοινώνητος κατ' αὐτὴν ἔσται ταῖς λοιπαῖς· ἔστι δὲ τοῦ μὲν υἱοῦ ἡ γέννησις, τοῦ δὲ πνεύματος ἡ ἐκπόρευσις, τοῦ δέ γε μὴν πατρὸς ἡ ἀγεννησία ἤτοι ἡ ἀρχὴ καὶ αἰτία· οὐκ ἄρα κατὰ τὸ αὐτὸ κοινωνήσει ὁ υἱὸς ἢ τὸ πνεῦμα· εἰ δὲ τοῦτο, οὐκ ἔσται τὸ πνεῦμα ἐκ τοῦ υἱοῦ ἐκπορευτὸν καθὼς ἐκ πατρὸς, ἵνα μὴ τὸ ἴδιον τῆς πατρικῆς ὑποστάσεως ἤγουν τὸ αἴτιον μεταπέσῃ καὶ ἐπὶ τοῦ υἱοῦ. Εἰ δέ τις πρὸς ταῦτα ἐνσταίη λέγων, ὅτι τὸ γεννήτορα καὶ προβολέα εἶναι τὸν θεὸν καὶ πατέρα ὁμοῦ λαμβανόμενα οὐκ ἂν ἐπ' ἄλλης θεαρχικῆς ὑποστάσεως εὑρεθείη, ἵνα μὴ ἡ πατρικὴ ὑπόστασις συγχυθῇ καὶ διὰ τοῦτο φύγῃ καὶ τὸ εἶναι αὐτὸ ὅπερ ἐστί· τί κωλύει τὴν προβολὴν τοῦ πατρὸς οὖσαν ἰδίωμα κεχωρισμένως λαμβανόμενον τῆς τοῦ γεννήτορος προόδου καὶ τοῦ υἱοῦ κοινὴν εἶναι ταύτην λέγειν; καὶ γὰρ εἰ μὴ διεστέλλετο πρὸς τὸν υἱὸν καθὸ πατὴρ, καλῶς εἶχεν ὁ προλεχθεὶς λόγος· εἰ δὲ διαστέλλεται, τί ἄτοπον, εἴπατε ἡμῖν; πρὸς τοῦτον φαμέν· ὦ γενναῖε, τῷ οὕτως λέγοντι πολλὰ τὰ ἄτοπα καὶ βλάσφημα ἕψεται· πρῶτον μὲν ἀντιστρέψαντες καὶ ἡμεῖς πρὸς ὑμᾶς ἀπορήσομεν. ἐπεὶ πρὸς τὸ θεῖον πνεῦμα ὁ θεὸς καὶ πατὴρ ἔχει τὴν διαστολὴν, καθὸ τούτου ἐστὶ προβολεὺς, δι' ἣν αἰτίαν μὴ καὶ αὐτὸ κοινὸν ἔχει πρὸς τὸν θεὸν καὶ πατέρα τὸ γεννᾷν πεφυκὸς, εἴπερ ὁ υἱὸς ὡς υἱὸς διαστελλόμενος τῷ πατρὶ κοινὸν ἔσχε τοῦ εἶναι προβολεὺς σὺν τῷ πατρὶ τοῦ πνεύματος; εἰ δὲ τοῦτο κατὰ τὸν ὑμέτερον λόγον ἕπεται, ἔσται τὸ πνεῦμα ἢ τὸν υἱὸν ἀνταμειβόμενον [1]) ἀντὶ

[1]) Cf. Phot. l. c. §. 3: τὴν ἴσην ἀμειβόμενον χάριν.

una quaedam cuilibet hypostasi adsit proprietas, liquet eam secundum ipsam ceteris fore incommunicabilem; est vero proprietas Filii generatio, Spiritus sancti processio, Patris autem innascibilitas sive principii et causae ratio; non ergo secundum hoc ipsum communicabit Filius vel Spiritus. Si vero hoc, Spiritus non erit ex Filio procedens sicut ex Patre, ne paternae personae proprium, scilicet ratio causae, etiam in Filium transeat. Si vero adversus haec quis instaret dicens: „Quod Deus Pater genitor est ac productor simul, haec duo conjunctim sumta non in alia divina persona reperiri debent, ne paterna persona confundatur atque idcirco fugiat id ipsum esse quod est; quid autem prohibet, quominus productio, quae est Patris idioma, seorsim ac separate a progressu genitoris sumatur atque sic et Filio dicatur esse communis? Nam si non distingueretur a Filio quatenus Pater, recte se haberet praedicta ratiocinatio; si vero distinguitur, quid illic absurdi, quaeso, dicite nobis?“ — huic respondemus: Ita dicentem, o bone, multa absurda ac blasphema sequentur. Primo quidem et nos vice versa ac retorquendo vobis dubium proponemus. Quoniam Deus Pater ad divinum Spiritum habet distinctionem, quatenus ejus productor est, quam ob causam non et ipse Spiritus communem cum Deo Patre sortitus est (activam) generationem, si Filius ut Filius distinctus communem habet cum Patre Spiritus sancti spirationem? Si vero hoc secundum vestram rationem sequitur, erit Spiritus vel Filio retribuens pro processione eumque generabit, vel alteram personam

τῆς ἐκπορεύσεως καὶ τοῦτον ἀπογεννήσει ἢ ἑτέραν ὑπόστασιν, ἵνα ᾖ τετρὰς ἡ τριάς. Ἔπειτα καὶ δύο ἀρχικὰς καὶ ἀνάρχους αἰτίας ἐπὶ τῆς ζωαρχικῆς τριάδος δοίης· οὐ γὰρ ἐγχωρεῖ τὸν υἱὸν μὴ ἀναιτίως τὴν προβολὴν ἔχειν, ἐπεὶ τάχα καὶ καθὸ υἱὸς υἱὸν ἀπογεννήσει καὶ διὰ τοῦτο τὸ πολύθεον τῆς ἑλληνικῆς πλάνης [1]) τῇ ἀχράντῳ θεολογίᾳ τῶν χριστιανῶν προςτριβήσεται. Επεὶ οὖν διὰ ταῦτα ἃ ὁ λόγος ὑπέδειξεν ἄτοπα καὶ βλάσφημα καὶ ἄλλα μυρία, κἂν διαστέλληται ὁ θεὸς καὶ πατὴρ καθὸ πατὴρ τοῦ υἱοῦ, ἀλλ' οὐκ ἂν τὴν προβολὴν τοῦ πνεύματος κοινὴν πρὸς τὸν υἱὸν σχοίη· εἰ δὲ τοῦτο, μάταιος ὁ δι' ἐναντίας λόγος καὶ αὖθις ἀποδέδεικται.

XXIII. Ἔτι εἰ πᾶσι μὲν οἷς τὸ φρονεῖν ὀρθοτόμως περὶ τὴν πίστιν ἔνεστι δῆλον καθέστηκεν, ὅτι ὁ θεὸς καὶ πατὴρ ἐν οἷς ἥνωται τοῖς ὁμοουσίοις δηλονότι τοῖς ἑτερουσίοις διακέκριται καὶ ἐν οἷς τὰ ἑτερούσια κοινωνεῖ, ἐν τούτοις πάντως ὁ θεὸς καὶ πατὴρ ἀκοινώνητός ἐστι, καὶ αὖθις ἐν οἷς τὰ ἑτερούσια τοῦ θεοῦ καὶ πατρὸς πρὸς ἄλληλα δὲ τὴν ὁμοουσιότητα ἔχοντα διακέκριται, πάντως τὸ ἀκοινώνητον ἔχειν εὕρηνται· οὐκοῦν καὶ ἐν οἷς ὁ θεος καὶ πατὴρ τοῖς ὁμοουσίοις διαστέλλεται, ἐν τούτοις τὸ κοινωνεῖν οὐκ ἔχει· διαστέλλεται δὲ κατὰ τὰς ἰδιότητας τῷ υἱῷ καὶ τῷ πνεύματι ὁμοουσίοις οὖσιν αὐτῷ διὰ τὸ ἐξ αὐτοῦ κατὰ φύσιν, τουτέστιν ἐκ τῆς οὐσίας αὐτοῦ ἀχρόνως καὶ ἀπαθῶς ἐκλάμψαι· ἔστι δὲ τοῦ υἱοῦ ὑποστατικὸν τὸ γεννητὸν καὶ τοῦ πνεύματος τὸ ἐκπορευτόν, τὸ δέ γε μὴν θεοῦ καὶ πατρὸς πρῶτον καὶ κυριώ-

[1]) Cf. Phot. l. c. §. 11.

---

gignet, ita ut Trinitas efficiatur quaternitas. Deinde etiam duas principiantes et principio carentes causas in zoarchica Trinitate asserueris; neque enim fieri potest, ut Filius haud absque causa habeat productionem; nam protinus et quatenus Filius generabit filium atque ideo ethnicae fraudis polytheismus immaculatae christianorum theologiae aspergetur. Igitur propter ea quae a ratione ostensa sunt absurda et blasphema aliaque sexcenta, licet Deus Pater qua Pater distinguatur a Filio, non tamen Spiritus sancti productionem communem habebit cum Filio. Quodsi ita est, vana adversarii ratio rursum ostensa est.

XXIII. Adhuc: si inter omnes, quibus recte circa fidem sentire inest, liquido constat, Deum Patrem iis, quibus unitur consubstantialibus, manifeste ab iis quae diversae substantiae sunt distingui, et in quibus diversae substantiae entia communionem habent, in his prorsus eum habere nullam, ac rursum in quibus quae sunt diversae substantiae a Deo Patre, ad invicem vero consubstantialitatem habent discernuntur, incommunicabilitatem habere reperiri: itaque et in his, in quibus Deus Pater a consubstantialibus distinguitur, non habet communionem; distinguitur autem secundum proprietates a Filio et Spiritu, qui ei consubstantiales sunt, quia ex ipso secundum naturam, id est ex ipsius substantia, sine tempore et passione effulgent; est vero Filii personale idioma esse genitum et Spiritus sancti procedere, Dei autem Patris primum et maxime proprium, quod ex ipso solo et solum uterque

τατον τὸ ἐξ αὐτοῦ μόνου καὶ μόνως ὑπάρχειν ἄμφω, τὸ μὲν γέννημα, τὸ δὲ πρόβλημα, καὶ εἶναι κυρίως γεννήτωρ καὶ μόνος καὶ προβολεὺς καὶ μόνος· φανερὸν ὅτι διακέκριται ὁ θεὸς καὶ πατὴρ τοῦ υἱοῦ καὶ τοῦ πνεύματος κατα τὸ εἶναι γεννήτωρ καὶ προβολεύς· εἰ δὲ τοῦτο, οὐκ ἔστι κοινὴ πατρὸς καὶ υἱοῦ ἡ προβολὴ τοῦ πνεύματος· εἰ δὲ οὐκ ἔστι κοινὴ, ἴδια ἔσται πάντως τοῦ πατρὸς μόνου· εἰ δὲ τοῦτο, οὐκ ἔστι τὸ πνεῦμα ἐκ τοῦ υἱοῦ ἐκπορευτὸν καθὼς καὶ ἐκ πατρὸς, ὅπερ τινὲς δυςφήμως δογματίζουσιν.

XXIV. Ἔτι εἰ πᾶσι μὲν τοῖς εὐσεβεῖν ἐθέλουσιν,[1]) ὁπηνίκα τι περὶ θείων δογμάτων λέγειν βούλοιντο, ἤτοι γε ἐκ τῶν θείων καὶ ἱερῶν λογίων τὸ βέβαιον ἔχουσιν, ἢ ἐκ τῶν κατὰ βούλημα θεῖον ἁγίων συνοδικῶς συναθροισθέντων ἐπιστηρίζονται, ἢ ἐκ τῶν θεσπεσίων πατέρων τῶν ἐν τοῖς γράμμασιν αὐτῶν περιειλημμένων οἱονεὶ νομοθετοῦνται, ἢ ἐκ τῶν κοινῶν περὶ θεοῦ ἐννοιῶν τὴν ἀσφάλειαν προςκτῶνται, ἢ ἐκ τῆς ἀγράφου καὶ μυστικῆς τῆς ἐκκλησίας[2]) παραδόσεως ἐκ τῶν αὐτοπτῶν καὶ ὑπηρετῶν τοῦ λόγου[3]) ἡμῖν διαδοθείσης κρατύνονται· καὶ ἁπλῶς εἰπεῖν ἐξ ὧν ἡ ἐκκλησία τοῦ θεοῦ ἡ ἀνὰ πᾶσαν τὴν οἰκουμένην ὀρθοτομοῦσα τὸ βέβαιον τοῦ ἀληθοῦς δόγματος ἀναδέχεται, ἐξ αὐτῶν ἐκείνων τὸ οἰκεῖον δόγμα συνιστῶσιν. Οἱ δέ γε δὴ τὸ πνεῦμα[4]) τὸ ἅγιον καὶ ἐκ τοῦ υἱοῦ ἐκπορεύεσθαι καθὼς καὶ ἐκ τοῦ πατρὸς δογματίζειν πειρώμενοι[5]) ἐξ οὐδενὸς τῶν προειρημένων τὸ βέβαιον καὶ τὴν

[1]) Usitata formula, sed constructio pessima, nisi quaedam exciderint.

[2]) Cod. f. 353, b: τῇ ἐκκλησίᾳ.

[3]) Luc. I 2.

[4]) Finis f. 353; sequens fol. 354 pertinet ad c. 20, ut supra dictum. Quae sequuntur, f. 355 exhibet.

[5]) Cod. πειρόμενοι.

---

existit, ille quidem genitus, hic vero spiratus, et quod proprie est genitor et solus, atque productor et solus; perspicuum ergo, quod Deus Pater a Filio et Spiritu distinguitur eo quod est genitor ac productor. Si vero hoc, non est Spiritus productio Patri Filioque communis; si vero non communis, propria omnino erit solius Patris. Quae si ita se habent, non est Spiritus ex Filio procedens sicut ex Patre, ut quidam impie statuunt.

XXIV. Demum omnes qui pie sentire volunt, quando de divinis dogmatibus dicturi sunt quidpiam, vel ex divinis sacrisque eloquiis firmitatem possident vel ex sanctis secundum Dei voluntatem in synodis congregatis confirmant, vel ex sacrosanctis Patribus iisque, quae in eorum scriptis continentur, velut legem statuunt, vel ex communibus de Deo notionibus securitatem nanciscuntur, vel ex non scripta et mystica Ecclesiae traditione, quae ab iis qui viderunt et ministri fuerunt sermonis nobis tradita fuit, constabiliunt, atque ut breviter dicamus, ex quibus Ecclesia Dei per universum orbem recte sentiens veri dogmatis firmitatem suscipit, ex his ipsis propriam sententiam constituunt. Qui vero Spiritum sanctum etiam ex Filio procedere ut ex Patre asserere conantur, ex nullo horum capitum firmitatem et securitatem proprii dogmatis habent. Verum multo omnibus his fide dignior est

ἀσφάλειαν τοῦ οἰκείου δόγματος ἔχουσιν· μᾶλλον μὲν οὖν [1]) ἀξιοπιστότερος πάντων ὢν αὐτὸς ὁ τοῦ θεοῦ καὶ πατρὸς συναίδιος καὶ ὁμοούσιος υἱὸς καὶ λόγος, ὁ πάντα γινώσκων τὰ τοῦ πατρὸς καὶ τὰ τοῦ πνεύματος ὡς τὰ οἰκεῖα, οὐδὲν ἧττον ἔχων πρὸς τὸν θεὸν καὶ πατέρα καὶ πρὸς τὸ πνεῦμα ἢ πρὸς ἑαυτὸν, ἡνίκα δι' ἡμᾶς καθ' ἡμᾶς ἄνθρωπος γενόμενος διὰ τὸν ἀνεξιχνίαστον πλοῦτον τῆς αὐτοῦ ἀγαθότητος πρὸς τὸ σῶσαι τὸ ἀνθρώπειον γένος καὶ εἰς τὸ ἀρχαῖον ἀποκαταστῆσαι, καὶ ὁπότε τὰ τελεώτερα τῆς βασιλείας αὐτοῦ μυστήρια τοῖς μαθηταῖς ἐξεπαίδευσε καὶ περὶ τῆς τοῦ παναγίου πνεύματος ἐπιφοιτήσεως πρὸς αὐτοὺς ἐπαγγελλόμενος ἔλεγε· καὶ ἄλλον παράκλητον, ὡς ἐμὲ αὐτὸν θεὸν, τῇ φύσει θεὸν ὄντα ἀληθινὸν καὶ φῶς καὶ ζωὴν καθὼς ἐγὼ καὶ ὁ πατὴρ, [2]) ὃς καὶ τὰς πάντων παρακλήσεις δέχεται καὶ διὰ τοῦτο παράκλητος ὤν τε καὶ καλούμενος, τὸ πνεῦμα τῆς ἀληθείας, ὃ παρὰ τοῦ πατρὸς ἐκπορεύεται· [3]) οὐκ εἶπεν· ὃ παρὰ τοῦ πατρὸς καὶ ἐξ ἐμοῦ τοῦ υἱοῦ ἐκπορεύεται. Τί γὰρ καὶ ἐκώλυε τοῦτο εἰπεῖν, εἰ οὕτως ὁ τῆς ἀληθείας εἶχε λόγος, ἵνα μηδ' ἡ αὐτοαλήθεια ἤγουν αὐτὸς ὁ τοῦ θεοῦ καὶ πατρὸς ἐνυπόστατος λόγος εὑρεθῇ ψευδοεπῶν. ἐπειδὴ δὲ οὐχ οὕτως εἴρηται, ἀλλ' ἢ μόνον ὃ παρὰ τοῦ πατρὸς ἐκπορεύεται, καὶ οὐ πρόσκειται ἐν τῷ κυριακῷ λόγῳ τὸ ἐξ αὐτοῦ τοῦ υἱοῦ, φανερὸν ἄρα ὅτι οἱ τοῦτο δογματίζειν ἐπιχειροῦντες κατά τε τῶν κυριακῶν λογίων καὶ τῶν λοιπῶν ἱερῶν φωνῶν

[1]) Sequ. refert Hugo Eth. L. III c. 14, qui minus recte vertit: qui Spiritum S. ex Filio procedere ut ex Patre asserere conantur, sin dogmatis securitatem non habent; magis quidem cum omnibus veracior ipse Dei et Patris consubstantialis coaeternusque Filius etc.

[2]) πέμψω ὑμῖν vel δώσει ὑμῖν add. ex Hug. Eth. Cf. Joh. XIV 16.

[3]) Joh. XV. 26.

---

ipse Dei Patris coaeternus ac consubstantialis Filius ac Sermo, qui omnia cognoscit quae sunt Patris et quae sunt Spiritus (sicut propria), nihil minus habens ad Deum Patrem, et ad Spiritum quam ad se, qui propter nos et secundum nos homo factus propter investigabiles divitias bonitatis suae, ut salvaret humanum genus et ad pristinum restitueret, quando perfectiora regni sui mysteria discipulos edocuit, sancti Spiritus adventum eisdem promittendo dicebat: **Et alium Paraclitum**, ut me Deum natura existentem Deum verum et lumen verum vitamque, sicut ego et Pater, **vobis mittam**, qui omnium consolationem suscipit, ideoque Paracletus est et vocatur, **Spiritum veritatis, qui a Patre procedit**; non dixit: qui a Patre et ex me Filio procedit. Quid enim prohibebat hoc dicere, si sermo sic habebat veritatis, ut ne qui ipsa veritas est, videlicet ipse Dei et Patris Filius (Sermo subsistens) falsiloquus inveniretur? quoniam vero non sic dictum est, sed solum: **Qui a Patre procedit**, et non adjectum est in Dominico sermone **ex ipso Filio:** manifestum utique, quod hoc decernere tentantes adversus Dominica verba reliquasque sacras voces, apostolicas tra-

καὶ τῶν ἀποστολικῶν παραδόσεων καὶ τῶν κοινῶν περὶ θεοῦ ἐννοιῶν, ἀλλὰ μὴν καὶ τῶν ἁγίων καὶ οἰκουμενικῶν συνόδων καὶ τῶν ἀοιδίμων πατέρων κατεξανίστανται, οὓς δίκαιόν ἐστιν εἰ μὲν θέλοιεν ὁδηγηθῆναι πρὸς τὴν ἀλήθειαν, χάρις τῷ θεῷ τῷ μὴ βουλομένῳ τὸν θάνατον τοῦ ἁμαρτωλοῦ, ἀλλ' ἢ πρὸς τὸ ἐπιστρέψαι καὶ ζῆν αὐτὸν, εἰ δὲ μὴ βούλοιντο τὴν ἑαυτῶν σωτηρίαν ἐπισπάσασθαι, τούτους ὡς ἀποτροπαίους καὶ φευκτοὺς καὶ στυγητοὺς καὶ ἀσεβεῖς πᾶς ὅςτις πιστὸς καὶ ὀρθὰ φρονεῖν καὶ μετὰ τῆς καθολικῆς ἐκκλησίας τῆς ἀπὸ περάτων ἕως περάτων γῆς ὀρθοτομούσης πιστεύειν καὶ ἑστάναι βούλοιτο, ἀποπεμπέτω καὶ μηδενὸς λόγου ἀξίους κρινέτω. Τῷ δὲ θεῷ χάρις τῷ ἐν πατρὶ καὶ υἱῷ καὶ ἁγίῳ πνεύπατι παρὰ τῶν πιστῶν προςκυνουμένῳ, τῷ τριςυποστάτῳ κατὰ τὰς ἰδιότητας εἴτουν ὑποστάσεις, ἑνὶ δὲ κατὰ τὴν φύσιν καὶ τὴν οὐσίαν, τῷ ἡμᾶς φωτίζοντι κατὰ τὴν ἄῤῥητον αὐτοῦ ἀγαθότητα καὶ μὴ ἐάσαντι ἡμᾶς τῇ τοῦ πονηροῦ δαίμονος ἀπάτῃ ὑποσκελισθῆναι, ἀλλὰ μετὰ τῆς ἀληθείας καὶ τοῦ ὀρθοῦ δόγματος τῆς ἐκκλησίας αὐτοῦ οἰκονομοῦντι ὁμοφρονεῖν κατὰ πάντα καὶ πιστεύειν, ὅτι αὐτῷ πρέπει πᾶσα δόξα, τιμὴ (καὶ) κράτος, τῷ πατρὶ καὶ τῷ υἱῷ καὶ τῷ ἁγίῳ πνεύματι εἰς τοὺς ἀπεράντους αἰῶνας τῶν αἰώνων· ἀμήν.

---

ditiones et communes conceptiones de Deo, sed enim (etiam) contra sanctas et universales synodos semperque memorandos Patres insurgunt qui si, ut aequum est, ad viam redire veritatis velint, gratias Deo, qui non vult mortem peccatoris, sed ut convertatur et vivat, sin autem salutem suam amplecti nolunt, hos (ed. hoc) ut *ἀποτροπαίους* (ed. *-τροπέους*) id est fugiendos, odiosos impiosque quicumque recte sentire vult et cum sancta universali Ecclesia, quae a finibus usque ad fines terrae fidem recte tractat, credere atque consistere appetit, abjiciat et nullo eos verbo dignos adjudicet. Deo vero gratias, qui in Patre et Filio et Spiritu sancto a fidelibus adoratur, qui in tribus personis existit secundum proprietates sive hypostases, unus vero est secundum naturam atque substantiam, qui illuminat nos secundum ineffabilem bonitatem suam, neque nos mali daemonis fraudibus implicari et ad casum flecti sinit, sed cum veritate et cum recto Ecclesiae suae dogmate dispensat, ut unum sentiamus secundum omnia credamusque, quia ipsi debetur omnis laus, gloria, honor ac virtus, Patri et Filio et Spiritui sancto, per infinita saecula saeculorum. Amen.

I.

ΤΟΥ ΣΤΗΘΙΛΙΟΥ [1]) ΚΥΡΟΥ ΝΙΚΗΤΑ ΤΗΣ ΜΟΝΗΣ ΤΩΝ ΣΤΟΥΔΙΤΩΝ ΚΑΤΑ ΑΡΜΕΝΙΩΝ ΚΑΙ ΛΑΤΙΝΩΝ (ΚΑΙ) ΠΕΡΙ ΕΝΖΥΜΩΝ ΚΑΙ ΑΖΥΜΩΝ.

1. *Εἰ φιλοσοφώτερον ἔχοντες βίον ἐν τῇ χώρᾳ τῶν Φράγγων καὶ Ἀρμενίων καὶ ἄλλων πλείονα τὴν γνῶσιν αὐχοῦντες, λόγον καὶ περὶ ἀζύμων ἀκούσατε* [2]) *εἰς πέμπτην τούτων ὑμῖν ὁμιλίαν ἀπο . . . πλάνην ἐλέγξαι καὶ τὸ ἄτοπον τοῦ πράγματος γνωρίσαι ὑμῖν καὶ τὸ τοῖς πιστοῖς ἀνοίκειον* [3]) *εἰς θυσίαν τῆς καινῆς διαθήκης, ὡς . . . [οἷόν τε],* [4]) *στηλιτεῦσαι· τὸ μετ' ἀζύμων τῆς παλαιᾶς διαθήκης ἐστίν.*

2. *Οὐ γὰρ ἄζυμον λαβὼν ὁ κύριος εὐχαριστήσας ἔκλασε καὶ τοῖς μαθηταῖς ἔδωκεν, ἀλλ' ἄρτον, ὡς οἱ τέσσαρες εὐαγγελισταὶ καὶ ὁ θεῖος Παῦλος μαρτυρεῖ ὁ ἀπόστολος.* [5]) *Ὑμεῖς οὖν πόθεν τὰ ἄζυμα ἐσθίειν ὡς ἀντίτυπα τοῦ σώματος Χριστοῦ παρελάβετε, πάσης τῆς τῶν πιστῶν ἐκκλησίας ἄρτον εἰς θυσίαν τῷ Χριστῷ προςφερούσης; Ἀπὸ τοῦ Χριστοῦ ἤ* [6]) *τῶν ἀποστόλων αὐτοῦ; Μὴ γένοιτο. Οὐδαμοῦ γὰρ εἴρηται ἐν ταῖς θείαις γραφαῖς*

---

[1]) Cod. Mon. 524 saec. 14 in 4 f. 14, a seq.; textus valde corruptus. Legitur *Στηθείου*.

[2]) Quatuor sequentes lineae vix legi possunt usque ad fin. §. Restituimus tamen pleraque.

[3]) Cod. *ἀνείκειον*.

[4]) Ita legendum conjicimus.

[5]) Cf. editum Nicetae latinum textum Will Acta et scripta p. 130 c. 6. 7. Dimitrac. p. 24. 25.

[6]) C. *ἡ*.

Domini Nicetae Stethati e Studii monasterio contra Armenios et Latinos (atque) de fermentato et azymis.

1. Si quidam magis philosophicam (monasticam) vitam sequentes in regione Francorum et Armeniorum aliorumque estis, et majori prae ceteris gloriantes scientia, sermonem quoque de azymis audite in quintum de hisce congressum vobis (prolatum) . . . errorem convincere et rei absurditatem notam facere vobis atque a fidelibus alienum in Novi Testamenti sacrificio, ut fieri potest, notare ac reprehendere; cum azymis celebrare veteris Testamenti est.

2. Non enim azyma accipiens Dominus ac gratias agens fregit deditque discipulis, sed panem, ut quatuor Evangelistae et D. Paulus apostolus testantur. Vos igitur unde azyma comedere ut corporis Christi antitypa accepistis, quum universa fidelium Ecclesia panem in sacrificium Christo offerat? An a Christo, an ab ejus apostolis? Absit. Nuspiam enim dictum est in sacris literis vel in Evangelio, Christum ea nocte, qua tradebatur,

ἡ ἐν τῷ εὐαγγελίῳ, ὅτι ὁ Χριστὸς ἐν τῇ νυκτὶ, ᾗ[1]) παρεδίδοτο, ἔλαβεν ἄζυμον, ἀλλὰ ἄρτον, ὡς εἴρηται, καὶ εὐχαριστήσας ἔκλασε καὶ εἶπε· λάβετε, φάγετε, τοῦτό μού ἐστι τὸ σῶμα τὸ ὑπὲρ ὑμῶν κλώμενον· τοῦτο ποιεῖτε[2]) εἰς τὴν ἐμὴν ἀνάμνησιν.[3]) Οὕτω δὲ καὶ ὁ θεῖος Παῦλος ἔχμα[4]) τοῦ εὐαγγελίου περὶ τούτου[5]) φησί. κρίνατε ὑμεῖς ὅ φημι· τὸ ποτήριον τῆς εὐλογίας, ὃ εὐλογοῦμεν, οὐχὶ κοινωνία τοῦ αἵματος[6]) τοῦ Χριστοῦ ἐστιν;[7]) ὅτι εἷς ἄρτος, ἓν σῶμα οἱ πολλοί ἐσμεν· οἱ[8]) γὰρ πάντες ἐκ τοῦ ἑνὸς ἄρτου μετέχομεν.[9]) Συνήκατε, ἄρτον εἶπεν ὃν ἐσθίομεν, ἀντίτυπον τοῦ σώματος τοῦ Χριστοῦ, καὶ οὐκ ἄζυμον.

3. **Εἰ** οὖν ἔτι τῶν ἀζύμων μετέχετε, πρόδηλον ὑπὸ τὴν σκιὰν τοῦ παλαιοῦ νόμου ἐστὲ καὶ τραπέζαν Ἰουδαίων ἐσθίετε, οὐχὶ δὲ θεοῦ λογικὴν καὶ ζῶσαν,[10]) καὶ ἡμῖν τοῖς πεπιστευκόσιν[11]) ἀνθρώποις ἐπιούσιόν τε καὶ ὁμοούσιον, καθὼς τον τεριούσιον ἄρτον ἐξαιτεῖσθαι[12]) ἄνωθεν ἐδιδάχθητε. Οὐ γὰρ σάρκα

---

[1]) C. ἤ.
[2]) C. ποιῆτε.
[3]) I Cor. XI. 23. 24.
[4]) C. ἔχωμα.
[5]) τοῦτο C.
[6]) C. σώματος. Sequentia Pauli verba sane adscripta fuerant, sed ob ὁμοιοτέλευτον in apographo exciderunt. Cf. Petr Ant. ad Domin. c. 8.
[7]) I Cor. X. 15. 16.
[8]) οὐ C.
[9]) I Cor. X. 17.
[10]) Haec plane respondent latino Nicetae scripto c. 2. p. 127 B ed. Will et Dim. p. 19. —
[11]) Post hanc vocem lat. textus habet: supersubstantialem, quemadmodum superius exigere supersubstantialem docti sumus panem. Quid enim est supersubstantialis, nisi quia nobis est consubstantialis? Aliter (alter) autem nullus est nobis consubstantialis panis, sed corpus Christi, quod consimile nobis est secundum carnem humanitatis ipsius. Idem gr. ap. Dim. p. 19.
[12]) ἐξαντοῖσθαι C. Cf. Petr. l. c. c. 10.

---

accepisse azymum, sed panem, uti jam diximus; et gratias agens fregit ac dixit: Accipite et manducate; hoc est corpus meum, quod pro vobis tradetur; hoc facite in meam commemorationem. Sic et divus Paulus, Evangelii columen, de his ait: Vos ipsi judicate, quod dico: Calix benedictionis, cui benedicimus, nonne communicatio sanguinis Christi est? Quoniam unus panis, unum corpus multi sumus, omnes qui de uno pane participamus. Intelligite, panem dixit quem manducamus ut antitypum corporis Christi, et non azymum.

3. Si igitur azymorum adhuc participes estis, sub umbra veteris legis manifeste estis et Hebraeorum mensam comeditis, non autem rationalem et vivam Dei mensam et nobis hominibus, qui credidimus, supersubstantialem et consubstantialem, quemadmodum exigere supersubstantialem (quotidianum) panem ex antiquo edocti estis. Non

Χριστοῦ ἐσθίομεν τοῦ τελείου ἀνθρώπου καὶ τελείου θεοῦ ζῶσαν τῇ σαρκὶ ζώσῃ τῷ ἐμψύχῳ θεοῦ καὶ ἀζύμοις νεκροῖς οὖσι τῶν θεοκτόνων Ἰουδαίων. Ἔμψυχός ἐστιν ἡ οὐσία τοῦ ἡμετέρου φυράματος, ἣν ὁ λόγος ἀνέλαβε τοῦ θεοῦ καὶ ὑπόστασις αὐτῇ γέγονεν.[1]) Ὁ οὖν ἀζύμων μετέχων οὐ τὸν ἡμῖν ὁμοούσιόν τε καὶ περιούσιον ἄρτον ἐσθίει τοῦ σωτῆρος [καὶ κυρίου][2]) ἡμῶν τοῦ Χριστοῦ. Τὸ γὰρ ἄζυμον δῆλον καὶ ἄψυχον, ὡς καὶ αὐτὴ τῶν πραγμάτων ἡ φύσις ἐκδηλότερον ἐκδιδάσκει.[3]) Προκαταβληθεῖσα γὰρ ἡ ζύμη ἐν τῷ φυράματι τοῦ ἀλεύρου καὶ συμφυραθεῖσα αὐτῷ καὶ κατὰ[4]) τὸ ὅλον ζύμη ἀποτελεσθεῖσα δυνάμει τινὶ ζωτικῇ ἐκθερμαίνει[5]) αὐτὴν καὶ κινητὴν οἷα δὴ ζῶσαν ἐργάζεται, ὅπερ ἐν ἀζύμῳ ζύμῃ τῶν Φαρισαίων, ἣν καὶ φεύγειν ὁ λόγος ἡμῖν ἐπισκήπτει,[6]) [οὔτε ἐγένετό ποτε][7]) οὔτε μὴν καθόλου γενήσεται. Οὐκοῦν ὁ τὰ ἄζυμα ἐσθίων ἐν τῷ σκότει [τοῦ] νόμου περιπατεῖ καὶ οὐ[8]) κοινωνίαν ἕξει μετὰ τοῦ Χριστοῦ τοῦ ὄντος ἐν τῷ φωτὶ[9]) τῆς αὐτοῦ καινῆς διαθήκης καὶ χάριτος. Οἱ γὰρ ἐν τῷ φωτὶ περιπατοῦντες τῆς χάριτος ἄρτον ἐσθίουσι τοῦ σώματος Χριστοῦ καὶ τὸ ἄχραντον αὐτοῦ μετὰ ὕδατος πίνουσιν αἷμα, ὡς ἐκ τῆς θείας ἐκείνου πλευρᾶς ἔῤῥευσε·[10]) καὶ οὗτοι μετὰ Χριστοῦ

[1]) γέγωνεν C.
[2]) Lacunam supplevimus ex Dim.
[3]) Haec et seqq. habet Dim. l. c. lat. p. 127 B. ed. Will.
[4]) μία D.
[5]) ἐκθερμεῖ C.
[6]) ἐπισκέπτει C. — Cf. Matth. XVI. 11.
[7]) Suppleta ex D.; in Cod. nulla lacuna.
[8]) πῶς D. p. 20.
[9]) I Joh. I 6. 7, quem textum expresse adducit alterum exemplar D. p. 20 lat. p. 128.
[10]) Joh. XIX. 34.

enim carnem Christi perfecti hominis et perfecti Dei manducamus vivam carne vivente Dei animata vita, etiam in azymis, quae mortua sunt et inanimata, Judaeorum interfectorum Dei. Animata est nostrae massae substantia, quam Verbum Dei suscepit et hypostasis ipsi factum est. Qui igitur participat de azymis, non manducat panem consubstantialem nobis et circumsubstantialem Salvatoris ac Domini nostri Christi. Azyma enim manifeste inanimata sunt, sicut ipsa rerum natura declarat atque liquidius edocet. Intermixtum enim (modicum) fermentum in farinae massa et commixtum ipsi et secundum totum fermentatum effectum vivifica quadam virtute calefacit ipsam et mobilem utpote vivam efficit, quod in azymo fermento Pharisaeorum, quod effugere Sermo nos admonet, neque effectum est aliquando, neque fiet omnino. Qui ergo azyma comedit, in tenebris legis ambulat et minime communionem habebit cum Christo, qui est in lumine novi sui Testamenti et gratiae. Nam qui in lumine ambulant gratiae, panem comedunt, qui est corpus Christi, et bibunt cum aqua sanguinem ejus immaculatum, ut ex divino ejus latere fluxit, et ita cum

τοῦ θεοῦ καὶ μετ' ἀλλήλων ἔχουσι κοινωνίαν, καθαριζόμενοι ἀπὸ πάσης ἁμαρτίας. Τὸ δὲ ἄζυμον οὐκ ἄρτος· οὐ γὰρ ἄρτιον οὐδὲ αὐτοτελές ἐστιν, ἀλλ' ἐλλιπὲς, ἡμιτελὲς, δεόμενον [1]) τοῦ πληροῦντος, τῆς ζύμης. Ἄρτος δὲ ἄρτιος, αὐτοτελὴς, τέλειος καὶ πληρέστατος, ὡς τὸ ὅλον ἔχων [2]) ἐν ἑαυτῷ, δηλαδὴ τοῦ πληρώματος. [3]) Εἰ δέ τις τὸ ἄζυμον καὶ ἐγκρυφίαν [4]) καλέσειεν, ὃν Ἠλίας ποτὲ τῇ Σουναμίτιδι [5]) ἐξητήσατο, ἢ κολλύριον, ὃ τὰ παρ' ἡμῖν νήπια κολλίκια [6]) κοινῶς ὀνομάζουσιν, οὐ διαμάρτῃ τοῦ πρέποντος.

4. Καὶ ὅρα μοι τὴν τῶν ἀμφοτέρων ποιότητα, τοῦ λόγου τῇ διαιρέσει προσχών. [7]) Ἐν τοῖς ἀζύμοις οὐδεμία τίς ἐστι ζωτικὴ δύναμις (νεκρὰ γάρ εἰσιν)· ἐν δὲ τῷ σώματι τοῦ Χριστοῦ [8]) τρία τὰ ζῶντα καὶ ζωὴν παρέχοντα τοῖς αὐτὸν ἀξίως ἐσθίουσι, τὸ πνεῦμα, τὸ ὕδωρ καὶ τὸ αἷμα, ὡς καὶ αὐτὸς ὁ τοῦ Χριστοῦ ἐπιστήθιος Ἰωάννης συμμαρτυρεῖ μοι τῷ λόγῳ οὕτω λέγων. Τρεῖς δέ εἰσιν οἱ μαρτυροῦντες, τὸ πνεῦμα, τὸ ὕδωρ καὶ τὸ αἷμα καὶ οἱ τρεῖς εἰς τὸ ἕν εἰσι, [9]) δηλονότι εἰς [10]) τὸ σῶμα τοῦ Χριστοῦ· ὃ καὶ κατὰ καιρὸν τῆς τοῦ κυρίου σταυρώσεως δῆλον γέγονεν, ὁπηνίκα τὸ αἷμα

[1]) δεομένου habet C., ut D. p. 20, qui tamen legit sequ.: τοῦ πληρώματος τῆς προζύμης. Ps. Damasc. fragm. Migne XCV 389 c. 2: δεόμενα.

[2]) C. ἔχειν.

[3]) Hucusque Dim. et lat. c. 2. Cf. Petr. Ant. c. 9. fragm. Ps. Dam. l. c.

[4]) ἐγκριφίαν C. Vide III Reg. XVII. 13.

[5]) τῆς Σουμανίτην C.

[6]) Ps. Dam. l. c.: κουλλίκιον.

[7]) Nic. c. Lat. c. 3 init. p. 128 l. 40 seq. Dim. p. 20. 21. Cf. Petr. Ant. l. c. c. 10.

[8]) In pane autem, hoc est corpore Christi. Lat. c. 3. Dim. l. c. fragm. 2. Ps. Damasc. p. 392.

[9]) I Joh. V. 8 Cf. Ps. Dam. l. c. Petr. Ant. l. c.

[10]) εἰς deest ap. D. et Petr. Ant. Lat.: in corpore Christi, ut antea in uno.

Christo Deo et ad invicem habent societatem, purificati ab omni peccato. Azymum autem non est panis. Neque enim compositus, neque per se ipsum perfectus est, sed indigens semique perfectus, indigens complemento, scil. fermenti. Panis autem compositus per se ipsum perfectus et absolutus est et plenissimus, sicut ille qui totum habet in se ipso plenitudinis. Si vero quis azymum tortulam vocaret, qualem Elias olim a Sunamitide petebat, vel collyrida, quam pueri apud nos collicium vulgo nuncupant, haud a recto aberraret.

4. Et conspice mihi utriusque qualitatem, rationis divisioni intendens. In azymis nulla est vitalis et vivifica virtus; mortua enim sunt; in corpore vero Christi tria sunt viventia et vitam praebentia eis qui digne eum manducant: spiritus, aqua et sanguis, sicut ipse qui super pectus Christi in coena recubuit, Johannes contestificatur mihi in eo verbo: Tres sunt, qui testimonium dant: spiritus, aqua et sanguis, et hi tres in unum sunt, videlicet in corpus Christi; quod et secundum tempus Dominicae crucifixionis declaratum est, quando aqua et sanguis ex immaculata costa ipsius effluxit, quum per lanceam perforata fuisset caro ipsius; sanctus

καὶ τὸ ὕδωρ ἐκ τῆς ἀχράντου πλευρᾶς αὐτοῦ ἔῤῥευσε, λόγχῃ νυγείσης αὐτοῦ τῆς σακρός· τὸ δὲ ζῶν ἅγιον πνεῦμα ἔμεινεν ἐν τῇ τεθεωμένῃ σαρκὶ αὐτοῦ, ἣν [1]) ἐσθίοντες ἡμεῖς ἐν τῷ μεταβαλλομένῳ ἄρτῳ διὰ πνεύματος ἁγίου εἰς σάρκα Χριστοῦ [2]) ζῶμεν ἐν αὐτῷ ὡς ζῶσαν καὶ τεθεωμένην σάρκα ἐσθίοντες. [3]) Οὕτω δὲ καὶ τὸ αἷμα τὸ ζῶν καὶ θερμότατον αὐτοῦ πίνοντες μετὰ τοῦ ἐκκενωθέντος [4]) ὕδατος ἐκ τῆς ἀκηράτου πλευρᾶς αὐτοῦ καθαιρόμεθα πάσης ἁμαρτίας καὶ ζέοντος πληρούμεθα πνεύματος· θερμὸν γὰρ, οἱαδὴ ἐκ τῆς πλευρᾶς τοῦ κυρίου, τὸ ποτήριον πίνομεν, [5]) ὅτι δὴ [6]) ἐκ ζώσης σαρκὸς καὶ τοῦ θερμοτάτου πνεύματος [7]) Χριστοῦ θερμότατον τὸ αἷμα ἡμῖν καὶ τὸ ὕδωρ ἐξέβλυσεν, ὅπερ ἐν τοῖς τὰ ἄζυμα ἐσθίουσιν οὐκ ἔχει χώραν [8]) γίνεσθαι. [9])

5. Σαρκὶ τοίνυν σταυρωθεὶς ὁ εἷς τῆς ἁγίας τριάδος, ὁ κύριος ἡμῶν Ἰησοῦς Χριστὸς, μὴ παθούσης αὐτοῦ τῆς θεότητος, [10]) παρέδωκεν ἡμῖν ἐσθίειν διὰ τοῦ ἄρτου τὴν σάρκα αὐτοῦ τὴν ἐν ἁγίῳ πνεύματι ζῶσαν, [11]) οὕτως εἰπών· „λάβετε, φάγετε, τοῦτο ἔστι τὸ [12]) σῶμά μου.“ [13]) **Τί οὖν ὑμῖν** [καὶ

---

[1]) ἦν C.

[2]) ἐν τῷ ἄρτῳ μεταβαλλ. διὰ τοῦ πνεύματος καὶ γινομένῳ εἰς σάρκα Χρ. D. et lat. versio. Petrus vero Ant. p. 217 habet ut supra.

[3]) Fere verbotenus ap. Petr. Ant. l. c.

[4]) ἐκρεύσαντος D. lat.: cum effluente aqua.

[5]) πινόμενον D.

[6]) ἔτι δὴ C. ἐπειδὴ D.

[7]) τῷ πνεύματι καὶ θερμοτάτου Χρ. C. f. 15.

[8]) τοῦ add. C.

[9]) Quae sequuntur Lat. c. 4. Dim. p. 21. 22., in nostro exemplari desunt praeter ultima cap. verba p. 129 A. lin. 15 seq.; leguntur autem in cit. fragm. Ps. Dam. p. 392 C.

[10]) Haec superioribus editi c. 4 verbis respondent.

[11]) Lat.: quam in Spir. S. ita vivam dicimus; Dim.: τὴν ἐν πν. ζῶσαν ἁγίῳ.

[12]) C. τῷ.

[13]) Matth. XXVI. 26 seq. Lat. add.: quod pro vobis fractum est in remissionem peccatorum. Sic et Dim.

---

vero ac vivens spiritus in deificata carne ipsius permansit. Quam comedentes in pane per Spiritum in carnem Christi immutato vivimus in ipso, tamquam viventem ac deificatam carnem manducantes. Sic autem et sanguinem vivum et calidissimum ejus bibentes cum aqua ex immaculata costa ejus effluente mundamur ab omni delicto et vivente replemur Spiritu. Calidum enim velut ex latere Domini calicem bibimus, quia ex viva carne et calido spiritu Christi nobis calidissimus sanguis et aqua emanavit, quod in eis, qui azyma comedunt, fieri nequit.

5. Carne igitur crucifixus unus de Trinitate, D. N. Jesus Christus, non patiente divinitate, tradidit nobis edere per panem carnem suam in Spiritu sancto vivam ita dicens: Accipite, comedite; hoc est corpus meum. Quid igitur vobis (et legi)? Vetera transierunt. Paulum audi dicentem: Ecce facta sunt omnia nova. Si autem rursum azyma comedere vultis,

τῷ νόμῳ]; τὰ ἀρχαῖα παρῆλθε.[1]) Παύλου ἄκουε[2]) τοῦ λέγοντος· ἰδοὺ γέγονε τὰ πάντα καινά.[3]) Εἰ δὲ καὶ πάλιν τὰ ἄζυμα ἐσθίειν βούλεσθε, τί μὴ καὶ περιτέμνεσθε; Χριστὸς περιετμήθη· τί μὴ καὶ καθαρίζεσθε,[4]) Παύλου καὶ τοῦτο πράξαντος; καὶ τὰ ἄλλα πάντα παρατηρεῖτε[5]) τῶν παλαιῶν, ὡς οἱ καὶ τὰ τοῦ νόμου[6]) ποιοῦντες, δι' οὓς τὸ ὄνομα τοῦ θεοῦ ἐν τοῖς ἔθνεσι βλασφημεῖται,[7]) ὡς γέγραπται.[8]) Εἰ δὲ διὰ νόμου τῆς καινῆς διαθήκης ὁ νόμος ἐξεβλήθη ὁ παλαιὸς, περιττὸν τὰ ἄζυμα, περιττὸν τα ἄλλα πάντα.

6. Πόθεν οὖν ὑμεῖς ἔχετε ταῦτα ποιεῖν τὴν παράδοσιν; Ἀπὸ τῶν ἀποστόλων; Οὐχί. Οὐδαμοῦ γὰρ εἶπον οἱ κορυφαῖοι τῶν ἀποστόλων περὶ ἀζύμων οὐδὲ παραδεδώκασι ταῦτα τῇ τοῦ θεοῦ ἐκκλησίᾳ φανερῶς ἢ μυστικώτερον γράφοντες. Καὶ ὅτι ὁ λόγος ο' ψεύδεται, ἄκουσον τοῦ ἀποστόλου Παύλου τρανώτερον λέγοντος. Ἐγὼ παρέλαβον ἀπὸ τοῦ κυρίου, ὃ καὶ παρέδωκα ὑμῖν, ὅτι ὁ κύριος Ἰησοῦς ἐν τῇ νυκτὶ, ᾗ παρεδίδοτο, ἔλαβεν ἄρτον (ὁρᾷς, ἔλαβεν ἄρτον φησὶ, καὶ οὐκ ἄζυμον) καὶ εὐχαριστήσας ἔκλασε καὶ εἶπε· λάβετε, φάγετε, τοῦτό μού ἐστι τὸ σῶμα τὸ ὑπὲρ ὑμῶν[9]) κλώμενον· τοῦτο ποιεῖτε εἰς τὴν ἐμὴν ἀνάμνησιν.[10])

---

[1]) Hic nonnulla excidisse videntur, licet in cod. lacunae indicium haud reperiatur. Vel legendum: ὅτι οὖν ἡμῖν τὰ ἀρχ. παρῆλθε, Παύλου ἄκ. vel ex edito libello supplendum: Τί οὖν ὑμῖν . . . καὶ τῷ νόμῳ τῷ καταργηθέντι ἐν Χρ.

[2]) D. et lat. c. 5 melius: ἀκούετε.

[3]) II Cor. V 17 Cf. Petr. Ant. c. 11.

[4]) καθαρίζεσθαι C.

[5]) παρατηρεῖσθαι C.

[6]) C. κατὰ. Recte lat. c. 5: qui ea, quae legis sunt, faciunt.

[7]) βλασφημεῖτε C.

[8]) Cf. Dim. p. 23. Petr. Ant. l. c.

[9]) C. ἡμῶν.

[10]) I Cor. XI. 23. 24 Cf. Dim. p. 25 lat. c. 6 p. 130 lin. 30—37 ed. Will.

---

cur non circumcidimini? Christus circumcisus est. Cur non et purificamini? Paulus et hoc fecit. Cur non et alia omnia similiter servatis, quae antiqua sunt, sicut ii qui legem observant, propter quos nomen Dei in gentibus blasphematur, sicut scriptum est? Si vero per legem novi Testamenti vetus lex sublata fuit, superflua et vana sunt azyma, vana reliqua omnia.

6. Unde igitur habetis traditionem pro his faciendis? Num ab Apostolis? Minime gentium. Nuspiam enim principes Apostolorum de azymis sunt locuti neque Dei Ecclesiae ea tradiderunt, sive aperto sive arcano modo scribentes. Haec vera omnino esse, audi a Paulo Apostolo clarius dicente: „Ego accepi a Domino, quod et tradidi vobis: quoniam Dominus, Jesus, in qua tradebatur nocte, accepit panem (vides, accepit panem, ait, et non azymum) et gratias agens fregit et dixit: Accipite et comedite; hoc est corpus meum, quod pro vobis frangetur. Hoc facite in meam commemorationem.“

7. *Πότε δὲ ταῦτα παρὰ τοῦ κυρίου ἐγένετο; ὅτε [τε] αὐτὸν ἔδει παθεῖν,*[1]) *πάντως ἔφρασε Παῦλος. Ἐπεὶ γὰρ ἔδει*[2]) *παθεῖν αὐτὸν κατὰ τὴν ἡμέραν αὐτὴν τοῦ νομικοῦ πάσχα, καθ' ἣν*[3]) *ὁ ἀμνὸς παρὰ τῶν Ἰουδαίων ἐθύετο, ἔμελλε δὲ*[4]) *γενέσθαι τὸ πάσχα παρὰ τῶν θεοκτόνων παρασκευῇ ἡμέρᾳ (ὥς φησιν ὁ εὐαγγελιστὴς Ἰωάννης· ἐπεὶ παρασκευὴ ἦν· ἦν γὰρ μεγάλη ἡμέρα τοῦ σαββάτου),*[5]) *ἐν ᾗ τότε*[6]) *καὶ ἡ τεσσαρεςκαιδεκάτη τῆς σελήνης κατὰ τὸν πρῶτον μῆνα*[7]) *ἐν τῷ εφλδ' ἔτει*[8]) *ἐμπεσεῖν*[9]) *ἔτυχε· κύκλος γὰρ ἦν ιη' τοῦ ἡλίου καὶ ε'*[10]) *τῆς σελήνης· ἵνα πρὸ τῆς παραδόσεως φθάσῃ*[11]) *τὸ οἰκεῖον πάσχα τοῖς μαθηταῖς παραδοῦναι, ἐν τῷ δείπνῳ ἀναπεσών,*[12]) *ὀψὲ τῇ πέμπτῃ καὶ περὶ τὰς ἀρχὰς τῆς νυκτὸς,*[13]) *ἔφαγε μὲν, ἀλλὰ τὸ οἰκεῖον τηνικαῦτα*[14]) *πάσχα πρὸ τῆς*[15]) *ἑορτῆς τῶν ἀζύμων. Καὶ τοῦτο δῆλον ἐκ τοῦ ἀναπεσεῖν αὐτόν·*[16]) *οὐ γὰρ ἦν τοῦτο νενομοθετημένον,*[17])

---

[1]) Corruptus hic cod.

[2]) Haec rursum occurrunt ap. D. l. c. lat. c. 7.

[3]) *καὶ* add. D. Lat. et Petrus Ant., qui c. 16 ep. ad Dom. eadem exhibet.

[4]) *γὰρ* Dim. et lat.; sed *δὲ* habent Ps. Dam. l. c. p. 393 B et fragm. Ps. Athanas. e cod. Matrit. 82. (Migne. XXVI. 1329), ubi eadem fere occurrunt.

[5]) Verba *ὥς — σαββάτου* desunt in ed. D. et lat., leguntur vero in utroque fragm.

[6]) *τηνικαῦτα* Dim.; Lat. pro tunc habet tandem.

[7]) *κατὰ τοῦ πρώτου μηνὸς* C.

[8]) Dim. *εδ'* — Ps. Athan. *φλ'*; Ps. Dam. et Petrus habent ut noster textus.

[9]) *ἐκπεσεῖν* Ps. Ath.

[10]) C. *ιέ*; sed *ε'* hab. Dim., lat., Petrus, Ps. Dam.; Ps. Ath. omittit verba *κύκλος — σελήνης*.

[11]) Dim., Ps. Dam. et Ps. Ath. et Petr.: *ἵνα μὴ παραδοθεὶς οὐ φθάσῃ*. Lat.: ut non adhuc traditus praevenisset.

[12]) C. *ἀναπισόν*.

[13]) Ps. Ath.: *ὀψὲ καὶ βραδὺ περὶ τὴν νύκτα, κατὰ τὴν ὀψίαν δηλονότι τῆς ε'.* Sic et Ps. Dam. omissa praepos. *περί*. Dim. et Petrus: *κατὰ τὴν ὀψίαν τῆς πέμπτης*. Abhinc textus editi Nicetae a nostro longe differt, cum quo tamen duo fragmenta consentiunt.

[14]) *τηνικ.* omitt. 2 fragm.

[15]) *πρώτης* C.

[16]) Joh. XIII. 12. *ἀναπεσὼν πάλιν*.

[17]) Ps. Ath.: *οὐδὲ γὰρ νενομοθ.*

---

7. Quando vero haec a Domino facta sunt? Quando eum pati oportuit, omnino ait Paulus. Quoniam enim oportebat pati eum ipsa die legalis Paschatis, in qua agnus ab Hebraeis immolabatur, debebat autem fieri Pascha a Deicidis feria sexta (ut ait Johannes evangelista: quoniam Parasceve erat; erat enim magnus dies Sabbati), in qua tunc et quartamdecimam lunam juxta primum mensem anni 5534 incidere contigit (cyclus enim erat solis decimus octavus et lunae quintus), ut ante proditionem praeveniret proprium Pascha discipulis tradens, in coena recumbens vespere feriae quintae et sub principium noctis, manducavit quidem, sed proprium Pascha, idque ante festum azymorum. Atque hoc liquet ex eo quod recubuit; non

ἐπειδὴ [1]) καὶ ἱσταμένους καὶ ὑποδεδεμένους καὶ περιεζωσμένους ἐκέλευσεν ἐσθίειν τὸ πάσχα μετὰ σπουδῆς τοῖς Ἰουδαίοις ὁ νόμος. [2]) Καὶ [3]) κατέπαυσε μὲν πληρώσας [4]) τὸ πάσχα τὸ νομικὸν, παρέδωκε δὲ τὸ οἰκεῖον διὰ τοῦ δείπνου. [5]) Ἰστὲ οὖν, ὅτι ἀπὸ τοῦ Χριστοῦ ἢ τῶν ἀποστόλων αὐτοῦ τὰ ἄζυμα ἐσθίειν ἢ προκομίζειν οὐ παρελάβετε, ἐπειδὴ οὔτε [6]) ὁ Χριστὸς αὐτὸς ὁ θεὸς ἡμῶν κατὰ τὸν καιρὸν τοῦ πάθους αὐτοῦ ἔφθασε φαγεῖν τὰ ἄζυμα μήπω παρὰ τῶν Ἰουδαίων ἑτοιμασθέντα οὔτε οἱ ἀπόστολοι παρέδωκαν ὑμῖν ὅπερ οὐ παρέλαβον. [7])

8. Ὅτι δὲ τὰ ἄζυμα κατὰ τὴν πέμπτην ἐκείνην οὐκέτι ἦσαν, δῆλον, τρισκαιδεκάτης οὔσης τῆς σελήνης· κατὰ τὴν ιε΄ αὐτῆς νενομοθετημένον ἦν τὰ ἄζυμα γίνεσθαι, [8]) ὥσπερ καὶ ὁ ἀμνὸς κατὰ τὴν ιδ΄ θύεσθαι, [9]) καθ' ἣν ἐτύθη ὁ Χριστὸς [10]) ὁ ἀμνὸς τοῦ θεοῦ ὁ αἴρων τὴν ἁμαρτίαν τοῦ κόσμου. [11])

9. Εἰ βούλεσθε, πρὸς πίστωσιν [12]) τῶν εἰρημένων ἀκούσατε καὶ τῆς νομοθεσίας Μωσέως, τί περὶ τοῦ πάσχα καὶ τῶν ἀζύμων νενομοθέτηκεν.

---

[1]) ἐπί δὴ C.

[2]) Ps. Ath.: περιεζ. κ. ὑποδ. ἐσθίειν τὸ πάσχα μετὰ σπ. καὶ ἐπὶ χεῖρας τὴν βακτηρίαν ἔχοντας τ. Ἰουδ. ὁ νόμος ἐκέλευσε.

[3]) καὶ deest in utroque fragm.

[4]) τοῖς χρόνοις τοῦ οἰκείου κηρύγματος add. 2 fr.; Ps. Ath. omitt. πληρώσας.

[5]) Hucusque 2 fr.

[6]) C. ἐπὶ δὴ οὔτε.

[7]) Similia ap. Petr. Ant. c. 22 p. 225.

[8]) Nic. lat. c. 8 Dim. p. 26.

[9]) Dim.: τῇ δὲ ιδ΄ τὸν ἀμνὸν καὶ μόνον θύεσθαι.

[10]) Ps. Ath. p. 1329 D.: Οὐ γὰρ ἔτι ἦν πέμπτης οὔσης ἡμέρας· ιγ΄ ἦν ἔτι ἡ σελήνη. . . . Εἰ οὖν ὁ Χρ. ἐτύθη κατὰ τὴν ιδ΄ τῆς σελήνης κ. τ. λ.

[11]) Joh. I 29. Reliqua cap. 8. Dim. p. 26 in nostro exemplari desunt. Cf. Petr. Ant. c. 17.

[12]) πίστοσιν C. f. 16, a. Eadem phrasis ap. Ps. Ath. p. 1332 A. et Ps. Dam. p. 396 A. Cf. Dim. p. 26. 27 lat. c. 9 p. 131.

---

enim hoc lege praeceptum erat, quum lex Judaeos stantes, calceatos et praecinctos manducare cum festinatione juberet Pascha. Et finem imposuit Christus, postquam implevit, legali Paschati, tradidit vero proprium Pascha per coenam. Scitote igitur, vos a Christo vel ab ejus apostolis non accepisse comedere vel offerre azyma, quoniam neque ipse Deus noster Christus passionis suae tempore anticipando ea manducavit, quum nondum a Judaeis essent parata, neque apostoli vobis id tradiderunt, quod minime acceperant.

8. Azyma vero in quinta illa feria nondum exstitisse, liquet, cum esset luna decima tertia. Secundum quintam decimam lunam institutum erat fieri azyma, sicut et agnus secundum decimam quartam jussus est immolari, qua immolatus est Christus agnus Dei qui tollit peccatum mundi.

9. Si vultis, ad dictorum confirmationem Moysis quoque audite legislationem, quid de Paschate et de azymis sanciverit. Hae, inquit, sunt solemnitates Domini, et ipsae sanctae, quas vocabitis in tem-

Αὗται, φησιν,[1] *ἑορταὶ τῷ κυρίῳ καὶ αὗται ἅγιαι, ἃς καλέσετε αὐτὰς ἐν τοῖς καιροῖς αὐτῶν. Ἐν τῷ πρώτῳ μηνὶ, ἐν τῇ ιδ´ ἡμέρᾳ τοῦ μηνὸς ἀναμέσον τῶν ἑσπερινῶν πάσχα τῷ κυρίῳ· καὶ ἐν τῇ ιε´ ἡμέρᾳ τοῦ μηνὸς τούτου ἑορτὴ τῶν ἀζύμων τῷ κυρίῳ· ἑπτὰ ἡμέρας ἄζυμα ἔδεσθε. Ἰδοὺ καὶ ἀπὸ τῆς νομοθεσίας Μωσέως ἐμάθετε,*[2] *ὅτι οὐκ ἦν τότε ἄζυμα, ὅτε μετὰ τὸ δειπνῆσαι κατὰ τὴν ἡμέραν τὴν πέμπτην*[3] *ὁ Χριστὸς παρέδωκε διὰ τῆς τοῦ ἄρτου κλάσεως τὸ τῆς καινῆς διαθήκης μυστήριον.*[4] *Πρὸ γὰρ τῆς ἑορτῆς τῶν ἀζύμων τοῦτο πεποίηκε [κατὰ τὴν ιγ´ ἡμέραν τοῦ μηνός·]*[5] *τῇ γὰρ ιε´ ἡμέρᾳ τοῦ μηνὸς, ὡς ἔχει ἡ νομοθεσία τοῦ Μωσέως, ἦν ἑορτὴ τῶν ἀζύμων καὶ ὁ Χριστὸς τῇ παρασκευῇ σταυρωθεὶς κατὰ τὴν ιδ´ τοῦ μηνὸς [ὅτε τὸν ἀμνὸν θῦσαι ὤφειλον οἱ Ἰουδαῖοι,]*[6] *τὸ σάββατον*[7] *κατὰ τὴν ιε´ τοῦ μηνὸς, ὅτε ἦν ἡ ἑορτὴ τῶν ἀζύμων, ἐν τῷ τάφῳ ἔκειτο τεθαμμένος.*[8] *Ἀζύμων οὖν μὴ ὄντων πρὸ τῆς ἑορτῆς τῶν ἀζύμων (ἐν ὅλῳ γὰρ τῷ ἐνιαυτῷ ἑπτὰ ἡμέρας καὶ μόνας ἤσθιον αὐτὰ οἱ Ἰουδαῖοι)*[9] *ποῦ εὑρέθησαν τότε ἄζυμα, ὅτε μετὰ τῶν μαθητῶν τὸ δεῖπνον ἔφαγεν ὁ κύριος*[10] *καὶ μετὰ τὸ δεῖπνον παρέδωκε διὰ τοῦ ἄρτου τὸ μυστήριον τῆς καινῆς διαθήκης αὐτοῦ; Πότε δὲ ἔφαγεν αὐτά; μετὰ τὸ σταυρωθῆναι καὶ*

---

[1]) Levit. XXIII 4—6. Paulo aliter apud Nic. editum et in utroque fragmento.

[2]) Sic et ap. Dim. et lat. — Ps. Dam.: *Ἰδοὺ μάνθανε.* Ps. Ath.: *Ἰδοὺ μανθάνεις καὶ ἐκ τῆς νομοθ.* M.

[3]) *κατὰ τὴν ἑσπέραν τῆς πέμπτης* D. Sed lat. ac duo fragm. ut supra.

[4]) Fragm. Ps. Athan. mancum addit tantum: *ἐπειδὴ ἄζυμα ἐν ἐκείνῃ τῇ ἡμέρᾳ οὐκ ἦσαν.*

[5]) Haec desunt in exemplari nostro.

[6]) *κατὰ γὰρ τὴν ιε´ ἡμέραν.*

[7]) *ἡμέρᾳ τοῦ σαββάτου* C.

[8]) Compendio eadem dantur in fr. Ps. Dam.

[9]) Alia adduntur in edito Nic. libello et apud Ps. Damasc.

[10]) *ὁ Χριστός* Dim., lat. et Ps. Dam. Sequentia nostri textus desunt in editis.

---

poribus suis. In primo mense, in quarta decima die mensis ad vesperum erit Pascha Domino, et inquinta decima die hujus mensis festum azymorum Domino. Septem diebus azyma comedite. Ecce et ex Moysis legislatione didicistis, non fuisse tunc azyma, quando post coenam die quintae feriae Christus per fractionem panis tradidit novi Testamenti mysterium. Ante festum enim azymorum hoc fecit (decimatertia die mensis). Nam quinta decima mensis die, ut legislatio habet Moysis, erat festum azymorum et Christus feria sexta crucifixus die decima quarta mensis (quando debebant Judaei immolare agnum) die sabbati, mensis die decima quinta, cum esset festum azymorum, in monumento jacuit sepultus. Azyma ergo cum non essent ante festum azymorum (in toto enim anno septem diebus iisque solis Judaei ipsa manducabant), ubi reperta sunt azyma, quando cum discipulis suis coenam comedit Dominus et post coenam per panem novi sui Testamenti mysterium tradidit? Quando vero ea comedit? An

ταφθῆναι καὶ ἐν αὐτῷ τῷ τάφῳ; Οὐκ ἐκκαλύπτεσθε τὸ ἀπίθανον ἐννοοῦντες καὶ τὸ ἀνακόλουθον [1]) τῆς φύσεως τῶν πραγμάτων; [2])

10. Ὅτι δὲ ἀληθείας ἔχεται τὰ εἰρημένα, βεβαίως συμμαρτυρεῖ μοι τῷ λόγῳ καὶ ὁ μέγας Ἐπιφάνιος Κύπρου ἐξ Ἰουδαίων γεγονὼς οὕτως εἰς τὸν περὶ πίστεως πονηθέντα λόγον αὐτοῦ γράφων περὶ τούτων ὁμοίως. Ἐν τρισὶν ὕλαις, φησὶν, [3]) ἐποίουν [4]) τὸ πάσχα [5]) οἱ Ἰουδαῖοι, ἐν τρισὶν ἀρεταῖς καὶ ἐν τρισὶ μάρτυσι κατὰ τὸν παλαιὸν νόμον. [6]) Ὕλαι [7]) μέν εἰσι τρεῖς, αὐτῶν τὰ εἴδη [8]) ταῦτα· ὁ ἀμνὸς, τὰ ἄζυμα καὶ πικρίδες· [9]) ἀρεταὶ δὲ τὸ περιεζωσμένους ἐσθίειν τὸ πάσχα καὶ τὸ ὑποδήματα εἰς τοὺς πόδας ἔχειν καὶ βακτηρίας ἐν ταῖς χερσίν· [10]) μάρτυρες δὲ τρεῖς· ἀρχιερεῖς (καὶ) γραμματεῖς σὺν πρεσβυτέροις καὶ νομικοῖς παρὰ τράπεζαν ἱστάμενοι διὰ ποτηρίου τινὸς σαλευομένου τὴν τῆς σελήνης ἀκριβῶς ἀπόχυσιν κατεμάνθανον, [11]) εὐθὺς γενομένης διὰ σάλπιγγος χύσεως μεγάλης εἰς σημεῖον, [12]) ὅτι πάσχα κυρίου ἐστί. Μετὰ γοῦν τὸ ἀκοῦσαι τὴν φωνὴν [13]) τῆς σάλπιγγος

---

[1]) ἀκόλουθον. C. f. 16, b.

[2]) Eodem fere pacto Petrus Ant. c. 17 p. 221: Μὴ μετὰ τὸ ἀναστῆναι αὐτὸν ἐκ νεκρῶν; οὐχ ὁρᾶτε πῶς προδήλως ἐκ τῶν πραγμάτων ἐλέγχεσθε;

[3]) Est initium fragmenti Ps. Athan. (Migne XXVI 1328 A.)

[4]) ἐτέλουν Ps. A.

[5]) καὶ add. fr.

[6]) κατὰ τὴν τάξιν τοῦ νόμου. fr.

[7]) ὑλαῖς Cod.

[8]) εἴδει C.

[9]) ἐπικρίδαις C.; ἡ πικραλίς fr.

[10]) περιεζωσμένοι καὶ ὑποδήματα εἰς τ. π. καὶ βακτηρίαν ἐν ταῖς χερσίν. fr.

[11]) Οἱ δὲ τρεῖς μάρτυρες γραμματεῖς ἐπὶ τῇ τραπέζῃ ἑστῶτες καὶ ἀκριβῶς γινώσκοντες τὴν τ. σελ. ἀπόχυσιν διὰ ποτηρίου τινὸς σαλευομένου καὶ σημαινομένου.

[12]) γενομένης διὰ σάλπ. ἡ χύσις μεγάλη ἐσήμειον C. — σαλπίζοντος εὐθὺς τοῦ ἱερέως, ὅτι πάσχα κ. τ. λ. fr.

[13]) καὶ λοιπὸν μετὰ τὸ ἄκουσμα τῆς φωνῆς fr. cit.

---

postquam crucifixus ac sepultus est et in ipso sepulcro? Nonne manifeste deprehendimini incredibilia intelligere ac naturae rerum repugnantia?

10. Haec vero, quae dicta sunt, cum veritate cohaerere, contestatur mihi sermone magnus quoque Epiphanius Cyprius a Judaeis oriundus hoc pacto in libro, quem de fide exaravit, simili modo de his scribens. Tribus materiis, inquit, perficiebant Judaei Pascha, tribus virtutibus et tribus testibus secundum legem veterem. Et tres quidem sunt materiae, earum species: agnus, azyma et lactucae agrestes, tres autem virtutes: praecinctos manducare Pascha, calceamenta in pedibus et baculos in manibus habere; tres vero sunt testes: pontifices, scribae cum presbyteris et legisperitis circa mensam stantes, diligenter per craterem agitatum plenilunium cognoverunt, facta statim per tubam magna effusione in signum, quod Pascha sit Domini. Post auditionem igitur vocis tubae faciebant sine

ἄνευ ἄρτου ἐποίουν τὰ ἄζυμα [1]) ἡμέραις ἑπτά· πλὴν οὐκ εἶχον ἐξουσίαν προ τοῦ σημείου τοῦ διὰ ποτηρίου καὶ πρὸ τοῦ σαλπίσαι ἀμνὸν [2]) ἢ ἄζυμον ἢ πικρίδας ἑτοιμάσαι εἰς τὸ φαγεῖν τὸ πάσχα, καθὼς ἐν τῷ νόμῳ γέγραπται· Σαλπίσουσι σάλπιγγι ἐτησίως ἐν τῷ πρώτῳ μηνί· καὶ ἐν τῷ Δαυίδ· Σαλπίσατε ἐν νεομηνίᾳ σάλπιγγι, [3]) ἐν εὐσήμῳ ἡμέρᾳ τῆς ἑορτῆς ὑμῶν. Εὔσημον ἡμέραν λέγει τὴν διὰ τοῦ σαλευομένου ποτηρίου ἐν σημειώσει γινομένην, ὃ καὶ Ἰουδαῖοι ζητοῦσιν, ὡς ὁ Παῦλός φησι.

11. Θέλων οὖν ὁ κύριος καὶ τὰ τῆς ἑορτῆς καταργῆσαι τῶν Ἰουδαίων, τὸν ἀμνὸν, τὰ ἄζυμα, τὰς πικρίδας, αὐτό τε τοῦτο [4]) τὸ ἱσταμένους καὶ περιεζωσμένους, ὑποδεδεμένους τοὺς πόδας καὶ μετὰ βακτηρίας ἐσθίειν τὸ πάσχα, ἔτι δὲ καὶ τοὺς τρεῖς αὐτῶν μάρτυρας νομικοὺς τοὺς τὸ πάσχα διὰ τοῦ σημείου τοῦ ποτηρίου ἐκείνου σαλπίζοντας, κωλύει [5]) κατὰ τὸν καιρὸν τοῦ πάθους αὐτοῦ εἰς τεσσαρεςκαιδεκάτην καὶ ἥμισυ ἡμέραν γενέσθαι τὴν τῆς σελήνης ἀπόχυσιν, κατὰ τὴν ἐξ ἀρχῆς αὐτῆς συνήθειαν ὀφειλούσης γενέσθαι τῆς ἀποχύσεως κατὰ τὴν πέμπτην ἡμέραν τῆς ἑβδομάδος τοῦ μηνὸς ἐκείνου, ἐν ᾗ καὶ ἡ ιδ΄ τῆς σελήνης ἡμέρα ἔτυχε καὶ ἐν ᾗ ὁ **Χριστὸς** ὁ κύριος καὶ θεὸς ἡμῶν ὑπὲρ τοῦ ἀναπεσεῖν παρέδωκε διὰ τοῦ ἄρτου καὶ τοῦ ποτηρίου τοῖς αὐτοῦ μαθηταῖς τὸ μυστήριον τῆς καινῆς διαθήκης καὶ τοῦ ἰδίου πάσχα

[1]) ἐποίουν τὴν ζύμην ἄνευ ἄρτου fr.

[2]) πρὸ δὲ τοῦ σημείου τοῦ ποτηρίου καὶ τῆς σάλπ. οὐκ εἶχον ἐξουσίαν ἑτοιμάσαι ἡμέραις ζ΄ ἢ ἀμνὸν ἢ ἄζ. fr.

[3]) Prior textus in fragm. deest et verba Ps. LXXX (81) 4 usque ad hanc vocem recitantur.

[4]) τούτῳ C. f. 17, a.

[5]) κολύει C.

---

pane azyma diebus septem; attamen non habebant facultatem ante signum per craterem datum et ante sonitum tubae agnum vel azymum vel lactucas praeparandi ad manducandum Pascha, sicut in lege scriptum est: Clangent tuba quotannis in primo mense. Et in Davide: Buccinate in neomenia tuba, in insigni die solemnitatis vestrae. Insignem diem dicit eum, qui per agitatum craterem fit in significatione, quod et Judaei quaerunt, ut Paulus dicit.

11. Volens igitur Dominus et evacuare ea, quae ad festum Judaeorum spectabant, agnum, azyma, lactucas et ipsum illud, quod stantes, praecincti, cum calceamentis in pedibus et cum baculo ederent Pascha, insuper et tres eorum testes legales, qui signo per craterem illum dato buccinarent, tempore passionis suae prohibet, ne plenilunium fieret in diem decimumquartum et dimidium, quum secundum lunae antiquum morem plenilunium die hebdomadae quinto mensis illius fieri deberet, in quam et decimus quartus lunae dies incidit et in qua Christus Dominus ac Deus noster in recumbendo per panem et calicem discipulis suis tradidit mysterium novi Testamenti et proprii sui Paschatis sine agno, absque azymis et lactucis agrestibus (nondum

ἄνευ ἀμνοῦ, χωρὶς ἀζύμων (καὶ) ἐπικρίδων (οὔπω ἦσαν ταῦτα παρὰ τῶν Ἰουδαίων εὐτρεπισθέντα), μεταβαλὼν [1]) τὰ τῆς παλαιᾶς εἰς τὴν νέαν διαθήκην, οἷον φέρε εἰπεῖν τὸν ἀβρααμικὸν [2]) καὶ σαρκικὸν νόμον εἰς τὸν πνευματικόν, τὸν τῆς χάριτος, [τὸν ἀμνόν, ὃς παρὰ τῶν Ἰουδαίων ἐσφάζετο, εἰς] [3]) τὸν ἀμνὸν τὸν αἴροντα τὴν ἁμαρτίαν τοῦ κόσμου, ἀμνόν, ὅςτις ἦν ἐκεῖνος, τὰ τῆς νεκρώσεως ἄζυμα εἰς τὸν ζωτικὸν καὶ ἐπουράνιον ἄρτον, τὰς πικρίδας εἰς τὸ ζωηφόρον πάθος αὐτοῦ. Ἐν μὲν γὰρ τῷ [4]) εἰπεῖν τὸν κύριον· Ἐπιθυμίᾳ ἐπεθύμησα τοῦτο τὸ πάσχα φαγεῖν μεθ' ὑμῶν, [5]) τῆς ὥρας δηλονότι φθασάσης τοῦ πάθους [6]) αὐτοῦ, τὸ οἰκεῖον ἐκάλεσε πάσχα· ἐν δὲ τῷ μὴ τηνικαῦτα τὸ σημεῖον διὰ τοῦ ποτηρίου ἐκείνου (γενέσθαι), [3]) κατήργησε τὸν ἀμνόν, τὰ ἄζυμα καὶ τὰς πικρίδας· πρὸ γὰρ τοῦ γενέσθαι τὸ σημεῖον καὶ πρὸ τοῦ σαλπίσαι οὐκ ἦν νενομοθετημένον ἑτοιμάσαι ταῦτα καὶ τὸ πάσχα φαγεῖν. Διὰ τοῦτο ὁ κύριος ἐν τῇ ἡμέρᾳ ἐκείνῃ τῆς πέμπτης, ἐν ᾗ ἔμελλεν ἡ τῆς σελήνης γενέσθαι ἀπόχυσις καὶ οὐκ ἐγένετο, παρέδωκεν ἀναπεσὼν τὸ οἰκεῖον πάσχα τοῖς μαθηταῖς καὶ τὸ νομικὸν καταργήσας κατέπαυσεν. Οἱ οὖν Ἰουδαῖοι τὴν ψῆφον ἀπολελωκότες τοῦ [7]) πάσχα διὰ τὸ μὴ τὸ σημεῖον κρίσει [8]) γίνεσθαι τοῦ θεοῦ, μετὰ τὸ ταφῆναι τὸν κύριον ἐν τῇ ἑσπέρᾳ τῆς παρασκευῆς ἔφαγον παρανόμως τὰ ἄζυμα, ὡς εἶναι δῆλον ἐντεῦθεν, ὅτι τῇ πέμπτῃ ἐκείνῃ ἄρτος ἦν, καὶ οὐκ ἄζυμα· ὃν καὶ ἀντίτυπον τοῦ σώματος

[1]) μεταβαλον C.
[2]) τὸν Ἀβραὰμ εἰκὸν C.
[3]) Haec vel similia supplenda.
[4]) C. τὸ.
[5]) Luc. XXII 15 Cf. Petr. Ant. ad Dom. c. 22 p. 225.
[6]) τὸ πάθος C.
[7]) τὸ C.
[8]) κρίσιν C.

---

haec erant a Judaeis parata), transferens et immutans quae erant veteris Testamenti in novum, veluti verbi gratia legem Abrahamicam et carnalem (circumcisionis) in spiritualem, in legem gratiae, agnum, qui a Judaeis mactabatur, in agnum, qui tollit peccatum mundi, qui agnus ille ipse est, azyma mortis in panem vitalem et coelestem, lactucas in suam salutarem passionem. Nam Dominus verbis illis: Desiderio desideravi hoc Pascha manducare vobiscum, quum videlicet hora passionis adventasset, proprium nominavit Pascha; in eo vero quod tunc signum per craterem illum datum non fuit, evacuavit agnum, azyma et lactucas. Etenim priusquam signum fieret et sonaret tuba, haec praeparare et Pascha comedere lege haud concessum fuit. Quapropter Dominus in die illa feriae quintae, in qua plenilunium fieri debebat et tamen non factum est, recumbens proprium Pascha discipulis tradidit et vetus evacuans de medio sustulit. Judaei ergo, quum perdidissent normam de tempore Paschatis eo quod Dei judicio signum datum non fuit, postquam Dominus sepulcro tumulatus fuit, vespere feriae sextae contra legem azyma comederunt, ita ut manifestum inde sit, feria illa

αὐτοῦ παρέδωκεν ἡμῖν διὰ τῶν αὐτοῦ μαθητῶν ἐσθίειν τοῖς χριστιανοῖς οὕτως εἰπών· λάβετε, φάγετε,[1]) τοῦτο ἔστι τὸ σῶμά μου τὸ ὑπὲρ ὑμῶν κλώμενον εἰς ἄφεσιν ἁμαρτιῶν.

12. Ἀλλὰ καὶ ἅπασα γραφὴ ἄλλο τὸν ἄρτον εἶναι λέγει καὶ ἄλλο τὸ ἄζυμον. Ἐπὶ μὲν τοῦ Ἀβραὰμ σάτα λέγει τὰ τρία, ἐπὶ δὲ τοῦ Λὼτ ἄζυμα.[2]) ὁ δὲ Μωυσῆς καλέσατε, εἶπε, Ῥαγουὴλ ἵνα φάγῃ ἄρτον.[3]) Οὕτως ἐστὶ τὸ ἔθος τῆς θείας γραφῆς· οὔτε τὸν ἄρτον ἄζυμον λέγει οὔτε τὸ ἄζυμον ἄρτον. Ἔτι[4]) τί ἂν ἐμποδῶν ἐγένετο τοῖς εὐαγγελισταῖς τοῦ εἰπεῖν· λαβὼν ὁ κύριος ἄζυμα εὐλογήσας καὶ κλάσας ἐδίδου τοῖς μαθηταῖς; ἀλλὰ διὰ τὸ μὴ τότε εἶναι ἄζυμα (οὔπω γὰρ παρὰ τῶν Ἰουδαίων ἡτοιμάσθη) λαβὼν, εἶπον, ἄρτον εὐλόγησεν.

13. Ἰστέον[5]) οὖν, ὅσοι παρὰ τῶν Ἀρμενίων ἐπίπονον καὶ ἐναγώνιον ζῆτε βίον, ὅτι ἄζυμον κατέχοντες εἰς τὴν Ἀπολλιναρίου, ὡς οὐκ οἴδατε, περιπίπτετε αἵρεσιν. Ἐκεῖνος γὰρ[6]) σῶμα μόνον ἄψυχόν τε καὶ ἄνουν εἶπε παραλαβεῖν[7]) τὸν Χριστὸν ἐκ τῆς ἁγίας παρθένου Μαρίας, ὅπερ ἐστὶ νεκρόν. Καὶ οἱ τὰ ἄζυμα ἔτι[8]) ἐσθίοντες εἰς ἀντίτυπον τοῦ σώματος τοῦ Χριστοῦ, νεκρὰν

---

[1]) λάβεται, φάγεται C.
[2]) Gen. XVIII 6. XIX 3.
[3]) φάγει ἄρτον C.
[4]) ἐπὶ C. Lege vel ἔτι vel ἐπεί.
[5]) Ἰσθέον C. f. 18. a.
[6]) Haec rursum leguntur in altero fragm. Ps. Dam. p. 389 C. Cf. Petr. Ant. ad Dom. c. 23.
[7]) λαβεῖν fragm. cit., ubi desunt voces ἐκ τ. ἁ. π. Μαρίας.
[8]) τοίνυν fr.

---

quinta panem exstitisse, non azyma. Quem panem ut antitypum sui corporis per suos discipulos nobis christianis comedendum tradidit ita dicens: Accipite, manducate; hoc est corpus meum, quod pro vobis frangitur in remissionem peccatorum.

12. Sed et universa Scriptura aliud panem esse dicit et aliud azymum. De Abraham quidem tria sata dicit, de Lot vero azyma. Moyses vero ait: Vocate Raguel, ut comedat panem. Talis est mos divinae Scripturae: neque panem azymum vocat neque azymum panem. Praeterea quid prohibuisset Evangelistas, quominus dicerent: Accipiens Dominus azyma benedixit, fregit deditque discipulis? Sed propterea quod tunc non aderant azyma utpote nondum a Judaeis parata, dixerunt: Accipiens panem benedixit.

13. Sciendum igitur, o quotquot apud Armenios laboriosam ac certaminibus refertam ducitis vitam, vos azyma retinentes, in Apollinarii, ut haud putatis, incidere haeresin. Ille enim corpus solum sine anima et mente ex sancta Virgine Maria a Christo assumtum asseruit, quod idem est ac mortuum. Et qui adhuc azyma comedunt in antitypum corporis Christi, mortuam

ἐσθίουσι σάρκα, καὶ οὐ ζῶσαν. [1]) Ἡ [2]) γὰρ προζύμη ἀντὶ ψυχῆς τῷ φυράματι γίνεται, τὸ δὲ ἅλας ἀντὶ νοός· ἃ μὴ ἔχον τὸ ἄζυμον νεκρὸν καὶ μωρόν ἐστι, [3]) νεκροὺς καὶ μωροὺς ποιοῦν τοὺς ἐσθίοντας καὶ ὡς τὸ [4]) ἀναίσθητον [5]) ἐμπίπτειν αὐτοὺς εἰς τὴν τοῦ Ἀπολλιναρίου βλασφημίαν καὶ αἵρεσιν. Καὶ γὰρ ὁ κύριος ἡμῶν τέλειος ὢν θεὸς καὶ τέλειος ἄνθρωπος, σῶμα ἔμψυχόν τε καὶ ἔννουν ἔχων, διὰ τοῦ τελείου ἄρτου τοῦ διὰ προζύμης καὶ ἅλατος τελειουμένου [6]) εἰκότως παρέδωκεν ἡμῖν τὸ μυστήριον τῆς καινῆς διαθήκης εὐλογήσας αὐτὸν [7]) καὶ εἰπών· λάβετε, φάγετε καὶ τὰ ἑξῆς. Ἄρτον οὖν μὴ ἐσθίοντες, ὦ σοφοὶ, ἐν τοῖς μυστηρίοις ὑμῶν, ἀλλὰ ἄζυμον, νεκρὰν, ἴστε, σάρκα ἐσθίετε, καὶ οὐ ζῶντος Χριστοῦ, ὅς ἐστιν ὁ ἐπουράνιος ἄρτος ὁ ζωτικὸς καὶ ζωὴν διδοὺς τῷ τρόπῳ τῆς ἀντιδόσεως τοῖς ἐσθίουσιν αὐτόν. Αὐτὸς γὰρ εἶπεν· Ὁ τρώγων [8]) μου τὴν σάρκα καὶ πίνων μου τὸ αἷμα ἐν ἐμοὶ μένει κἀγὼ ἐν αὐτῷ. [9]) Οὕτω δὲ ποιοῦντες καὶ οὕτως ἐσθίοντες εἰς τὴν τοῦ Ἀπολλιναρίου αἵρεσιν [ὑμεῖς τε ἐμ-] [10]) πίπτετε, νεκρὰν [11]) ἐσθίοντες σάρκα ἄψυχόν τε καὶ ἄνουν. Καὶ τούτου τί ἂν γένοιτο ὑμῖν χαλεπώτερον, [12]) σάρκα ἐσθίουσιν ἄψυχον καὶ κυσὶν ἐοικόσι τοῖς τὰ νεκρὰ ἐσθίουσι πτώματα;

[1]) καὶ ἔμψυχον καὶ ἔννοον add. fr.
[2]) εἰ γὰρ C. Cf. fragm. 1. p. 388 A.
[3]) Hucusque fragm. 2. p. 392 A.
[4]) ἐσθ. εἰς τὸ ἀν. C.
[5]) ἀνέσθητον C.
[6]) τελειούμενος C.
[7]) Cf. fragm. 1 p. 388 A.
[8]) τρόγον C.
[9]) Joh. VI. 56.
[10]) Folium hic persectum est, legis literas ύ . . . . ε.
[11]) νεκρὸς C.
[12]) γένετο . . χαλεπότερον. C.

carnem edunt, et non vivam. Nam fermentum massae est loco animae, sal vero mentis adinstar; quae cum non habeat azymum, mortuum et fatuum est et fatuos efficiens eos, qui edunt, et sicut insensibile incidere eos facit in Apollinarii blasphemiam atque haeresin. Etenim Dominus noster cum perfectus sit Deus et perfectus homo, corpus anima et mente praeditum habens, per perfectum panem, qui per fermentum ac sal consummatus est, convenienter nobis tradidit novi Testamenti mysterium, panem illum benedicens his verbis: Accipite, manducate et quae sequuntur. Non itaque panem manducantes, o viri sapientes, in vestris mysteriis, sed azymum, mortuam, sciatis, carnem editis, non vero viventis Christi, qui est panis coelestis, vitalis ac vitam tribuens retributionis modo iis qui ipsum manducant. Ipse enim dixit: Qui manducat meam carnem et bibit meum sanguinem, in me manet et ego in eo. Sic vero facientes et sic comedentes in Apollinarii haeresin inciditis, dum mortuam carnem absque anima et mente manducatis. Qua re quid vobis poterit esse gravius, si carnem inanimatam editis et canibus comparamini, qui cadavera devorant?

14. Ἀλλὰ παρακαλοῦμεν ὑμᾶς, καὶ ταύτην τὴν αἵρεσιν μετὰ τῶν λοιπῶν ἐκείνων αἱρέσεων, ὧνπερ ἐμνήσθην [1]) καὶ ὑφ' ὧν δυςτυχῶς κατεσχέθητε, ἀπαρνήσασθε καὶ φανερῶς αὐτὴν ἐξομόσασθε καὶ μόν[ον] [2]) γίνεσθε τῆς ὀρθοδόξου πίστεως, ἣν [3]) σήμερον τὸ ἅγιον πνεῦμα ἐβεβαίωσε τὸ λαλῆσαν διὰ τῶν προφητῶν καὶ ἀποστόλων καὶ οἰκουμενικῶν διδασκάλων εἰς μίαν ἁγίαν καθολικὴν καὶ ἀποστολικὴν ἐκκλησίαν, καὶ ἣν ἡ Χριστοῦ οἰκουμενικὴ αὕτη ἐκκλησία ἐν διαφόροις ἐπαρχίαις ἐπισκόπων ἀσπασαμένη κατέχει ἕως τοῦ νῦν ἄνωθεν, ἵν' ἑνωθέντες ἡμῖν διὰ τῆς εἰς Χριστὸν ὀρθοδόξου πίστεως καὶ ὁμολογίας ἓν [4]) μεθ' ἡμῶν σῶμα ἅγιον γένησθε [5]) τῷ Χριστῷ καὶ μέλη ἐκ μέρους, καὶ δοξασθῇ ὁ θεὸς ἐν ὑμῖν καὶ ἀντιδοξάσῃ ὑμᾶς τῇ δόξῃ, ἣν ἔχει πρὸ τοῦ (τὸν) κόσμον γενέσθαι, [6]) ὡς φαίνεσθαι καὶ αὐτοὺς ὑμᾶς φωστήρια τῆς ἐκκλησίας αὐτοῦ, λόγον ζωῆς ἔχοντας [7]) καὶ ἅλας τῆς γῆς, ἤγουν τῆς ἀνθρωπίνης ἀσθενείας, εἰς τὸ διδόναι χάριν τοῖς ἀκούουσι τὸν ἐν ἅλατι ἠρτημένον [8]) λόγον ἡμῶν. Οὕτω γὰρ αὐτοί τε ὑμεῖς καὶ ὅλον τὸ ἔθνος ὑμῶν ἐκκλησία Χριστοῦ καὶ ναὸς θεοῦ γίνεσθε καὶ ἡμεῖς ἀδελφοὺς ἡμῶν ἔκτοτε γνωρίσαντες ὑμᾶς δόξαν τῷ ἑνώσαντι ὑμᾶς ἡμῖν θεῷ ἐν ἑνὶ φρονήματι καὶ μιᾷ πίστει δώσομεν [9]) κοινῶς μεθ' ὑμῶν ἀπολαύοντες [10]) αἰωνίων ἀγαθῶν

[1]) Haec ostendunt, auctorem de aliis quoque egisse Armeniorum erroribus Cf. §. 1.
[2]) Sectio in folio.
[3]) ἦν C.
[4]) μὴ C.
[5]) γένεσθε C.
[6]) Joh. XVII 5.
[7]) ἔχοντες C.
[8]) ἠρτυμένον. C.
[9]) δόσωμεν C.
[10]) ἀπολαβόντες C.

---

14. Verum adhortamur vos, et hanc haeresin una cum ceteris illis haeresibus, quarum mentionem feci et a quibus misere detenti estis, abnegate et aperte eam ejurate et toti solum adhaerete rectae fidei, quam hodie Spiritus sanctus confirmavit, qui locutus est per prophetas et apostolos et doctores universales in unam sanctam catholicam et apostolicam Ecclesiam (quam fidem et oecumenica haec Christi Ecclesia in diversis provinciis episcoporum amplexa usque hodie ab antiquo retinet), ut uniti nobis per rectam in Christum fidem ac confessionem unum nobiscum corpus Christi efficiamini et membra de membro, et glorificetur Deus in vobis ac rursum vos glorificet ea gloria, quam habuit ante mundi constitutionem, ut et vos ipsi appareatis luminaria Ecclesiae ipsius, sermonem vitae habentes ac sal terrae, id est humanae infirmitatis, ad dandam gratiam audientibus, verbum in sale firmatum. Sic enim et ipsi vos ac tota gens vestra Ecclesia Christi templumque Dei evaditis ac nos fratres nostros exhinc agnoscentes vos gloriam Deo, qui vos nobis univit, uno sensu et una fide tribuemus communiter vobiscum fruentes bonis ejus sempiternis, nunc quidem ex parte, in futuro vero saeculo

αὐτοῦ, νῦν μὲν ἐκ μέρους, ἐν δὲ αἰῶνι τῷ μέλλοντι γυμνότερόν τε καὶ ὁλοκλήρως, χάριτι καὶ φιλανθρωπίᾳ τοῦ κυρίου ἡμῶν Ἰησοῦ Χριστοῦ, ᾧ ἡ δόξα καὶ τὸ κράτος σὺν τῷ πατρὶ καὶ τῷ ἁγίῳ πνεύματι νῦν καὶ ἀεὶ καὶ εἰς τοὺς αἰῶνας τῶν αἰώνων· ἀμήν. [1])

K.

Opuscula de origine schismatis.

I.

Πῶς καὶ κατὰ τίνα τρόπον ἐχωρίσθησαν ἀφ' ἡμῶν οἱ λατῖνοι καὶ ἐξεβλήθησαν τῶν πρωτείων καὶ τῶν διπτύχων. [2])

1. Ἦν [3]) ἐν τῇ [4]) ἑβδόμῃ συνόδῳ Ἀδριανὸς [5]) πάπας Ῥώμης· καὶ [6]) μετ' ἐκεῖνον Λέων, Στέφανος, Πασχάλιος, [7]) Εὐγένιος, Βαλεντῖνος, Γρηγόριος,

[1]) Eadem doxologia in Nicet. lib. c. Lat. p. 136 ed. Will.

[2]) Sic Vat. 1150 p. 107, a, quem litera V notabimus. — In Marciano cod. 90 chart. 4. saec. 15 (Class. II Nan. 112), quem litera *M* signamus, legitur p. 322: *Περὶ τῶν Φράγγων καὶ πῶς ἐσχίσθη ἡ Ῥώμη ἀπὸ τῶν τεσσάρων πατριαρχῶν, τῆς ΚΠ. καὶ τῶν λοιπῶν.* Monac. 256 chart. saec. 15 (qui nobis erit codex A) f. 85: *Ἐπιφανίου πατριάρχου ΚΠ. περὶ τοῦ πῶς καὶ τίνι τρόπῳ ἐχωρίσθησαν ἡμῶν οἱ λατῖνοι καὶ ἐξεβλήθησαν τῶν πρωτείων αὐτῶν καὶ τῶν διπτύχων.* Mon. 263 bombyc. saec. 13—14. (nobis cod. B) fol. τπη' (revera f. 388): *Ἀπόδειξις ἐναργὴς ὅτι οἱ ῥωμαῖοι πάπαι νῦν πνευματομάχοι.* Cod. Mon. 524 saec. 14 duplicem exhibet textum: I f. 9, a (nobis C.): *Κατὰ ποίους καιροὺς καὶ πότε καὶ παρὰ τίνων αἱρεσιωτῶν οἱ Ἰταλοὶ ἐδιδάχθησαν καὶ ἤρξαντο λέγειν καὶ ἐκ τοῦ υἱοῦ τὸ ἅγιον πνεῦμα ἐκπορεύεσθαι καὶ τὰ ἄζυμα θύειν καὶ ἕως τίνος παρηκολούθησαν τὰ μεθ' ἡμῶν καὶ ἐκείνων ἀμφισβητήματα διὰ τὴν τοιαύτην προσθήκην, πότε δὲ καὶ τὸν πρεσβυτέρας Ῥώμης Πάπαν τῶν διπτύχων ἐξέωσαν οἱ ἡμέτεροι, καὶ τίνες ἦσαν οἱ τότε ἀρχιερατεύσαντες ἐν τῇ Ῥώμῃ καὶ ἐν τῇ Κωνσταντινουπόλει.* II. f. 104. (nobis text. D): *Περὶ τῶν Φράγγων, πῶς* (Aretin. *ὡς*) *ἐσχίσθη ἡ Ῥώμη ἀπὸ ταῖς τεσσάραις πατριαρχίαις* (sic), *τῆς ΚΠ. καὶ τῶν λοιπῶν.*

[3]) *Ἐν δὲ ἑβδ.* V. *Ὁ ἐν τῇ* M. *ἦν δὲ ἐν* C. *οἱ ἐν τῇ* D.

[4]) *ἁγίᾳ* add. M.

[5]) *σύνοδος Ἀδριανὸς* D; *συνόδῳ Ἀνδρ.* C.

[6]) *οἱ* add. M.

[7]) *Πασχάσιος* M. V.

apertius et ex integro ac toto, per gratiam, humanitatem ac dilectionem Domini nostri Jesu Christi, cui gloria et potentia una cum Patre et sancto Spiritu nunc et semper et in saecula saeculorum. Amen.

Opuscula de origine schismatis.

I. Quomodo et quanam ratione a nobis scissi fuerint Latini atque de primatu et e diptychis ejecti.

1. Erat in septima synodo Adrianus Papa Romae; atque post illum Leo, Stephanus, Paschalis, Eugenius, Valentinus, Gregorius, Sergius, Leo,

Σέργιος,[1]) *Λέων, Βενέδικτος, Παῦλος, Στέφανος,*[2]) *Νικόλαος ὁ ἐπὶ τοῦ Φωτίου,*[3]) *Ἀδριανὸς, Ἰωάννης, Μαρῖνος,*[4]) *Ἀδριανὸς,*[5]) *Στέφανος. Οὗτοι πάντες ἦσαν ὁμολογοῦντες*[6]) *τὴν ὁμολογίαν τοῦ ἁγίου συμβόλου, καθὼς καὶ*[7]) *παρεδόθη ὑπὸ τῆς πρώτης ἁγίας καὶ οἰκουμενικῆς*[8]) *συνόδου*[9]) *καὶ τῶν μετ' αὐτὴν ἓξ ἁγίων καὶ οἰκουμενικῶν*[10]) *συνόδων· καὶ ἐκ τοῦ πατρὸς μόνου*[11]) *κηρύττοντες καὶ διατρανοῦντες ἐκπορεύεσθαι τὸ πανάγιον*[12]) *πνεῦμα, καθὼς καὶ αἱ λοιπαὶ ἅγιαι*[13]) *ἐκκλήσιαι κατέχουσι μέχρι τῆς σήμερον,*[14]) *ἡ τῆς Κωνσταντινουπόλεως, ἡ τῶν Ἀλεξανδρέων,*[15]) *ἡ*[16]) *τῆς Ἀντιοχείας καὶ ἡ τῶν Ἱεροσολύμων.*

2. *Μετὰ δὲ τὴν*[17]) *παρέλευσιν τῆς*[18]) *ἑβδόμης συνόδου, δεύτερος χρηματίσας πάπας Λέων,*[19]) *τῶν*[20]) *τῆς Κωνσταντινουπόλεως*[21]) *εἰκονομαχούν-*

---

[1]) *Σ.* omitt. M et V., qui habet: *Γρηγόριος ὁ καὶ Πελάγιος;* C. habet: *Σέργιος ὁ καὶ Πελάγιος;* A. omittit omnes hos pontifices et post priorem Leonem nominat Benedictum et ceteros.

[2]) Sic omnes praeter D, ubi bis legitur *Στέφανος.*

[3]) *Στέφανος* add. D.

[4]) Pontifices isti a Nicolao usque ad Marinum incl. non nominantur in M., sed post Stephanum alterum habet: *Ἀδριανὸς, Στέφανος;* D. omittit Johannem et Marinum.

[5]) *πάλιν* add. B.

[6]) *ἦσαν* add. MBCD.

[7]) *καὶ* deest in A. V.

[8]) *ὑπὸ τῆς ἁγ. καὶ οἰκ. πρώτης σ.* V, *ὑπὸ τῆς πρώτης οἰκ. καὶ ἁγ. σ.* C. *ὑπὸ τῆς πρώτης καὶ ἁγίας οἰκ. σ.* B. In D deest *πρώτης.*

[9]) *τῶν τιη' θεοφόρων πατέρων τῶν ἐν Νικαίᾳ* add. DM.

[10]) *οἰκ. ἁγίων* A. *ἓξ ἁγίων οἰκ. σ.* B. *καὶ μετὰ τὴν ἕκτην ἁγ. κ. οἰκ. σ.* D.

[11]) *ἐκ πατρὸς καὶ μόνου* DM; *ἐκ τοῦ π. καὶ μόνου* B; *ἐκ πατρὸς καὶ μόνον* C.

[12]) *ἅγιον* M.

[13]) *ἅγιαι* deest in BCDM.

[14]) *μέχρι καὶ σήμερον* B. *μέχρι καὶ τὴν σήμ.* D.

[15]) *τῆς Ἀλεξανδρείας* DM; *τῆς Ἀντιοχείας, τῶν Ἀλεξανδρέων* B.

[16]) *ἡ* art. hic et in seq. deest in BD.

[17]) *τὴν* omitt. ABV. Hanc §. affert Allat. c. Creyght. p. 571 eodem fere modo quo codd. A. V.

[18]) *ἁγίας* add. M.

[19]) Sic Allat. l. c.; BM. legunt: *ὀγδόου χρηματίσαντος προέδρου Ῥώμης τοῦ Λέοντος;* AV. vero: *χρηματίσαντος πάπα τοῦ Λέοντος ὀγδόου*; D habet ut BM, nisi quod voci *ὀγδόου* superscripsit alia manus: *καὶ δεκάτου.;* C. ut BM omissa voce *ὀγδόου.*

[20]) A et Allat. omitt. *τῶν*, ante quod plerique ponunt *καὶ.*

[21]) *τῶν ἐν ΚΠ.* MCD; *τῶν ἐν τῇ ΚΠ.* B.

Benedictus, Paulus, Stephanus, Nicolaus, qui Photii aetate vixit, Adrianus, Johannes, Marinus, Adrianus, Stephanus. Hi omnes confessi sunt sacri symboli confessionem, sicut et tradita fuit a sancta et oecumenica prima synodo et a subsequentibus sex sanctis et oecumenicis synodis, et ex Patre solo procedere sanctissimum Spiritum praedicarunt et docuerunt, quemadmodum et reliquae sanctae ecclesiae tenent usque ad hodiernum diem, Constantinopolitana, Alexandrina, Antiochena et Hierosolymitana.

2. Post absolutam vero septimam synodum Leo secundus Papa existens,

των,[1]) μετεκαλέσατο[2]) πρὸς ἑαυτὸν[3]) ἀπὸ τῆς ἐνδοτέρας Φραγγίας Καροῦλόν τινα, ὃν καὶ[4]) ἔστεψεν εἰς[5]) βασιλέα· ἀπὸ[6]) δὲ τοῦ τόπου ἐκείνου τῆς Φραγγίας συνακολουθήσαντες ἦσαν[7]) τῷ Καρούλῳ καὶ αἱρεσιῶταί τινες τοῦ[8]) Ἀρείου μαθηταὶ καὶ[9]) Ἀπολιναρίου[10]) καὶ ἐπεισελθόντες[11]) τὴν Ῥώμην ἤρξαντο διαστρέφειν τὸν τοῦ θεοῦ[12]) λαὸν, οὐκ ἐκ πατρὸς μόνου τὸ πανάγιον πνεῦμα ἐκπορεύεσθαι[13]) λέγοντες, ἀλλὰ καὶ[14]) ἐκ τοῦ υἱοῦ, καὶ ἄζυμα θύεσθαι παραδίδοντες· καὶ ἄλλα τινὰ ἀνοίκεια[15]) τῇ ἐκκλησιαστικῇ παραδόσει ἐφλυάρησαν.[16])

3. Θεασάμενος οὖν[17]) ὁ πάπας Λέων βοσκομένους τοὺς τοιούτους (αἱρεσιώτας μετὰ Καρούλου)[18]) τὸν ὀρθόδοξον τοῦ θεοῦ λαὸν[19]) καὶ ἄμοιροι ὄντες[20]) τῶν τότε[21]) λογίων ἀνδρῶν [ἐν τῇ Ῥώμῃ][22]) καὶ τῶν τῆς Κων-

[1]) εἰκονομαχοῦντος Θεοφίλου τοῦ βασιλέως. DM.

[2]) ὁ τοιοῦτος πάπας add. ABCDM.

[3]) V. omitt. πρὸς ἑ.

[4]) καὶ deest in ADM et ap. Allat.

[5]) ἐστ. βασ. sine praepos. (M).

[6]) ἐκ δὲ B.

[7]) συνακόλουθοι ἦσαν DM. συνηκολούθησαν Allat.

[8]) τῶν M.

[9]) τοῦ add. A et Allat.

[10]) DM subdunt: καὶ Μακεδονίου· οὗτοι οἱ αἱρεσιῶται ἐδίδαξαν τῷ Καρούλῳ τὴν αἵρεσιν αὐτῶν.

[11]) εἰςελθόντες εἰς τὴν Ῥ. A. et All. ἐπειςελθ. τῇ Ῥώμῃ D. ἐπιςελθ. εἰς τ. Ῥ. B.

[12]) M. omitt. τοῦ θεοῦ; C legit: τοῦ κυρίου; D: τὸν λαὸν τοῦ θεοῦ μετὰ τοῦ Καρούλου, οὐκ κ. τ. λ.

[13]) μόνου ἐκπορ. τὸ παν. πν. BDM. μόνον ἐκπ. τὸ π. πν. A. All. μόνου τὸ πανάγ. πν. λέγοντες C.

[14]) καὶ omitt. V.

[15]) τινὰ ἀνοίκια B. πολλὰ ἀνοίκια M. πολλὰ ἀνίκια D.

[16]) ἐφλ. deest in ABCV.

[17]) Pro οὖν C habet τοὺς τοιούτους, quod deinde omittit; B: θ. οὖν ὁ τοιοῦτος Λ.

[18]) Haec uncis inclusa desunt in ABCV; μετὰ τοῦ Κ. habet D.

[19]) λαὸν τοῦ θεοῦ BCDM.

[20]) BD: ἀμοιροῦντος; C. habet: ἀμειροῦντος τῶν τότε; A: ἀμοιροῦντα τότε; M: ἀμαιροῦντος (ἀμεροῦντος). Rectius ἀπορῶν vel ἄμοιρος ὤν.

[21]) τῶν τε M. τῷ τότε B.

[22]) Uncis inclusa desunt in ABCV; D: ἐν Ῥώμῃ.

Constantinopoli dominantibus sacrarum imaginum hostibus, ex interiori Francia ad se vocavit Carolum quemdam, quem etiam in Imperatorem coronavit. Ex eadem vero Franciae regione comites erant Carolo et haeretici quidam Arii et Apollinarii (atque Macedonii) discipuli, qui Romam ingressi coeperunt Dei populum pervertere, dicentes non ex Patre solo procedere sanctissimum Spiritum, sed etiam ex Filio, et tradentes azyma offerenda esse; et alia nonnulla traditioni ecclesiasticae neutiquam consentanea nugati sunt.

3. Quum igitur Leo Papa ejusmodi homines (haereticos, qui Carolum sequebantur) orthodoxum Dei populum corrumpere ac depraedari cerneret,

σταντινουπόλεως, [1]) ὡς εἴπομεν, [2]) εἰκονομαχούντων, [3]) ἀπέστειλε [4]) πρὸς τὸν ἐν Ἱεροσολύμοις [5]) πατριαρχοῦντα [6]) Θωμᾶν, ἵνα πέμψῃ πρὸς αὐτὸν ἐλλογίμους [7]) ἄνδρας εἰς τὸ ἀποτρέψασθαι [8]) τὴν τοιαύτην λύμην [9]) ἐκ τῆς τῶν [10]) Ῥωμαίων πόλεως.

4. Τοῦ οὖν Μιχαὴλ τοῦ συγκέλλου [11]) εἰς τοῦτο ἀποσταλέντος παρὰ τοῦ [ἐν Ἱεροσολύμοις] [12]) πατριάρχου Θωμᾶ, συνεπομένων [13]) [Μιχαὴλ τῷ συγκέλλῳ] [14]) καὶ τῶν μαθητῶν αὐτοῦ [15]) Θεοδώρου καὶ Θεοφάνους [16]) τῶν Γραπτῶν καὶ Ἰὼβ, [17]) καὶ διαβάντες [18]) κατὰ τὴν Κωνσταντινούπολιν, ὡς [19]) τὸ ὀρθόδοξον [20]) στηρίξαι, τὸ δὲ παρεκκλίνον [21]) εἰς [22]) εἰκονομαχίαν κατὰ τὸ δυνατὸν [23]) εἰς τὴν προτέραν [24]) ἀνακαλέσασθαι εὐγένειαν, [25]) κατεκρατήθησαν [26])

[1]) ἐν ΚΠ. ABCDM.
[2]) εἶπον B.
[3]) καὶ τοῦ ἐν ΚΠ. εἰκονομαχοῦντος Θεοφίλου τοῦ βασιλέως DM.
[4]) DM. add.: ὁ πάπας Λέων.
[5]) ἐν omitt. C; ἐν τοῖς Ἱεροσ. leg. A.
[6]) πατριάρχην CD; vox abest in BM.
[7]) Sic BCM; AV: ἐλλογισμένους; D: λογίμους.
[8]) ἀποπέμψασθαι BCM; ἀποπαύσασθαι D; ἀποτρέψαι A.
[9]) τοὺς τοιούτους λυμεῶνας καὶ τὴν αὐτῶν αἵρεσιν AV; τὴν τοιαύτην λύμανσιν B.
[10]) τῶν omitt. DM.
[11]) Τοῦ οὖν συγκ. Μιχ. B.
[12]) Ista add. DM; B omitt. verba παρὰ — Θωμᾶ.
[13]) παρεπομένων C.
[14]) Uncis inclusa desunt in BV; AC hab.: τῷ συγκ. M.
[15]) αὐτοῦ μαθ. B.
[16]) Θεοφάν. κ. Θεοδ. M. Θεοφ. καὶ Ἰωάννου D.
[17]) καὶ Ἰὼβ omitt. ADM; al. Ἰακώβ., Ἰωάννης.
[18]) διαβάντων AV.
[19]) ὥςτε V.
[20]) ὀρθοδοξοῦν B.
[21]) διὰ τὸ ἐκκλίναι V; τοὺς δὲ παρακλίναντας C; τὸν δὲ παρακλίναντα. D; καὶ τὸ παρεκκλίναν. A.
[22]) τὴν add. AB.
[23]) αὐτοῖς καὶ add. Vat.; αὐτοῖς add. AD.
[24]) πρώτην DM.
[25]) τῆς ὀρθοδόξου πίστεως add. DM.
[26]) κρατηθέντες A. κατεκρατήθη σὺν τοῖς μαθηταῖς B.

---

neque tunc Romae viri docti probatique essent, Constantinopoli autem, uti diximus, Iconoclastae dominarentur, ad Hierosolymorum Patriarcham Thomam misit, ut sibi viros probatos atque idoneos mitteret ad perniciem ejusmodi e Romana urbe depellendam.

4. Mittitur itaque Michael syncellus hunc in finem a Thoma (Hierosolymorum) Patriarcha; adjuncti Theodorus et Theophanes Grapti, ejusdem discipuli, atque Job. Hi Constantinopolin pertranseunt ad confirmandos orthodoxos et ad eos, qui in iconomachiam inclinabant, pro viribus ad priorem fidei ingenuitatem revocandos. Verum ab Iconoclastis detinebantur ac

ὑπὸ τῶν εἰκονομάχων· καὶ [1]) ὁ μὲν σύγκελλος Μιχαὴλ [2]) ἐν τῇ [3]) Κωνσταντινουπόλει (διὰ μαρτυρίου) [4]) ἀπεβίωσεν, [5]) ὁ δὲ Θεοφάνης καὶ Θεόδωρος [6]) τυφθέντες καὶ γραφέντες τὰς ὄψεις ἐξωρίσθησαν. [7])

5. Οἱ οὖν ἀπὸ τῆς [8]) Φραγγίας ἐλθόντες αἱρεσιῶται ἐκεῖνοι [9]) κατὰ πολὺ [10]) ἐλυμήναντο τὸν λαὸν τοῦ θεοῦ· διὰ τοῦτο [11]) καὶ ὁ πάπας Λέων τὰς ἐν τῷ σκευοφυλακίῳ οὔσας ἀσπίδας [12]) ἐγκεκολαμμένον [13]) ἐν ἑαυταῖς [14]) ἐχούσας [15]) τὸ ἅγιον σύμβολον ἀνεστήλωσεν ἐν τῇ τῶν [16]) Ῥωμαίων ἐκκλησίᾳ [17]) εἰς ἀποτροπὴν τῶν τοιούτων [αἱρεσιωτῶν] [18]) καὶ στερέωμα τοῦ χριστωνύμου λαοῦ.

6. Ὁ [19]) δὲ μετὰ τὸν τοιοῦτον [20]) Λέοντα [21]) Βενέδικτος πάπας [22]) καὶ αὐτὸς ὑπὸ τῶν τοιούτων αἱρεσιωτῶν λυμαινόμενον ὁρῶν τὸν τοῦ θεοῦ λαὸν [23])

---

[1]) καὶ omitt. B.
[2]) Μιχ. ὁ συγκ. DM. καὶ ὁ μὲν ἐν τῇ αὐτῇ ἀπεβ. ΚΠ. B.
[3]) τῇ omitt. DM.
[4]) διὰ μαρτ. add. Marc.
[5]) ἀπεβίω ABC. ἀπεβίου M.
[6]) Θεόδ. κ. Θεοφάνης B.
[7]) διωρίσθησαν B.
[8]) τῆς omitt. V; οὖν omitt. B.
[9]) DM: Οἱ ἀπὸ τῆς Φραγγίας οὖν συνελθόντες αἱρεσιῶται ἐκεῖνοι, ὡς εἴπομεν, κατεπολέμησαν μετὰ τοῦ Καρούλου καὶ ἐλυμήναντο. B: Οἱ ἀπὸ τῆς Φρ. ἀνελθόντες αἱρεσιῶται κατὰ πολύ.
[10]) ἔτι μᾶλλον A.
[11]) καὶ διὰ τ. A.
[12]) Cf. Phot. de Sp. S. myst. c. 88 — ἀψίδας BCD. ἁψίδας V.
[13]) ἐνκεκολαμμένας DM.
[14]) ἐν αὐταῖς CDM; voces hae ἐν ἑαυτ. desunt in B.
[15]) ἐχούσαις C.
[16]) τῶν omitt. ABM; D habet: ἐν τῇ Ῥώμης ἐκκλ.
[17]) DM. add.: ἐκ τοῦ πατρὸς καὶ μόνου ἐκπορεύεσθαι τὸ πανάγιον πνεῦμα.
[18]) αἱρεσ. add. CDM.
[19]) ὁ omitt. DM.
[20]) τοιοῦτ. deest in V.
[21]) DM. add.: ἐγένετο.
[22]) Ῥώμης add. DM.
[23]) τὸν λαὸν τοῦ θεοῦ DM.

---

recludebantur; et Michael quidem syncellus Constantinopoli (per martyrium) diem supremum obiit; Theophanes vero et Theodorus flagellati et in fronte conscriptis versibus signati expulsi sunt.

5. Illi igitur haeretici ex Francia oriundi magnopere Dei populum corrumpebant. Idcirco et Leo pontifex scuta in sacrario recondita, in quibus sanctum symbolum erat descriptum, publice in Romanorum ecclesia exponenda curavit ad illos (haereticos) convellendos ac fugandos et ad christianum populum confirmandum.

6. Qui vero huic Leoni successit, Benedictus Papa, et ipse per ejusmodi haereticos Dei populum devastatum conspiciens, per latinas literas graeca voce sanctum rectae fidei symbolum enuntiari jussit; sed et ad quatuor

διὰ γραμμάτων λατινικῶν[1]) ἑλληνιστὶ[2]) ἐκφωνεῖσθαι παρέδωκε[3]) τὸ ἅγιον σύμβολον τῆς ὀρθοδόξου[4]) πίστεως· ἀλλὰ καὶ πρὸς τοὺς τέσσαρας πατριάρχας[5]) γραφὰς[6]) ἐξαπέστειλε[7]) τοῦ[8]) μὴ δέχεσθαι[9]) παρ' αὐτῶν[10]) τοὺς μετὰ ταῦτα γενομένους προέδρους τῆς Ῥώμης,[11]) εἰ μὴ πρότερον δέξαιντο[12]) τὴν ὁμολογίαν τοῦ ἁγίου συμβόλου, καθὼς καὶ[13]) αἱ ἅγιαι ἑπτὰ οἰκουμενικαὶ σύνοδοι παρέδωκαν,[14]) καὶ ἀπαρασάλευτον εἶναι κατησφαλίσαντο, ἐκ τοῦ[15]) πατρὸς καὶ μόνου ἐκπορεύεσθαι τὸ πανάγιον[16]) πνεῦμα καὶ μὴ καὶ[17]) ἐκ τοῦ υἱοῦ, καθὼς[18]) παρέσπειραν[19]) τότε οἱ τοιοῦτοι λυμεῶνες.[20])

---

[1]) ἑλληνικῶν B.

[2]) ἑλληνικῇ φωνῇ D.

[3]) παραδέδωκεν ἐκφ. V. Vocem ἐκφων. omitt. A.

[4]) τῆς ἁγίας καὶ ἀμωμήτου π. DM.

[5]) DM. add.: τῆς τε ΚΠ., τῶν Ἀλεξανδρέων, τῆς Ἀντιοχείας καὶ τῶν Ἱεροσολύμων.

[6]) Haec vox deest in V.

[7]) ἀπέστειλε C.

[8]) τοῦ omitt. A.

[9]) παραδέχεσθαι A.

[10]) αὐτοὺς D.

[11]) ἐν τῇ Ῥώμῃ D.

[12]) Sic BC; cet. δέξονται vel δέξωνται.

[13]) καὶ deest in AD.

[14]) Ita CDM (excepto sphalmate συνόδοις). Vat. habet: αἱ ἅγ. καὶ οἰκ. σύνοδοι ἑπτὰ παρέδοσαν, A. vero: αἱ ἅγ. οἰκ. σύνοδοι (deest ζ') παραδέδωκασι; B: αἱ ἅγ. καὶ οἰκ. σύνοδοι (deest ζ') παρέδοσαν.

[15]) τοῦ omitt. C.

[16]) ἅγιον A.

[17]) Alterum καὶ deest DV.

[18]) Ab hac voce in alias omnino, easque posteriores res deflectit narratio cod. C. (f. 10, a). Prosequitur enim: καθὼς παρεσκεύασαν καὶ ἐβεβαίωσαν τὴν ἀπὸ τῶν διπτύχων τοῦ τύπου ἐξώθησιν. Sequuntur eadem verba, quae infra opusc. II §. 13 afferuntur de iis quae sub Alexio Comneno gesta sunt. Post vocem θείων κανόνων additur: Ἀλλ' ἴωμεν καὶ αὖθις εἰς ἀνακεφαλαίωσιν τῆς παρούσης ὑποθέσεως. Post hanc digressionem historicae factorum expositioni parum consonam ita pergit C: Τοῦ οὖν προδηλωθέντος πάπα Λέοντος ὀγδόου τυγχάνοντος ἀπὸ τῆς ἑβδόμης συνόδου παρὰ τῶν οἰκείων ἐκινδύνευε τὸν βαθμὸν ἀπολέσαι, τῆς Κωνσταντινουπόλεως τὸ δεύτερον εἰκονομαχούσης· ἀλλὰ δὴ ἐν αὐτῇ τοῦ τότε βασιλεύοντος καὶ αὐτοῦ εἰκονομαχοῦντος, μὴ ἔχων ὅ τι καὶ δράσειε, ἀπὸ τῆς Φραγγίας Κάρουλλον μετεκαλέσατο καὶ εἰς βασιλέα ἔστεψε, συνεπομένων αὐτῷ καὶ τῶν αἱρεσιωτῶν τῶν διδαξάντων τοὺς Ἰταλοὺς τὴν προσθήκην τοῦ ἁγίου συμβόλου καὶ τὰ ἄζυμα, ὡς προδεδήλωται. Sed de Caroli coronatione jam supra in eodem textu actum fuerat. Reliqua hujus textus a ceteris dissentiunt.

[19]) παρεσπείραντο τότε DM; παρεσπέραν τῷ τότε B.

[20]) οἱ τ. αἱρεσιῶται DM.

Patriarchas misit literas (adhortans et mandans), ne ab ipsis inposterum futuri Romani antistites recipiantur, nisi prius sacri symboli ab ipsis acceperint confessionem, prout septem sanctae et oecumenicae synodi tradiderunt, et quasi immobilem veritatem firmarint, ex Patre, et quidem solo, procedere sanctissimum Spiritum, non vero ex Filio, quemadmodum tunc illi haeretici perverse praedicabant.

7. *Μέχρι δὲ καὶ*[1]) *Ἀδριανοῦ*[2]) *καὶ Στεφάνου τῶν προέδρων Ῥωμης ὁμοφρονούντων*[3]) *τοῖς λοιποῖς πατριάρχαις Φόρμοσός τις*[4]) *πάπας Ῥωμαίων*[5]) *γενόμενος καὶ τῆς μαθητείας ἐκείνων προμετασχὼν*[6]) *τῶν λυμεώνων*,[7]) *ὡς πολλάκις εἴπομεν*,[8]) *ἀπέστειλε μὲν*[9]) *καὶ αὐτὸς*[10]) *τὴν ὁμολογίαν τοῦ ἁγίου συμβόλου ὡς καὶ οἱ πρὸ*[11]) *αὐτοῦ (πάπαι)*,[12]) *ἐκ τοῦ*[13]) *πατρὸς καὶ μόνου ἐκπορεύεσθαι γράφων*[14]) *τὸ πανάγιον πνεῦμα, πρὸς τοὺς τέσσαρας πατριάρχας, ὑπούλως δὲ*[15]) *ἐδίδασκεν ἐν τῇ ἐκκλησίᾳ αὐτοῦ*[16]) *τὴν λύμανσιν τῶν τοιούτων αἱρεσιωτῶν.*[17])

8. *Οἱ δὲ μετ' αὐτὸν*[18]) *Βονιφάτιος*,[19]) *Στέφανος, Ῥωμανὸς*[20]), *Θεόδωρος, Ἰωάννης, Βενέδικτος*,[21]) *Λέων, οὗτοι*[22]) *διάδοχοι τῆς τοῦ Φορμόσου τοιαύτης ξένης διδαχῆς*[23]) *ἐγένοντο.*[24]) *Χριστοφόρος δὲ μετ' αὐτοὺς*[25]) *γενόμενος*[26])

---

[1]) *καὶ* omitt. BDM.
[2]) Post vocem *Ἀδρ.* in cod. D. f. 104, b lacuna.
[3]) *ὡμοφρόνουν* A.
[4]) *Φ. δὲ πάπας* DM. In Vat. *Φόρμωσος;* A post *τις* add.: *μετ' αὐτοὺς*
[5]) *Ῥωμ.* omitt. A.; *Ῥώμης* habent DM.
[6]) *γενόμενος* add. D.
[7]) DM.: *τῶν λυμαινομένων τὴν ἐκκλησίαν τοῦ θεοῦ καὶ τὸν περιούσιον αὐτοῦ λαόν.*
[8]) Incisum omitt. M.; B add. *τὸν τοῦ θεοῦ λαόν.*
[9]) *οὖν* add. DM.
[10]) *ὁ Φόρμοσος* add. D.
[11]) *πρότεροι* D.
[12]) Vox *Π.* deest in ABV; M. post eam ponit *τὸ.*
[13]) *ἐκ πατρὸς* B. V.
[14]) Vox *γρ.* deest in BDM.
[15]) *κρυφίως δ'* DM.
[16]) *ἐδ. τὴν ἐκκλησίαν* DM.
[17]) *τῶν τοιούτων αἱρεσιωτῶν αἵρεσιν* M. *τῶν τοιούτων τὴν αἵρεσιν αἱρεσιωτῶν.*
[18]) A habet: *Ἐξῆς δὲ ἦρξαν κεκρυμμένως τῆς τοιαύτης αἱρέσεως καὶ οἱ μετ' αὐτὸν οὗτοι.* M.: *Οἱ δὲ μετ' αὐτὸν τὸν Φόρμοσον ἐγένοντο πάπαι.* Sic et D, ubi additur: *ἑπτά.*
[19]) *Βυνιφάντιος* M. Βονυφάτιος D.
[20]) Post Romanum DM. habent: *Στέφανος.*
[21]) *καὶ* add. A.
[22]) vox deest in B.
[23]) *ταύτης* A.; sed BD habent: *διδαχῆς τῆς τοῦ Φορμόσου ξένης τοιαύτης* (B *διαδοχῆς*) *ἐγένοντο καὶ κατὰ πάντα σύμφρονες αὐτοῦ.* D vero: *δ. τοῦ Φορμώσου ξένοι τῆς τοιαύτης ἀμωμήτου διδαχῆς καὶ κατὰ πάντα σύμφρονες αὐτῷ.*
[24]) *ἐγ.* omitt. A.
[25]) *μετὰ τοῦτον* M. *μετὰ τούτους Χρ. τις* A.
[26]) *γενησόμενος* D.

---

7. Quum vero usque ad Hadrianum et Stephanum pontifices Romani cum reliquis Patriarchis sentirent, Formosus quidam Papa Romae factus et doctrinis illorum haereticorum, quos saepius diximus, antea initiatus misit quidem et ipse sacri symboli confessionem, quemadmodum et ejus praedecessores, ad quatuor Patriarchas, ex Patre scribens, et quidem solo, procedere Spiritum sanctum; occulte vero in sua ecclesia illorum haereticorum perniciosum tradidit errorem.

8. Qui vero post ipsum, Bonifacius, Stephanus, Romanus, Theodorus,

πάπας Ῥώμης [1]) καὶ παρὰ [2]) Σεργίου τοῦ τότε ἐν Κωνσταντινουπόλει [3]) πατριαρχοῦντος [4]) καὶ τὴν ὁμολογίαν τοῦ ἁγίου συμβόλου ἀπαιτουμένου [5]) (τῷ Χριστοφόρῳ), [6]) πρῶτον ὁ τοιοῦτος πάπας [7]) Χριστοφόρος ἐν τῇ ὁμολογίᾳ αὐτοῦ ἐκ τοῦ [8]) πατρὸς καὶ ἐκ τοῦ υἱοῦ τὸ πανάγιον [9]) πνεῦμα ἐκπορεύεσθαι λέγων ἀνεφάνη· [10]) διὰ τοῦτο καὶ ὑπὸ τοῦ Σεργίου [11]) καὶ τῶν λοιπῶν πατριαρχῶν [12]) ἀπὸ τῶν διπτύχων ἐξεβλήθη.

9. Ἔπειτα καὶ οἱ μετ' αὐτὸν τὸν [13]) Χριστοφόρον πάπαι πρόεδροι τῆς Ῥώμης γεγονότες [14]) καὶ τῇ ἀβλεψίᾳ [15]) τοῦ Χριστοφόρου τυφλωθέντες [16]) καὶ αὐτοὶ στοιχήσαντες [17]) οὐκ ἠθέλησαν μέχρι καὶ [18]) τῆς σήμερον ἀνακαλέσασθαι εἰς αὐτοὺς [19]) τὴν προτέραν εὐγένειαν τῆς ἀμωμήτου καὶ ὀρθοδόξου πίστεως, [20])

---

[1]) Ῥ. omitt. A.

[2]) περὶ τῆς D. παρὰ τοῦ Σ. BM.

[3]) ἐν ΚΠ. omitt. A; M. habet: ἐν τῇ ΚΠ. Hucusque textus D (Mon. 524 P. II f. 104, b).

[4]) Cod. A: πατριαρχεύοντος, ἐλεγχθεὶς ὡς κακῶς φρονῶν διὰ τὸ ἐγγράφως αὐτὸν καθαρῶς καὶ ἐκ τοῦ υἱοῦ τὸ ἅγιον ἐκπορεύεσθαι πνεῦμα τῶν διπτύχων ἐξεβάλλεται παρ' αὐτοῦ καὶ τῶν ἄλλων πατριαρχῶν, quibus verbis praesens ibi §. absolvitur. M.: πατρ. καὶ τῶν λοιπῶν πατριαρχῶν.

[5]) ἀπαιτούντων M. ἀπαιτοῦντος B.

[6]) τοῦ Χριστοφόρου V.

[7]) πάπας omitt. B.; M. habet: Χρ. πάπας.

[8]) τοῦ omitt. A. V.

[9]) πανάγιον omitt. B.

[10]) M.: ἐκπορεύεσθαι ἔφη καὶ ἄζυμα θύεσθαι.

[11]) πατριάρχου add. M.; τοιούτου B.

[12]) καὶ τ. λ. πατρ. omitt. B.

[13]) μετὰ τὸν B.

[14]) A habet: μετὰ τὸν τοιοῦτον Χρ. γεγ. πρόεδροι τῆς Ῥώμης. M: εἶτα μετὰ τὸν Χρ. τοιοῦτοι πάπαι, quod posterius habet et B.

[15]) τὴν ἀβλεψίαν M. τῇ τούτου ἀβλεψίᾳ στοιχήσαντες A.

[16]) ἐκτυφλ. BM.

[17]) καὶ στοιχήσαντες οὐκ ἠθ. B; Marc. add. αὐτῷ.

[18]) καὶ deest in M.

[19]) ἀνακαλ. ἑαυτοὺς πρὸς τὴν πρ. εὐγ. M.

[20]) τῆς ἁγίας καὶ ἀμωμήτου π. M. τῆς ὀρθοδόξου καὶ ἀμ. π. B. — Cod. B (263) hucusque textum reddit.

Johannes, Benedictus, Leo, isti peregrinam Formosi illam doctrinam amplexi sunt. Christophorus autem post eos Romae Papa creatus Sergio, qui tunc Constantinopolitanum patriarchatum tenebat, sacri symboli professionem postulante, primus hic inquam Christophorus in professionis formula ex Patre et Filio sanctissimum procedere asserens Spiritum deprehensus est. Idcirco et a Sergio et a reliquis Patriarchis e diptychis expunctus est.

9. Deinde et qui post Christophorum Papae Romani creati sunt, Christophori coecitate et ipsi excoecati eademque cum ipso sentientes ad hodiernum usque diem ad pristinam sincerae et rectae fidei ingenuitatem redire noluerunt,

ἣν καὶ παρέδοσαν[1]) τῇ[2]) τοῦ θεοῦ ἁγίᾳ ἐκκλησίᾳ ἤτοι[3]) τῷ εὐσεβεῖ καὶ χριστωνύμῳ αὐτοῦ[4]) λαῷ αἱ ἅγιαι καὶ οἰκουμενικαὶ ἑπτὰ σύνοδοι·[5]) τοῖς δὲ παραβαίνουσιν αὐτὰς ἤτω ἀνάθεμα.

10. Χρὴ δὲ γινώσκειν, ὅτι μετὰ τὸν[6]) Χριστοφόρον τὸν πρῶτον ἐν τῇ ὁμολογίᾳ αὐτοῦ ἐγγράψαντα, τὸ πανάγιον πνεῦμα καὶ ἐκ τοῦ υἱοῦ ἐκπορεύεσθαι, ἐγένοντο πρόεδροι[7]) τῆς Ῥώμης καὶ σύμφρονες αὐτοῦ[8]) εἴκοσι τέσσαρες (καὶ οἱ μετ' αὐτοὺς ἄλλοι πλείονες)[9]) μέχρι τῆς σήμερον,[10]) ἀποσφαλέντες ἀπὸ τῶν ἁγίων καὶ οἰκουμενικῶν συνόδων.

11. Μετὰ δὲ[11]) τὸν Σέργιον, τὸν δηλωθέντα πατριάρχην Κωνσταντινουπόλεως, τὸν καὶ ἀπὸ τῶν διπτύχων ἐκβαλόντα[12]) Χριστοφόρον τὸν[13]) πάπαν

---

1) ἣν παρέδωκαν AM.

2) Voces τῇ — αὐτοῦ λαῷ desunt in Marc.

3) ἤγουν A.

4) αὐτοῦ omitt. A.

5) αἱ ἅγ. ζ' καὶ οἰκ. σύνοδοι. A. — Marc. habet: παρέδωκαν αἱ ἅγιαι ἑπτὰ καὶ οἰκ. σύνοδοι ἀπαρασαλεύτως κρατεῖν τὴν ἐκκλησίαν τοῦ θεοῦ καὶ τῷ αὐτυῦ χριστωνύμῳ λαῷ. Διὸ τοῖς παρεκκλίνουσι καὶ προσθήκας καὶ ἐλλείψεις εἰσάγουσι μετὰ Χριστοφόρου εἴη τὸ ἀνάθεμα καὶ τῶν πρώτων ἐν τῇ ὁμολογίᾳ ταύτῃ συγγραψαμένων, ἐκ τοῦ πατρὸς καὶ τοῦ υἱοῦ ἐκπορεύεσθαι τὸ πανάγιον πνεῦμα, ἀνάθεμα ἔστω. Mon. A. addit haec: τοὺς βουληθησομένους ἄλλο τι παρὰ τὰ παρ' αὐτῶν παραδοθέντα εἰπεῖν τῷ ἀναθέματι παραδοῦσα (lege: παραδοῦσαι).

6) τὸν omitt. A.

7) M. omissis prioribus: Ἐγένοντο δὲ πρόεδροι.

8) αὐτῷ τῷ Χριστοφόρῳ M. V. In Marc. sequuntur omisso numero κδ' nomina pontificum: Σέργιος, Ἀναστάσιος, Λάδων, Λέων, Στέφανος, Μαρῖνος, Ἀγαπητὸς, Ἰωάννης, Βενεδικτος, Λέων, Ἰωάννης, Ἰωάννης, Γρηγόριος, Ἰωάννης, Σιλβέστρος καὶ οἱ μετ' αὐτοὺς μέχρι σήμερον.

9) καὶ οἱ μετ' αὐτ. — πλείονες deest in A.

10) Post hanc vocem add. Marc.: οὐκ ἠθέλησαν εἰς ἑαυτοὺς ἀνακαλέσασθαι τὴν προτέραν εὐγένειαν τῆς ἁγίας καὶ ἀμ. καὶ ὀρθοδ. πίστεως, ἣν παρέδωκαν αἱ ἅγιαι ζ' καὶ οἰκ. σύνοδοι τῇ ἐκκλησίᾳ τοῦ θεοῦ καὶ αὐτοῦ χριστωνύμῳ λαῷ, κρατεῖν ἀπαραλλάκτως καὶ ἀμεταπτώτως (cf. supra §. 9 not. 5).

11) Hanc §. rursum adducit Allat. c. Creyght. p. 377, eodem fere modo ut A. V. omittit δὲ particulam, A. articulum τὸν. M. mendose: μετὰ δὲ τῶν δηλωθέντων πατριαρχῶν ΚΠ.

12) ἐκβάλλοντα MV.

13) τὸν omitt. MV.

---

quam sanctae Dei Ecclesiae ejusque populo pio et a Christo denominato septem sancta et oecumenica Concilia tradiderunt. Iis, qui eorum decreta transgrediuntur, anathema.

10. Scire vero oportet, post Christophorum, qui primus in sua confessione diserte scripsit, ex Filio quoque procedere Spiritum sanctum, viginti quatuor creatos esse Romanos pontifices pari omnino sententiae deditos, et post ipsos alios plures usque hodie, qui a sanctis et oecumenicis synodis aberrarunt.

11. Post praedictum Sergium Patriarcham Constantinopolitanum, qui

Ῥώμης διὰ τὸ καὶ[1]) ἐκ τοῦ υἱοῦ ἐκπορεύεσθαι τὸ πανάγιον πνεῦμα λέγειν αὐτὸν ἐν τῇ πρὸς αὐτὸν ὁμολογίᾳ τοῦ ἁγίου συμβόλου, γέγονε πατριάρχης Κωνσταντινουπόλεως Μιχαὴλ[2]) ὁ Κηρουλάριος, ὃς καὶ[3]) ἀνεθεμάτισε τοὺς λατίνους ἀναφανδὸν[4]) ὡς αἱρετικούς.[5])

II.

Περὶ τῆς τῶν λατίνων πάλιν αἰτίας,

ὁπότε ἀπέστησαν τοῦ ὀρθοῦ δόγματος, κατὰ ποῖον καιρὸν καὶ πότε καὶ παρὰ τίνων αἱρεσιωτῶν οἱ Ἰταλοὶ ἐδιδάχθησαν καὶ ἤρξαντο λέγειν καὶ ἐκ τοῦ υἱοῦ τὸ ἅγιον πνεῦμα ἐκπορεύεσθαι καὶ ἄζυμα θύειν, καὶ ἕως τίνος παρηκολούθησαν τὰ μέσων ἡμῶν καὶ ἐκείνων ἀμφιςβητήματα διὰ τὴν τοιαύτην προςθήκην, πότε δὲ καὶ τοὺς τῆς πρεσβυτέρας Ῥώμης πάπας τῶν ἱερῶν διπτύχων ἐξέωσαν οἱ ἡμέτεροι, καὶ τίνες ἦσαν οἱ τότε ἀρχιερατεύοντες ἐν τῇ Ῥώμῃ καὶ τῇ Κωνσταντινουπόλει.[6])

1. Ἐν τῇ ἑβδόμῃ οἰκουμενικῇ συνόδῳ βασιλεύοντος Κωνσταντίνου καὶ

---

[1]) V.: *διὰ τὸ καὶ ἐν τῷ συμβόλῳ λέγειν, τὸ πανάγιον πνεῦμα καὶ ἐκ τοῦ υἱοῦ ἐκπορεύεσθαι κατὰ τὴν αὐτοῦ ὁμολογίαν τοῦ ἁγίου συμβόλου.* Marc.: *διὰ τὸ ἐκ τοῦ πατρὸς καὶ ἐκ τοῦ υἱοῦ ἐκπ. τὸ πανάγ. πν. ἐν τῇ πρὸς αὐτὸν ὁμολογίᾳ τοῦ ἁγ. συμβ. ἐκτιθέμενον καὶ ἄζυμα θύεσθαι.*

[2]) *Μιχ.* omitt. MV.

[3]) *αὐτὸς* add. V.

[4]) *ἀναφ.* deest in V.

[5]) Sic A et Allat. In Marc. autem post vocem *Κηρουλάριος* legitur: *Εἰ καὶ λέγουσιν οἱ Ἰταλοὶ ἤγουν οἱ λατῖνοι, ὅτι ἐκ τοῦ κορυφαίου τῶν ἀποστόλων Πέτρου τὰ ἄζυμα παρέλαβον, ψεύδονται προφανῶς. Ὁ γὰρ ῥὴξ τῶν Οὐανδάλων ἤγουν Νεμίτζων κυριεύσας αὐτῶν τοιαῦτα φρονεῖν αὐτοὺς καὶ πράττειν ἐδίδαξε· παρ' αὐτοῦ καὶ τὸ σάββατον νηστεύειν καὶ ταῖς δεσποτικαῖς ἑορταῖς, εἴ ποτε τύχοιεν, ἔμαθον.* Sequuntur versus fratribus graptis inscripti.

[6]) Cod. Monac. 256 f. 44, b. (supra A). Cf. Kopitar in Vindob. Jahrbücher der Literatur XXIII 266 seq.

---

et Christophorum Romanum papam e diptychis ejecerat, propterea quod ex Filio quoque procedere sanctissimum Spiritum affirmaret in sancti symboli professione, quam ad ipsum direxit, Patriarcha Constantinopolitanus factus est Michael Caerularius, qui palam Latinos anathemati subjecit tamquam haereticos.

De Latinorum rursus causa,

quando a recto dogmate deflexerint, quo tempore et a quibus haereticis Itali docti fuerint ac coeperint dicere, etiam ex Filio procedere Spiritum sanctum, ac sacrificare azyma, et quousque processerint quaestiones inter nos ac illos ob talem additionem exortae, quando vero et veteris Romae pontifices e sacris diptychis nostri expunxerint, et quinam fuerint, qui tum sive Romae sive Constantinopoli ecclesiam rexere.

1. In septima oecumenica synodo imperantibus Constantino ejusque matre

Εἰρήνης τῆς μητρὸς αὐτοῦ ἦν Ἀδριανὸς πάπας Ῥώμης· τούτου διάδοχος Λέων, ὃς τυραννηθεὶς ἐπὶ πλεῖστον παρὰ τῶν προσηκόντων Ἀδριανῷ καὶ τέλος τὰς ὄψεις παρ' αὐτῶν ἐκκοπεὶς ἀποδιδράσκει πρὸς Κάρουλλον ῥῆγα Φραγγίας καὶ τοῦτον κατὰ τῶν ἐν Ῥώμῃ ὁπλίσας καὶ παρακινήσας ἄγει ἐκεῖσε καὶ χρίει βασιλέα, ἀμυνόμενος τοὺς Ἀδριανοῦ προσγενεῖς.

2\. *Τούτῳ τῷ Καρούλλῳ οὐκ ὀλίγοι προστάται τῆς νῦν παρὰ λατίνοις κρατούσης αἱρέσεως εἵποντο, οἳ καὶ εἰς Ῥώμην παραγενόμενοι τοὺς ἐν αὐτῇ ὀρθοδόξους διέστρεφον τῆς αὐτῶν ὀρθῆς ἀποσπῶντες αὐτοὺς πίστεως τῶν χριστιανῶν καὶ πρὸς τὰ αὐτὰ βλάσφημα καὶ νόθα δόγματα παρασύροντες.*

3\. *Τέθνηκεν ὁ ῥηθεὶς Λέων καὶ Στέφανος αὐτὸν διεδέξατο, τοῦτον Πασχάλιος, τοῦτον Εὐγένιος, τοῦτον Βαλεντῖνος, τοῦτον Γρηγόριος, τοῦτον Σέργιος ὁ καὶ Πελάγιος, τοῦτον Λέων, τὸν δὲ Λέοντα ὁ Βενέδικτος. Ὁ δὲ Λέων οὗτος πάπας Ῥώμης θεασάμενος τοὺς τοιούτους βοσκομένους τὸν ὀρθόδοξον τοῦ κυρίου λαὸν καὶ ἀμοιρῶν τῶν τότε λογίων ἀνδρῶν ἐν*[1] *Ῥώμῃ, τῶν δὲ ἐν Κωνσταντινουπόλει εἰκονομαχούντων*[2] *τότε τὸ δεύτερον, βασιλεύοντος Λέοντος τοῦ Ἀρμενίου, καὶ βλέπων τὴν αἵρεσιν ταύτην ὁσημέραι*[3] *πλατυνομένην καὶ τὴν ὀρθόδοξον ἐκκλησίαν τὴν ὑπ' αὐτοῦ σφόδρα πάνυ λυμαινομένην, πάντας τοὺς ὑπ' αὐτοῦ ὀρθοδόξους καὶ ζηλωτὰς τοῦ ὀρθοδόξου δόγματος συνήγαγε καὶ ἐκκλησιάσας μετ' αὐτῶν καὶ ἄριστα βουλευσάμενος πέμπει εἰς Ἱεροσόλυμα*

---

[1]) Cod. f. 45, a: ἡ.

[2]) *εἰκονομαχοῦντες ἦσαν* C.

[3]) *ὡσημέραι* C.

Irene Adrianus papa Romanus fuit; atque hujus successor Leo erat, qui plurimum ab Adriani cognatis violento modo petitus ac tandem oculis orbatus ad Carolum Franciae regem fugit atque hunc contra Romanos incitans ac commovens Romam deducit atque in imperatorem ungit, vindictam sumens de Adriani propinquis.

2\. Huncce Carolum haud pauci haereseos nunc apud Latinos vigentis praesides sequebantur, qui et Romam adventantes eos, qui ibidem erant orthodoxi, a recta sua christianorum fide abstraxerunt et ad sua blasphema ac spuria traduxerunt placita.

3\. Defunctus est praedictus Leo et Stephanus ipsi suffectus; hunc excepit Paschalis, hunc Eugenius, hunc Valentinus, hunc Gregorius, hunc Sergius qui et Pelagius, hunc Leo, Leonem vero Benedictus. Dictus autem Leo papa Romae cernens ejusmodi haereticos depravantes orthodoxum Domini populum et carens tunc sapientibus viris Romae, Constantinopoli vero secunda vice Iconoclastis tunc dominantibus, imperante scilicet Leone Armeno, cernens pariter ejusmodi haeresin in dies latius diffusam et orthodoxam, quae sub ipso erat, ecclesiam vehementer devastantem, omnes sibi subjectos orthodoxos ac recti dogmatis zelatores congregavit et cum ipsis deliberans et consilia optime conferens Hierosolymam misit legatos rogavitque sanctissimum Patriarcham Thomam, ut viros mitteret sapientes et rebus divinis acri studio

πρέσβεις καὶ τὸν ἁγιώτατον πατριάρχην Θωμᾶν ἀξιοῖ ἀποστεῖλαί τε ἄνδρας σοφοὺς καὶ θερμοὺς τὰ θεῖα, [οἵτινες][1]) τῇ ἐν Ῥώμῃ ἐκκλησίᾳ τῶν πιστῶν βοηθήσονται, ἀναδιδάξας αὐτῷ διὰ τῶν πεμφθέντων τὰ τῆς καινοφανοῦς ταύτης αἱρέσεως καὶ ὅπως κὰκ τίνων ἀνεφύη τὰ πονηρὰ ταῦτα καὶ ἀλλόκοτα δόγματα.

4. Ὁ δὲ τοὺς θείᾳ σοφίᾳ καὶ ἀρετῇ παντοίᾳ[2]) κεκοσμημένους καὶ λόγων ἐλευθερίᾳ καὶ παιδεύσει σεμνυνομένους ἀπολεξάμενος πέπομφεν ἐν τῇ Ῥώμῃ τῇ τῶν πιστῶν ἐκκλησίᾳ βοηθέντας[3]) καὶ στηρίξοντας· ἦσαν δὲ οὗτοι ὁ μέγας Μιχαὴλ ὁ ὁμολογητής τε καὶ σύγκελλος καὶ οἱ δύο γραπτοὶ Θεόδωρος καὶ Θεοφάνης, οἷς καί τις ἕτερος (Ἰὼβ αὐτῷ κλῆσις ἦν) συνείπετο, ὁμότροπός τε αὐτοῖς κατὰ πάντα ὢν καὶ παιδείας ὁμοίως ἔμπλεος· οἳ καὶ εἰς Κωνσταντινούπολιν ἀφικόμενοι καὶ τὰς τοῦ πατριάρχου καὶ ποιμένος αὐτῶν Θωμᾶ ἐπιστολὰς Λέοντι τῷ βασιλεῖ τῷ ἐξ Ἀρμενίας καὶ τῷ ὁμοιοτρόπῳ αὐτοῦ πατριάρχῃ Θεοδότῳ ἐγχειρίζουσιν (ἐπετέτακτο γὰρ αὐτοῖς καὶ τοῦτο παρὰ τοῦ ἁγιωτάτου Θωμᾶ κατὰ πάροδον οὕτω διαπραχθῆναι). Εἶτα καὶ τῆς τῶν εἰκονομάχων αἱρέσεως τόν τε βασιλέα καὶ τὸν ῥηθέντα Θεόδοτον ἀφιστᾶν ἐπεχείρουν καὶ πρὸς τὴν τῶν σεπτῶν καὶ θείων εἰκόνων εὐλαβεστάτην προςκύνησιν τούτους αὖθις ἀνεκαλοῦντο.

5. Ἐπεὶ δὲ οὗτοι τὸν τοῦ μαρτυρίου ἀγῶνα ὑπέδυσαν, τοῦ Ἀρμενίου Λέοντος τυραννικώτερον αὐτοῖς χρησαμένου, ὁ[4]) μακάριος Λέων ὁ τῆς Ῥώμης οὐ μισθωτός, ἀλλ' ἀληθινὸς ἀρχιερεὺς καὶ γνήσιος ἐν ἀπορίᾳ ἦν τὰ κατὰ

[1]) Supplevimus hanc vocem.
[2]) παντίᾳ C.
[3]) βοηθησομένους ponendum foret vel βοηθοῦντας.
[4]) δὲ add. Cod. f. 46, a.

deditos, qui fidelium ecclesiae, quae Romae erat, auxiliarentur, ipsum per missos edocens, quaenam esset recentis hujus haereseos doctrina et quomodo et a quibus profecta fuissent mala ista ac peregrina dogmata.

4. Iste vero viros divina sapientia et omnigena virtute ornatos ac sermonum libertate et eruditione spectabiles eligens Romam misit fidelium ecclesiae auxiliaturos eamque confirmaturos. Erant autem hi magnus Michael confessor et syncellus, et duo grapti Theodorus et Theophanes, quibus et alius quidam (cui nomen Job) comes adhaesit, moribus ipsis quoad omnia similis et doctrina pari modo repletus. Qui Constantinopolim venientes et epistolas Thomae Patriarchae pastorisque sui Leoni imperatori ex Armenia oriundo et morum ejus consorti praesuli Theodoto tradunt; nam et hoc ita per transitum fieri a sanctissimo Thoma ipsis injunctum fuerat. Deinde tentaverunt quoque ab Iconoclastarum haeresi tum imperatorem tum praefatum Theodotum abducere atque ad piissimum venerabilium sanctarumque imaginum cultum eos rursus revocare.

5. Postquam vero hi martyrii certamen subierunt, Leone violentius in eos animadvertente, beatus Leo Romae non mercenarius, sed verus ac

τοὺς ἐξ Ἱεροσολύμων πρέσβεις ἀναμαθών· τί ποιεῖ; ἀθροίζει πρὸς ἑαυτὸν πάντα τὸν ὑπὸ τὴν Ῥωμαίων ἐκκλησίαν πιστὸν λαὸν, ὅσος τε ἐν τῷ ἱερατικῷ τάγματι καὶ ὅσος ἐν μοναχοῖς ἐτέλει, καὶ τὸ τῶν ἀποστόλων τοῦ Θεοῦ θησαυροφυλάκιον διανοίξας ἐξάγει ἐκεῖθεν δύο ἀσπίδας χαλκέας ἐν ἑαυταῖς γεγραμμένον ἐχούσας γράμμασιν ἑλληνικοῖς τὸ τῆς πίστεως ἡμῶν θεῖον σύμβολον, καὶ ταύτας στήσας πρὸ τῶν πυλῶν τοῦ ναοῦ πάντας ἀναγινώσκειν προσέταττε τὸν ὅρον τῆς ἀμωμήτου πίστεως τῶν χριστιανῶν, εἰς ἀνατροπὴν μὲν τῶν τὴν αἵρεσιν κηρυττόντων, εἰς στηριγμὸν δὲ καὶ βεβαίωσιν τῶν τὴν ὀρθόδοξον πίστιν ἀσπαζομένων.

6. Παρῆλθε τὸν βίον Λέων οὗτος ὁ ἁγιώτατος· κατέστη τούτου διάδοχος Βενέδικτος ὁ θεῖος, ὃς καὶ διάπυρος [1]) ὢν τοῦ ὀρθοῦ τῶν χριστιανῶν δόγματος ἑλληνιστὶ παρὰ πάντων τῶν Ἰταλῶν τὸ τῆς πίστεως σύμβολον ἀνομολογεῖσθαι ἐθέσπισεν, ἵνα μὴ πρόφασις σκανδάλου τῷ τῆς γλώττης ἀσαφεῖ γένηται. Οὗτος καὶ πᾶσι τοῖς θείοις πατριάρχαις ἐπιστολὰς οἰκείας ἐκπέμπει καὶ ἀναδιδάσκει καὶ ἀξιοῖ δι' αὐτῶν, μὴ ἂν ἄλλως ποτέ τινα τῶν ἀρχιερατεύειν μελλόντων ἐν τῇ κατὰ Ῥώμην ἐκκλησίᾳ δέξαιντο, εἰ μὴ ἐγγράφως πρότερον πρὸς αὐτοὺς ἐπιστέλλοιεν τὸ τῆς πίστεως σύμβολον οὕτω κατὰ λέξιν ἔχον καὶ ἔννοιαν, καθώσπερ δὴ καὶ παρὰ τῶν μακαρίων πατέρων ἡμῶν ἀνέκαθεν ἐξετέθη.

7. Ἐκράτει ταῦτα καὶ [2]) μετὰ ταῦτα καὶ διεπέμπετο ἐγγράφως τὸ σεπτὸν σύμβολον τῶν πατέρων εἰς τὰ λοιπὰ πατριαρχεῖα παρὰ τῶν τῆς Ῥώμης ἀρχιερέων. Ἦσαν δὲ ἑξῆς οὗτοι· τὸν θεῖον τοῦτον Βενέδικτον διαδέχεται

[1]) διάπειρος C.
[2]) τό. C.

---

genuinus pontifex in magna haerebat perplexitate, ea quae circa legatos ex Hierosolymis mandatos acciderant, edoctus. Quid facit? Congregat ad se universum fidelem populum Romanae ecclesiae subjectum, tum clericos tum monachos, et apostolorum Dei thesaurorum aperiens repositorium tollit inde duo scuta aenea, in quibus graecis literis scriptum erat divinum fidei nostrae symbolum, atque haec prae foribus templi constituens omnes legere jubet inculpabilis christianorum fidei confessionem, ad fugandos quidem haereseos praecones, confirmandos vero et corroborandos eos, qui rectam fidem amplectebantur.

6. Excessit hac vita Leo sanctissimus; ejus successor constitutus est divus Benedictus, qui et zelo recti christianorum dogmatis flagrans graece a cunctis Italis fidei symbolum recitari sanxit, ne qua scandali praetextus oriatur ex linguae obscuritate. Hic et cunctis sacris Patriarchis proprias mittit epistolas ac per eos docet rogatque, ne alio modo quemquam in Romana ecclesia deinceps praesidentium recipiant, nisi prius scripto ad eos fidei miserit symbolum ita verbis et sententiis conceptum, sicut a beatis Patribus nostris ab antiquo expositum fuit.

7. Viguit iste mos et posthaec et scripto mittebatur venerandum Patrum symbolum a Romanis pontificibus ad reliquas patriarchales sedes. Erant

Παῦλος, τοῦτον Στέφανος, τοῦτον Νικόλαος, τοῦτον Ἀδριανὸς, τὸν δὲ Ἰωάννης· ὃς καὶ ἐν τῇ κατὰ Φώτιον Κωνσταντινουπόλεως συνόδῳ θερμότατος ἐραστὴς καὶ προασπιστὴς τοῦ ὀρθοῦ δόγματος ὢν πλεῖστα κατὰ τῶν νόθων ἰταλικῶν δογμάτων διηγωνίσατο, διά τε τῶν αὐτοῦ ἐπιστολῶν, διά τε τῶν μακαριωτάτων αὐτοῦ τοποτηρητῶν Παύλου καὶ [1]) Εὐγενίου τῶν ἐπισκόπων καὶ Πέτρου πρεσβυτέρου καὶ καρδιναλίου. Τῷ γὰρ καιρῷ ἐκείνῳ βασιλεύοντες ἦσαν τῶν Ῥωμαίων Βασίλειος, Λέων καὶ Ἀλέξανδρος, Ἰωάννου πάπα Ῥώμης, Φωτίου Κωνσταντινουπόλεως, Μιχαὴλ Ἀλεξανδρείας, Θεοδοσίου [2]) Ἱεροσολύμων καὶ Θεοδοσίου Ἀντιοχείας. Σπουδῇ οὖν τῶν ῥηθέντων εὐσεβεστάτων βασιλέων καὶ Ἰωάννου πάπα Ῥώμης καὶ Φωτίου Κωνσταντινουπόλεως καὶ τῶν ἑτέρων πατριαρχῶν ἕνωσις ἐγένετο τῇ ἐκκλησίᾳ τῶν Ἰταλῶν [διαστησάσῃ] [3]) διὰ τὴν προςθήκην [περὶ] [4]) τοῦ ἁγίου πνεύματος καὶ [5]) ἐκράτυναν καὶ ἐστήριξαν τὴν ὀρθόδοξον πίστιν, καθὼς ἡ πρώτη οἰκουμενικὴ σύνοδος καὶ ἡ δευτέρα, ὡςαύτως αἱ πέντε οἰκουμενικαὶ σύνοδοι ἐκήρυξαν καὶ παρέδωκαν, ὅτι ἐκ τοῦ πατρὸς μόνου ἐκπορεύεται τὸ πανάγιον πνεῦμα, καὶ οὐκ ἐκ τοῦ υἱοῦ· εὑρήσεις δὲ τοῦτο ἐν ταῖς πράξεσι ταῖς γενομέναις τότε παρὰ τοῦ Φωτίου καὶ Ἰωάννου.

8. Μετὰ δὲ τὸν Ἰωάννην τοῦτον Μαρῖνος γίνεται τῆς Ῥώμης ἀρχιερεὺς, μετ' αὐτὸν Ἀδριανὸς, καὶ μετὰ τοῦτον Στέφανος, εὐσεβὴς ἀνὴρ καὶ τοῖς πρὸ αὐτοῦ ὁμόφρων καὶ ὁμότροπος· εἶτα μετὰ τοῦτον ὁ Φόρμοσος, ὁ τῆς ἀπωλείας

---

1) καὶ omittit C.
2) Θεοδοσ. bis habet C.
3) In textu nonnulla desunt. Supplevimus hanc vocem.
4) περὶ supplevimus.
5) καὶ addidimus.

---

autem successores isti: divum hunc Benedictum excepit Paulus, hunc Stephanus, hunc Nicolaus, hunc Adrianus, hunc vero Johannes. Qui postremus etiam in Constantinopolitana sub Photio synodo ferventissimus amator ac defensor recti dogmatis cum esset, plurimum contra spuria Italorum dogmata decertavit, tum per suas epistolas, tum per beatissimos suos legatos, Paulum et Eugenium episcopos et Petrum presbyterum et cardinalem. Eo namque tempore Romano imperio potiebantur Basilius, Leo et Alexander; Patriarchae erant Romae Johannes, Constantinopoli Photius, Alexandriae Michael, Hierosolymis Theodosius, Antiochiae Theodosius. Studio igitur praedictorum piissimorum imperatorum et Johannis Papae Romani ac Photii Constantinopolitani ac reliquorum Patriarcharum unio facta est Italorum ecclesiae propter additionem de Spiritu sancto dissidenti; atque corroborarunt et confirmaverunt orthodoxam fidem, quemadmodum prima oecumenica synodus atque altera et pari modo reliquae quinque praedicarunt ac tradiderunt, videlicet ex Patre solo procedere sanctissimum Spiritum, et non ex Filio. Reperies autem hoc in actionibus, quae tunc a Photio et Johanne habitae fuerunt.

8. Post istum vero Johannem Marinus pontifex Romanus factus est, post ipsum Adrianus, ac post hunc Stephanus, vir pius hisque et sententia et

υἱὸς καὶ τῆς ἀποστάσεως πατὴρ καὶ προστάτης· οὗτος γὰρ δόλῳ καὶ κλοπῇ, οὐχ ὡς ἀληθινὸς ποιμὴν, ὡς οἱ πρὸ αὐτοῦ, ἀλλὰ κλέπτης τε καὶ λῃστὴς τῇ κατὰ Ῥώμην ἐκκλησίᾳ παρεισφθαρεὶς ἀλλόκοτα καὶ ἀλλότρια ταυτὶ δόγματα πρεσβεύων ἦν· πλὴν οὐ φανερῶς, οὐδ' ἀνακεκαλυμμένῳ προσώπῳ καὶ διατορήτῃ γλώττῃ, ἀλλὰ λαθραίως καὶ ἀφανῶς.

9. Τοῦτον ὁ καλὸς διαδέχεται Βονιφάτιος, τοῦτον Στέφανος, τοῦτον Ῥωμανὸς, τοῦτον Θεόδωρος, τοῦτον Ἰωάννης, τοῦτον δὲ Βενέδικτος καὶ τοῦτον Λέων, τὸν δὲ Χριστοφόρος, τὸν δὲ Σέργιος.[1]) Ὁ τοίνυν Σέργιος οὗτος τολμηρότερος εἴπερ τις ὢν καὶ θρασύτερος, ἐπειδὴ πλατυνομένην καὶ προκόπτουσαν εἶδε τὴν ἑαυτοῦ αἵρεσιν καὶ πάντας σχεδὸν λυμαινομένην[2]) καὶ ἐπιτρέχουσαν, καὶ καιρὸν εἶναι τοῦτο ὑπολογησάμενος, ἐν ᾧ τὸ ἑαυτοῦ καταθύμιον ἐκτελέσαι ἰσχύσῃ,[3]) πάντας τοὺς ἑαυτοῦ συνῆξεν ὁμοφρόνας, ἐπισκόπους τέ φημι καὶ καρδιναλίους καὶ πάντας ἱερωμένους καὶ ὅσους τῶν μοναχῶν συμφρονοῦντας αὐτῷ εἶχε καὶ τὸν πικρὸν τῆς αἱρέσεως σκύφον συμπίνοντας· εἶτα μετ' αὐτῶν κοινολογησάμενος καὶ ἐκκλησίαν δυσσεβῆ ἢ μᾶλλον συναγωγὴν πονηρὰν καθίσας ἀναισχύντως (ὢ θεοῦ βλέποντες ὀφθαλμοί!) καὶ ἀδέως πάντως τὰ μέχρι καὶ αὐτοῦ κεκρυμμένα καὶ ἀπαῤῥησίαστα τῶν Ἰταλῶν δόγματα καὶ διδάγματα εἰς τὸ φανερὸν ἀνεκήρυξε καὶ ἀπαραλλάκτως ἐδίδαξε, τὸ θεῖόν τε παρέφθειρε τῆς πίστεως σύμβολον καὶ τὴν ἰουδαικὴν καὶ νεκρὰν ταύτην ἀζυμοθυσίαν

---

1) Cod. f. 47, b nota marginalis: ὅθεν ἐγένετο τὸ σχίσμα τῶν Ἰταλῶν βασιλεύοντος Μονομάχου τοῦ βασιλέως.

2) λυμαινομένους C.

3) ἰσχύσει C.

---

moribus aequalis. Deinde post hunc Formosus, filius perditionis et apostasiae pater ac praeses. Hic namque dolose et furtive, non ut verus pastor, quemadmodum ejus praedecessores, sed ut fur et latro in Romanam cathedram insiliens aliena ac peregrina ista dogmata praedicavit, non tamen aperte nec revelata facie ac lingua altisonante, verum occulte et subobscure.

9. Hunc bonus excipit Bonifacius, hunc Stephanus, hunc Romanus, hunc Theodorus, hunc Johannes, istum vero Benedictus, et hunc Leo, Leonem vero Christophorus, istum vero Sergius. Porro Sergius iste ceteris audacior atque impudentior, quoniam haeresin suam dilatatam ac proficientem omnesque fere diripientem et aggredientem vidit, atque opportunum sese nactum esse tempus arbitratus, quo quod animo conceperat perficere valeret, omnes secum eadem sentientes in unum collegit, episcopos, cardinales cunctosque sacratos viros ac quotquot e monachis consentientes habuit atque acerbum haereseos poculum compotantes; deinde cum ipsis congregans ecclesiam impiam vel potius synagogam malignam [malignantium] impudenter constituens (o Dei oculi videntes!) atque sine metu prorsus Italorum placita ac commenta usque ad ipsum occulta et nullatenus publice praedicata palam praedicavit et absque differentia edocuit, corrupit divinum fidei symbolum, judaicam et mortuam azymorum illam oblationem perficiendam tradidit, et omnes sibi

τελεῖσθαι παρέδωκε καὶ πάντας τοὺς ὑπ' αὐτὸν τοῖς αὐτοῦ δεδογμένοις ἐμμένειν παρῄνει καὶ τῆς ἀκραιφνοῦς τῶν χριστιανῶν κατολιγωρεῖν [1]) πίστεως.

10. Ἐγένετο ταῦτα τοῦτον τὸν τρόπον καὶ ἐπεὶ λαθεῖν οὐκ ἦν (οὐδὲ γὰρ ὑπ' ὀδόντα ὡς τὸ πρότερον κατεκρύπτετο) διεπορθμεύθη καὶ διηγγέλθη τῷ ἁγιωτάτῳ πατριάρχῃ Κωνσταντινουπόλεως νέας Ῥώμης. Σέργιος οὗτος ἦν ὁ εὐσεβὴς καὶ θερμὸς τῷ ζήλῳ τῆς καθ' ἡμᾶς [2]) πίστεως· ὅς γε δὴ καὶ κατεξετάσας καὶ ἐξερευνησάμενος τὰ διαγγελθέντα, ἐπεὶ μὴ ψευδῆ εἶναι ταῦτα πεπληροφόρηται, τὸν ῥηθέντα Σέργιον τῆς ἐν τῇ παλαιᾷ Ῥώμῃ ἐκκλησίας προστάτην μὴ [3]) καταδεχόμενον τῆς καινοφανοῦς ταύτης θρησκείας τῶν Ἰταλῶν ἐκστῆναι τοῦ κοινοῦ τῆς τῶν πιστῶν ἐκκλησίας ἀποτέμνει πληρώματος καὶ τῶν ἱερῶν ἐκβάλλει διπτύχων καὶ τῆς τῶν ὀρθοδόξων θείας ὁμηγύρεως αὐτόν τε καὶ πάντας τοὺς αὐτῷ πειθομένους ἀπείργει. Ἔνθεν τοι καὶ πάντες τῷ Κωνσταντινουπόλεως θειοτάτῳ ἀρχιερεῖ Σεργίῳ συμφωνήσαντες [4]) σύμψηφοι τοῖς αὐτῷ πραχθεῖσι γεγένηνται καὶ τὸν τῆς παλαιᾶς Ῥώμης πρόεδρον ἀπεβάλλοντο.

11. Τοῦτον ὕστερον τὸν βίον ἀποβάλλοντα Ἀναστάσιός τις ὁμόφρων αὐτῷ διαδέχεται, τὸν δὲ Δάδδων, τοῦτον Ἰωάννης καὶ τοῦτον Λέων. Τούτῳ δὲ τῷ Λέοντι πρέσβεις εἰς Ῥώμην ἐκπέμπει ὁ εὐλαβέστατος βασιλεὺς Κωνσταντῖνος ὁ Μονομάχος καὶ ὁ τότε ἁγιώτατος πατριάρχης Μιχαὴλ ὁ Κηρουλάριος, πείθεσθαι ζητοῦντες παρὰ τῶν ἐν Ῥώμῃ καὶ τῶν ἐν ταῖς ὑπ' αὐτὴν ἐκκλησίαις

[1]) κατολιγορεῖν C. f. 48, a.
[2]) καθ' ἡμῶν C.
[3]) μὴ supplendum.
[4]) συμφονήσαντες C.

---

subjectos decretis suis immanere ac christianorum integram fidem parvi pendere hortatus est.

10. Hoc pacto evenerunt ista et quoniam latere non poterant (neque enim sub dentibus uti prius abscondebantur) divulgata ac nuntiata sunt sanctissimo Patriarchae Constantinopoleos novae Romae. Sergius is erat, pius atque flagrans studio ac zelo nostrae fidei. Qui famam istam ac nuntiata sibi diligenter perscrutatus, quoniam haec haud mendacia esse certo cognovit, praedictum Sergium ecclesiae, quae in antiqua Roma est, antistitem ab Italorum ista nova religione desistere nolentem a communione Ecclesiae fidelium exscindit, e sacris diptychis ejicit atque ipsum et omnes ipsi obtemperantes a divina orthodoxorum unione excludit. Inde et omnes sacratissimo Constantinopoleos pontifici Sergio concordes communi suffragio ab eo acta confirmarunt et veteris Romae antistitem rejecerunt.

11. Hunc postea e vita sublatum Anastasius quidam excipit ipsi concors, hunc vero Daddon (Lando), hunc Johannes, atque hunc Leo. Huic vero Leoni legatos Romam mittunt piissimus imperator Constantinus Monomachus et ejus temporis sanctissimus Patriarcha Michael Caerularius, quaerentes, an ipsi latini episcopi velint ab haeresi ista nuper inducta recedere

ἱερατευόντων, εἰ αἱροῦνται μεταβαλεῖν τῆς αἱρέσεως ταυτησὶ τῆς καινοφανοῦς καὶ τῆς ἀποστολικῆς αὖθις καὶ πατρικῆς τὴν ὁμολογίαν ἀσπάσασθαι πίστεως· ἀλλ' ὑπὸ τοῦ Ἰταλοῦ Ἀργυροῦ λοιδορηθέντες οἱ πρέσβεις ἄπρακτοι διαμεμενήκασι, καθάπερ αἱ πρὸς τὸν ἁγιώτατον πατριάρχην Πέτρον Ἀντιοχείας καὶ τοῦ ἤδη ῥηθέντος Κωνσταντινουπόλεως Μιχαὴλ ἐπιστολαὶ παραδηλοῦσί τε καὶ διαλαμβάνουσιν.

12. Ἀλλὰ καὶ τὸν Λέοντα τοῦτον τῆς Ῥώμης πρόεδρον τελευτήσαντα Στέφανος σύμφρων αὐτοῦ τῆς αἱρέσεως διεδέξατο. Οὗτός ἐστιν ὁ Στέφανος, ὃς λέγεται πρῶτος τὰς τοῦ πώγωνος αὐτοῦ τρίχας αἰσχροτάτως τε καὶ ἀσεβεστάτως ἀποθρίξαι καὶ τοὺς ὑπ' αὐτὸν ἐπισκόπους τε καὶ πρεσβυτέρους καὶ μοναχοὺς καὶ πάντα τὸν λαὸν τὸν ἰταλικὸν οὕτω ταῦτα ποιεῖν παραδέδωκεν, ἀσεμνότατα ἐπὶ τούτῳ σεμνυνομένους καὶ ἐπιχαίροντας.

13. Μετὰ δὲ Σέργιον τὸν προῤῥηθέντα πατριάρχην Κωνσταντινουπόλεως, τὸν ἐκβαλόντα ἀπὸ τῶν διπτύχων τὸν Χριστοφόρον, βασιλεύοντος καὶ τοῦ εὐλαβεστάτου Κωνσταντίνου τοῦ Μονομάχου, ὕστερον [1]) ἐλθὼν ὁ ἐν βασιλεῦσιν ἀοίδιμος Ἀλέξιος ὁ Κομνηνὸς καὶ τὰς πολλὰς τῶν αἱρέσεων πλοκὰς θεασάμενος, καὶ αὐτὰς δὴ τὰς προςθήκας καὶ ἐλλείψεις τῶν Ἰταλῶν, ἃς ἐδιδάχθησαν παρὰ τῶν προειρημένων αἱρεσιωτῶν (ἀγχίνους δὲ ἦν [2]) ὁ ἀνὴρ ἐς [3]) τὰ μάλιστα καὶ τῆς πίστεως ζηλωτὴς [4]) τῷ τότε καιρῷ) μηχανησάμενός τι σοφῶς ἐτεχνάσατο [5]) καὶ ἐφεῦρε· [6]) τοίνυν καὶ συγκαλεσάμενος ἄνδρας ἁγίους τε καὶ σοφούς,

---

[1]) Idem dat cod. Mon. 524 P. I f. 10 a post verba supra I §. 6 n. 18 allata pergens: Χρόνοις δὲ ὕστερον ἐλθὼν κ. τ. λ.

[2]) Cod. 256 (A): ὢν.

[3]) εἰς C. 524 (C.)

[4]) ζ. ὃς τῷ τότε κ. A.

[5]) C. tantum habet: μηχάνημα ἐτεχν.

[6]) C. add.: καὶ τὸν αἱρεσιάρχην τῆς Βασγομιλικῆς (lege: Βογομ.) αἱρέσεως.

---

et apostolicae paternaeque fidei confessionem amplecti; sed ab Argyro Italo contumelia affecti legati infectis rebus permanserunt otiosi, sicut et epistolae ad Petrum sanctissimum Patriarcham Antiochenum praefati Michaelis Constantinopolitani ostendunt atque declarant.

12. Verum et Leonem istum pontificem Romanum mortuum Stephanus ipsius haereseos pariter assecla excepit. Iste est Stephanus, qui dicitur primus barbam turpissime et impiissime rasisse et episcopos, presbyteros, monachos sibi subjectos cunctumque italicum populum id eodem pacto facere jussisse, indecentissime hac re gloriantes atque gaudentes.

13. Post praefatum Sergium Constantinopolitanum praesulem, qui e diptychis Christophorum ejecerat, imperante piissimo Constantino Monomacho, posterius venit honorabilis inter imperatores Alexius Comnenus, atque multas haereseon fraudes animadvertit, atque ipsas quoque additiones et detractiones Italorum, quas a praedictis haereticis edocti sunt; quum vero vir esset acris ingenii et fidei zelotes, eo tempore sapienter quidquam excogitavit et invenit. Convocavit igitur viros sanctos et sapientes, Zigabenum videlicet et Johannem

τὸν Ζιγαβῆνον[1]) φημὶ καὶ Ἰωάννην τὸν Φοῦρνον,[2]) καὶ ἐκ πάντων τῶν θείων βίβλων[3]) λόγους ἐρανισάμενοι[4]) κατὰ τῶν αἱρέσεων τὴν δογματικὴν βίβλον συνέταξαν[5]) καὶ κατ' αὐτῶν δὴ[6]) τῶν Ἰταλῶν διὰ τὴν προςθήκην τοῦ ἁγίου συμβόλου καὶ τὰ ἄζυμα. Τελευταῖος[7]) δὲ πάντων καὶ ὁ θαυμαστὸς Ζωναρᾶς Ἰωάννης μοναχὸς[8]) τοὺς θείους καὶ ἱεροὺς κανόνας τῶν ἁγίων καὶ πανευφήμων ἀποστόλων καὶ τῶν ἑπτὰ[9]) οἰκουμενικῶν συνόδων καὶ πάντων τῶν ἁγίων πατέρων ἡμῶν σαφέστατα καὶ εὐσεβέστατα πάνυ ἐξηγήσατο καὶ οὐδαμῶς[10]) τὸν πάπαν ὡς ὀρθόδοξον ὠνόμασε, μᾶλλον δὲ καὶ τῷ[11]) ἀναθέματι καθυπέβαλε τοὺς τὰ ὅρια τῶν[12]) πατέρων σαλεύοντας καὶ ἀθέτησιν ποιοῦντας τῶν θείων κανόνων.[13])

III.

Ὅπως ἐγένετο καὶ πόθεν καὶ πότε ἡ τῶν Ἰταλῶν ἐκ τῶν ὀρθοδόξων διαίρεσις καὶ διάστασις.[14])

1. Λεύκιός τις ὀνομαστὶ[15]) τὴν δι' ἀστρονομίας γοητευτικὴν εἰς ἄκρον ἐξησκημένος καὶ τὴν Ἀπολιναρίου αἵρεσιν ὅλην ἐκπεπωκώς, ὡς δὲ καὶ τὴν τοῦ

[1]) Ζηταβηνὸν C.
[2]) Φούρνην C.
[3]) melius: βιβλίων.
[4]) A f. 49, a: ἐῤῥανισάμενον.
[5]) ἔγραψαν C.
[6]) δὲ C.
[7]) τελειταίως C.
[8]) μον. Ἰωάν. C.
[9]) ἁγίων add. C.
[10]) οὐδαμοῦ C.
[11]) τὸ C.
[12]) τῶν omitt. C.
[13]) C. prosequitur: Ἀλλ' ἴωμεν καὶ αὖθις εἰς ἀνακεφαλαίωσιν τῆς παρούσης ὑποθέσεως. ut supra I §. 6 not. 18.
[14]) Cod. Marcian. 575 f. 380 seq. Idem fere in Cod. Mon. 28 saec. 16 f. 290 a seq. inter Opp. Nicolai Methonensis.
[15]) Mon. ὀνόματι.

Furnum; atque ex cunctis sacris libris sermones conferentes, contra haereses dogmaticum librum composuerunt, atque contra ipsos quoque Italos propter additamentum ad symbolum et propter azyma. Postremus vero omnium et admirabilis Zonaras Johannes monachus sacrosanctos canones sanctorum et laudabilium apostolorum et septem oecumenicarum synodorum omniumque sanctorum Patrum nobis quam lucidissime et religiosissime interpretatus est et nullibi Papam tamquam orthodoxum nominavit, immo vero anathemati subjecit eos, qui terminos Patrum transgrediuntur ac divinos contemnunt canones.

III. Quomodo, unde et quando Italorum ab orthodoxis scissio ac separatio facta fuerit.

1. Leucius quidam nomine erat summopere in astrologicis fallaciis exercitatus atque omni ex parte Apolinarii haeresi imbutus, quemadmodum et

Μανέντος, Οὐαλεντίνου τε καὶ Μαρκίωνος (αὕτη γὰρ ἡ αἵρεσις τὴν μὲν τοῦ κυρίου ἐνανθρώπησιν ἀπαρνεῖται, οὐράνιον καταγγέλλουσα προςειληφέναι τὸν κύριον σῶμα ἄψυχόν τε καὶ ἄνουν, ἀρκεῖν ἀντὶ νοῦ καὶ ψυχῆς τοῦ μονογενοῦς[1]) *τὴν θεότητα φάσκουσα·*[2]) *διὸ καὶ τὴν ἄζυμον ἐκτελοῦσι θυσίαν κατάλληλον τῷ προςληφθέντι ἀψύχῳ τε καὶ ἀλόγῳ, ὥς φασι, σώματι·) ὡς δὲ καὶ τὴν πνευματομαχικὴν οὗτος ὅλην ἐκπεπωκὼς αἵρεσιν· μετὰ τὴν ἁγίαν ς* (al. *ε΄*)[3]) *οἰκουμενικὴν σύνοδον, ἥτις τὰς τοιαύτας αἱρέσεις τῷ ἀναθέματι καθυπέβαλε μετὰ τῶν αἱρεσιαρχῶν τούτων, εἰς ὄψιν ἦλθε τῷ ἁγίῳ Γρηγορίῳ τῷ τῆς Ἀκραγαντίνων ὕστερον ἐκκλησίας ἀρχιϊερατεύσαντι καὶ πλείστας ἄμφω ἐν Παλαιστίνῃ*[4]) *συγκροτήσαντες διαλέξεις (ἐκεῖσε γὰρ οὗτοι ἐτύγχανον τότε) κατακράτος ὁ θεῖος Γρηγόριος τοῦτον κατῄσχυνεν.*

2. *Εἶτα ἐκ Παλαιστίνης ὁ Λεύκιος*[5]) *ἐκδιωχθεὶς κατήντησεν εἰς Ἀκράγαντα, ἔν τινι σπηλαίῳ κρυπτόμενος· διὸ καὶ*[6]) *μετὰ τὴν τοῦ θείου Γρηγορίου κατάσχεσιν*[7]) *τῆς Ἀκραγαντίνων ἐκκλησίας μετὰ δόλου*[8]) *ἐπέβη καὶ πλεῖστα μιαρὰ ἐκεῖσε κατεργασάμενος, ὡς καὶ τὴν ἱερὰν τράπεζαν καταστρέψαι διὰ τὸ τῶν ἁγίων μαρτύρων τὰ λείψανα ἐξελεῖν ἐξ αὐτῆς (ἡγεῖτο γὰρ βδελυκτὰ ταῦτα ὁ βδελυκτὸς*[9]) [*καὶ*] *ἐναπέῤῥιψεν εἰς τὸ πέλαγος), ὡς καὶ ἐν τῷ βίῳ τοῦ ἁγίου τοῦδε Γρηγορίου ὁ λόγος διαγορεύει σαφέστατα.*

---

[1]) *υἱοῦ* add. Marc.
[2]) *φάσκοντες* Mon.
[3]) Mon. 28: *μετὰ τὴν πέμπτην*. Marc. *ἕκτην*.
[4]) *ἐν Παλ.* deest in Mon. sicut et sequ. parenthesis.
[5]) *ὁ Λ.* omitt. Mon.
[6]) Verba *ἔν τινι — διὸ καὶ* desunt in Mon.
[7]) *διὸ* add. Mon.
[8]) *μ. δόλου* omitt. Mon.
[9]) Mon. *ὁ βέβηλος*. Cetera hujus §. verba desunt.

Manentis, Valentini et Marcionis haeresibus. (Illa enim haeresis Domini incarnationem inficiatur, coeleste eumdem docens assumsisse corpus animae et mentis expers, sufficere loco mentis et animae Unigeniti statuens divinitatem; quare et azymum perficiunt sacrificium corpori absque anima et mente, ut aiunt, assumto plane congruum) sicut etiam tota Pneumatomachorum imbutus haeresi. Post sextam (quintam) sanctam oecumenicam synodum, quae ejusmodi haereses una cum haereticis anathemate perculit, in conspectum venit sancto Gregorio, qui postmodum Agrigentinorum ecclesiae episcopus factus est, et cum plurima ambo in Palaestina (ibi enim tunc temporis degebant) colloquia haberent, pro viribus Divus Gregorius eum refutavit.

2. Deinde e Palaestina exturbatus Agrigentum venit Leucius, in spelunca quadam latens. Quare et post sancti Gregorii ad episcopalem cathedram exaltationem cum dolo insurrexit ac plurima facinora ibidem perpetravit, ita ut et sacram mensam everteret sanctorum martyrum reliquias ex ea ejecturus (abominandas enim eas duxit vir vere abominabilis atque in mare projecit), ut in vita hujus sancti Gregorii lucidissime declaratur.

3. *Εἶτα κἀκεῖθεν*[1]) *ἀποδιώκεται διὰ τὰς ἀνοσιουργίας αὐτοῦ καὶ τὴν Ῥώμην καταλαμβάνει*[2]) *μετὰ Σαβίνου καὶ Κρησκεντίνου*[3]) *τούτων ὑπερμαχεῖν ἰαψόμενος καὶ κατὰ τοῦ ἁγίου Γρηγορίου κατηγορίας συμπλέκων· ὅθεν καὶ φωραθεὶς ἐξόριστος εἰς τὴν Ἱσπανίαν παρὰ τοῦ τότε Πάπα ἐκπέμπεται· κἀκεῖσε γοῦν*[4]) *διὰ τῆς ἀστρολογίας καὶ γοητείας αὐτοῦ πλεῖστον λαὸν ἀπατήσας τὸν τῶν αἱρέσεων*[5]) *ἐξήμεσε βόρβορον.*

4. *Μοναρχησάσης δὲ Εἰρήνης τῆς γυναικὸς τοῦ ἐκ τῆς Χαζαρίας καὶ τοῦ Κοπρωνύμου υἱοῦ θηριωνύμου Λεόντος καὶ ἐν τῇ πρεσβυτέρᾳ Ῥώμῃ τοῦ πάπα θανόντος Ἀδριανοῦ Λέων κεχειροτόνηται,*[6]) *ἀνὴρ αἰδοῖος καὶ τιμιώτατος· οἱ δὲ τῷ θανόντι Ἀδριανῷ προσήκοντες στασιάσαι τὸν λαὸν ἠρέθησαν κατ᾽ αὐτοῦ· ἐλωβήσαντο οἱ*[7]) *τὰ ὄμματα, ἀλλ᾽ οὐκ ἐξετύφλωσαν· οἱ γὰρ ἐπιτραπέντες τὴν τύφλωσιν ἐφείσαντο τοῦ ἀνδρὸς, αὐτὸν οἰκτείραντες, καὶ ἔξωθεν ἐλυμήναντο τοῖς αὐτοῦ ὀφθαλμοῖς, τοῦ δὲ φωτὸς αὐτὸν οὐκ ἐστέρησαν. Ὃς μετέπειτα τῷ τῶν Φράγγων ῥηγὶ προσρυεὶς Καρούλῳ, παρ᾽ ἐκείνου εἰς τὸν τῆς Ῥώμης ἀποκατέστη θρόνον καὶ τοῖς ἐχθροῖς ἀντημύνατο· ἐξ ὅτου καὶ ἡ Ῥώμη ὑπὸ τοὺς Φράγγους ἐγένετο, τοῦ Καρούλου ταινιωθέντος ὑπὸ τοῦ Λέοντος καὶ βασιλέως Ῥωμαίων ὀνομασθέντος. Ἐπὶ μὲν γὰρ τοῦ προτέρου Ἰουστινιανοῦ τῇ Ἰταλίᾳ*

---

[1]) *κἀκεῖθεν πάλιν* Mon.

[2]) Abhinc duo textus discordant; Mon. enim subjungit: *ὅθεν καὶ τὴν Φραγγίαν κατέλαβε* et nil habet de hispanico Leucii illius exilio.

[3]) Marc. *Σαβόνου καὶ Κριϭκεντίνου.* Duo hi accusatores in vita S. Greg. Agrig. passim occurrunt.

[4]) Omissis verbis *μετὰ Σαβίνου — ἐκπέμπεται* et particula *γοῦν* Mon. rursum a voce *κἀκεῖσε* cum Marc. convenit.

[5]) *τούτοις* addit Mon.

[6]) Marc. *κεχειροτόνοιτο.*

[7]) sc. *αὐτῷ.*

---

3. Deinde et hinc expellitur propter immania facinora et Romam venit cum Sabino et Crescentino, hos adhuc in certamine superare intentus et accusationes contexens adversus sanctum Gregorium. Unde et deprehensus exul in Hispaniam ab ejus temporis Papa mittitur; atque illic per astrologicas fallacesque artes plurimum populum fraude lucrans haereseon lutum evomuit.

4. Imperante vero Irene Leonis Chazari, Copronymi filii, qui a feris nomen trahebat, uxore, atque in veteri Roma mortuo Adriano Papa, Leo ordinatus est, vir venerabilis et summopere honorandus. Sed propinqui defuncti Adriani contra eum populum commovere studuerunt, ipsique oculos vastarunt, non tamen eum excoecarunt. Qui enim ad eum excoecandum erant destinati viro parcere voluere, quem commiserabantur, atque extrinsecus ejus oculos percusserunt, lumine autem eum non privarunt. Qui postmodum Leo Carolo Francorum regi junctus ab eo in Romanam sedem restitutus est et de hostibus sumsit vindictam. Quo ex tempore Roma Francis subjecta fuit, Carolo a Leone coronato ac Romanorum imperatore salutato. Priori

ἐπῆλθον οἱ Φράγγοι, ἐκ γένους ὄντες τῶν Γερμανῶν καὶ ἦσαν τοῖς Ῥωμαίοις πολέμιοι· ἐπὶ δὲ Λέοντος τοῦ Ἰσαύρου ὁ τότε Πάπας Γρηγόριος διὰ τὴν ἐκείνου κακοδοξίαν ἀποστὰς τοῦ ὑπείκειν τῷ ἀσεβεῖ βασιλεῖ ἐκείνῳ καὶ δαιμονοφόρῳ καὶ κοινωνεῖν τοῖς ἀσεβῶς προεστῶσι τῆς ἐκκλησίας Κωνσταντινουπόλεως ἐπείσατο τοῖς Φράγγοις καὶ τὰς πρὸς ἐκείνους μάχας κατέλυσεν· ἐπὶ δὲ Κωνσταντίνου καὶ ταύτης τῆς μητρὸς αὐτοῦ Εἰρήνης οὗτος ὁ Πάπας Λέων καὶ εἰς τὴν Ῥώμην αὐτοὺς εἰςεδέξατο καὶ οὕτω τῆς Ἰταλίας πάσης καὶ τῆς Ῥώμης αὐτῆς ἐκυρίευσαν. [1])

5. *Εἰρήνης δὲ μοναρχησάσης, ὡς λέλεκται, ὁ τῶν Φράγγων ἀρχηγὸς Καροῦλος βασιλεὺς Ῥωμαίων ἀναγορευθεὶς πρέσβεις ἔπεμψε πρὸς τὴν Εἰρήνην ζητῶν συζευχθῆναι αὐτῇ κατὰ συμβίωσιν γαμικὴν, καὶ οὐδ' ἐκείνῃ τοῦτο ἀβούλητον ἔδοξε καὶ γέγονεν ἂν, εἰ μὴ ὁ ἐκτομίας Ἀέτιος παραδυναστεύων πᾶσαν ἐκίνησε μηχανὴν εἰς τὸ μὴ ἀποτελεσθῆναι τὴν συζυγίαν· οὗτος γὰρ πάντα δυνάμενος ἐν τοῖς βασιλείοις τὸν οἰκεῖον ὅμαιμον Λέοντα ἀξιῶσαι τῆς βασιλείας διὰ μελέτης πεποίηκε.*

6. *Τῷ γοῦν* [2]) *Καρούλῳ τούτῳ συνείποντο καὶ οἱ τῶν αἱρέσεων τούτων ἐργάται καὶ μύσται Λευκίου· κἀκεῖσε γοῦν διατρίβοντες οὗτοι καὶ τοὺς περὶ τὴν Ῥώμην ἀπατῶντες ἀφελεστέρους εἰς ἑαυτοὺς μεθεῖλκον καὶ τὴν τῶν τοιούτων αἱρέσεων λύμην μετεδίδουν· ὅθεν καὶ τοῦ χρόνου παραῤῥυέντος*

---

[1]) Mon. 28 f. 290 b his omissis loco hujus §. tantum haec habet: *Ὕστερον δὲ μετὰ τὴν τελευτὴν τοῦ ἁγιωτάτου Ἀδριανοῦ Πάπα ὁ Λέων τοὺς τῆς ῥωμαικῆς ἐκκλησίας ἀναδεξάμενος οἴακας καὶ παρὰ τῶν προσγενῶν Ἀδριανοῦ φθονηθεὶς καὶ πολλὰ παθὼν, προσέδραμε πρὸς Κάρουλλον τὸν τῆς Φραγγίας ῥῆγα καὶ τοῦτον εἰς Ῥώμην ἀναγαγὼν ἔστεψε βασιλέα.* Et sequens §. 5 deest in Mon.

[2]) Hanc §. 6 pariter suppeditat Cod. Mon.

---

enim Justiniano imperante in Italiam venere Franci, e Germanorum genere oriundi, atque Romanis hostes erant. Leone autem Isauro dominante Gregorius tunc temporis Papa propter ejus pravam doctrinam a subjectione erga impium atque a daemone agitatum Imperatorem atque a communione cum iis, qui impie Constantinopolitanae ecclesiae praeerant, destitit, Francis se dedit atque pugnas cum iis dissolvit. Sub Constantino vero et Irene ista ejus matre idem Pontifex Leo et in urbem Romanam eos recepit, atque hoc pacto Italiae universae et ipsi Romae dominabantur.

5. Irene autem, uti dictum est, imperante Francorum princeps Carolus Romanorum imperator renuntiatus legatos ad Irenem misit quaerens cum ipsa matrimonialiter copulari, neque Irenae hoc ingratum videbatur atque etiam factum esset, nisi Aetius eunuchus supra modum potens omnem movisset lapidem, ne ejusmodi matrimonium perficeretur. Hic enim, qui cuncta poterat in aula imperiali, proprium consanguineum Leonem ad imperium provehere studebat.

6. Hunc igitur Carolum sequebantur et haereseon illarum Leucii sectatores et mystae. Ibi itaque commorantes isti Romanos quoque paulo simpliciores fraude circumvenientes ad se traxerunt iisque illarum haereseon

πλεῖστοι τῆς κακίας μετελάμβανον ταύτης καὶ τὸ κακὸν ἐπλατύνετο· καὶ γαρ θᾶττον ἄν τις ὀλίγης κακίας μεταλάβῃ πλουσίως ἢ ἀρετῆς βαθείας κατὰ μικρόν, φησιν ἡ θεολόγος φωνή.

7. Τῷ τοι καὶ μεθ' ἱκανοὺς χρόνους ἀπὸ [1]) τῆς τελευτῆς τοῦδε τοῦ Λέοντος Πάπα πλείστων κατὰ διαδοχὴν ἀρχιερέων χρηματισάντων ἐν Ῥώμῃ, Στεφάνου φημὶ, Πασχαλίου, Εὐγενίου, Βαλεντίνου, Γρηγορίου, Σεργίου τοῦ καὶ Πελαγίου, ἕτερος Λέων ἁγιώτατος τοὺς τῆς ἐκκλησίας ταύτης ἀναδεξάμενος οἴακας καὶ [2]) τὴν ἑαυτοῦ ποίμνην θεασάμενος λυμαινομένην ὑπὸ τῆς τοιαύτης αἱρέσεως, στέλλει πρὸς Θωμᾶν τὸν ἁγιώτατον πατριάρχην Ἱεροσολύμων, παραδηλῶν αὐτῷ τὴν περὶ τὴν ἐκκλησίαν αὐτοῦ λύμην, ἅμα καὶ ἐξαιτῶν ἄνδρας λόγου καὶ ἀρετῆς ἐπιστήμονας πεμφθῆναι αὐτῷ εἰς βοήθειαν καὶ ἀποσόβησιν τῶν τοιούτων αἱρέσεων. Οὐδὲ γὰρ ἦν δυνατὸν εἰς Κωνσταντινούπολιν πέμψαι διὰ τὸ τὴν δευτέραν ἐκεῖσε κατάρχειν εἰκονομαχίαν καὶ τὸν θηριώνυμον κατατυραννεῖν τύραννον.

8. Στέλλονται τοίνυν παρὰ τοῦ ἱεράρχου τοῦδε Θωμᾶ ἐξ Ἱεροσολύμων ἄνδρες λόγου καὶ ἀρετῆς ἐπιστήμονες, ὅ τε σύγκελλος Μιχαὴλ ἅμα τοῖς δυσὶν αὐταδελφοῖς Θεοδώρῳ τε καὶ Θεοφάνει τοῖς γραπτοῖς τὰ πρόσωπα ὕστερον διὰ τὰς θείας εἰκόνας· [3]) σὺν τούτοις δὲ καὶ Ἰὼβ [4]) ὁ θαυμάσιος, ὡς καὶ ἐν τοῖς βίοις τῶνδε τῶν ἁγίων, Μιχαὴλ φημὶ τοῦ συγκέλλου καὶ τοῦ γραπτοῦ Θεοδώρου, ἀναγεγραμμένα καὶ ταῦτα τυγχάνει. [5]) Ἐπεὶ δὲ καὶ πρὸς τοὺς ἐν

---

[1]) Haec ἀπὸ τῆς τελευτῆς — Πελαγίου desunt in Mon., qui cetera habet.

[2]) καὶ — αἱρέσεως omitt. Mon.

[3]) Verba τὰ πρόσωπα — εἰκόνας desunt in Mon.

[4]) Vix discerni potest, an in Marc. Cod. legendum sit Ἰώβ, an Ἰωάννης.

[5]) ὡς καὶ — τυγχάνει omitt. Mon.

---

perditionem communicarunt. Quare et tempore defluente plurimi ejus pravitatis consortes effecti sunt atque malum extendebatur. Citius enim ac facilius quis vel parvi vitii particeps erit affatim quam profundae virtutis mediocriter, ut vox Theologa edicit.

7. Post decursum temporis satis ampli a morte Leonis hujus Pontificis, quum plurimi secundum successionem fuissent Romani antistites, Stephanus inquam, Paschalis, Eugenius, Valentinus, Gregorius, Sergius qui et Pelagius, alter Leo sanctissimus eam ecclesiam regendam suscipiens et gregem suum ab ejusmodi haeresi cernens devastatum, mittit ad Thomam sanctissimum Hierosolymorum Patriarcham, significans ipsi perniciem in ecclesia sua progredientem, ac simul expetens, ut viri ratione ac virtute insignes sibi in subsidium et in harum haereseon depulsionem mittantur. Neque enim tunc Constantinopolim mitti poterat eo quod altera iconomachia ibi regnabat et tyrannus, cui a fera nomen (Leo V.), dominabatur.

8. Mittuntur itaque ab hoc praesule ex Hierosolymis viri ratione ac virtute praestantes, Michael Syncellus una cum duobus germanis fratribus Theodoro ac Theophane, quorum frontes postea propter sacras imagines inscriptae sunt, cum ipsis quoque admirabilis Job, sicut et haec in vitis

Κωνσταντινουπόλει χριστιανοὺς ἔμελλον κομίζειν ἐπιστολὰς κατηχητικὰς ἐξ Ἱεροσολύμων τοῦ πατριάρχου (τοῦτο γὰρ καὶ παρ' αὐτοῦ ἀπηγγέλθησαν) κατάδηλοι γίνονται τῷ ἀσεβεῖ Θεοφίλῳ [1]) καὶ τῆς πρὸς Ῥώμην πορείας ἐξείργονται.[2])

9. *Μανθάνει[3]) ταῦτα ὁ τῆς Ῥώμης ἁγιώτατος Πάπας Λέων, λυπεῖται, ἀδημονεῖ· εἶτα τί; ἐξάγει μὲν ἐκ τοῦ σκευοφυλακίου τὰς ἱερὰς τοῦ θείου συμβόλου ἀσπίδας, ἃς ὁ ἁγιώτατος Λέων ὁ Πάπας[4]) ὁ τὴν στήλην τῆς ὀρθοδοξίας συγγράψας ἀπὸ τῆς τετάρτης ἁγίας[5]) συνόδου προεναπεθησαύρισε[6]) θείῳ κινούμενος πνεύματι,[7]) καὶ ἀναθέματι καθυπέβαλε τοὺς μέλλοντας μεταμιγῆσαι[8]) ἐκ τοῦ ἁγίου συμβόλου τὸ[9]) ὁποιονοῦν καὶ κατὰ πρόσωπον ταύτας τῆς ἐκκλησίας ἀναστηλοῖ πρὸς τὸ ἀναγινώσκεσθαι ὑπὸ πάντων.*

10. *Ὁ δέ γε μετ' αὐτὸν ἀρχιερατεύσας θεῖος Βενέδικτος καὶ οὗτος [10]) τὴν τοιαύτην λύμην τῆς αἱρέσεως θεασάμενος, καὶ ἑλληνιστὶ κελεύει ἀναγινώσκεσθαι τὸ ἅγιον σύμβολον καὶ μετὰ μέλους εἰς ἅπασαν ἐκκλησίαν τελοῦσαν ὑπὸ τὴν Ῥώμην· ὡς δὲ καὶ εἰς πάντα τὰ πατριαρχεῖα ἐπιστέλλει,[11]) μὴ δέξασθαι Πάπαν τῆς Ῥώμης εἰς κοινωνίαν, πρὶν ἂν τὴν ἑαυτοῦ ὁμολογίαν ὀρθόδοξον κομίσῃ πρὸς πᾶσαν τὴν τοῦ Χριστοῦ ἐκκλησίαν.*

---

[1]) *τῷ τυράννῳ* add. Monac.

[2]) Mon. hic addit: *ὡς καὶ ὁ βίος διαγορεύει τοῦ ἁγίου τοῦδε Μιχαὴλ τοῦ συγκέλλου.*

[3]) *δὲ* add. Allatius, qui haec adducit c. Creyght. p. 195.

[4]) *ὁ πάπας* in textu Allat. omittitur.

[5]) *ἁγίας* omittit Allat.

[6]) *προαπεθήσ.* Allat.

[7]) Hucusque textus Allat.

[8]) Mon. *μετακινῆσαι.*

[9]) *τὸ* omitt. Marc.

[10]) Verba *καὶ οὗτος — ὡς δὲ καὶ* omittit Allat. qui l. c. haec eadem adducit usque ad finem §.

[11]) Aliter priorem partem §. tradit cod. Mon., qui Leoni IV quoque prius statutum attribuit: *Ἀλλὰ δὴ καὶ ἑλληνιστὶ εἰς πᾶσαν ἐκκλησίαν τελοῦσαν ὑπὸ τὴν Ῥώμην κελεύει ἀναγινώσκεσθαι καὶ μετὰ μέλους τὸ ἅγιον σύμβολον. Ὁ δέ γε μετ' αὐτὸν ἀρχιερατεύσας θεῖος Βενέδικτος στέλλει εἰς πάντα τὰ πατριαρχεῖα, μὴ δέξασθαι κ. τ. λ.*

Sanctorum istorum, Michael dico syncelli et Theodori Grapti, scripta reperiuntur. Quoniam vero ad christianos quoque Constantinopolitanae urbis literas Patriarchae catecheticas Hierosolymis deportaturi erant (nam ad id quoque erant destinati) impio Theophilo manifesti fiunt et ab itinere romano arcentur.

9. Audit haec Romae sanctissimus Papa Leo; contristatur et dolet. Tum quid? Ex sceuophylacio educit sacra divini symboli scuta, quae sanctissimus Pontifex Leo, qui columnam rectae fidei in (a) quarta synodo conscripsit, in thesauris reposuerat divino motus spiritu, et anathemati subjicit, qui quidpiam ex sacro symbolo transmutarent, atque in facie ecclesiae ea constituit, ut a cunctis perlegantur.

10. Qui vero illi in pontificatu successit, divinus Benedictus, et hic talem haereseos perniciem conspiciens graeca quoque lingua sacrum symbolum recitari jubet et cum cantu, id in omnem ecclesiam sub Romana existentem edicens, sicut et ad omnes Patriarchas literas misit, ne Papam Romanum

11. *Εἶτα μετὰ τὸν θεῖον τοῦτον Βενέδικτον κατὰ διαδοχὴν ἐπισκοπησάντων ἐν τῇ αὐτῇ ἐκκλησίᾳ Παύλου, Στεφάνου, Νικολάου καὶ Ἀδριανοῦ, ὁ θεῖος μετ᾽ αὐτοὺς Ἰωάννης ὁ Πάπας*[1]) *ἀρχιερεῖς τε καὶ κληρικοὺς λόγῳ κεκοσμημένους καὶ ἀρετῇ ἐκπέμπει πρὸς τὸν ἁγιώτατον πατριάρχην*[2]) *Φώτιον, σύνοδον ἐξαιτῶν κατὰ τῶν τοιούτων αἱρέσεων συγκροτῆσαι· ὅπερ*[3]) *καὶ γέγονε·*[4]) *καὶ τὴν ἐν Κωνσταντινουπόλει μεγίστην ἐκείνην συνεκρότησαν σύνοδον, ἥτις καὶ τὴν ἑβδόμην ἐβεβαίωσε σύνοδον καὶ κανόνας ἐξέθετο καὶ συνέριθον ἔσχε τὸν ἀοίδιμον ἐκεῖνον καὶ θεῖον Ἰωάννην τὸν Πάπαν στείλαντα πρέσβεις καὶ τοποτηρητὰς ἀντ᾽ αὐτοῦ εἰς συγκρότησιν τῆς τοιαύτης ἁγίας συνόδου, Παῦλον καὶ Εὐγένιον ἐπισκόπους καὶ Πέτρον πρεσβύτερον καὶ καρδινάλιον·*[5]).. *διαβεβαιούμενος διὰ τούτων τῶν πρεσβέων, σῶαν εἶναι ἐπ᾽ εὐσεβείᾳ καὶ ἀκίνδυνον τὴν ἐν Ῥώμῃ ἁγιωτάτην ἐκκλησίαν καὶ μηδὲν οἷ τῶν ἀνηκέστων παθεῖν ὑπὸ τῆς τοιαύτης τῶν Ἰταλῶν αἱρέσεως, εἰ καὶ πρός τινας τῶν πρεσβυτέρων καὶ μοναχῶν τὰ σπέρματα ταύτης ἐπιπολάζῃ.*[6]) . . . *Ὃς καὶ μετὰ θυμηδίας πλείστης δεξάμενος ἐν ἐπηκόῳ πάντων τῶν ἀρχιερέων αὐτοῦ καὶ πρεσβυτέρων καὶ μοναχῶν κατὰ τὴν ἐν Ῥώμῃ ἐκκλησίαν ἔγνω· εἶθ᾽ οὕτως καὶ εἰς πᾶσαν τὴν ἑαυτοῦ ἐπικράτειαν ἀναγνωσθῆναι ταῦτα προςέταξε καὶ ἐν τοῖς ἱεροῖς ἐναπο-*

[1]) Aliud est initium §. in Mon. cod. Ibi legitur: *Ὁ δέ γε Ἰωάννης ὁ ἁγιώτατος πάπας ὕστερον μετὰ χρόνους τριάκοντα καὶ ἀρχιερεῖς τε κ. τ. λ.*

[2]) *Κωνσταντινουπόλεως* add. Mon.

[3]) Mon. *ὅθεν.*

[4]) Hucusque Cod. Mon., in quo cetera desunt usque ad not. 1 pag. sequ.

[5]) Prosequitur auctor de synodo quaedam parvi momenti.

[6]) Cod. *ἐπιπολάζει.* Deinde sequitur in Cod. Marciano fol. 381 a, b et f. 382 a. actio sexta synodi Photianae a. 880 fusius descripta.

in communionem admitterent, nisi prius ille rectam fidei confessionem ad universam Christi ecclesiam transmitteret.

11. Deinde post divum hunc Benedictum, quum secundum successionem in eadem ecclesia antistites fuissent Paulus, Stephanus, Nicolaus atque Adrianus, divus post eos Johannes Papa sacerdotes et clericos virtute ac sapientia insignes mittit ad sanctissimum Patriarcham Photium, synodum petens fieri contra ejusmodi haereses, quod et factum est. Et Constantinopoli maximam illam congregaverunt synodum, quae et septimam synodum confirmavit et canones edidit atque adjutorem habuit venerabilem illum Johannem Papam, qui pro se nuntios ac legatos in ejusmodi sanctae synodi congregationem miserat, Paulum et Eugenium episcopos et Petrum presbyterum ac cardinalem . . . asseverans (Joh. P.) per hosce legatos salvam esse in re religionis et periculo immunem sanctissimam Romanorum ecclesiam et nihil eam insanabile pati ex ejusmodi haeresi Italorum, quamvis ejus semina ad nonnullos presbyteros monachosque pullulaverint. . . . Qui Johannes acta synodi a legatis reportata summo cum gaudio suscipiens coram cunctis episcopis, presbyteris et monachis suis in Romana ecclesia recitavit, deinde sic etiam ea in cunctis territoriis suis legi jussit atque in sacris scriniis recondi, ad

θησαυρισθῆναι ταμιείοις, εἰς ἔλεγχον μὲν τῶν τὴν εὐσέβειαν ἀθετούντων, βεβαίωσιν δὲ τῶν τὴν ὀρθὴν κατεχόντων ὁμολογίαν.[1]) Ὅθεν καὶ τὰ πρακτικὰ τῆς τοιαύτης ἁγίας συνόδου[2]) σώζονται καὶ ἐν τῇ ἡμετέρᾳ ἐκκλησίᾳ[3]) καὶ κατέχονται ὑπὸ τῶν ὀρθοδόξων χριστιανῶν.[4])

12. Τότε[5]) καὶ ἐκ Ῥώμης τῶν τοιούτων αἱρέσεων οἱ ἐργάται ἐκδιωχθέντες ᾤχοντο πρὸς τοὺς Βουλγάρους[6]) καὶ διεσπάσαντο ἂν τούτους τῆς εὐσεβείας νεοπαγεῖς ὄντας ἔτι τῇ πίστει, εἰ μὴ ὁ τῆς εὐσεβείας βοηθὸς[7]) θειότατος[8]) Φώτιος δύο καθολικὰς ἐπιστολὰς πρὸς πᾶσαν πέπομφε τὴν ὑφήλιον, στηλιτεύων ἅμα καὶ διελέγχων τὴν τούτων ἄθεον αἵρεσιν, αἳ καὶ τοῖς Βουλγάροις ἀπεκομίσθησαν κἀκ τούτων διέπτυσαν[9]) τὰς φθοροποιοὺς καὶ θεοῦ ἀφιστῶσας τούτων αἱρέσεις καὶ τῶν ἑαυτῶν ὁρίων τοὺς τῆς ἀνομίας ἐργάτας καὶ τοῦ Ἀντιχρίστου προδρόμους ἀπήλασαν. Ἀλλ' οὐ τὴν ἐκκλησίαν ἀφ' ἡμῶν τῆς Ῥώμης διὰ τῶν τοιούτων[10]) ἐπιστολῶν διέτεμεν ὁ θειότατος Φώτιος, ὡς οἱ τῆς δυσσεβείας[11]) συνήγοροι διατείνονται, εὐσεβεστάτης οὔσης τῷ τότε καὶ τῆς θειοτάτης συνόδου

---

[1]) Cod. Mon. 28. f. 291 b. immediate post vocem *γέγονε* omissis ceteris sic pergit: *καὶ ἀναθέματι καθυπέβαλον τοὺς δογματίζοντας ἐκ τοῦ υἱοῦ ἐκπορεύεσθαι τὸ πνεῦμα τὸ ἅγιον καὶ τοὺς ἄζυμα εἰς θυσίαν προσφέροντας καὶ τοὺς τὰς λοιπὰς τούτων αἱρέσεις κρατύνοντας· καὶ λαβόντες τὰ πρακτικὰ τῆς ἁγίας ταύτης συνόδου ἀπεκόμισαν πρὸς τὸν ἀοίδιμον Ἰωάννην τὸν πάπαν κἀκεῖνος εἰς πᾶσαν τὴν ἑαυτοῦ ἐπικράτειαν ἀνεγίνωσκε ταῦτα καὶ ἤλαυνε τοὺς τοιούτους αἱρετικούς· καὶ γὰρ περιφανὴς καὶ μεγίστη ἡ τοιαύτη ἁγία σύνοδος γέγονεν, ἐνδημησάντων καὶ τῶν ἑτέρων τριῶν πατριαρχῶν. Ὅθεν καὶ* ut in textu.

[2]) *πρ. ταύτης* Mon. 28.

[3]) *κ. — ἐκκλησίᾳ* omittit Mon.

[4]) *ὑπὸ τῶν χρ.* Mon.

[5]) Marc. *Τῷ τοι* Mon. *ὅθεν.*

[6]) Ita Mon.; Marc. *πρὸς Βουλγαρίαν.*

[7]) Ita Allatius, qui haec adducit c. Creyght. p. 194. Uterque codex legit: *βοώτης* (pastor).

[8]) *θειότατος* omittit Allat. l. c.

[9]) Marc. *διέπτισαν.*

[10]) *τοιούτων* omittit Allat. l. c.

[11]) *ἀσεβείας.* Mon.

---

refellendos eos qui pietatem aspernantur, ad confirmandos vero eos qui rectam confessionem retinent. Unde et acta ejusmodi sanctae synodi servantur et in nostra ecclesia atque a christianis orthodoxis retinentur.

12. Tunc et ejusmodi haereseon auctores Roma pulsi ad Bulgaros migrarunt atque hos adhuc neophytos a vera religione abstraxissent, nisi pietatis vindex divinissimus Photius binas catholicas epistolas ad omnem, quae sub sole est, misisset Ecclesiam, refellens simul et evertens impiam illorum haeresin. Quae epistolae et Bulgaris redditae fuere atque ex iis aspernabantur perniciosas et a Deo abducentes illorum haereses, finibusque suis transgressionis auctores et Antichristi praecursores expellebant. Sed non romanam Ecclesiam per ejusmodi epistolas a nobis discidit sanctissimus Photius, ut patroni impietatis praetendunt, quum ea tunc pietati addictissima atque

συγκροτηθείσης σπουδῇ τε καὶ συναινέσει[1]) τοῦ θειοτάτου Ἰωάννου τοῦ Πάπα· ἀλλ' οὖν γε καὶ ἐπὶ πλέον μᾶλλον συνέδησε καὶ ἐστήριξε καὶ τοὺς κακοὺς ἐκφεύγειν[2]) ἐργάτας παρῄνει· κἂν ὕστερον μετὰ παραδρομὴν πλείστων ἐτῶν ἐκλάπη δολίως καὶ κατετυραννήθη ὑπὸ τῆς τοιαύτης αἱρέσεως.

13. Μετὰ γὰρ παραδρομὴν ὡς ἐτῶν ὀγδοήκοντα ἀπὸ τῆς τοῦ θειοτάτου Πάπα Ἰωάννου κοιμήσεως[3]) Φόρμοσός τις τὴν ἐπωνυμίαν, μιαίευμα τῆς τοιαύτης αἱρέσεως, δόλιος ὢν τὸν τρόπον, δολίως ὑποκρινόμενος τὴν εὐσέβειαν, δολίως καὶ τῆς ἐκκλησίας ταύτης ἐπέβη· καὶ γοῦν[4]) τῇ συνήθει ὑποκρίσει καὶ δολιότητι οὗτος ἀεὶ χρώμενος οὐδαμῶς ἀκμὴν ὅλως ἠγάπα τι τῶν τῆς εὐσεβείας μετακινῆσαι δογμάτων ἢ τὴν ἑαυτοῦ δόξαν εἰς τοὐμφανὲς ἀγαγεῖν, ὑφορώμενος κίνδυνον· μόνον δὲ τοὺς τῆς αἱρέσεως ταύτης ἐργάτας παρῄνει τὴν εὐσέβειαν ὑποκρίνεσθαι καὶ τούτους τῇ ἐκκλησίᾳ ἔσπευσεν ἐμφυτεύειν καὶ τὰ μείζονα τούτοις ἀξιώματα ἐγχειρίζειν. Ἐκ τότε γοῦν καὶ εἰς τὸ ἑξῆς αἱρεσιῶται κατὰ διαδοχὴν εἰς τὸν τοιοῦτον θρόνον ἀνήγοντο καὶ τῇ ὑποκρίσει τῆς εὐσεβείας ἀεὶ[5]) χρώμενοι κρυφίως τὴν ἑαυτῶν ἐδίδασκον αἵρεσιν, οὐδαμῶς ὅλως τολμῶντες μετακινῆσαί τι τῶν τῆς ἐκκλησίας δογμάτων τε καὶ πραγμάτων[6]) μέχρι καὶ ὀγδόου κατὰ διαδοχὴν ἀπὸ Φορμόσου αἱρεσιάρχου.

14. Τοῦ γὰρ καταράτου τοῦδε Φορμόσου τὴν ψυχὴν ἀποῤῥήξαντος διέρχονται

[1]) Mon.: συνέσει.
[2]) Mon.: προσέχειν.
[3]) Ita Mon. 28 et Allatius l. c. p. 195; Marc. f. 382 b: Μετὰ γὰρ τὴν Ἰωάννου τοῦ θειοτάτου Πάπα κοίμησιν, κατὰ διαδοχὴν διελθόντων τοῦ τε Μαρίνου Πάπα καὶ Ἀδριανοῦ καὶ Στεφάνου Φόρμοσός τις κ. τ. λ.
[4]) Mon. f. 292 a: γάρ.
[5]) ἀεὶ deest in Mon.
[6]) τε καὶ πραγμ. deest in Mon.

divinissima synodus congregata fuerit studio ac consensu sanctissimi Johannis Papae; immo potius magis conjunxit et confirmavit et malos illos operatores fugere hortatus est. Quamquam posterius elapsis plurimis annis Romana ecclesia dolose circumventa et ab ista haeresi in servitutem redacta est.

13. Expletis enim octoginta ferme annis a divinissimi Johannis dormitione Formosus quidam nomine in tali haeresi enutritus, callidus in fraudes doloseque pietatem simulans fraudulenter quoque eam occupavit ecclesiam. Consueta igitur simulatione ac vafritie semper usus noluit statim aliquod e veritatis dogmatis transmutare vel propriam propalare doctrinam, periculum inde suspicatus; solum haereseos hujus asseclas hortatus, ut pietatem simularent, eos ecclesiae implantare et majores ipsis dignitates conferre studuit. Ex tunc itaque atque deinceps haeretici secundum successionem in hanc sedem evecti sunt, qui pietatis simulatione semper usi occulte suam haeresin docuerunt; nullo tamen modo quid e dogmatis et rebus Ecclesiae subvertere ausi sunt, usque ad octavum in successione a Formoso haeresiarcham.

14. Nam maledicto isto Formoso ex hac vita sublato secundum successionem tum temporis tum haereseos promoti sunt Papae Bonifacius,

κατὰ διαδοχὴν τοῦ τε χρόνου καὶ τῆς αἱρέσεως Πάπαι Βονιφάτιος, Στέφανος, Ῥωμανὸς, Θεόδωρος, Ἰωάννης, Βενέδικτος, Λέων καὶ μετ᾽ αὐτὸν ὁ δαιμονοφόρος Χριστοφόρος καὶ Σέργιος ὁ τοῦ διαβόλου ἐργάτης,[1]) οἳ καὶ ἐν τοῖς χρόνοις ὑπῆρξαν κυροῦ Βασιλείου τοῦ Βουλγαροκτόνου τοῦ τὴν βασιλείαν καλῶς ἰθύναντος,[2]) τοὺς δ᾽ ἀρχιερατικοὺς οἴακας Σεργίου πατριάρχου[3]) θειοτάτου τοῦ καὶ κατὰ διάμετρον φερομένου εὐσεβείᾳ καὶ ἁγιότητι τοῦ προῤῥηθέντος[4]) Σεργίου (φημὶ) καὶ[5]) Χριστοφόρου. [ἔτος[6]) δὲ τῷ τότε τὰ ἀπὸ κτίσεως ͵ς.]

15. Οὗτος οὖν ὁ κατάρατος καὶ δαιμονοφόρητος[7]) Χριστοφόρος εἰδὼς, καὶ μετ᾽ αὐτὸν ὁ συνεργάτης αὐτοῦ[8]) Σέργιος, τὴν τοιαύτην τῆς αἱρέσεως λύμην περικρατήσασαν ἅπαν τῆς κατ᾽ αὐτοὺς ἐκκλησίας τὸ πλήρωμα, καὶ μηδένα κίνδυνον ὑφορώμενοι καταστρέφουσι καὶ πρακτικῶς τὴν εὐσέβειαν, τὸ θεῖον φημὶ τῆς ὀρθοδόξου πίστεως σύμβολον, τὴν ἁγίαν καὶ ἱερὰν θυσίαν καὶ τὰς λοιπὰς τῆς ὀρθοδόξου πίστεως παραδόσεις, ἐκτίθενται δὲ[9]) τὴν κατ᾽ αὐτοὺς ἅπασαν αἵρεσιν ἐμφανῶς, μηδὲν δεδιότες.

16. Εἶτα μανθάνει ταῦτα ὁ ἁγιώτατος πατριάρχης Κωνσταντινουπόλεως Σέργιος· στέλλει γραφὰς, στέλλει πρέσβεις, ἀνακαλούμενος αὐτοὺς εἰς τὴν προτέραν ὡς[10]) δῆθεν εὐσέβειαν· οἱ δὲ ἀποκρούονται, ἀποστρέφονται, μυκτη-

[1]) Haec desunt in Mon., qui habet: ἕτεροι· Χριστοφόρου τε φημὶ καὶ Σεργίου οἳ κ. τ. λ.

[2]) ἐν Κωνσταντινουπόλει add. Mon.

[3]) πατριάρχου omittit Mon.

[4]) Marc. mendose τοῦ προῤῥηθέντος Σεργίου τοῦ πατριάρχου.

[5]) Mon. τοῦ καὶ Χριστοφόρου.

[6]) ἔτους Mon., ex quo hoc incisum adjunctum est.

[7]) κ. δαιμ. omitt. Mon. et Max. Margun. ap. Allat. de cons. p. 608 Dimitrac. hist. schism. p. 20. 21.

[8]) αὐτῷ Mon. Marg.

[9]) ἐκτιθέντες Marg. l. c.

[10]) ὡς omitt. Mon.

Stephanus, Romanus, Theodorus, Johannes, Benedictus, Leo, atque post eos Christophorus a daemone actus et Sergius diaboli operarius, qui fuere temporibus Domini Basilii Bulgaroctoni, qui praeclare imperium regebat, et in pontificali cathedra residentis sanctissimi Sergii, qui pietate et sanctitate e diametro ferebatur a praedictis Sergio atque Christophoro; (annus tunc erat a mundi conditione 6000.)

15. Hic igitur maledictus et a daemonibus actus Christophorus probe sciens, non secus ac qui post ipsum ipsius collaborator Sergius, talem haereseos perniciem jam pervadere ac dominari universam ipsorum ecclesiam, nullum omnino periculum suspicantes et practice pietatem subvertunt, divinum videlicet rectae fidei symbolum, sacrosanctum sacrificium reliquasque orthodoxae confessionis traditiones, exponunt autem omnem suam haeresin luculente, nihil plane timentes.

16. Postea certior fit de his sanctissimus Constantinopolitanus patriarcha Sergius: mittit literas, mittit legatos, revocans eos ad pristinam pietatem.

ῥίζουσι, κενοὺς ἀποπέμπουσι τοὺς σταλέντας. Εἶτα πάλιν [1]) μανθάνει ταῦτα ὁ πατριάρχης καὶ τῆς τῶν ἱερῶν καὶ θείων διπτύχων ἐξωθεῖται τούτους ἀναφορᾶς διὰ τὸ ἀνακεκαλυμμένην [2]) αὐτοὺς ἀνακηρύττειν τὴν ἑαυτῶν αἵρεσιν καὶ μὴ ἐθέλοντας ἀπαντῆσαι εἰς σύνοδον. [3])

[1]) πάλιν omitt. Marg.

[2]) ἀνακεκαλυμμένως. Mon. et Marg.

[3]) In cod. Marc. sequitur peroratio contra Latinos; in Monac. vero 28 f. 292 b, legitur: καὶ οὕτω σοι ἐν συντόμῳ παρεδηλώσαμεν, παρὰ τίνος καὶ πότε καὶ πῶς ἡ τῆς ἐν Ῥώμῃ ἐκκλησίας γέγονεν ἔκπτωσις. Respondet hinc in eodem codice Graeco Latinus: Ἀλλ' ἡμεῖς γε τὸν Κηρουλάριον Μιχαὴλ ὕστερον ὄντα ἐπὶ τῆς βασιλείας τοῦ Μονομάχου φαμὲν ἐξῶσαι τὸν Πάπαν τῆς ἀναφορᾶς τῶν διπτύχων διὰ τὸ ἱμείρεσθαι αὐτὸν ἐμβαλεῖν τὰ κοκκοβαφῆ πέδιλα καὶ κωλυόμενον ὑπὸ τοῦ Πάπα τῆς Ῥώμης, ὡς αὐτοῦ μόνου ἔχοντος ἐξουσίαν ἐγκαλλωπίζεσθαι τούτοις, καὶ μὴ τοῖς ἄλλοις τῶν πατριαρχῶν ἐξεῖναι τοῦτο ποιεῖν (quae verba Allat. c. Creyght. p. 369 ex dialogo de process. Sp. S. Margunii nomine edito eadem prorsus ratione allegat). Porro Graecus utrumque negat, tum Caerularium coccineos calceos desiderasse tum eum primitus Romanos e diptychis expunxisse, atque praeterea neque Photium in Romanam Ecclesiam tunc orthodoxam insurrexisse asseverat.

Hi vero renuunt, aversantur, illudunt, vacuos remittunt missos. Rursum haec edocetur Patriarcha et a sacrosanctorum diptychorum relatione eos ejicit eo quod haud velate suam haeresin praedicent et ad synodum convenire nolint.

Index.

	Pagina.
Prolegomena	3—10
A. Photii decretum de divina liturgia	11—12
B. Ejusdem fragmenta dialectica.	
I. De genere	12
II. De specie	13
III. De differentia	14
IV. De proprio	15
V. De accidente	16
VI. De iis quae praedictis sunt communia	17
VII. De communione generis et differentiae	17
C. Fragmentum homiliae Photii	18—19
D. Photii admonitio per breves morales sententias	20—52
E. Ex Nicephoro et Photio Patriarchis et Theodoro Studita contra Iconomachos	53—62
F. Opusculum contra Francos	62—71
G. Nicephori Gregorae Sermo in S. Theophanonem	72—83
H. Nicetae Byzantii capita syllogistica XXIV	84—138
I. Nicetae Stethati contra Armenios et Latinos	139—154
K. Opuscula de origine schismatis.	
I. Opusculum	154—163
II. „	163—171
III. „	171—181